Myo Therapy

마사지 / 근육이완술

마요 테라피　　　　　박동호 저

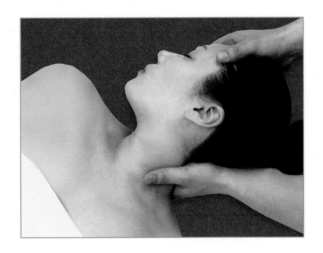

일진사

머 리 말

20년 가까이 우리나라와 미국에서 수기치료를 해 오면서 현장에서의 실전과 대학과 각종 단체에서의 강의 그리고 여러 학술연구 과정에서 모호한 갈망이 많이 있었다. 뒤돌아보면 마사지 수기요법사에게 무엇이 필요하고, 무엇이 맹점이며 또, 어디까지 치료 범위를 두어야 할지에 대한 고민들로 점철된 시간들이 아니었나 생각된다.

인체를 다스리는 가장 기본적인 관점은 근육의 성질을 이해하고, 현재의 근 기능 상태를 바르게 확인하며, 이에 따른 최적의 수기를 실행하는 것이다. 그리고 이를 토대로 탑을 쌓듯, 이른바 대체의학의 정체와 철학, 믿음과 신념 그리고 혼과 에너지를 불어넣어 심신으로 녹아들어야 한다는 결론이다. 그러나 대부분 병을 고친다는 의지만 앞서 두서없이 공부하다가 불필요한 지식을 습득하는 데 오랜 시간을 낭비하고, 허황된 이론의 틀 속에서 괴변을 늘어놓거나 이로 인해 어느 순간 자신이 하고 있는 일에 대해 혼돈하게 된다.

근육은 인체의 70%를 차지하며, 근막 계통은 체형의 균형을 잡아 주고 신경과 혈관, 림프관을 통제하며 관절과 내장의 기능을 돕는다. 이러한 근육은 근막을 통해 세포에 영향을 주므로 생명유지에 가장 중요한 요소로 작용한다.

근육은 아프면 통증을 발현시켜 표현하고, 방치하면 근 기능을 저하시켜 행동을 제한함으로써 끊임없이 돌볼 것을 호소한다. 이렇게 솔직담백하게 근육이 자신의 상태를 표현하는데도 이를 이해하지 못해 엉뚱하게 치료하거나, 치료시기를 놓쳐 오히려 상태를 악화시킨다면 진정한 수기요법사라고 말할 수 있겠는가? 결코 거짓말을 하지 않는 근육과 친구가 되고, 그들이 원하는 진실에 귀를 기울이는 데 이 책이 조금이나마 도움이 되었으면 하는 바람이다.

책을 기술함에 있어 무겁고 난해하게 느껴지지 않도록 학술용어는 풀어 설명하였으며, 실전 시 일목에 적용할 수 있도록 구체적인 사진과 도해를 물 흐르듯 적재적소에 첨부함으로써 현장에서 즉시 응용할 수 있도록 하였다. 그리고 기본적으로 과학적 이론을 바탕으로 현실적인 수기 치료가 이루어질 수 있도록 마사지 앤 보디워크 전문가(massage & bodywork professional) 관점에서 꼭 알고 있어야 할 내용만을 담아 실전에 100% 응용할 수 있도록 구성하였다.

마지막으로 이 책이 출간될 수 있도록 아낌없는 지원과 믿음을 주신 도서출판 **일진사**와 모델로 응해 준 제자에게 깊이 감사드리며, 앞으로도 보다 충실한 연구를 통해 새로운 집필에도 박차를 가할 것을 다짐한다. 여러분들의 용기와 배려를 진심으로 간구하며, 다시 한 번 이 책의 출간에 도움을 주신 모든 분께 감사드린다.

저자 씀

차 례

1

인체의 구조와 움직임

1. 인체의 면planes과 방향directions

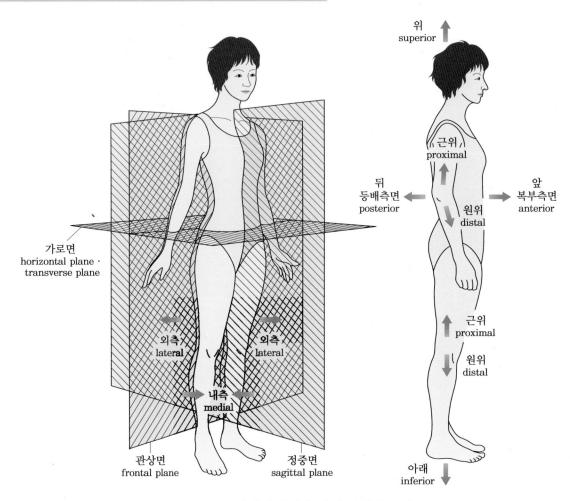

위 superior

근위 proximal

뒤 등배측면 posterior

앞 복부측면 anterior

원위 distal

근위 proximal

원위 distal

아래 inferior

가로면
horizontal plane ·
transverse plane

외측 lateral

외측 lateral

내측 medial

관상면
frontal plane

정중면
sagittal plane

① 관상면(frontal or coronal plane) : 인체의 몸통을 앞뒤로 갈라 구분

② 가로면(transverse or horizontal plane) : 인체의 몸통을 위, 아래로 갈라 구분

③ 정중면(sagittal or median plane) : 인체의 몸통을 좌, 우로 갈라 구분

④ 위(superior) : 머리 방향으로 가까운 곳

⑤ 아래(inferior) : 발 방향으로 가까운 곳

⑥ 전·복부측면(anterior or ventral) : 인체의 앞면에 가까운 곳

⑦ 후·등배측면(posterior or dorsal) : 인체의 뒷면에 가까운 곳

⑧ 내측(medial) : 인체의 정중으로부터 가까운 곳

⑨ 외측(lateral) : 인체의 정중으로부터 먼 곳

⑩ 원위(distal) : 상지 및 하지에서 사용되는 용어로 몸통에서 멀리 떨어진 곳

⑪ 근위(proximal) : 상지 및 하지에서 사용되는 용어로 몸통으로부터 가까운 곳

⑫ 내부(internal) : 인체의 내부, 즉 장기에서의 내면을 의미

⑬ 외부(external) : 인체의 외부, 즉 장기에서의 외면을 의미

2. 인체의 체강 body cavities

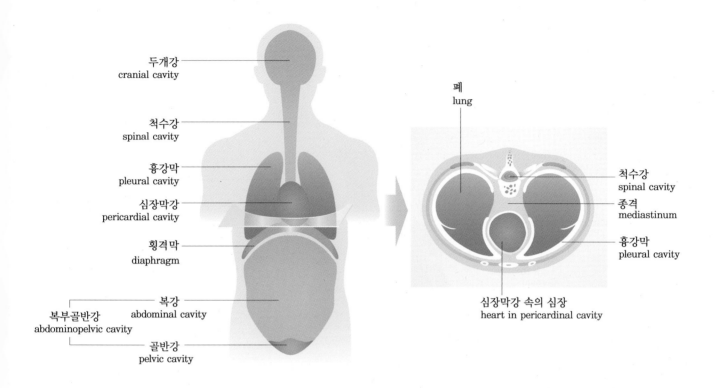

인체 내의 공간은 장기를 수용하고 보호하는 역할을 한다.

① 두개강(cranial cavity) : 두개골 내부의 공간으로 뇌(brain)를 수용한다.

② 흉강(thoracic cavity) : 가슴 내부의 공간으로 폐(lung)와 심장(heart)을 수용한다. 폐를 싸고 있는 흉강막(pleural cavity)과 심장을 싸고 있는 심장막강(pericardial cavity)으로 구분하며, 흉강막 사이의 공간을 종격(mediastinum)이라 한다.

③ 복강(abdominal cavity)과 골반강(pelvic cavity) : 복강과 골반강을 함께 묶어 복부골반강 (abdominopelvic cavity)이라고도 한다.

• 복강 : 복강은 흉강과 골반강 사이의 공간으로 소화기관의 대부분을 수용한다.

• 골반강 : 골반을 구성하는 뼈의 내부의 공간으로 직장(rectum), 방광(bladder), 생식기(genital)를 수용한다.

④ 척수강(spinal or vertebral cavity) : 척추골의 내부 공간(canal)으로 척수(spinal cord)를 수용한다.

3. 골격근 체계 skeletal muscle nomenclature

(1) 신체의 전면

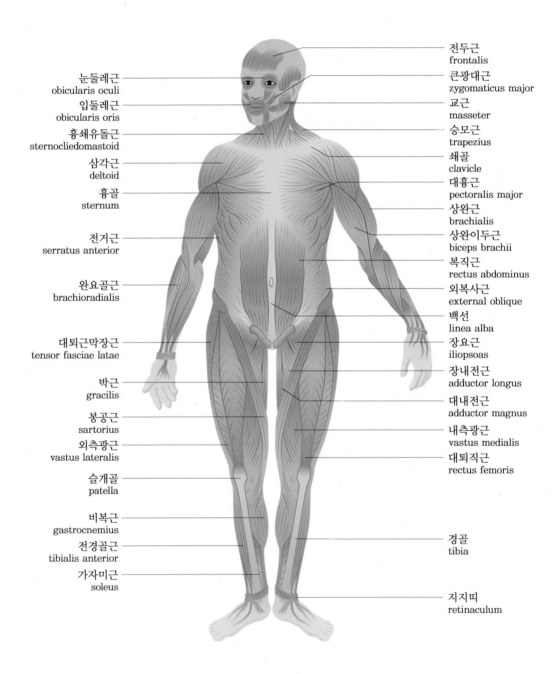

전두근
frontalis

눈둘레근
obicularis oculi

큰광대근
zygomaticus major

입둘레근
obicularis oris

교근
masseter

흉쇄유돌근
sternocliedomastoid

승모근
trapezius

삼각근
deltoid

쇄골
clavicle

흉골
sternum

대흉근
pectoralis major

상완근
brachialis

전거근
serratus anterior

상완이두근
biceps brachii

복직근
rectus abdominus

완요골근
brachioradialis

외복사근
external oblique

백선
linea alba

대퇴근막장근
tensor fasciae latae

장요근
iliopsoas

장내전근
adductor longus

박근
gracilis

대내전근
adductor magnus

봉공근
sartorius

내측광근
vastus medialis

외측광근
vastus lateralis

대퇴직근
rectus femoris

슬개골
patella

비복근
gastrocnemius

전경골근
tibialis anterior

경골
tibia

가자미근
soleus

지지띠
retinaculum

(2) 신체의 후면

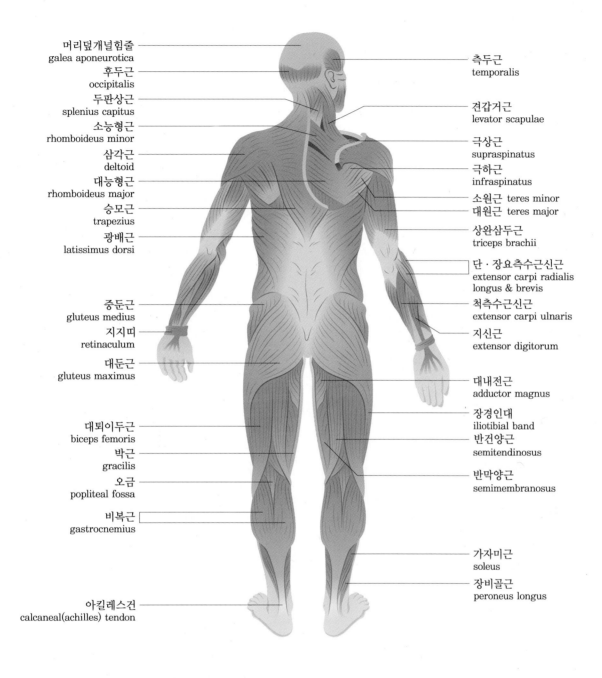

머리덮개널힘줄
galea aponeurotica

후두근
occipitalis

두판상근
splenius capitus

소능형근
rhomboideus minor

삼각근
deltoid

대능형근
rhomboideus major

승모근
trapezius

광배근
latissimus dorsi

중둔근
gluteus medius

지지띠
retinaculum

대둔근
gluteus maximus

대퇴이두근
biceps femoris

박근
gracilis

오금
popliteal fossa

비복근
gastrocnemius

아킬레스건
calcaneal(achilles) tendon

측두근
temporalis

견갑거근
levator scapulae

극상근
supraspinatus

극하근
infraspinatus

소원근 teres minor
대원근 teres major

상완삼두근
triceps brachii

단 · 장요측수근신근
extensor carpi radialis
longus & brevis

척측수근신근
extensor carpi ulnaris

지신근
extensor digitorum

대내전근
adductor magnus

장경인대
iliotibial band

반건양근
semitendinosus

반막양근
semimembranosus

가자미근
soleus

장비골근
peroneus longus

4. 골격의 축과 부속물

신체는 크게 구간부(axial)와 사지부(appendicular)로 구분된다.

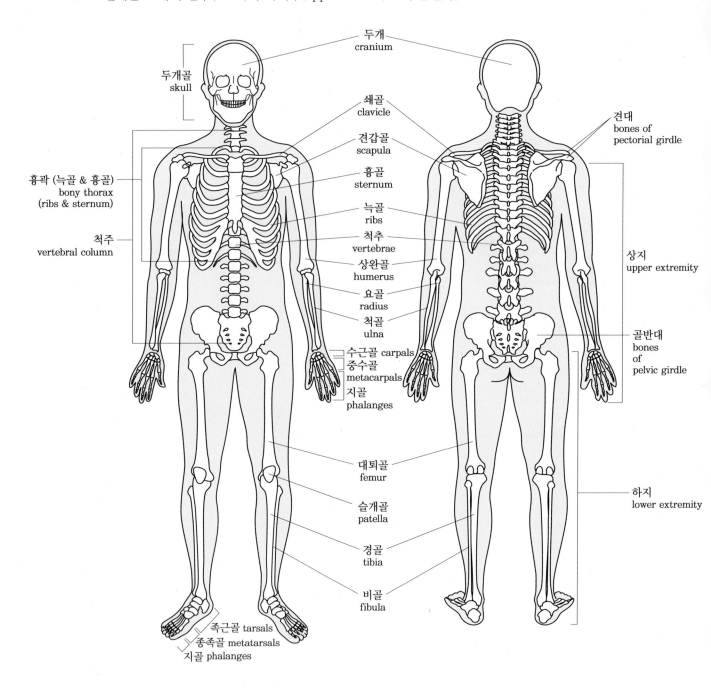

5. 관절 운동 joint movement 용어

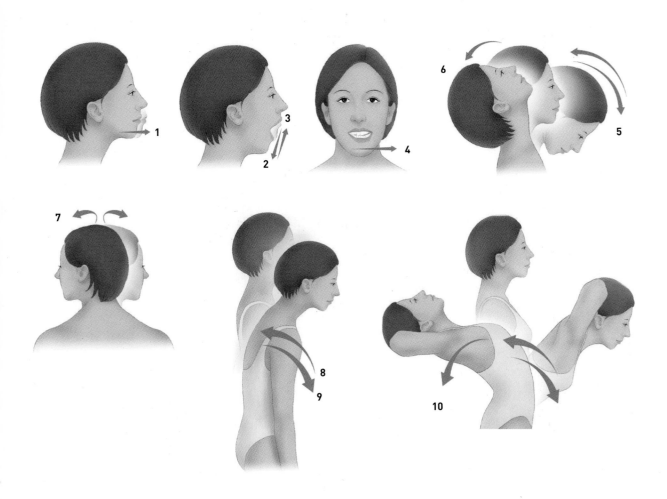

1. 하악 내밈(mandible protraction) : 하악을 전방으로 밈

2. 하악 하강(mandible depression) : 하악을 하방으로 내림

3. 하악 상승(mandible elevation) : 하악을 상방으로 올림

4. 하악 편위(mandible excursion) : 하악을 측면으로 움직임

5. 목 굴곡(neck flexion) : 목을 전방으로 구부림

6. 목 신전(neck extension) : 목을 후방으로 구부림

7. 목 회전(neck rotation) : 인체의 축을 중심으로 목을 좌우로 돌림

8. 몸통 신전(trunk extension) : 몸통을 세움

9. 몸통 굴곡(trunk flexion) : 몸통을 전방으로 구부림

10. 몸통 과신전(trunk hyperextension) : 몸통을 후방으로 구부림

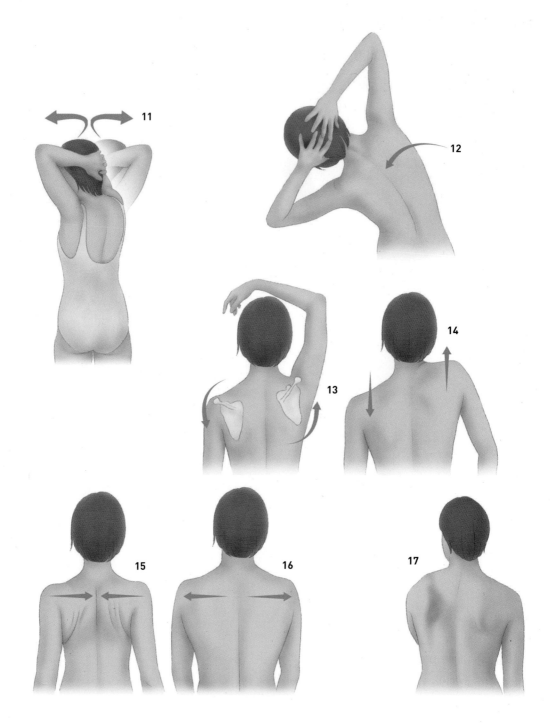

11. **몸통 회전**(trunk rotation) : 인체의 축을 중심으로 몸통을 좌우로 돌림

12. **몸통 측굴**(trunk lateral flexion) : 인체의 축을 중심으로 몸통을 측방으로 구부림

13. **어깨 하방/상방 회전**(shoulder downward/upward rotation) : 어깨를 하방/상방으로 회전

14. **어깨 하강/상승**(depression/elevation) : 어깨를 하강/상승시킴

15. **견갑골 후인**(scapular retraction) : 견갑골을 인체의 내측으로 모음

16. **견갑골 전인**(scapular protraction) : 견갑골을 인체의 외측으로 벌림

17. **익상 견갑**(winging scapula) : 견갑골을 흉곽으로부터 벌림

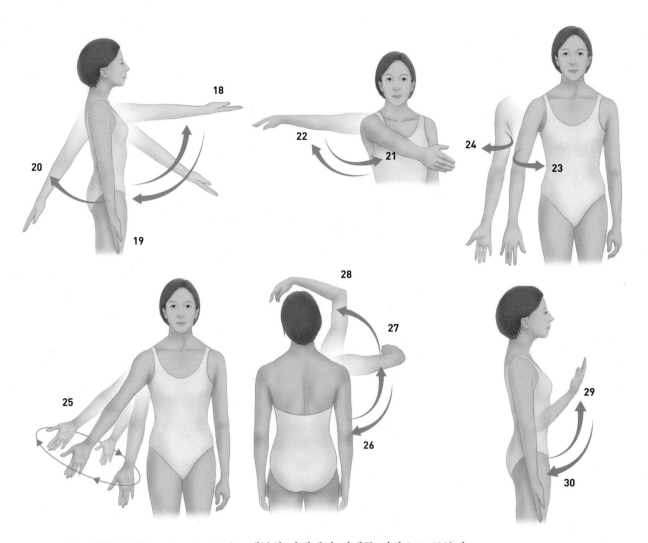

18. 어깨 굴곡(shoulder flexion) : 해부학 자세에서 어깨를 전방으로 구부림

19. 어깨 신전(shoulder extension) : 해부학 자세에서 어깨를 곧게 폄

20. 어깨 과신전(shoulder hyperextension) : 해부학 자세에서 어깨를 후방으로 구부림

21. 어깨 수평내전(shoulder horizontal adduction) : 어깨를 외전 상태에서 인체의 전방으로 수평 이동

22. 어깨 수평외전(shoulder horizontal abduction) : 어깨를 외전 상태에서 인체의 후방으로 수평 이동

23. 어깨 내회전(shoulder internal rotation) : 어깨를 축으로 상완을 내방으로 회전함

24. 어깨 외회전(shoulder external rotation) : 어깨를 축으로 상완을 외방으로 회전함

25. 어깨 휘돌림(shoulder circumduction) : 원뿔 모양으로 꼭지는 견관절에서 중심을 이루고 멀리서 원형을 그리며 상완을 회전함

26. 어깨 내전(shoulder adduction) : 몸통을 축으로 상완을 내방으로 당김

27. 어깨 외전(shoulder abduction) : 몸통을 축으로 상완을 외방으로 벌림

28. 어깨 과외전(shoulder hyperabduction) : 몸통을 축으로 상완을 반측 방향으로 벌림

29. 팔꿈치 굴곡(elbow flexion) : 팔꿈치를 축으로 전완을 구부림

30. 팔꿈치 신전(elbow extension) : 팔꿈치를 축으로 전완을 곧게 폄

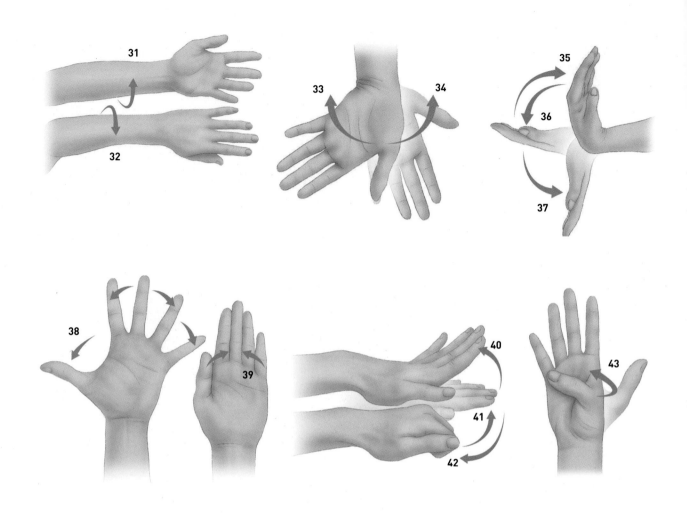

31. 전완 회외(forearm supination) : 팔꿈치를 축으로 손바닥이 상방으로 회전함

32. 전완 회내(forearm pronation) : 팔꿈치를 축으로 손바닥이 하방으로 회전함

33. 손목 내전(wrist adduction) : 손목을 축으로 손을 내측으로 구부림

34. 손목 외전(wrist abduction) : 손목을 축으로 손을 외측으로 구부림

35. 손목 굴곡(wrist flexion) : 손목을 축으로 손을 전방으로 구부림

36. 손목 신전(wrist extension) : 손목을 축으로 손을 곧게 폄

37. 손목 과신전(wrist hyperextension) : 손목을 축으로 손을 후방으로 구부림

38. 손가락 외전(digits abduction) : 손가락 벌림

39. 손가락 내전(digits adduction) : 손가락 모음

40. 손가락 과신전(digits hyperextension) : 손가락을 후방으로 폄

41. 손가락 신전(digits extension) : 손가락을 곧게 폄

42. 손가락 굴곡(digits flexion) : 손가락을 구부림

43. 엄지 대립(thumb opposition) : 엄지를 대립 방향으로 구부림

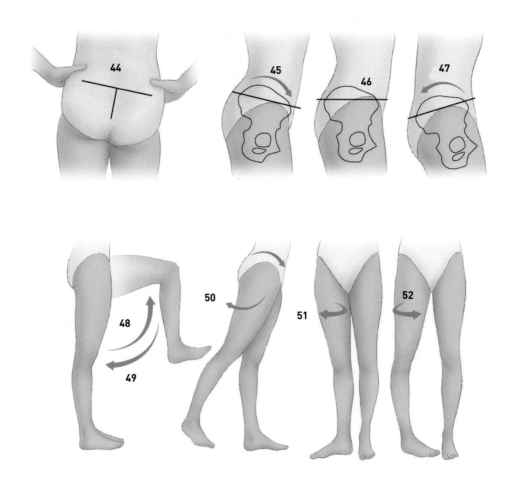

44. 골반경사(pelvic tilt) : 골반 경사각

45. 골반 전만(pelvic anterior rotation) : 골반이 전방으로 경사됨

46. 표준 골반(pelvic neutral) : 정상적인 골반각

47. 골반 후만(pelvic posterior rotation) : 골반이 후방으로 경사됨

48. 고관절 굴곡(hip flexion) : 고관절을 전방으로 구부림

49. 고관절 신전(hip extension) : 고관절을 곧게 폄

50. 고관절 과신전(hip hyperextension) : 고관절을 후방으로 구부림

51. 고관절 외회전(hip external rotation) : 인체의 축을 중심으로 고관절이 외측으로 회전함

52. 고관절 내회전(hip internal rotation) : 인체의 축을 중심으로 고관절이 내측으로 회전함

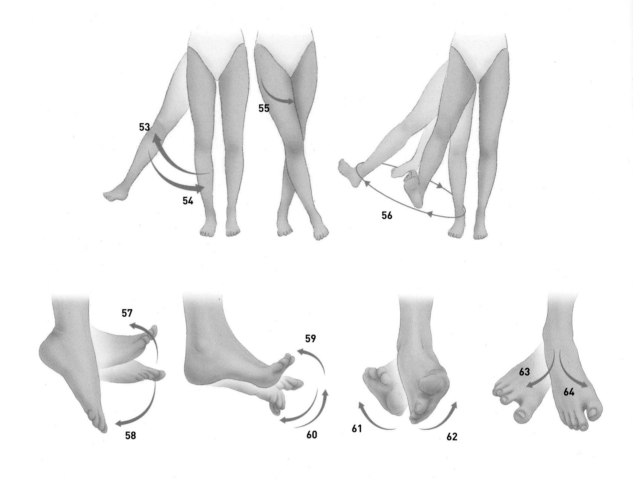

53. 고관절 외전(hip abduction) : 고관절을 인체의 축으로부터 벌림

54. 고관절 내전(hip adduction) : 고관절을 곧게 폄

55. 고관절 과내전(hip hyperadduction) : 고관절을 반측으로 모음

56. 고관절 휘돌림(hip circumduction) : 원뿔 모양으로 꼭지는 고관절에서 중심을 이루고 원형을 그리며 멀리
    서 대퇴를 회전함

57. 발 배굴(ankle dorsiflexion) : 발등 올림

58. 발 저굴(ankle plantar flexion) : 발등 내림

59. 발가락 과신전(digits hyperextension) : 발가락을 수평 이상으로 올림

60. 발가락 굴곡(digits flexion) : 발가락을 수평 이하로 내림

61. 발 외번(foot eversion) : 발목을 축으로 발을 외측으로 당김

62. 발 내번(foot inversion) : 발목을 축으로 발을 내측으로 당김

63. 발 회내(foot pronation) : 다섯 번째 발가락 부위가 외측 상방으로 회전함

64. 발 회외(foot supination) : 첫 번째 발가락 부위가 내측 상방으로 회전함

2

근육학과 수기요법

01

두 경 부

후두전두근, 측두근, 교근, 익돌근, 광대근, 광경근,
흉쇄유돌근, 사각근, 견갑거근, 판상근, 승모근

후두전두근 occipitofrontalis m.

전두근(frontalis)

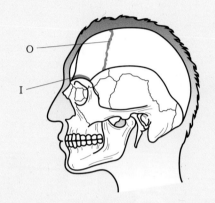 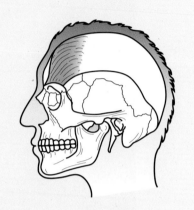

원어 (original word)	Latin : frons-brow or referring to the frontal bone
기시부 (origin)	모상건막
정지부 (insertion)	눈썹 피하지방
작용 (action)	눈썹을 올림, 수평으로 이마 주름 형성
지배신경 (nerve)	얼굴신경, 뇌신경 7번

　　전두근은 눈썹을 위로 당기고 이마에 주름을 만들며, 양측성으로 작용할 때는 눈이 커져 놀라움이 극대화되는 표정을 만든다. 이로 인해 이 근육의 수축이 오랫동안 지속되면 근육의 탄성이 떨어져 이마의 주름이 깊게 파이는 현상이 나타나게 된다.

　　전두근의 일반적인 증상으로는 전두통을 들 수 있다. 이는 스트레스로 인해 이마를 찌푸리는 만성적 습관이 전두근을 긴장시켜 나타나며, 직접적인 외상도 원인이 된다. 또 목 회전근인 흉쇄유돌근의 쇄골부 압통으로 인해 2차적으로 생성되기도 하며, 종종 안면 윤곽 수술과 같은 후유증에 의해 전두근의 손상이나 마비가 일어나는 경우도 있다.

　　통증은 전두골과 전두근의 순환 장애로 인한 두통과 더 나아가 축농증, 고열, 소화 불량, 경추부에까지 직간접적으로 나타난다.

　　전두근은 모상건막에서 시작하여 눈과 코 위의 근막과 피부로 부착된다.

후두근 (occipitalis)

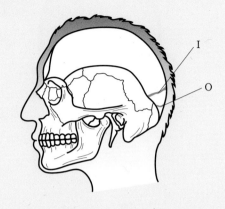
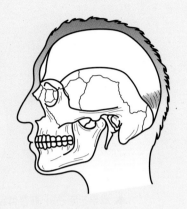

원어 (original word)	Latin : occipitalis-pertaining to the back of the head
기시부 (origin)	후두골의 위쪽 목덜미선 외측 2/3
정지부 (insertion)	모상건막
작용 (action)	두개골의 두피를 움직임
지배신경 (nerve)	얼굴신경, 뇌신경 7번

후두근은 전두근의 기능을 보조하며, 전두근과 후두근 사이의 모상건막을 고정시키고, 두피와 이마를 후면으로 잡아당겨 눈을 크게 떠지게 한다.

후두근은 모상건막을 긴장시켜 혈행을 방해함으로써 두정부에 탈모를 일으키는 주 원인이 되어 일명 '대머리 근육'이라는 별명을 가지고 있다. 후두근은 측두근, 교근, 승모근과 같이 스트레스를 유발시키는 근육으로 만약 단시간에 급속도로 머리카락이 빠지는 후천적 탈모 현상이 나타나면 이들 근육에 의해 발생되었다고 할 수 있다. 그리고 일자목인 경우는 등과 목으로 연결된 근육이 지속적으로 후두근을 당겨 경부와 모상건막에 압박을 줌으로써 후두통과 안면, 목의 통증을 유발시키는 원인이 된다.

통증은 두정부와 후두골로 발현된다. 특히 고개를 숙이고 생활하는 만성적인 동작은 경추후부근육과 이복근에 압통을 생성시키고, 측후두통과 안와 깊숙이 쑤시는 통증을 일으킨다. 나아가 만성적으로 방치하면 시력이 감퇴되고, 눈의 안압을 높여 녹내장으로까지 발전할 수 있다.

후두근은 후두골과 측두골의 유양돌기 부위에서 시작하여 전두근의 근복까지의 모상건막으로 부착된다.

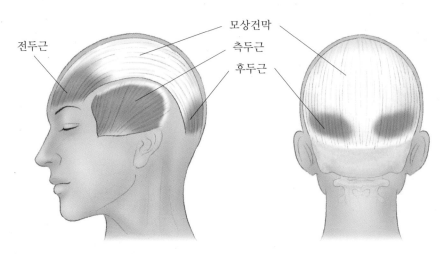

↑ 후두전두근의 표층섬유 구조
두개는 전두근, 측두근, 후두근의 봉합선으로 연결되어 있으며, 나이가 들어
이 근육이 약해지면 두피 근육이 울퉁불퉁해지고 두정통을 호소하게 된다.

후두전두근은 두개골을 감싸는 머리덮개근 중에서 가장 크고 얇은 근육으로, 모상건막(머리덮개널힘줄/galea aponeurotica)에 의해 전두근과 후두근이 연결되어 마치 두건으로 두정부를 덮고 있듯이 배열되어 있다. 그러므로 모상건막의 긴장은 이들 근육을 압박하여 두통을 일으키고, 이렇게 생성된 통증이 다른 부위로까지 영향을 미쳐 신체 전반에 신경성 통증 증후군을 일으키는 원인을 제공한다.

후두전두근의 기본적인 기능은 눈썹을 위로 들어올리며 이마의 주름을 수평지게 함으로써, 놀라고 찌푸린 표정과 같이 선이 굵은 안면 표정근을 만들어 낸다.

전두근과 후두근은 협력근의 기능을 하지만 전두근의 경우는 독립적인 수축이 가능해 눈썹 주름근인 추미근(corrugator supercilii)과는 이마에 세로 주름을 만들어 눈살을 찌푸리는 데 관여한다. 그리고 눈썹의 내측단을 밑으로 당겨 역시 눈살을 찌푸리게 만드는 눈살근인 비근근(procerus)과는 길항함으로써 표정의 미묘한 차이를 나타낸다.

후두전두근을 '두피긴장근(scalp tensor)'이라고도 하는데, 그 원인은 활동이 많은 목으로 인해 어쩔 수 없이 영향을 받기 때문이다. 전면에 위치한 흉쇄유돌근의 긴장에 영향을 받으며, 반대에 위치한 경추후부 근육(상부승모근, 판상근)과 이복근 후부의 압통에 의해서도 영향을 받는다.

일상에서 두통이 나타나면 띠를 이용해 이마를 조여 묶는 것은 모상건막에 압통이 발현되면 눈 뒤와 안구, 눈꺼풀에까지 통증이 일어나므로 통증이 일어나는 부위를 압박함으로써 허혈성 통증을 경감시키고자 함이다.

	협동근	길항근
후두전두근	추미근, 전두근, 후두근	두판상근, 흉쇄유돌근, 비근근

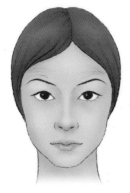
전두근(frontalis)

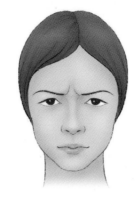
추미근(corrugator supercilii)

비근근(procerus)

⬆ 표정근의 상호관계

증상
- 후두통 깊숙이 쑤시는 통증이 나타난다.
- 시력이 감소되는 느낌이 온다.
- 언제나 인상을 찌푸리는 증상을 보인다.
- 이마를 누르면 욱신거리며 통증이 발현된다.
- 이마에 주름살이 많다.
- 편두통 다음으로 후두통을 호소한다.

요인
- 스트레스로 인해 안면 인상을 찌푸리는 만성화된 표정이 원인이 된다.
- 목 근육의 경직이 원인이 된다(일자목, 거북목).
- 전두근은 주로 외상으로 인해 손상을 입는다.
- 전두근의 기능 이상은 안검하수증(ptosis)을 일으키는 원인도 된다.
- 딱딱하고 불편한 베개를 베고 자는 것이 원인이 된다.

⬆ 안검하수 / ptosis
안검하수는 눈꺼풀을 올려 주는 근육, 즉 눈을 뜨게
하는 근육인 상안검거근(levator palpebrae)이 선
천적 혹은 후천적으로 이상이 생겨 눈꺼풀이 처져
보이는 경우로 전두근의 과도한 이상이 원인이 될
수 있다. 환자의 오른쪽 눈썹이 처져 있다.

압통점과 방사통

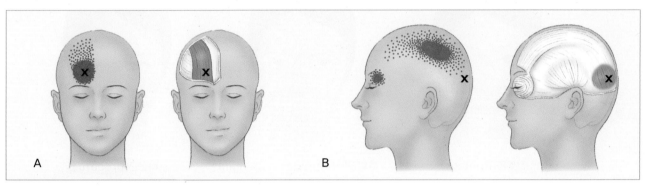

🔺 후두전두근의 압통점과 방사통
　A : 이마에서 압통이 강하게 발현된다.
　B : 두정부 하후면에서 압통이 발현되어 후두통 깊숙한 곳과 안와 내 깊숙이 매우 심한 방사통이 나타난다.

근 기능 테스트

🔸 전두근 압통 테스트
피술자는 얼굴을 위로 하고 눕는다. 시술자는 피술자의 전두근에 압통점을 무지로 서클을 그리며 압을 적용하며, 이때 발생되는 통증의 정도를 평가한다.

🔸 후두근 압통 테스트
피술자는 고개를 회전시켜 환측의 후두면을 오픈하고 눕는다. 시술자는 피술자의 후두근에 압통점을 무지로 서클을 적용하며, 이때 발생되는 통증의 정도를 평가한다.

모델 : 신주희

시술 테크닉

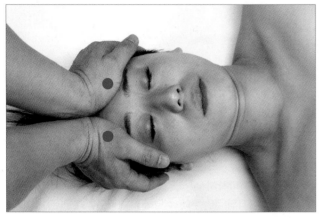 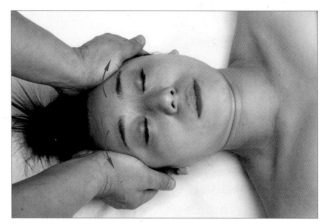

⬆ 전두근 스트레칭
시술자는 피술자의 양 이마에 수근을 위치하고 어깨 힘을 이용하여 강하게 직하방과 측면으로 압을 적용하며 슬라이딩한다.

⬆ 후두근 셀프 스트레칭
환자는 앉아 고개를 숙여 양손을 깍지를 끼고 자신의 후두골을 조이며 고정한다. 이어 고개를 뒤로 서서히 신전시키면서, 양손은 후두하연에서 목 방향으로 강하게 조이며 슬라이딩한다.

⬆ 후두전두근 마사지-1
시술자는 피술자의 두정부에 손가락을 벌려 위치하고, 손끝에 힘을 모아 두정에서 후두 방향으로 강하고 다이내믹하게 쓸어내린다.

⬆ 후두전두근 마사지-2
손끝에 힘을 모아 서클을 그리며 국소압을 두정 전반에 골고루 적용한다.

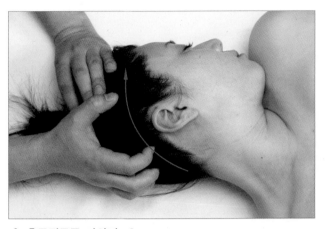

⬆ 후두전두근 마사지-3

시술자는 피술자의 후두 하후면에서 정수리 방향으로 강하고 다이
내믹한 압으로 긁어 올리며 후두 전반에 골고루 적용한다.

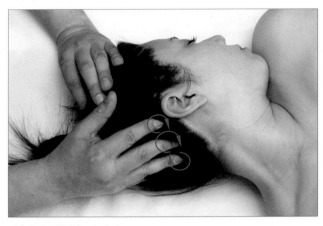

⬆ 후두전두근 마사지-4

시술자는 피술자의 후두부에 적당하게 손가락을 벌려 위치하고,
손끝에 힘을 모아 서클을 그리며 국소적인 압을 후두 전반에 골고
루 적용한다.

⬅ 후두전두근 마사지-5

시술자는 피술자의 후두부 하연을 따라 유양돌기에서 경추 방향으
로 무지를 이용하여 서클을 그리며 강하게 압을 적용한다. 후두
접합 부위를 따라 적당한 간격으로 진행한다.

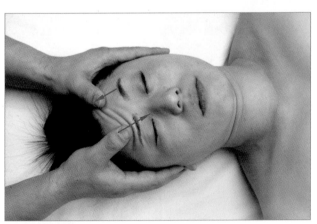

⬆ 후두전두근 마사지-6

시술자는 피술자의 이마에 각각 무지를 위치하고, 한측은 강한 압으로 눌러 내리고 반측은 당기며 슬라이딩한다. 위의 방법을 반대로 적
용한다.

치료 관점

경추후부 경직으로 인해 뜨겁고 따끔한 후두통이 발현되면 목과 후두근에 냉찜질을 적용하도록 한다. 1분 정도 적용하고 다시 이완하고를 반복하여 통증과 열을 경감시킨다. 반대로 단순히 후두근에서만 심부통증이 느껴진다면 온찜질을 적용하여 혈행을 통해 통증인자가 제거되도록 한다.

두정통을 일으키는 근본 요소는 흉쇄유돌근과 판상근에 있으며, 일상의 스트레스가 가장 큰 원인이 되므로 위의 사항을 감안하여 치료하여야 한다.

머리를 감을 때 손가락 끝으로 두피를 자극하듯 손톱 끝을 이용한 가벼운 스트록을 후두전두근 전체로 자주 적용하며, 더불어 얼굴 근육도 함께 이완시키면 더욱 효과적이다. 딱딱한 베개를 베고 자거나 잘못된 수면 자세는 후두전두근에 지속적인 압박을 주어 근육 손상과 혈액 순환 장애를 가져오므로 바른 습관을 갖는 것이 근본적인 치료에 도움이 된다.

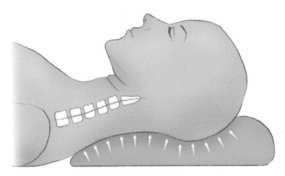

↑ 높은 베개
장시간 높은 베개를 베고 수면을 취하면 경추후부와 후두근에
장력이 발생하여 근막 손상과 통증을 유발시킨다.

측두근 temporalis m.

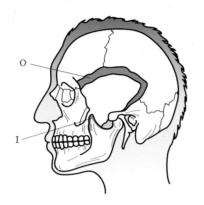
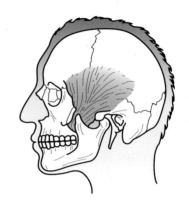

원어 (original word)	Latin : temporalis-pertaining to the temporal
기시부 (origin)	협골궁위의 측두와
정지부 (insertion)	하악골의 관절돌기와 하악골의 전연
작용 (action)	턱을 움츠리고 올리고 닫는다.
지배신경 (nerve)	삼차신경 5번

측두와(temporal fossa)의 전체 길이로부터 시작하여 구상돌기로 연결된다. 부채꼴인 이 근육은 측두와의 모든 부위에서 협골궁으로 부착되어 있는 매우 강한 건막으로 덮여 있고 앞 부위, 중간 부위, 뒤 부위로 나누어 전측두근, 중측두근, 후측두근으로도 구분한다. 이 근육의 촉진은 관자놀이와 머리 측면에 손을 대고 턱의 어금니를 서로 맞물려 힘주어 씹어 보면 움찔하며 움직이므로 알 수 있다.

저작에 관여하는 근육군 중에서 측두근에 특히 운동 부하가 많이 걸리면 저작 시 또는 일상에서 두통과 같은 통증이 자주 유발하며, 측두근이 발달하게 되어 관자놀이가 있는 양쪽 이마 부위가 커지는 증상을 보인다.

또한, 측두근이 위축되면 전체적으로 관자놀이 부분이 움푹 꺼져 보이고, 협골궁 부위에 위축이 오면 얼굴 측면이 다소 줄어 보일 수 있다. 이 근육은 교근, 익돌근과 함께 아래턱을 끌어올리고, 측두하악관절(TMJ)을 구성하기 때문에 저작운동 기능장애와 두통을 호소하는 모든 환자에게 치료의 선행이 필요한 부위라 할 수 있다.

	협동근	길항근
측두근	교근, 내측익돌근, 외측익돌근의 상지분지	전이복근(anterior belly of digastric m.) 견갑설골근(omohyoid m.) 악설골근(mylohyoid m.)

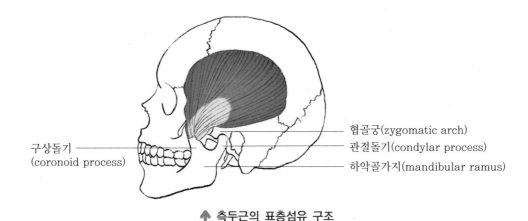

구상돌기
(coronoid process)

협골궁(zygomatic arch)
관절돌기(condylar process)
하악골가지(mandibular ramus)

↑ 측두근의 표층섬유 구조

증상
- 측두 부위로 넓게 두통이 나타난다.
- 눈썹 부위와 눈 뒤쪽, 윗니 일부나 전체에 통증이 나타난다.
- 윗니 일부 혹은 전체가 온도 변화에 민감하다(특히 추위에 노출될 때).
- 윗니가 과민해져 치통을 호소하기도 한다.
- 입을 벌리는 데 5~10mm 정도의 가벼운 제한이 있다.
- 일반적으로 아래턱의 움직임으로 인해서는 통증이 발생하지 않는다.

요인
- 긴장성 스트레스에 의해 발생한다.
- 단단한 음식물을 자주 씹거나 껌을 오래 씹는 것이 원인이 된다.
- 부정 교합 또는 이를 갈거나 이를 꽉 다무는 행위도 원인이 된다.
- 하지 길이의 현격한 차이, 골반 크기의 심한 비대칭이 원인이 되기도 한다.
- 거북목과 같이 나쁜 자세로 생활하는 경우 통증을 유발한다.

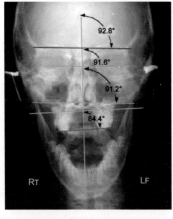

↑ 비대칭에 의한 변형-1
X-ray 판독으로 본 두개골의 변형.
골반과 하지 길이의 비대칭은 두개
골에도 영향을 주어 얼굴 모습을 변
형시킨다.

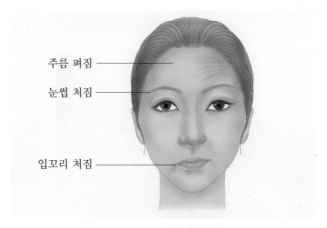

주름 펴짐
눈썹 처짐

입꼬리 처짐

↑ 비대칭에 의한 변형-2
얼굴 표면의 변형을 나타낸다.

압통점과 방사통

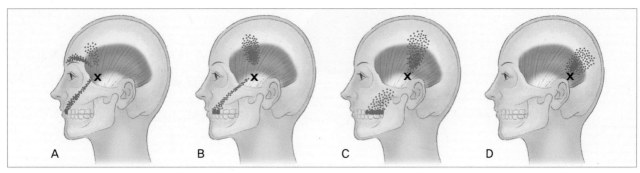

🔺 **측두근의 압통점과 방사통**

A-전섬유의 압통점 및 방사통 : 안와상연 및 윗니에서 압통이 발현된다.
B-중간섬유의 압통점 및 방사통 : 측두부의 중간 부위와 상악골 중간 치아에서 압통이 발현된다.
C-중간섬유의 압통점 및 방사통 : 측두부의 중간 부위와 상악골 외측 치아에서 압통이 발현된다.
D-후섬유의 압통점 및 방사통 : 후섬유의 압통점에서 후상부로 방사되며 통증이 발현된다.

근 기능 테스트

🔻 **측두근의 압통 테스트-1**

근육이 심하게 수축되지 않은 상태, 즉 입을 적당히 벌린 상태에서 측두근의 압통점을 동시에 눌러 보아 양 측두에서 발생하는 통증의 정도를 비교한다. 시술자는 손가락을 각각 압통점에 위치하여 양측으로 같은 압을 동시에 적용한다.

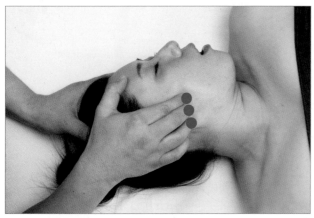

🔺 **측두근의 압통 테스트-2**

피술자는 입을 벌린 상태를 유지하고, 시술자는 측두근의 압통점에 압을 적용한다. 이어 시술자는 압을 그대로 유지하고, 피술자는 입을 다물어 본다. 하악골의 관절돌기를 눌러 방사통을 확인함으로써 측두근의 압통점을 보다 확실하게 알 수 있다.

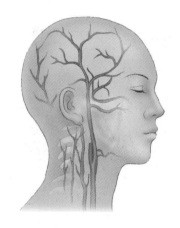

← 측두동맥 가지
압통점에 압을 가하기 전에 측두에 분포된 동맥을 촉진하여 맥을 확인하고, 혈관에 직접적인 강압이 오랫동안 가해지지 않도록 유의한다.

← 악관절 테스트 / TMJ test
피술자는 입을 자연스럽게 최대로 벌린다. 이때 악관절의 통증과 기능 장애로 인해 비대칭적인 개구 현상이 나타나는데, 측두근의 기능 저하도 그 원인을 제공한다. 측두근은 교근에 이상이 없다면 세 손가락 테스트(three knuckle test)로는 문제를 알 수 없을 만큼 근 위축이 경미하게 나타나지만, 교근에 이상이 있다면 개구에 제한이 나타난다. 그리고 측두근의 후섬유에 이상이 있으면 입을 여닫을 때 하악골이 지그재그로 움직이는 특징이 나타난다. 시술자는 피술자의 뒤쪽 위에서 입이 개구되는 대칭 관계를 면밀히 관찰해 본다.

시술 테크닉

↑ 악관절 및 측두근 셀프 스트레칭
환자는 양 손가락을 자신의 관자놀이 부위에 각각 적당한 압으로 위치하고, 연필을 입 가운데로 문다. 환자는 하악관절을 움직여 좌우로 연필을 이동시킴으로써 악관절과 측두근을 스트레칭한다. 몇 회를 반복하고 서서히 횟수를 늘려 나간다.

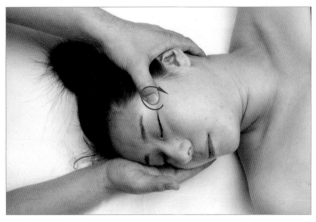 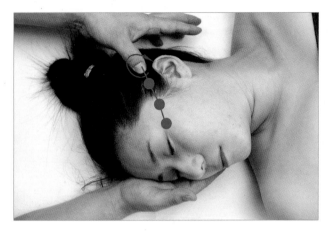

↑ 측두근 압통점 이완

시술자는 측두근 압통점에 무지를 위치하고, 강약을 배합한 압으로 서클을 그리며 이완한다. 측두근에 분포된 압통점을 따라 같은 방법을 적용한다.

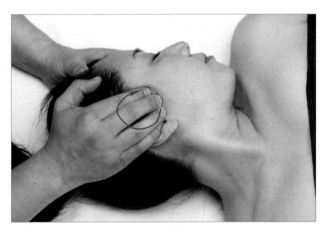

← 측두근 마사지-1

하악골 관절돌기와 하악골의 전연에 위치한 측두근 정지부에 손가락 끝을 모아 강약을 배합한 압으로 서클을 그리며 마사지한다.

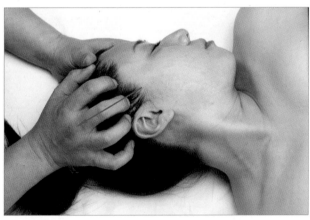

↑ 측두근 마사지-2

시술자는 적당하게 손가락을 벌리고 손끝에 힘을 모아 측두 헤어라인에서 두정부 방향으로 강하고 다이내믹한 압으로 쓸어 올린다.

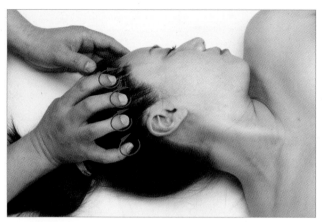

↑ 측두근 마사지-3

측두부에 적당하게 손가락을 벌려 위치하고, 손끝에 힘을 모아 서클을 그리며 측두근 전반에 걸쳐 국소압을 골고루 적용한다.

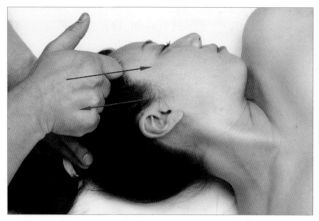

↑ 측두근 마사지-4

시술자는 가볍게 주먹을 쥐어 너클을 만들고 적당한 압력으로 측두근 전반에 걸쳐 다이내믹하게 압을 적용한다.

치료 관점

　　일명 측두근 근막통증 증후군이나 두개하악 장애환자의 경우는 대개 교근이나 외측익돌근에 일차적인 원인이 있는 것으로 보고 있으며, 측두근 이상은 전체 환자의 1/3 정도를 차지하고 있다.

　　측두근에 압통 치료를 하기 전에 교근의 긴장도를 먼저 이완해야 한다. 이는 교근의 압통점이 측두근으로 들어가는 정맥 유입에 장애를 주어 눈 주위로 피멍을 일으킬 수 있기 때문이다. 그리고 머리 측면에서 박동되는 측두동맥에 강한 압이 들어가지 않도록 각별히 유의해야 한다.

교근 masseter m.

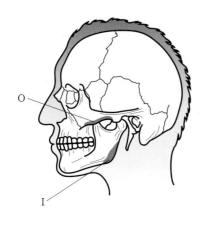 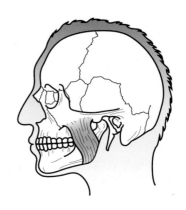

원어 (original word)	Greek : masseter-chewer
기시부 (origin)	상악골의 협골돌기와 협골궁
정지부 (insertion)	하악골의 모서리
작용 (action)	양측이 수축하면 턱이 닫혀 씹는 기능
지배신경 (nerve)	삼차신경 5번

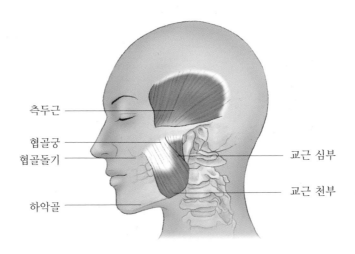

측두근

협골궁

협골돌기

하악골

교근 심부

교근 천부

⬆ 교근의 섬유 구조

	협동근	길항근
교근	교근(반측), 측두근, 내/외측익돌근	이설골근, 견갑설골근, 설하근, 이복근의 전섬유, 외측익돌근의 하부섬유

↑ 사각턱

볼근(buccinator)의 지방 감소로 뺨이 위축되면 하악각에서
교근이 선명하게 드러나 사각턱이 두드러져 보인다.

교근은 협골궁의 하부연에서 시작하여 하악골 가지의 외측면을 따라 심층의 하악각(mendibular angle)의 모서리 속에 삽입된다. 짧고 두꺼운 사변형의 이 근육은 얼굴의 후방을 이루고 있어 얼굴의 곡선을 유지시켜 주며, 아래턱을 끌어올리는 역할을 한다.

교근은 음식을 씹을 때 사용되는 근육이라 일반적으로 저작근이라 불리며, 측두근과 함께 저작 기능을 주관한다. 근육의 크기에 비해 매우 강해서 차력 시 입으로 밧줄을 연결해 자동차 등을 당기는 엄청난 힘을 발휘하기도 한다.

교근은 천부와 심부가 혼합되어 3겹의 중첩된 층으로 구성되는 사변형의 근육으로, 심부 근육은 천부 교근과 이하선으로 덮여 있어 촉진 및 위치 확인이 다소 어렵다.

교근에 의한 병적 질환으로는 입술을 다물 수 없게 근 경련을 일으키는 개구성교근 경련과 교근의 크기가 양측이 각각 달라 장애를 일으키는 양성교근 비대 등이 대표적이다. 교근의 긴장으로 양측에 비대칭이 형성되면 한쪽으로 턱관절이 비뚤어져서 저작 시 두통이 일어나고 귓속 깊숙이에서 통증이 느껴진다.

심층 압통점은 편측성 이명을 일으키기도 하지만, 난청은 나타나지 않으며 귀 안쪽과 측두하악관절 부위로 관련통을 발생시킨다. 표층 압통점은 온도 변화에 민감하게 반응하고 여기에 압을 적용해 보면 눈썹, 상악, 하악의 앞쪽, 측두하악관절 그리고 상하 어금니로 통증이 방사된다.

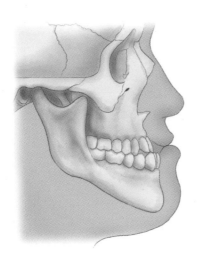

◀ 부정 교합 / malocclusion

부정 교합은 비정상적인 치열 상태를
보이는 것으로 바른 발음이 어려워지고
음식도 충분히 씹을 수 없으며 턱뼈나
주변 조직, 근육의 발육을 저해시킨다.

증상
- 저작 시 통증과 기능 장애가 나타난다.
- 위쪽 어금니에서 통증이 나타난다.
- 관자놀이 부위와 눈썹 부위에 두통과 같은 증세가 나타난다.
- 치아의 감각이 예민해진다.
- 귓속 깊숙이에서 통증이 발현된다.
- 이명 현상이 나타난다.

요인
- 반복적으로 이를 가는 행위가 원인이 된다.
- 얼음과 같은 단단한 물질을 씹을 때 갑자기 강하게 교근이 수축하여 외상이 발생한다.
- 입을 벌리고 있는 상태(치과 치료, 입 벌리고 수면)가 오래 지속되면 영향을 미친다.
- 악관절 질환이 원인으로 작용한다.
- 정신적 스트레스가 원인이 된다.
- 흉쇄유돌근의 기능이 저하되면 영향을 받는다.
- 입을 벌리고 지속적으로 숨을 쉬는 행위가 원인이 된다.
- 오랫동안 껌을 씹거나 손가락을 빠는 행위가 원인으로 작용한다.
- 치아의 부정 교합 또는 치주염이 있을 때 영향을 미친다.

⬆ 손가락을 빠는 반복적인 행위
소아기에 지속적으로 손가락을 빠는
행위나 껌을 장시간 씹는 행위 등은
교근의 압통을 활성화시킨다.

압통점과 방사통

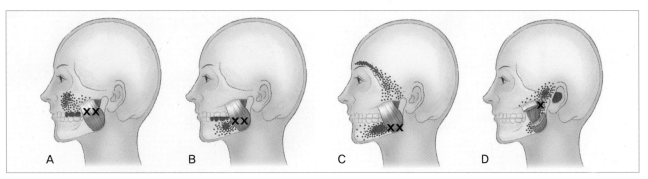

⬆ 교근의 압통점과 방사통
A-표층 섬유 상부 : 상부 어금니와 인접한 볼과 상악으로 방사된다.
B-표층 섬유 중부 : 하부 어금니와 인접한 턱과 하악으로 방사된다.
C-표층 섬유 하악골 하연 : 눈썹에서 관자놀이로 다시 하악으로 방사된다.
D-심층 섬유 : 귓속 심부에서 외측익돌근을 지나 하악으로 방사된다.

근 기능 테스트

⬅ 세 손가락 테스트 / three knuckle test
환자 자신의 손가락 3개를 세로로 세워 입에 넣어 보아 개구가 어느 정도 가능한지 확인한다. 보통은 2개 반의 손가락(정상적인 개구량은 45mm 정도)이 들어가면 정상이며, 그 이하는 교근이 매우 수축되어 있는 것을 의미한다. 통증은 광대뼈에서 귀 부위 그리고 아래턱에 걸쳐 두루 나타난다.

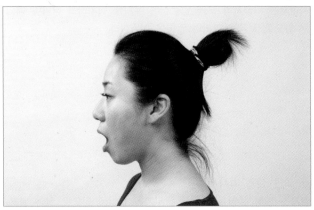

⬆ 교근 반사 테스트
환자는 자연스럽게 입을 벌리고 주먹을 가볍게 쥐어 자신의 하악을 아래에서 위로 쳐 보아 입이 다물어지는 반응 속도를 평가한다. 턱 반사 또는 교근 반사(jaw jerk reflex)를 통해 교근의 반사 기능과 반응 속도를 평가할 수 있다.

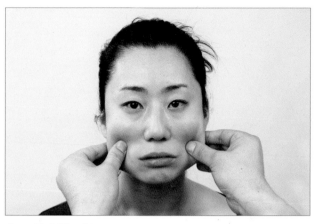

↑ 교근 압통 테스트-1

시술자는 피술자의 교근 압통점을 손가락으로 동시에 지그시 조여 본다. 양측에 나타나는 통증과 경직의 정도를 비교 확인한다(그림 은 피술자의 외측 교근이 더 이완되어 있는 상태).

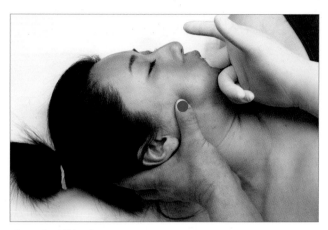

↑ 교근 압통 테스트-2

피술자는 입을 편한 상태에서 최대한 개구한다. 시술자의 한쪽 중 지를 구강 안으로 넣어 압통점 부위에 위치하고, 다른 손의 무지 는 외측에서 같은 부위에 함께 맞닿도록 위치하여 동시에 집게 촉 진하며 통증의 정도를 비교 확인한다.

시술 테크닉

← 교근 압통점 이완

시술자는 피술자의 교근 압통점에 무지를 위치하고 강약이 배합 된 압으로 서클을 그리며 압통을 이완한다.

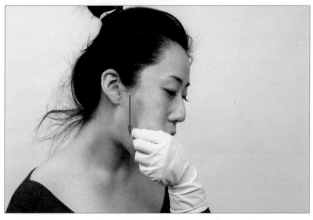

← 교근 셀프 마사지

환자는 편하게 입을 개구시켜 무지를 협골궁 밑으로 밀어 넣고, 나머지 손가락을 모아 외측 턱선을 따라 집게로 조이며 하악각 방 향으로 서서히 슬라이딩해 나간다. 몇 회를 반복하고 서서히 횟수 를 늘려 나간다.

◀ 교근 마사지-1

시술자는 손가락 끝을 모아 상악골의 협골돌기에서 하악 방향으로 강하게 압축하며 서서히 슬라이딩해 내려간다. 몇 회를 반복하여 적용한다.

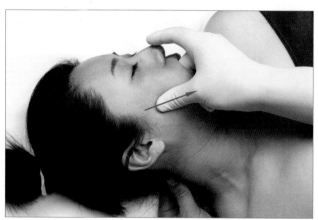
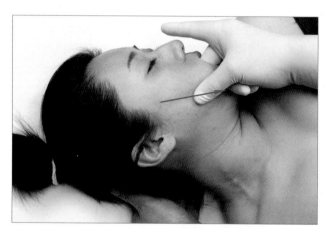

▲ 교근 마사지-2

시술자의 중지를 피술자의 입속 깊숙이 협골궁 방향으로 밀어 넣고 무지로 집게 조이며, 그 압을 그대로 유지한 채 하악각 방향으로 슬라이딩한다.

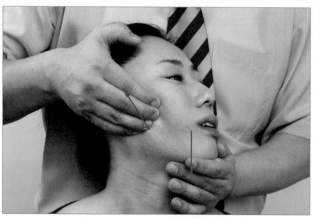
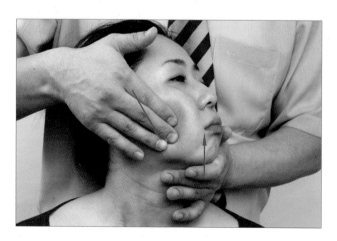

▲ 교근 마사지-3

시술자는 손가락 끝을 모아 피술자의 하악에서 협골궁 방향으로 조이며 당기고, 동시에 피술자는 서서히 입을 열어 이에 저항한다. 이어 반대로 협골궁에서 하악 방향으로 같은 방법을 적용하여 근섬유에 강한 등척성 운동이 일어나도록 한다.

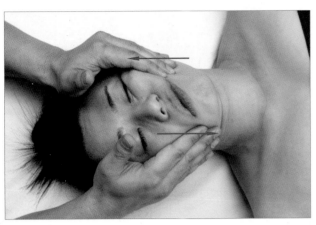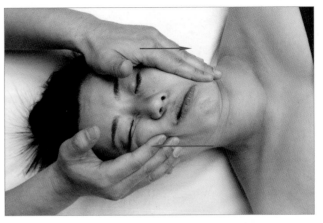

⬆ 교근 마사지-4

시술자는 한측으로는 하악에서 협골궁 방향으로 조이며 당기고, 동시에 반측은 하악각 방향으로 조이며 내려 슬라이딩한다. 같은 방법을 반대로 적용하며 몇 회를 반복한다.

치료 관점

　　선천적인 요인이 아닌 후천적으로 사각턱으로 점점 변형되는 경우가 많은데, 이는 뼈의 모양보다 저작 시 볼록하게 튀어나오는 교근의 발달로 인한 경우가 더 많다.

　　턱의 한쪽 근육이 다른 쪽보다 더 발달하면 일명 사각턱 증후군이 발생하여 얼굴에 비대칭이 일어나 보기 흉하게 되므로 시술 테크닉을 통해 교근의 긴장을 없애고 노폐물을 빠르게 제거함으로써 기형적인 대칭을 예방하고 나아가 얼굴 축소 효과를 기대해 볼 수 있다.

　　교근의 기능이 활성화되면 뇌에 산소 공급을 원활하게 하여 두통을 줄여 줄 뿐 아니라, 악관절이 정상적으로 기능하게 되어 하품할 때 턱이 탈골되거나 저작의 불편함을 방지할 수 있다.

익돌근 pterygoid m.

내측익돌근(medial pterygoid)

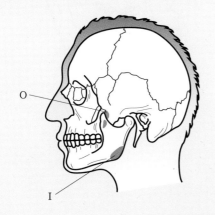
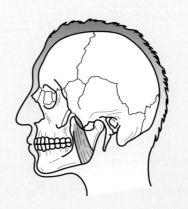

원어 (original word)	Greek : pterygodes-a wing Latin : medialis-toward the midline
기시부 (origin)	접형골의 날개판 내측
정지부 (insertion)	하악각의 내측 표면
작용 (action)	입을 닫는 기능
지배신경 (nerve)	삼차신경 5번

　턱을 조절하는 근육에는 4개의 근육이 있다. 이 중 2개의 근육은 표면에, 나머지 2개는 심층에 위치해 있다. 표층을 이루고 있는 근육은 교근(masseter m.)과 측두근(temporalis m.)이며, 심층근육은 내/외익돌근이다.

　익돌근은 모든 턱의 움직임에 관여하는 근육들과 함께 유기적인 운동을 하며 턱관절을 유지한다.

　내측익돌근은 접형골(sphenoid b.)의 날개돌기(pterygoid process)에서 하악각 방향으로 연결되고 심부에서 교근과 평행한다. 주 기능은 교근과 측두근의 협조로 턱을 당겨 올려 입을 닫는 기능을 하며, 음식물을 갈 때와 같이 하악골을 양측으로 움직인다(excursion). 내측익돌근의 통증은 입 안과 인두부, 측두하악관절 아래와 내측 그리고 귓속으로 강하게 방사되며, 교근보다는 약하지만 입을 벌리는 데 제한이 온다.

외측익돌근 (lateral pterygoid)

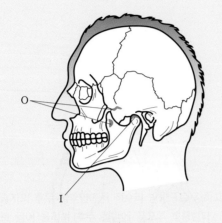 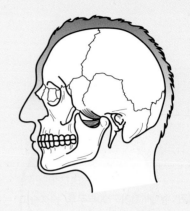

원어 (original word)	Greek : pterygodes-a wing Latin : laterlis-toward the side
기시부 (origin)	접형골의 날개판 외측
정지부 (insertion)	악관절돌기와 턱관절관
작용 (action)	입을 벌리는 기능
지배신경 (nerve)	삼차신경 5번

외측익돌근은 접형골의 날개돌기에서 하악골의 관절돌기(condylar process)로 연결된다. 주 기능은 턱을 후방, 하방 그리고 외측으로 당겨 입을 최대한 벌리도록 하며, 한쪽만 작용할 때는 하악을 측방으로 움직이게 하고, 양측으로는 턱을 미끄러지도록 만든다.

외측익돌근은 두 개의 형태로 이루어져 있으며, 일반적인 증상으로는 측두하악관절 부위와 상악동에서 통증이 매우 심하고, 입을 벌리고 다물 때 제한이 온다. 외측익돌근의 작은 두 개 근육을 각각 구분해서 압통점을 구분하기는 매우 어렵다.

	협동근	길항근
내측익돌근	교근, 측두근	외측익돌근의 하섬유, 이복근
외측익돌근	이복근	교근, 측두근

증상
- 입 안과 인후, 측두하악관절 부위 그리고 귓속으로 통증이 강하게 나타나지만 치아로는 방사되지 않는다.
- 저작 시 통증이 유발되어 음식물을 삼키기가 어렵다.
- 개구 시 통증이 나타나며 특히 강하게 씹거나 다물 때 심해진다.
- 상악동과 측두하악관절 부위로 방사통이 일어난다.
- 악관절로부터 달그락거리는 소리가 난다(clicking sound).
- 저작 시 통증을 호소한다.
- 음식물이 단단하거나 저작이 힘들 경우 통증이 발생한다.
- 측두하악관절 부위의 통증이 가장 심하다.
- 하악동 부위의 자율신경 이상으로 상악동에서 심한 분비물이 나와 부비동염으로 오인되기도 한다.
- 이명 현상이 나타난다.

요인
- 내측익돌근 또는 교근의 압통점에 의해 악관절로 통증이 발생하기도 한다.
- 엄지손가락을 빨거나 오랫동안 껌을 씹는 행위가 원인이다.
- 불안한 정신적 스트레스가 원인으로 작용한다.
- 이를 꼭 다무는 행위도 통증을 일으킨다.
- 흉쇄유돌근의 긴장으로 인한 방사통의 영향을 받는다.
- 이를 가는 버릇이 있거나 치아가 부정교합일 때 손상을 입는다.

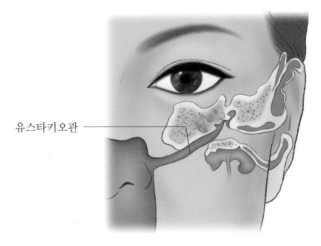

유스타키오관

⬆ 유스타키오관 / eustachian tube
귀의 소이골과 악관절이 인대로 연결되어 있어 익돌근이 경직되면 유스타키오관을 자극해 귓속으로 이명 현상과 통증 그리고 답답한 느낌이 나탄난다.

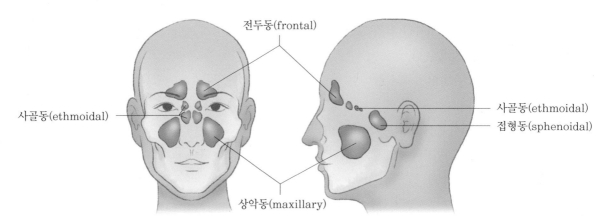

⬆ 부비동염/ paranasal sinusitis

부비동염은 다른 말로 축농증이라 하며, 코 주위의 뼈인 상악골, 전두골, 사골, 접형골 안의 비어 있는 공간에 염증이 생기는 것을 말한다. 익돌근의 기능 이상은 자율신경을 자극하여 상악동으로부터 심한 분비물을 만들어 내기도 한다.

압통점과 방사통

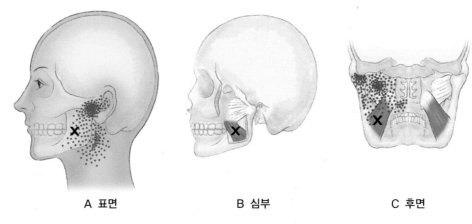

A 표면   B 심부   C 후면

⬆ 내측익돌근의 압통점과 방사통

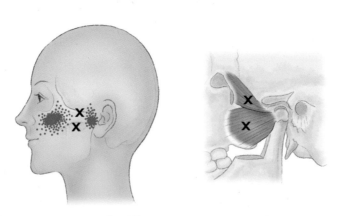

⬆ 외측익돌근의 압통점과 방사통

근 기능 테스트

내측익돌근

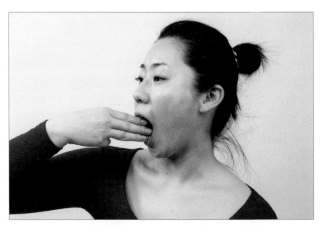

← 세 손가락 테스트 / three knuckle test
입을 최대한 벌리고 손가락 두세 개 정도를 세워 넣으면 통증과 함께 개구 장애가 느껴진다. 이 방법은 교근의 근 기능 테스트와 같다.

← 내측익돌근 압통 테스트-1
내측익돌근 압통점을 집게손가락으로 지그시 조여, 이때 나타나는 통증과 경직의 정도를 확인한다.

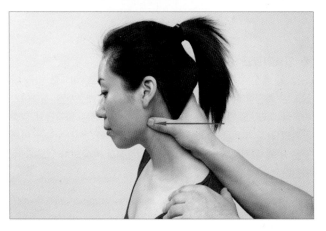

← 내측익돌근 압통 테스트-2
무지로 아래턱 모서리(mandible) 후면에서 입술 측면 방향으로 서서히 눌러, 이때 발생하는 통증의 정도를 확인한다.

외측익돌근

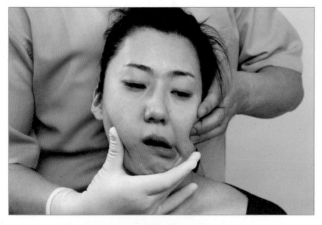

◀ 외측익돌근 근 기능 테스트

외측익돌근의 아랫부분 하부섬유에 이상이 있으면 개구 장애는 심하지 않아 입속으로 손가락 3개(three knuckle)의 삽입이 가능하다. 그러나 윗부분에 이상이 있을 경우는 교근에 비해 경증이기는 하지만 입을 개구하는 데 힘이 든다. 또 뒷부분에 이상이 있으면 입을 열고 닫을 때마다 악관절에서 탁발음(clicking sound)이 난다.

구강 내 근 기능 검사에 있어서는 입을 2cm 정도 벌리고 아래턱을 측방으로 틀어 보아, 이때 나타나는 가동 범위와 통증의 정도를 확인한다.

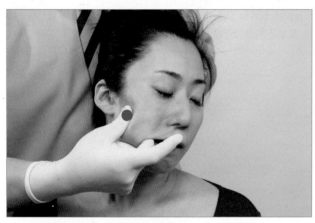

◀ 외측익돌근 구강내 촉진

상부 어금니를 따라서 상악골과 관자돌기(temporal process) 사이를 짜듯이 촉진한다.

◀ 외측익돌근 구강외 촉진

구강 외 촉진은 하부 전면 부착부 이외의 경우로, 이때도 입을 다물고는 촉진할 수 없으므로 입을 3cm 정도 개구시킨 상태에서 협골궁 아래, 앞쪽에는 하악골의 근돌기, 뒤쪽에는 하악골의 관절돌기의 경계 부위를 따라 촉진한다. 이때 외측익돌근은 교근 아래 깊은 곳에 위치해 있으므로 교근의 압통점과 혼동되지 않도록 주의한다.

시술 테크닉

내측익돌근

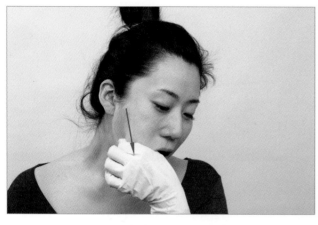

← 내측익돌근 셀프 마사지
환자는 무지를 입속 깊숙이 협골궁 방향으로 최대한 밀어 넣고 나머지 손가락으로 집게하여 협골궁에서 하악각 방향으로 조이며 내린다. 강약이 배합된 압으로 다양한 각도에서 세심하게 이완한다.

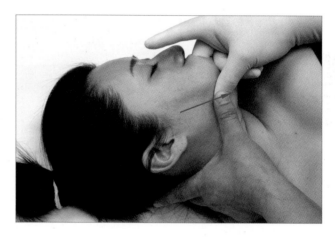

↑ 내측익돌근 마사지-1
피술자는 입을 벌렸다가 시술자가 손가락을 넣으면 가볍게 닫아 긴장을 없앤 상태를 유지한다. 시술자는 중지를 피술자의 입속 깊숙이 협골궁 방향으로 최대한 밀어 넣고, 무지는 외측에 위치해 집게 촉진한다. 이 근육은 교근 아래 심층에 위치해 있으므로 마음속의 상상으로 압을 적용해야 하며, 압이 결정되면 하악 방향으로 조이며 슬라이딩한다.

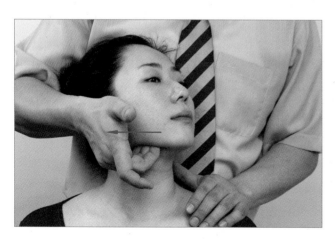

← 내측익돌근 마사지-2
피술자의 아래턱에 시술자의 손가락 끝을 모아 턱의 중앙에서 외측 모서리 방향으로 심부압을 적용하며 서서히 슬라이딩한다. 이는 교근 아래에 위치한 내측익돌근의 내측 표면 정지부를 이완하는 방법이다.

외측익돌근

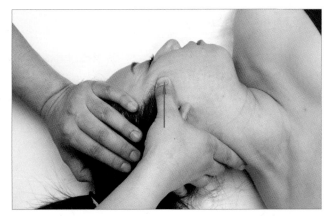

▲ 외측익돌근 마사지-1

시술자는 무지를 이용하여 피술자의 악관절돌기에서 접형골의 외측으로 심부압으로 슬라이딩한다. 이때 피술자는 시술자의 슬라이딩 속도에 맞추어 입을 벌리고 다시 닫는 동작을 취하여 근 수축과 이완에 따른 마사지의 효율성이 극대화되도록 한다.

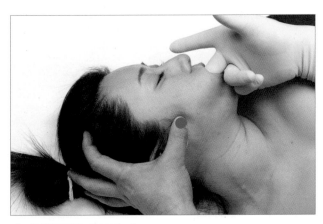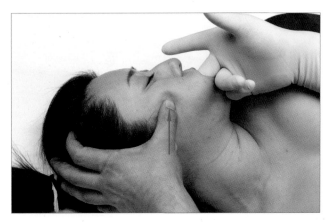

▲ 외측익돌근 마사지-2

시술자는 중지를 피술자의 구강 내 악관절돌기로 밀어 넣고, 외측에서는 무지를 접형골의 외측에 위치한다. 이어 구강 내 중지는 고정시킨 채 외측 무지만으로 강한 압을 적용하며 슬라이딩한다. 몇 회를 반복하여 적용한다.

치료 관점

익돌근은 귀에 붙어 있는 주위 근육군(측두근, 교근)들과도 상호 밀접한 관계를 갖고 있어 이 부위에 과도한 긴장이나 외상, 턱관절 장애 등을 입으면 저작 시 양측 밸런스가 맞지 않아 통증을 일으킨다. 또 정신적, 육체적 과로는 스트레스를 유발시켜 자기도 모르게 이를 꽉 다물고 생활하는 버릇을 만들고, 나아가 주변 근육까지 경직되게 만든다. 통증이 발생하면 부위에 냉찜질과 온찜질을 번갈아 적용하여 근육의 긴장을 이완하고, 껌과 같은 가벼운 저작물을 이용하여 가볍게 운동시켜 준다. 물리치료요법으로는 초음파 치료가 도움이 되며, 이때 빛이 눈으로 반사되지 않도록 각별히 유의한다.

이 근육을 치료하는 데 있어 기본적으로 치아의 부정교합이 있다면 먼저 치료가 이루어져야 하며, 이 가는 습관, 영양 결핍, 하지 길이의 불일치 등과 같이 다른 외적 지속 인자를 제거해야 한다. 중요한 치료 효과를 보면 안면신경을 자극하여 편두통과 같은 측두 통증, 이명과 같이 귓속을 맴도는 거북함 등이 사라진다.

광대근 zygomaticus major and minor

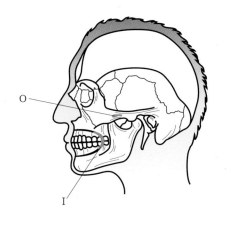
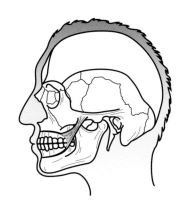

원어 (original word)	Latin : zygotos-yoked or to connect 　　　major-larger 　　　minor-smaller
기시부 (origin)	협골궁
정지부 (insertion)	입술의 외측과 입술의 절반 중 중앙
작용 (action)	입술 축을 들어 올려 이를 드러내고 싱긋 웃거나, 입술의 중앙 부분을 들어 올려 슬픔을 표현
지배신경 (nerve)	얼굴신경, 뇌신경 7번

　사람의 얼굴은 크고 작은 80여 개의 근육으로 이루어져 있으며, 크게 안면근과 저작근으로 구분한다. 또, 안면근은 표정근이라 부르며 7000여 가지가 넘는 희로애락을 표현하는 섬세한 기능을 가지는데, 이 중에서 웃을 때 사용되는 근육은 구각을 위로 당기는 대광대근, 옆으로 당기는 소근(risorius), 아래로 당기는 구각하제근(depressor anguli oris)이 있다.

　이 중 대광대근은 입 꼬리를 협골궁 방향으로 당겨 진심으로 웃는 모습을 표현하고, 비슷하게 그 옆에 배열된 소광대근은 상순(윗입술)을 같은 협골궁 방향으로 들어 올려 묘하게도 씁쓸한 표정으로 웃는 모습을 연출한다.

　표정근은 다양한 근 기능의 활동으로 복잡한 표정을 만들어내는데, 그 중에서도 광대근이 얼굴 표정을 대표한다고 해도 손색이 없을 만큼 대부분의 비중을 차지하며, 근섬유의 모양은 가로무늬근으로 형성되어 있다. 광대근은 다른 근육에 비해 탄력성이 빠르게 회복되어 웃음으로도 근 기능이 좋아지지만 반대로 탄성을 잃게 되면 노화가 진행되는 특징을 가지고 있다.

	협동근	길항근
광대근	교근, 익상근, 측두근, 이복근	광경근, 하순하체근, 이근

특히 같은 안면근인 광경근(platysma)과 눈둘레근(orbicularis oculi)의 상호 조화와 길항에 의해 근력의 영향을 받는다. 주 증상은 근육 이상보다는 신경계가 원인인 경우가 많아 이로 인해 근 기능이 저하되는 현상이 나타나며, 간혹 통증을 유발시키기도 한다.

광대근은 관골의 측면에서 시작하여 구각(대광대근)과 상순(소광대근)으로 부착하여 입둘레근의 섬유들과 섞인다.

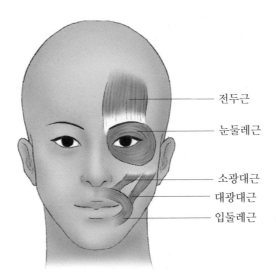

전두근

눈둘레근

소광대근
대광대근
입둘레근

⬆ 안면근의 섬유 구조

대광대근
(zygomaticus major)

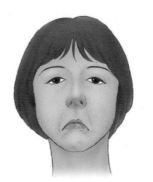

구각하제근
(depressor anguli oris)

소근
(risorius)

⬆ 표정근의 상호관계

증상
- 표정의 변화에 제한을 받는다.
- 미소를 표현하는 움직임에 제한을 준다.
- 슬픔을 표현하는 움직임에 제한을 준다.
- 얼굴이 붓는 부종이 발생한다.
- 귀 뒤쪽에서 눈, 코, 입 방향으로 기능 이상이 나타나고, 증상이 좋아졌다 나빠졌다 반복하는 경우가 많다.
- 노화는 중력을 발생시켜 입 가장자리를 처지게 하여 늙어 보이게 만든다.
- 광대뼈의 비대칭이 나타난다.
- 안면신경에 문제가 발생하여 근 기능이 저하된다.

요인
- 과로나 스트레스가 원인이 된다.
- 구안와사, 중풍, 파킨슨병과 같은 신경성 질환의 영향을 받는다.

← 노화
구각을 위로 당기는 광대근에 노화가 발생하면 탄력을 잃은 근육과 피부는 중력의 영향을 받아 입 가장자리를 처지게 만든다.

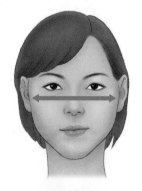

← 광대뼈의 비대칭
광대근의 현격한 섬유질의 차이 또는 광대뼈 상해는 좌우상하에서 비대칭을 일으키는 원인이 된다.

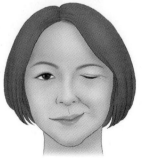

← 안면신경 이상
안면 이상 증세는 완전 마비 또는 부분 마비로 구분하며, 얼굴의 이상 감각과 삐뚤어짐으로 나타나는 경우가 많다. 간혹 마비된 쪽에서 신경성 통증을 호소하기도 한다.

압통점과 방사통

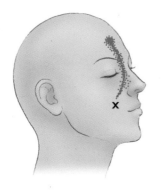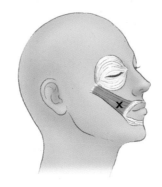

⬅ **광대근의 압통점과 방사통**
대/소광대근의 압통은 구각의 상외측 선상에서 압통이 발현되어 콧등의 측면을 따라 이마로 띠를 이루고, 다른 한측은 내측 눈 둘레를 감싸며 통증을 발현시킨다.

근 기능 테스트

⬅ **광대근 압통 테스트**
시술자는 광대근 압통점에 무지를 이용하여 압을 적용하며 통증의 정도를 평가한다.

시술 테크닉

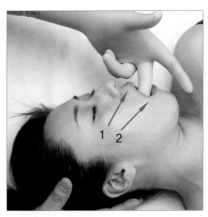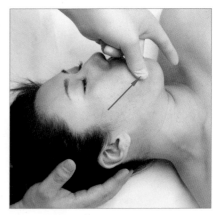

⬆ **광대근 마사지-1**
시술자는 중지를 피술자의 입속 깊숙이 협골궁 방향으로 최대한 밀어 넣는다. 이어 무지로 집게 조이고, 그 압을 유지하며 구각 상순의 중앙으로 슬라이딩한다. 구각 상순의 외측으로 조이며 슬라이딩한다. 위의 동작 ABC를 몇 회 반복하여 적용한다.

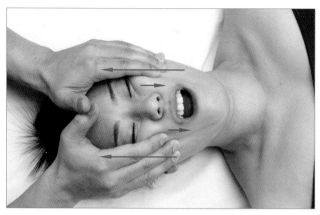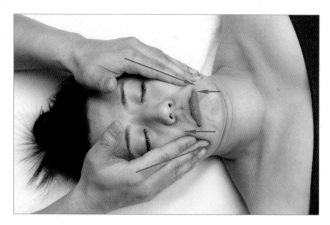

⬆ 광대근 마사지-2

시술자는 피술자의 얼굴 전체를 손바닥으로 밀착하여 감싸고 하악에서 협골궁 방향으로 조이며 당겨 올린다. 동시에 피술자는 입을 벌리며 이에 저항한다. 반대로 협골궁에서 하악 방향으로 조이며 내리고, 피술자는 입을 다물며 이에 저항한다. 위의 동작을 연속적으로 피술자의 저항에 조화를 이루며 리듬감 있게 적용한다.

치료 관점

　　광대근은 외상이 아닌 경우 안면신경 마비가 가장 큰 원인이다. 따라서 스트레스를 받지 않는 일상생활이 중요하며 숙면과 안정이 필요하다. 마비된 부주위에는 온습포를 이용해 찜질과 마사지를 자주 실시하고, 평소에 껌을 씹어 제한된 근육 기능을 활성화시킨다. 또한 음식도 조절할 필요가 있는데 기름기 많은 음식이나 인스턴트 음식은 피하는 것이 좋다.

　　광대근은 볼살을 주로 이루고 있어 평소에 자주 마사지하게 되면 볼과 입꼬리가 처지는 노화 현상을 줄일 수 있고, 근육의 탄성도 높아져 혈액과 림프 순환에 도움을 주어 매끄럽고 맑은 피부 상태를 유지할 수 있다. 꾸준한 마사지는 얼굴이 축소되는 느낌을 갖게 하며, 전체적으로 균형이 잡혀 미용 효과도 기대할 수 있는 장점이 있다. 안면신경이 자극되면 머리에서 방사된 두통과 같은 탁한 통증을 제거할 수 있어 가볍고 상쾌한 기분을 느낄 수 있다.

광경근 platysma m.

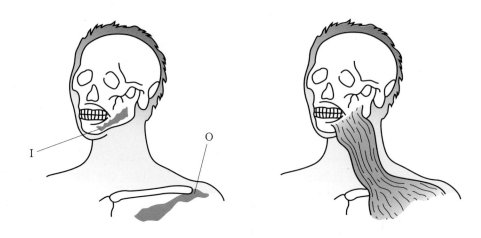

원어 (original word)	Greek : platysma-plate
기시부 (origin)	삼각근과 대흉근의 근막
정지부 (insertion)	얼굴 아래 피하지방과 입의 모서리 주변
작용 (action)	입을 아래로 당기고, 하악골을 아래로 내림
지배신경 (nerve)	얼굴신경, 뇌신경 7번

　광경근은 목의 피부와 조직에 있는 얇고 편평한 피하 근육으로, 목의 측방과 전방을 덮고 하방과 외측으로 이어진다. 이 근육이 느슨해지면 덮고 있는 근육들이 선명하게 나타나게 되고, 수축되면 목을 늘려 아랫입술을 아래로 끌어당기게 된다.

　광경근은 전삼각근과 대흉근의 상부를 덮는 얇은 근막에서 시작하여 아래턱을 향해 쇄골 위를 덮고 지나며 턱의 모서리 밑 부위로 삽입되어 얼굴 근육과 합쳐진다.

　주 기능은 강한 수축 시에는 목의 피부를 아래로 수직으로 당겨 턱과 입술을 하강시키고 저작운동을 도우며 얼굴을 찡그리거나 놀랄 때의 표정을 연출하는 것이다.

　광경근은 안면 근육과 같이 표층근막에 부착되어 있어 목에 장애가 발생하면 안면근의 움직임에도 영향을 준다. 따라서 울고 웃고 화내고 즐거워하는 얼굴 동작이 비대칭적으로 일어난다면 광경근도 원인이 될 수 있으므로 표정근 관리 시에도 이 근육에 대해 소홀함이 없도록 유의한다.

　광경근은 어깨의 움직임에도 영향을 받는다. 이는 직접적으로 대흉근과 삼각근의 근막과 연결되어 있기 때문이며, 이들 근육은 흉쇄유돌근과 승모근이 연계되는 구조로 결국 견관절에 기능 이상이 발생하면 얼굴

	협동근	길항근
광경근	외측익돌근	측두근, 내측익돌근, 교근

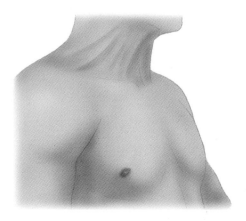

⬆ 광경근의 수축
광경근은 구각에서 목 하단으로 넓게 펼쳐져 있어 구각 아래로
힘을 주거나 놀란 표정을 지으면 뚜렷하게 드러난다.

근육에까지 경직을 일으키는 원인이 된다.

이중턱과 목주름은 광경근 자체의 탄력과 광경근을 고정하고 있는 얼굴 근육 그리고 교근과 흉쇄유돌근에 탄력이 저하되어 생성되며, 사각턱은 교근의 지나친 비대가 가장 큰 원인이나 광경근도 어느 정도 원인을 제공한다.

광경근은 목 운동에는 큰 영향을 주지는 않지만 얼굴에서 목 하단까지 연결되어 있어, 이 부위가 만성적으로 수축되면 흉쇄유돌근을 압박하여 경부 통증이 일어난다.

목 앞의 최상부에는 광경근이 있고, 그 안쪽에는 작고 다양한 근육들이 분포되어 저작 운동, 연하 운동, 발성 운동 등을 관장한다. 이러한 기능을 하는 근육들은 목을 움직이고 머리를 고정하는 역할도 하기 때문에 연계시켜 보면 광경근의 긴장 여부에 따라 다양한 변화를 일으킬 수 있는 구조이다.

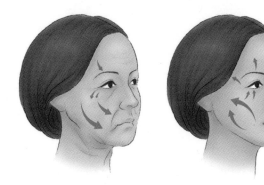

⬆ 노화의 진행 / aging vectors
얼굴 근육과 광경근의 노화는 근력을 약화시켜 중력에 대응하지 못하게 됨으로써 전체적으로 눈썹은 처지고 눈은 작아보이며, 아래턱 선은 울퉁불퉁한 곡선의 형태로 변해 목주름과 이중턱을 생성한다. 또한 만성적인 긴장 상태로 인해흉쇄유돌근과 연계되어 경부 통증을 일으키는 원인이 된다.

증상
- 입꼬리 처짐 현상이 일어난다.
- 입가의 주름이 좌우 비대칭으로 나타난다.
- 목주름이 생성된다.
- 이중턱의 모습으로 변형된다.
- 말하거나 웃을 때 좌우로 비대칭적인 얼굴 표정이 나타난다.
- 흉쇄유돌근과 가슴 상부 사이에서 뜨겁고 따끔한 통증이 나타난다.
- 목을 뒤로 젖히는 신전 기능이 잘 되지 않는다.
- 경부 통증과 두통을 발생된다.
- 협골궁과 하악으로 집중적으로 통증이 발현된다.
- 얼굴 부종과 코골이 현상이 나타난다.
- 흉쇄유돌근에 압통을 자극해 경부 통증을 일으킨다.

요인
- 베개가 너무 높거나 낮은 잘못된 수면 방법이 원인이 된다.
- 머리를 뒤로 젖힌 상태에서의 수면 방법도 원인이 된다.
- 노화 현상으로 기능이 저하된다.
- 스트레스가 원인이 된다.
- 중풍, 구안와사, 파킨슨병과 같은 근육의 경직이 원인이 된다.
- 고개를 숙이거나 반대로 고개를 뒤로 젖히고 생활하는 직업군에서 많이 발생한다.
- 견관절에 이상이 오면 기능 저하가 나타난다.

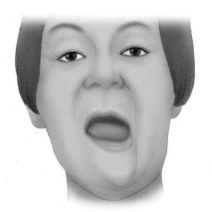

↑ **안면근육의 비대칭**
광경근의 현저한 비대칭은 빠르게 수축되거나
공포 등으로 인해 놀랄 때 입이 비대칭으로
벌어지는 현상을 일으킨다.

압통점과 방사통

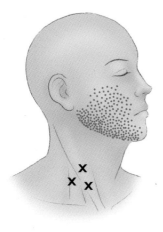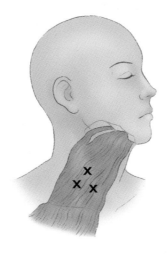

◀ **광경근의 압통점과 방사통**
협골궁에서 하악으로 집중적으로 통증이
발현된다.

근 기능 테스트

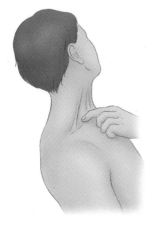

◀ **광경근 압통 테스트**
시술자는 손가락을 이용하여 압통점을 지그시
눌러 본다. 양측에서 각각 발현되는 통증의
정도를 비교 확인한다.

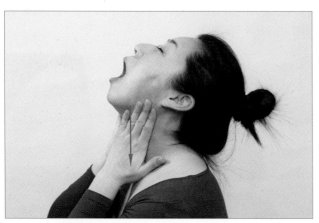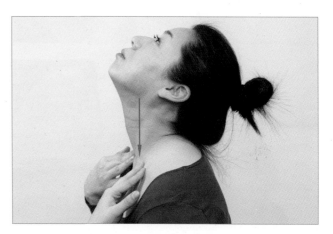

▲ **광경근 압통 및 근 기능 테스트**
환자는 입을 최대한 벌리고 고개는 뒤로 젖혀 신전된 상태에서 자신의 손바닥을 턱의 모서리 주변에 밀착시킨다. 환자는 입을 서서히
다물며 동시에 밀착시킨 손바닥으로 광경근을 쓸어내리며 대흉근의 근막 기시부로 슬라이딩한다. 광경근에 강한 신장이 일어나며 근력
과 통증의 정도를 확인할 수 있다.

시술 테크닉

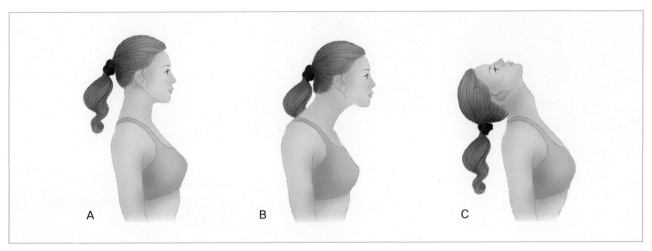

A　　　　　　　　　　B　　　　　　　　　　C

⬆ **광경근 셀프 스트레칭 :** 환자는 신전 운동을 통해 광경근을 이완한다.

A-고개를 바로 한다.

B-고개를 굴곡하지 않은 상태에서 머리를 수평으로 앞으로 최대한 내민다.

C-서서히 고개를 뒤로 최대한 신전한다. 정점에 다 닿으면 서서히 이완하여 고개를 바로 한다. 몇 회를 반복하고 서서히 횟수를 늘려 나간다.

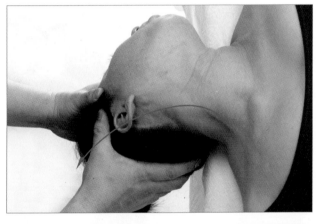

⬅ **광경근 스트레칭**

피술자는 고개를 회전하고 두정부를 침대 밑으로 떨어뜨린다. 시술자는 피술자의 머리를 서서히 하방으로 당겨 광경근 전반에 강한 스트레칭이 일어나도록 하며, 다시 반측에도 같은 방법으로 몇 회를 반복하여 적용한다.

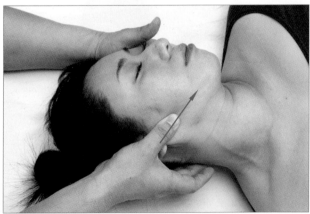
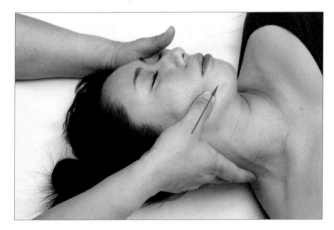

⬆ **광경근 마사지-1**

시술자는 무지를 이용하여 피술자의 하악각 외측 모서리에서 중앙으로 강한 압으로 슬라이딩한다.

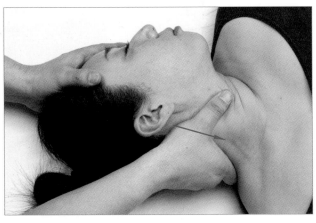 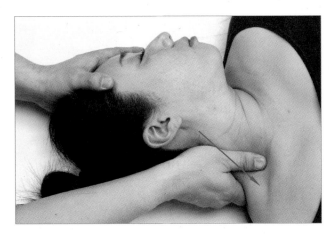

⬆ 광경근 마사지-2

시술자는 무지와 나머지 손가락으로 피술자의 목을 감싸고 목 하악각에서 쇄골 방향으로 부드럽게 조이며 슬라이딩한다. 유의할 점은 이 부위는 림프 결절과 경동맥이 있으므로 강한 압은 피하도록 한다.

 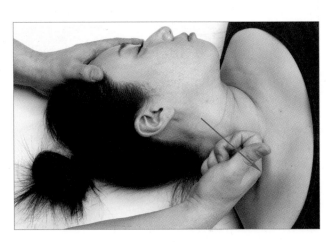

⬆ 광경근 마사지-3

시술자는 주먹을 가볍게 쥐고 너클을 이용해 피술자의 피부 표면을 가볍고 부드러운 터치로 하악각에서 쇄골 방향으로 슬라이딩한다. 이 때 너클이 쇄골에 부딪쳐 불필요한 통증이 유발되지 않도록 유의한다.

 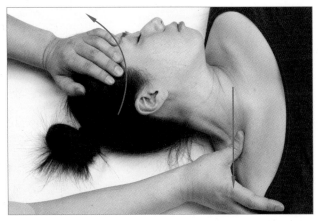

⬆ 광경근 마사지-4

시술자의 오른손 무지는 피술자의 흉골측 쇄골 상단을 깊게 파고 들어가 위치하고, 이어 견봉 방향으로 쇄골 상단을 따라 심부압으로 슬라이딩한다. 동시에 왼손은 피술자의 머리를 반측으로 회전한다. 광경근에 장력을 발생시켜 광경근의 기시부를 이완한다.

⬆ 광경근 마사지-5

시술자의 오른손 무지는 피술자의 흉골측 쇄골 하단을 깊게 파고 들어가 위치하고, 이어 견봉 방향으로 쇄골 하단을 따라 심부압으로 슬라이딩하여 광경근의 기시부인 삼각근과 대흉근의 근막을 이완한다.

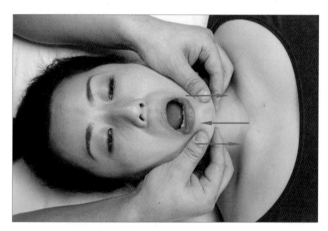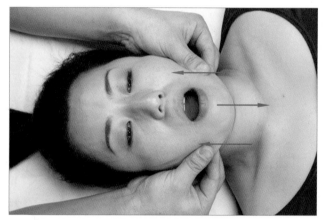

⬆ 광경근 마사지-6

피술자는 입을 벌린 상태에서 서서히 다물고, 동시에 시술자는 양손으로 피술자의 하악과 턱 밑 근육을 리드미컬하게 조이며 아래로 내린다.

치료 관점

광경근을 치료하는 데 우선 유의해야 할 점은 이 근육뿐만 아니라, 대흉근과 승모근 그리고 흉쇄유돌근도 함께 마사지해야 한다는 것이다. 이들은 모두 얼굴과 목을 움직이는 직간접적인 요소들이기 때문이다. 그리고 얼굴만의 경직을 이완하기 위해 마사지를 한다면 마찬가지로 뿌리에 해당하는 가슴과 등 그리고 복부까지 포괄해서 체계적인 보디워크를 적용하도록 한다.

미용면에서 보면 광경근은 목근을 움직이는 근육으로 목과 턱선을 아름답게 하는 데 있어 매우 중요하므로 평소 관리에 소홀함이 없도록 하고, 특히 목주름과 이중턱은 광경근과 흉쇄유돌근, 사각근에 의해 직접적인 영향을 받으므로 이들 근막에 대한 충분한 이완이 필수적이라는 점도 간과하지 않도록 한다.

흉쇄유돌근 sternocleidomastoid m. / SCM

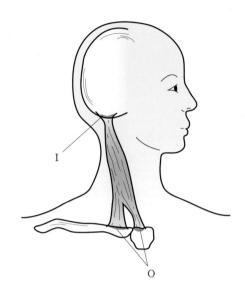

원어 (original word)	Greek : sternon−sternum 　　　　 cleido−clavicle 　　　　 mastos−breastlike or the mastoid process of the temporal bone
기시부 (origin)	흉골지 : 흉골병의 전면부 상부 쇄골지 : 쇄골의 내측 1/3 전면의 상연
정지부 (insertion)	흉골지 : 유양돌기와 후두골의 외측 쇄골지 : 유양돌기와 후두골의 외측
작용 (action)	목 (회전, 굴곡)
지배신경 (nerve)	부신경 (뇌신경 11번)

　흉쇄유돌근은 흉골과 쇄골 그리고 유양돌기가 서로 연결되어 하나의 근육을 형성하므로 이들 근육의 명칭에서 앞글자를 따온 것으로, 이 근육은 목 측면을 가로질러 앞면과 뒷면의 경계를 지으며 앞뒤에서 삼각형의 구도를 이룬다.

　주 기능은 한쪽이 수축하면 머리를 측면으로 회전시키고, 양측이 수축하면 고개가 숙여지는 굴곡 작용을 하는 것이다. 또한 머리를 고정시키는 역할을 하기 때문에 수축 작용이 일어나면 쇄골과 흉골을 들어 올려 흡기 시 호흡 기능을 돕게 된다.

	협동근	길항근
흉쇄유돌근	상부승모근, 사각근, 견갑거근, 판상근	흉쇄유돌근(반측), 상부승모근(반측), 반극근

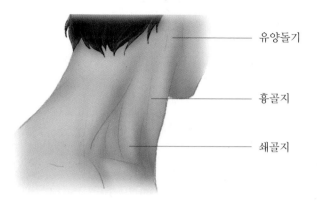

유양돌기

흉골지

쇄골지

⬆ 흉쇄유돌근
흉쇄유돌근은 목의 측면을 가로지르며 앞목과 뒷목을 삼각으로
나누는 경계를 이룬다. 이 근육은 두 개의 분지로 나뉘며, 기시
점은 흉골지와 쇄골지 안쪽 1/3 지점에서 각각 근섬유와 널힘
줄에 의해 올라오다가 서로 만나 유양돌기(mastoid process)
와 위목덜미선(superior nuchal line)으로 함께 부착된다.

 특징으로는 승모근과 함께 두개골을 안정시키는 중요한 역할을 하며, 목을 움직이는 기능을 함에도 다른 근육과는 달리 척추와는 직접 연결되어 있지 않는 유일한 근육이고, 경추에 붙어 있지 않아도 후두골을 움직이게 함으로써 경추 운동을 돕는다.

 흉쇄유돌근은 순수 운동신경인 부신경의 지배를 받으며 광경근(platysma) 밑에 위치해 있고, 위로는 외경정맥과 신경이 그리고 아래로는 두판상근(splenius capitis), 이복근(digastric), 설골하근(infrahyoid), 경신경총(cervical plexus) 등에 둘러싸여 지난다.

 이 근육이 긴장되면 총경동맥과 내경정맥을 압박하여 머리에서의 혈류 순환이 원활하지 않아 폐색(entrapment)을 발생시킨다. 이는 대사 장애를 일으키고 세포를 괴사시키며 매우 심한 두통과 안면 통증

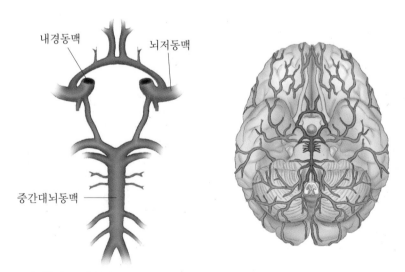

내경동맥

뇌저동맥

중간대뇌동맥

⬆ 윌리스 서클 / circle of Willis
뇌혈관은 항상 일정한 양의 혈액을 뇌로 공급한다. 이러한 기능을 조절하는
윌리스 서클은 뇌의 맨 하단부에 있으며 뇌로 가는 혈액의 양과 속도를 조절
하는 기능을 한다.

그리고 부종을 일으키는 원인이 된다.

흉쇄유돌근 옆을 지나는 경동맥은 머리로 산소를 공급하는 동맥으로, 뒤에 있는 추골동맥과 연결되어 윌리스 서클을 형성하는데, 이는 뇌혈압에 직접적으로 영향을 주는 매우 중요한 역할을 담당한다.

흉쇄유돌근의 긴장이 설골 주변과 갑상선 주변에까지 영향을 미치면 음식물을 섭취하는 연하 작용을 방해하여 침도 삼키지도 못할 정도로 통증과 기능 저하를 일으키고 갑상선 질환을 유발시키기도 한다. 또한 선천성 원인이나 감염, 외상과 같은 후천적 요인 등으로 인해 흉쇄유돌근의 기능을 마비시킬 수도 있으며, 이 근육에 단단한 덩어리를 형성하고 근 길이를 단축시켜 일명 사경(기운목)을 일으키기도 한다. 사경은 고개가 돌아가 항상 머리가 옆으로 돌려져 고개를 들고 있는 형상을 나타내는 기형을 말한다. 그리고 흉쇄유돌근이 약화되면 턱이 들리는 기형적인 포즈를 취하게 되어 바로 옆으로 지나는 경동맥과 후경근 아래를 지나는 추골동맥을 함께 압박하여 뇌혈압에 직접적인 영향을 준다.

흉쇄유돌근의 정지부인 유양돌기는 측두골의 일부이며, 이 역시 압박을 받으면 바로 옆에 위치한 내이를 자극하여 전정기관과 반고리관의 기능을 상실시킨다. 내이의 기능 저하는 몸의 균형을 잡지 못하게 만들어 어지러움과 구토를 유발시키는 메니에르 증후군(Meniere's syndrome : 내이 속에 있는 림프액이 비정상적으로 많아져 갑자기 심한 현기증과 함께 한쪽 귀가 막힌 듯한 느낌이 들며 이명과 난청 증상을 일으키는 질환)으로 확산된다.

흉쇄유돌근은 저작 시나 대화 중에는 승모근과 함께 머리를 일정한 자세로 안정되게 고정하는 기능을 하므로, 기능이 저하되면 교근의 약화를 불러와 악관절 기능 장애에 영향을 준다.

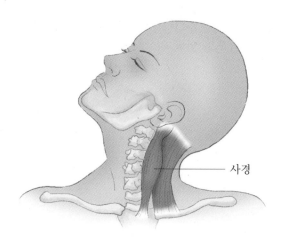

⬆ 사경 / torticollis
사경은 머리를 한쪽으로 기울이고 있으면서 턱은
반대쪽으로 상향되는 증세로 흉쇄유돌근이 섬유화
되어서 발생한다.

증상
- 근육을 촉지하면 통증이 발생한다.
- 목에 림프 부종과 같은 현상이 나타난다.
- 두통과 안면 통증이 나타난다.
- 눈의 심부에서 통증이 일어난다.
- 차나 배멀미가 아닌 일상에서 멀미와 같은 어지럼증과 구토 증세를 보인다.
- 음식물 섭취 시 연하 운동에 제한을 받으며 혀의 후면부에서 통증이 나타난다.
- 이명(귀울림)이 심해진다.
- 흉골지 하단을 만지면 바로 기침이 나온다.
- 목에는 통증이 없지만 환측의 얼굴과 교근 그리고 어금니에 방사통이 나타난다.
- 이마에 땀이 나고 결막이 충혈된다.
- 눈이 침침하며 눈물이 나온다.
- 비염 증상과 청력 감퇴 현상이 나타난다.
- 양손에 같은 물건을 들고 있을 때 환측의 손에서 가벼움을 느낀다.
- 목에 운동 제한이 심하게 나타난다.
- 경부강직증후군(stiff neck syndrome)이 나타난다.

요인
- 복부 비만이나 약화로 복근이 긴장되면 흉쇄유돌근이 경직된다.
- 머리를 위로 신전하고 장시간 작업하는 행위(페인트칠, 전기 공사)가 원인이 된다.
- 장기간 기침이나 호흡 장애를 앓는 경우 원인이 될 수 있다.
- 레슬링에서 브리지(bridge) 동작으로 인한 외상이 원인이 된다.
- 상지(팔)와 하지(다리) 길이의 불일치가 원인이 된다.

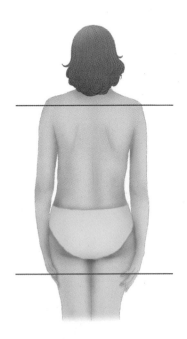

◀ 팔과 다리 길이의 비대칭 /
lower-limb-length inequality
척추측만증 또는 상해나 선천적 요인으로 인해
비대칭이 형성되면 흉쇄유돌근에 장력이 발생
하여 만성적인 경부 경직을 유발시킨다.

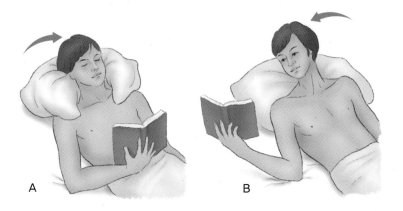

⬆ 통증을 일으키는 잘못된 자세

A-누워서 고개를 굴곡시킨 자세로 오랫동안 책을 보면 수축성 긴장이 일어나 흉쇄유돌근을 경직시킨다.

B-누워서 고개를 측면으로 돌린 자세로 오랫동안 책을 보면 양측에 수축과 이완성 긴장이 동시에 발생하여 경부 통증과 근력의 약화를 가져온다.

• 척추 질환으로 인해 두통이 발생하는 경우가 원인이 된다.

• 수영 시 무리한 목의 회전을 오랫동안 반복할 때 무리를 일으킨다.

• 자동차 사고와 같이 목에 강한 충격을 받아 경부를 구성하고 있는 근육이나 인대, 근막 등에 손상을 입고 있는 편타증후군(whiplash syndrome) 환자에게 일어날 수 있다.

• 만성적으로 잘못된 자세가 원인이 된다.

압통점과 방사통

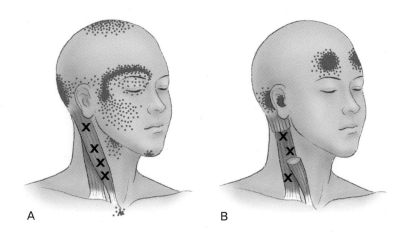

⬆ 흉쇄유돌근의 압통점과 방사통

A-흉골지:후두부와 두정부, 환측의 뺨과 안와 상연과 심부, 혀의 후면 부위와 턱, 흉골상부로 방사된다.

B-쇄골지:환측의 전두부, 귀의 심부, 귓바퀴 후연, 뺨과 어금니로 방사된다.

근 기능 테스트

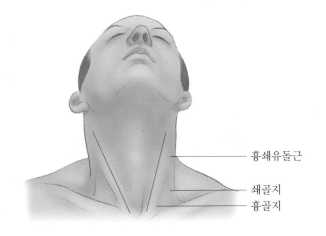

흉쇄유돌근

쇄골지

흉골지

흉쇄유돌근 대칭 검사
피술자는 최대한 편한 자세로 과도한 힘을 주거나 편측으로 신전되지 않도록 의식하면서 서서히 고개를 신전시킨다. 시술자는 피술자의 정면 아래에서 양 쇄골의 정중앙(복장패임 / sternal notch)으로부터 유양돌기로 연결된 양측의 흉쇄유돌근의 길이와 각도를 확인한다.

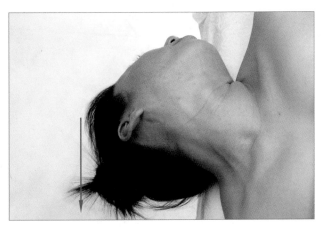

⬆ 흉쇄유돌근 압통 및 근 기능 셀프 테스트-1
피술자는 누워 고개를 회전시키고, 다시 뒤로 신전시킨 상태로 침대에서 머리를 하방으로 떨군 자세를 유지한다. 이어 목 근력만을 통해 같은 각도로 머리를 서서히 들어 올려 몸과 수평되게 하고, 정점에서 몇 초 동안 그 자세를 유지한다.

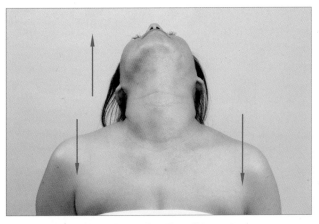

⬆ 흉쇄유돌근 압통 및 근 기능 셀프 테스트-2
환자는 고개를 서서히 뒤로 신전시키고, 동시에 어깨를 최대한 하방으로 내려 흉쇄유돌근을 최대한 이완한다. 이어 고개를 서서히 앞으로 굴곡시키고, 동시에 어깨를 최대한 상방으로 올려 흉쇄유돌근을 최대한 수축한다.

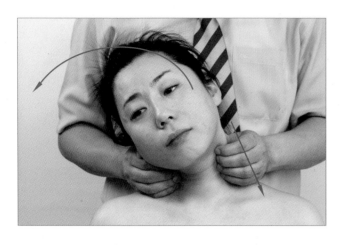

흉쇄유돌근 압통 테스트
시술자는 손가락을 집게로 만들어 피술자의 흉쇄유돌근 전체 압통점을 꼬집듯 고정하고, 피술자는 반대로 고개를 측굴시키며 근막을 이완한다. 반측에도 같은 방법을 적용하며 이때 나타나는 통증의 정도를 비교 확인한다.

시술 테크닉

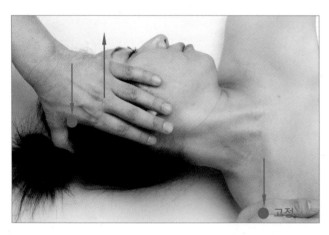

흉쇄유돌근 스트레칭
시술자는 피술자의 측두와 어깨를 고정하고, 피술자는 여기에 저항하여 머리를 들어 올려 강하게 수축시키고 다시 서서히 내려 이완하기를 반복함으로써 스트레칭과 근력 강화 운동을 함께 실시한다. 반측에도 같은 방법을 적용한다.

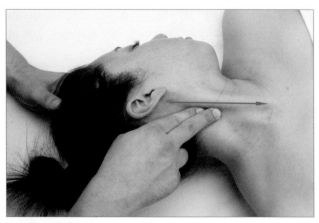
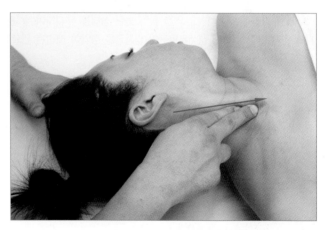

흉쇄유돌근 마사지－1
피술자는 머리를 회전시키고 약간 들어 올린 상태를 유지하여 흉쇄유돌근의 흉골지가 뚜렷하게 나타날 수 있도록 한다. 이어 시술자는 인지와 중지 끝을 모아 유양돌기에서 흉골지 방향으로 근육의 내측과 외측을 강하게 밀며 슬라이딩한다.

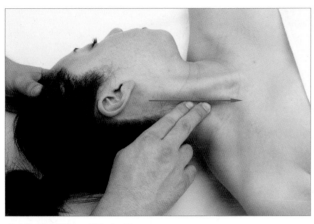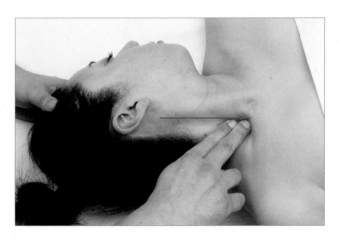

⬆ **흉쇄유돌근 마사지－2**

피술자는 머리를 회전시키고 약간 들어 올린 상태를 유지하여 흉쇄유돌근의 쇄골지가 뚜렷하게 나타날 수 있도록 한다. 이어 시술자는 유양돌기에서 쇄골지 방향으로 근육의 측면을 강하게 밀며 슬라이딩한다. 쇄골로 연결되는 근육을 중심으로 내측과 외측을 같은 방법으로 적용한다.

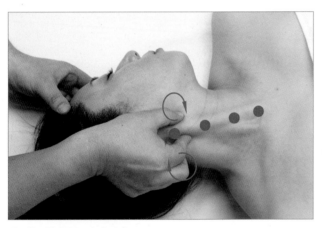

⬆ **흉쇄유돌근 마사지－3**

피술자는 머리를 회전시키고 약간 들어 올린 상태를 유지하여 흉쇄유돌근의 흉골지가 뚜렷하게 나타날 수 있도록 한다. 이어 시술자는 무지와 인지로 집게 하여 흉쇄유돌근의 압통점을 강약이 배합된 압으로 조이고 동시에 서클을 그리며 마사지한다. 이어 쇄골지에도 같은 방법으로 세심하게 적용한다.

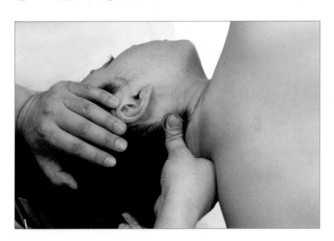

⬅ **흉쇄유돌근 마사지－4**

흉쇄유돌근의 정지부인 유양돌기와 후두골의 외측을 무지로 서클을 그리며 마사지한다. 이때 이 부위로 추골동맥이 지나가므로 강한 압이 한곳에 오랫동안 정체되지 않도록 유의하며, 강약이 배합된 압으로 서클을 그리며 이완한다.

치료 관점

흥쇄유돌근은 목을 앞으로 숙이는 굴곡 기능을 하기 때문에 반대로 고개를 들고 일상생활을 하는 인간의 행동 구조에서는 언제나 긴장 상태에 놓여 있을 수밖에 없다. 따라서 모든 보디워크를 실시함에 있어 이 근육에 대한 관심과 치료에 소홀하지 않도록 유의한다.

흥쇄유돌근은 두개의 굴곡을 유도하면서 경추를 굴곡하기 때문에 원거리에서의 복부 수축력을 반드시 필요로 한다. 따라서 이 근육을 마사지함에 있어서는 반드시 복근을 충분하게 이완시키고, 더불어 사각근, 교근, 측두근, 눈둘레근에도 압통이 방사되므로 함께 치료하도록 한다.

흥쇄유돌근은 위에서 서술한 바와 같이 다양한 병증을 일으키는 원초가 되지만 평소 주기적으로 실시하는 간단한 스트레칭과 마사지만으로도 충분히 예방할 수 있으며, 작은 습관과 관심만 있으면 특별히 문제를 일으키지 않는 근육이라 할 수 있다. 또한 환자는 흥쇄유돌근 교정기(부목)를 이용, 목의 측굴을 방지하고 단축된 흥쇄유돌근을 신장시켜 경부를 교정하면 치료 효과를 배가시킬 수 있다.

↑ 윗몸 일으키기 운동 / sit up
윗몸 일으키기 운동 시 고개가 굴곡되지 않으면 상체를 일으키기가 어렵다.
이는 머리와 복부가 함께 협동하여 몸을 굴곡시키기 때문이다.

사각근 scalene m.

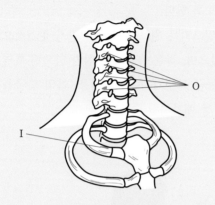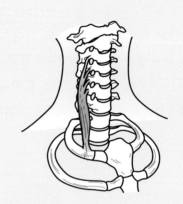

원어 (original word)	Greek : skalenos-uneven Latin : ante-before
기시부 (origin)	경추 횡돌기 (C3-C6)
정지부 (insertion)	제1번 늑골의 내측연의 사각근 결절
작용 (action)	양측 수축 시 제1늑골 (상승) 한쪽 수축 시 경추 (회전, 측굴)
지배신경 (nerve)	후지신경 C3, C4, C5, C6, C7, C8

사각근은 경추에서 흉곽 방향으로 목의 측방을 가로질러 뻗쳐 있어 경추를 안정시키는 역할을 하고, 전·중·후사각근으로 나누어져 모두 척추에서 기시하여 늑골로 정지하는 운동 기능을 한다. 이 세 근육은 운동 역학에 의해 근육의 하부가 수축되면 머리의 회전과 측굴의 기능을 한다. 그리고 상부가 수축되면 호흡 시 안정된 흡기를 도울 수 있도록 제1, 2 늑골을 고정시키며, 더 강한 흡기 시에는 늑골을 상향으로 당겨 호흡을 돕는다.

전사각근과 중사각근 사이는 세로로 골(vertical groove)이 형성되어 있고 상완신경총(brachial plexus)이 이곳을 지난다. 때문에 이 사이로 경직이 오면 신경총과 동맥 그리고 림프관을 압박하여 신경 혈관 증상을 일으킨다.

일반적으로 팔 저림, 손의 마비감, 팔의 무력감, 어깨에서 손가락으로 띠를 이루는 통증 등이 나타나며, 팔과 흉부에서 발생하는 모든 통증에 대해서는 이 근육을 주목하게 된다.

	협동근	길항근
사각근	견갑거근, 상부승모근, 흉쇄유돌근, 광경근	반극근, 판상근, 상부승모근, 견갑거근

중사각근(scalenus medius m.)

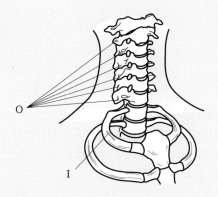 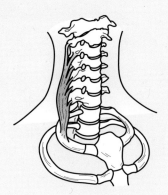

원어 (original word)	Greek : skalenos-uneven Latin : medialis-toward the midline
기시부 (origin)	경추 횡돌기 (C2 - C7)
정지부 (insertion)	제1번 늑골의 두측면
작용 (action)	양측 수축 시 제1늑골 (상승) 한쪽 수축 시 경추 (회전, 측굴)
지배신경 (nerve)	후지신경 C3, C4, C5, C6, C7, C8

후사각근(scalenus posterior m.)

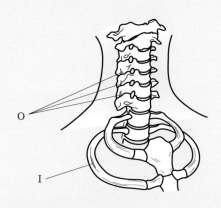 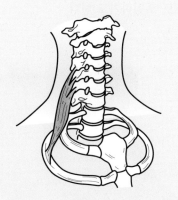

원어 (original word)	Greek : skalenos-uneven Latin : posterus-behind
기시부 (origin)	경추 횡돌기 (C4 - C6)
정지부 (insertion)	제2번 늑골의 외측면
작용 (action)	제2늑골 (상승) 목 (굴곡)
지배신경 (nerve)	후지신경 C3, C4, C5, C6, C7, C8

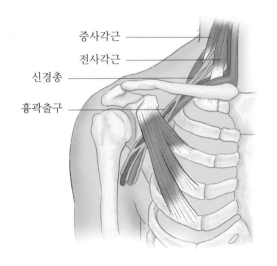

◀ 사각근 분지
전사각근과 중사각근 사이의 분지로 신경총과
혈관이 지나며 흉곽출구(thoracic outlet)를
통해 팔로 내려간다.

사각근의 하부는 목의 측방 두께를 결정하여 사람에 따라 목이 두껍거나 가는 형태를 보이며, 목 측면에서는 전체적으로 육안으로 식별하기 힘들지만, 회전과 측굴 또는 강한 호흡 시에 쇄골 위의 삼각 지점에서 근육 형태 일부분이 표피상으로 드러나 보인다.

이 근육 위에는 흉쇄유돌근과 판상근이 있고 아래로는 견갑설골이 위치해 있어 사각근이 경직되면 목의 측굴을 제한시키지만 목 회전이나 어깨의 움직임에는 별 영향을 주지 않는다. 그러나 견갑거근이나 두판상근이 함께 경직되면 목의 회전 운동에 제한을 받아 사각근의 이상 유무를 판단할 때는 다른 근육도 함께 검사함에 유의한다.

사각근에 기능 이상이 발생하면 먼저 근막 통증을 느끼게 되고, 점점 신경과 혈관을 압박해 운동 신경 장애를 일으킨다. 압통이 발생하는 빈도는 전·중·후사각근 그리고 최소사각근 순이며, 통증은 가슴과 유두 부위, 상지 전체와 등쪽 견갑골 상부의 내측연에까지 방사된다. 이로 인해 심한 흉부통이 일어나면 협심증이나 유방암으로 오인하기도 한다.

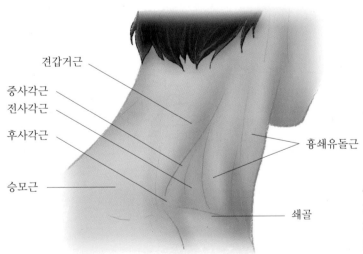

◀ 목 측면에 나타나는 사각근
자연스러운 해부학 자세를 취할 때는 사각근이
광경근에 덮여 보이지 않지만, 고개를 측굴하거
나 회전하면 어느 정도 형태가 드러나 보인다.

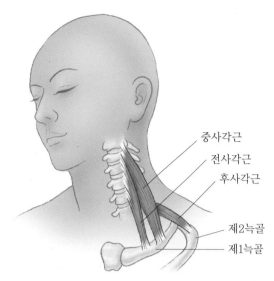

중사각근
전사각근
후사각근

제2늑골
제1늑골

↑ 사각근의 압통점
작은 근육에 압통점이 여러 개 분포되어 있으면 전체를 함께
마사지하는 것이 좋다. 압통점은 근육 내에 신경과 혈관이 밀집
되어 있는 곳에 위치하여 이곳이 경직되면 혈액 순환을 악화시
켜 근육에 국소적 빈혈을 일으키고, 신경을 압박하여 운동 기능
을 약화시키는 증세를 유발한다.

증상
- 어깨와 상지에 표재성 통증이 나타난다.
- 방사통은 흉부와 외측 상지, 견갑골 내측으로 확산된다.
- 어깨 통증은 표층에서 나타난다(심부층은 극하근이 원인).
- 목과 어깨의 통증을 감소하기 위해 끊임없이 움직이는 경향을 보인다.
- 흉부 좌측에서 오는 심부 통증은 협심증과 유방암 증세와 비슷하여 오인되기도 한다.
- 손가락에서 발생되는 통증은 엄지쪽에서 강하게 발현된다.
- 추위에 노출될 경우 엄지손가락으로 마비 증세가 나타난다.
- 자신이 들고 있는 물건을 무의식적으로 놓치는 경우가 생긴다.
- 손에 부종이 발생하고 손가락이 뻣뻣해진다.
- 야간에 특히 통증이 심해진다.

요인
- 흉쇄유돌근과 견갑거근의 압통으로 인해 영향을 받기도 한다.
- 호흡기 장애를 앓고 있을 때 발생한다.
- 비정상적인 골격 상태가 원인이 된다.
- 물건을 당겨 들어 올릴 때 발생한다.
- 손을 들고 장시간 작업을 반복할 때 발생한다.
- 수면 시 너무 낮거나 높은 베개를 사용할 때 발생한다.
- 척추 변형이 원인이 된다.
- 급성사경(acute torticollis)에 의해 경부 통증이 발생한다.

◀ 척추 변형에 의한 압박
척추의 변형으로 목이 앞으로 나오고 어깨가
안으로 말리는 현상이 발생하면 목과 흉곽을
연결하는 사각근에 긴장성 이완이 발생하여
통증이 유발된다.

▲ 사각근삼각을 수축시키는 동작
팔을 거상하고 오랫동안 작업을 하면 흉곽이
상향되어 사각근삼각을 압박하게 된다.

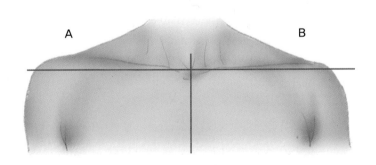

▲ 비대칭 어깨
A-피술자의 쇄골이 상향되어 목과 흉곽에 위치한 사각근삼각을 위축시킨다.
B-피술자의 쇄골이 하향되어 목과 흉곽의 사각근삼각에 긴장성 이완이 발생한다.
통증은 A 또는 B 어느 곳에서도 나타날 수 있다.

압통점과 방사통

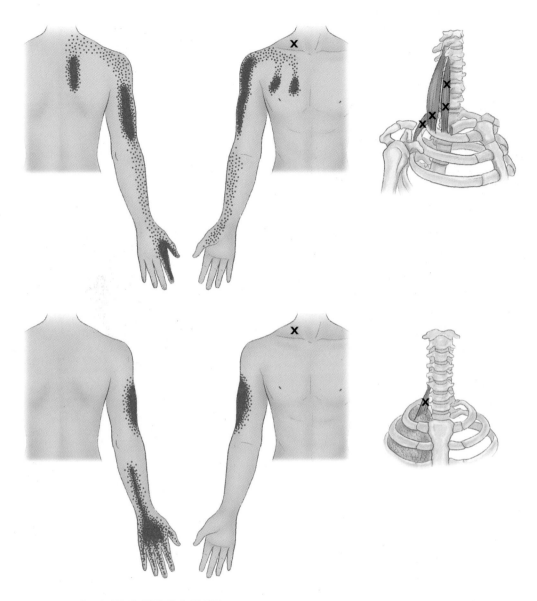

⬆ **사각근의 압통점과 방사통**
중사각근의 하부와 후사각근의 방사통 : 전흉부와 유두로 방사된다.
전사각근의 상부와 중사각근의 방사통 : 어깨에서 상완을 앞뒤로 감싸며 엄지와
두 번째 손가락으로 방사된다.
전사각근의 방사통 : 견갑골 내측과 그 주변으로 방사되며 가장 빈도가 높다.
최소사각근 : 삼각근의 정지부에서 주관절을 넘어 다섯 손가락 배부로 방사된다.

근 기능 테스트

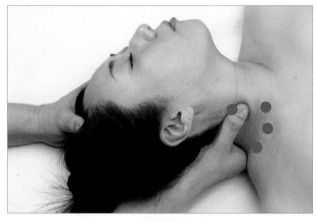

◀ 사각근 압통 테스트-1
시술자는 무지로 압통점을 지그시 눌러 보아 이때 나타나는 통증을 확인한다. 전·중·후사각근 전체에 걸쳐 세밀하게 실시한다.

 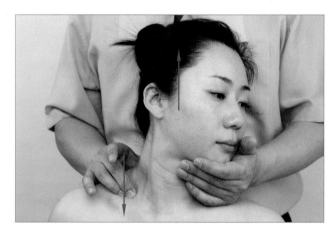

▲ 사각근 압통 테스트-2
피술자는 고개를 약간 회전하고 다시 최대한 숙여 굴곡된 자세를 취하며, 시술자는 사각근이 삽입되는 쇄골 상연을 손가락 끝으로 누른다. 시술자는 압을 그대로 유지한 채 피술자는 고개를 서서히 신전하여 사각근에 강한 장력이 발생하도록 한다. 이때 나타나는 통증과 방사통을 확인하고 같은 방법으로 전·중·후사각근 전체에 걸쳐 세밀하게 검사한다.

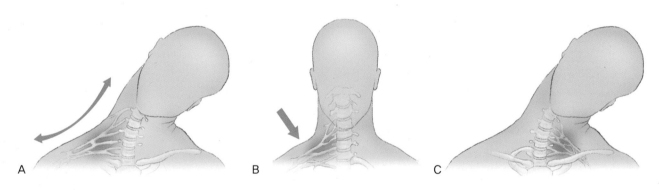

▲ 셀프 테스트로 알 수 있는 통증
A-환자는 서서히 측굴하여 환측을 신장시킨다. 사각근이 신장되면서 신경총과 혈관이 압박되어 통증이 유발된다.
B-환자는 고개를 바로 한 상태를 유지하고 있어도 쇄골위오목(supraclavicular fossa)에 위치한 에르브점(Erb's point)이 압박되어 통증이 발생한다.
C-환측으로 측굴 또는 과신전 시 경부신경 또는 상완신경총이 압박되어 통증이 유발된다.

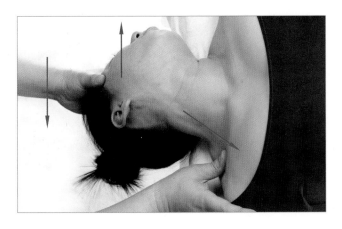

← 사각근 압통 및 근 기능 테스트

피술자는 고개를 약간 회전하고 뒤로 신전한다. 시술자는 피술자의 이마에 한손을 고정하고, 다른 손의 무지는 사각근 압통점에 위치한다. 이어 피술자는 고개를 서서히 들어 올리고, 시술자는 이때 심부압을 적용하며 밀어 넣는다. 이때 나타나는 통증의 정도를 평가한다.

시술 테크닉

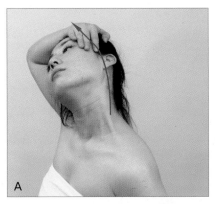 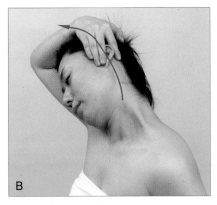 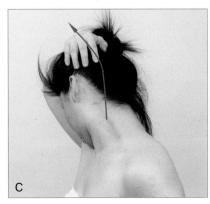

↑ 사각근 근력강화 셀프 스트레칭

A – 환자는 환측으로 고개를 회전시키고 자신의 손으로 머리를 감싸 환측의 반대 방향으로 신전시켜 서서히 당기며, 목은 이 힘에 저항한다. 전사각근을 스트레칭한다.

B – 환자는 환측의 반대로 고개를 측굴시키고 자신의 손으로 머리를 감싸 환측의 반대 방향으로 서서히 당기며, 목은 이 힘에 저항한다. 중사각근을 스트레칭한다.

C – 환자는 환측의 반대 방향으로 고개를 회전시키고 자신의 손으로 머리를 감싸 환측의 반대 방향으로 서서히 당기며, 목은 이 힘에 저항한다. 후사각근을 스트레칭한다.

 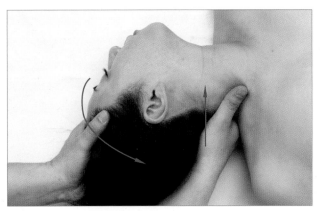

↑ 전사각근 스트레칭

피술자는 환측(좌)으로 고개를 회전시키고, 시술자는 피술자의 이마와 후두골에 각각 손바닥으로 감싸며 위치시킨다. 이어 환측의 반대 방향으로 서서히 당겨 신전시키며, 동시에 다른 손은 후두 하연의 목을 반대로 밀어 스트레칭한다.

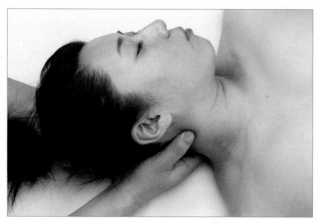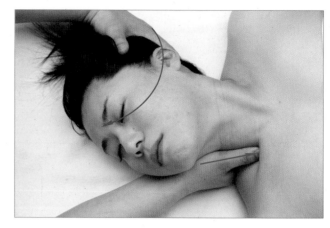

⬆ 전사각근 마사지

피술자는 환측(좌)의 반대 방향으로 고개를 회전시키고 시술자는 피술자의 두정과 측부경부에 손을 위치시킨다. 이어 환측 방향으로 회전을 주며 동시에 측부경부에 위치한 무지는 전사각근의 근섬유를 따라 쇄골 방향으로 강하고 세심하게 슬라이딩해 간다.

⬆ 중사각근 스트레칭

피술자는 고개를 바로 위치한다. 시술자는 피술자의 머리를 감싸 환측의 반대 방향으로 서서히 측굴시킨다. 이때 동측의 어깨가 딸려 오지 않도록 유의하며 적용한다.

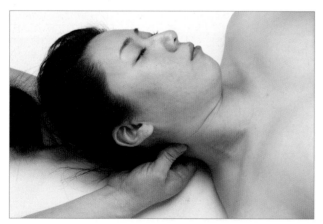

⬆ 중사각근 마사지

피술자는 고개를 바로 위치한다. 시술자는 피술자의 이마와 측부경부에 손을 위치시킨다. 이어 환측의 반대 방향으로 서서히 측굴시키며 동시에 측부경부에 위치한 무지로 중사각근의 근섬유를 따라 쇄골 방향으로 강하고 세심하게 슬라이딩해 간다.

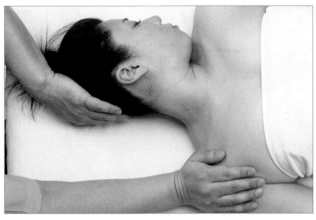 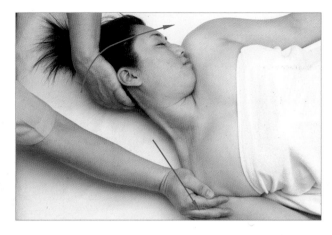

⬆ 후사각근 스트레칭

피술자는 환측의 반대로 고개를 회전시키고 시술자의 손은 피술자의 후두골과 어깨에 각각 위치시킨다. 이어 환측의 반대 방향으로 서서히 당기며 동시에 어깨에 위치한 손은 반대로 하향시킨다.

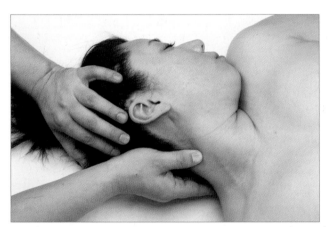 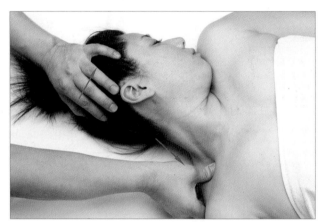

⬆ 후사각근 마사지

피술자는 고개를 환측의 반대 방향으로 회전하여 위치한다. 시술자는 피술자의 후두를 감싸고 측부경부에 무지를 위치시킨다. 이어 환측의 반대 방향으로 서서히 밀며 동시에 측부경부에 위치한 무지로 후사각근의 근섬유를 따라 쇄골 방향으로 슬라이딩해 간다.

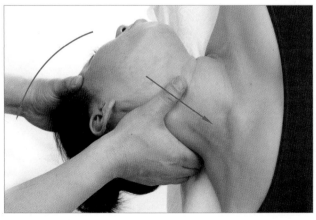 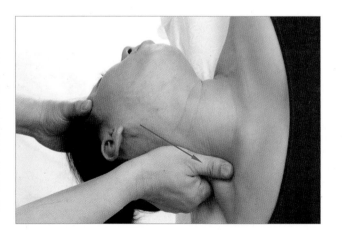

⬆ 사각근 마사지-1

피술자는 고개를 약간 회전하여 다시 최대한 신전한 자세를 취하고 시술자는 경부 측면을 손바닥으로 감싸며 무지를 눕혀 사각근 부위에 밀착시킨다. 이어 무지로 턱에서 쇄골 방향으로 슬라이딩하여 스트레칭과 이완을 동시에 적용한다.

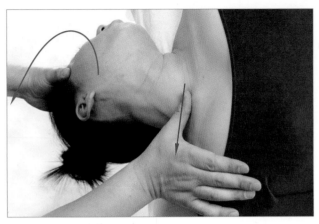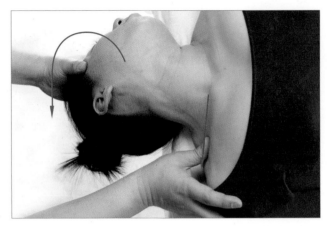

⬆ 사각근 마사지 - 2

피술자는 고개를 약간 회전하여 다시 최대한 신전한 자세를 취하고 머리를 침대 밖으로 떨어뜨린다. 시술자의 한 손은 두정부를 고정시키고, 다른 손은 무지를 이용하여 쇄골 상연의 사각근 삽입 부위에 심부압을 적용하며 내측에서 외측으로 슬라이딩해 간다.

치료 관점

　　사각근의 기능 이상은 잘못된 자세뿐만 아니라, 외부의 외상에 의해 사각근삼각이 압박되는 경우가 많으므로 외상의 정도를 잘 확인해야 한다. 또 이 증상의 특징 중 처진 어깨, 즉 비대칭의 어깨를 가진 사람에게 흔히 나타나므로 이에 관한 관찰도 중요하다. 비대칭은 쇄골과 견갑골을 기울게 만들어 사각근삼각의 구도에 영향을 주어 흉곽 출구를 좁히는 원인이 된다.

　　사각근의 이상은 경부 통증에서 흉곽, 견갑골, 상완, 전완, 손목에 이르기까지 신경과 혈관 그리고 림프에 미치는 영향이 크므로 검사를 통해 정확한 원인을 찾아내는 것이 중요하며, 길항과 협동으로 상관관계에 있는 다른 근육군도 함께 검사하여 치료하도록 한다. 특히 흉쇄유돌근의 약화는 사각근에 직접적인 영향을 주므로 마사지나 운동 요법으로 병행 치료하도록 한다.

견갑거근 levator scapulae m.

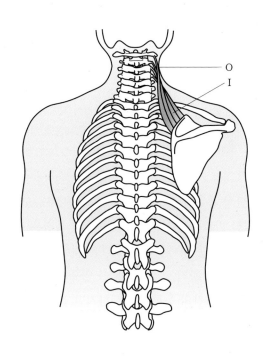

원어 (original word)	Latin : levator-a lifter 　　　　scapulae-shoulder blade
기시부 (origin)	경추 1-4번의 횡돌기
정지부 (insertion)	견갑골의 극상와 내측 모서리
작용 (action)	견갑골 (상승, 신전), 목 (회전)
지배신경 (nerve)	견갑배신경 C3, C4, C5

　견갑거근은 네 개의 분지로 경추 1~4번의 후방결절 횡돌기에서 시작하여 견갑골 상각 및 견갑골 내측연으로 삽입된다. 견갑골 내측연에 부착된 섬유는 가장 천층에서 수직으로 주행하여 경추 1번에 부착되고, 견갑골 상각의 섬유는 심부에서 대각선으로 주행하여 경추 4번으로 부착되는 꽈배기 모양을 형성한다. 이와 같은 회전성 있는 근육은 근력이 강한 편으로 다른 회전근에도 영향을 미친다.

　이 근육은 촉지가 되지 않는 근육으로 흉쇄유돌근에 의해 1/3 정도, 중부승모근에 의해 다시 1/3 정도가 싸여 있으며, 흉쇄유돌근과 함께 경추를 움직이는 주동근으로 견갑골을 상방으로 올리는 작용과 하부 목과 등의 확장에 기여한다.

	협동근	길항근
견갑거근	상부승모근, 전거근, 경판상근, 중사각근	광배근, 능형근, 견갑거근(반측)

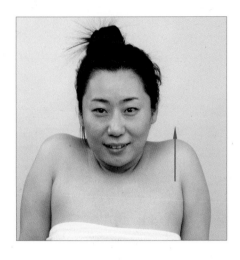

◀ 어깨 상승
상부승모근과 견갑거근이 수축되면 어깨가
상승되어 어린이가 재롱을 피우듯 어깨를
으쓱하는 행동을 할 수 있게 된다.

견갑거근은 목과 어깨에 만성 통증을 일으키는 요인으로 상부승모근 다음으로 높으며 다른 목 근육에 비해서는 전체 20% 정도의 원인 발생률을 보인다. 주 증상의 특징은 견갑골의 내측과 목에서 통증이 심하게 발현되며 목을 움직이지 못하는 운동 장애를 동반한다는 것이다. 일측으로 증상이 나타나면 회전에 제한을 갖게 되고, 양측으로 발달되면 목에 강직(stiff neck)을 일으켜 어느 방향에서든 회전을 할 수 없게 된다. 통증의 시작은 처음에는 회전 시에 약간의 동통이 발생하지만 점차 악화되면 움직이지 않고 가만히 있어도 통증이 지속적으로 나타난다.

견갑골 내측에서의 통증은 능형근의 근막 통증과 비슷하지만 목에서는 통증이 나타나지 않는 차이가 있다. 승모근에 의해 운동 제한이 동반될 경우는 환측으로 고개를 회전하면 통증이 덜하고 반대로 고개를 회전하면 통증이 심해지는 특징을 보인다. 목을 굴곡하거나 회전 시에는 미미한 제한을 받지만 고개를 뒤로 젖히는 신전 시에는 제한이 없다. 상부승모근에 이상이 생기면 본능적으로 목을 움직여 스트레칭을 하려하고, 견갑거근에 이상이 오면 움직이지 않으려고 하므로 이 근육을 평가하는 데 참고하도록 한다.

견갑거근의 운동신경인 견갑배신경이 중사각근을 관통하는 동안 중사각근의 압박에 의해 신경이 눌리면 견갑거근에 압통이 유발되고, 다시 견갑거근의 긴장에 의해 순환 장애를 일으켜 허혈성 통증과 경직을 가중시키는 악순환을 반복하게 됨으로써 나중에는 경추가 일자형으로 변형된다.

견갑거근의 긴장에서 오는 주요 증상으로 목 근육에 수축이 일어나 한쪽으로 기우는 기운목(사경/torticollis) 현상과 목 운동을 제한시키는 경부 경직(stiff neck)을 들 수 있다.

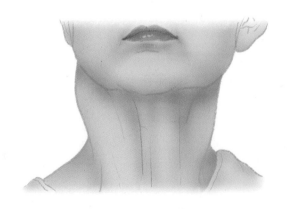

◀ 기운목 / 사경
근육에 단단한 덩어리가 생기고 길이가 짧아지는
증상으로 목이 비틀어져 머리가 한쪽으로 기우는
모습을 보인다. 선천적 원인에 의하기도 하며, 후천
적으로는 류마티스, 골화증, 사시, 심인 반응 등이
원인이 된다.

← 견갑거근의 증상
환자는 고개를 뒤로 돌리기가 힘들어 상체를 돌려 사물을 확인하는 습관이 생기며, 자기도 모르게 환측으로 손이 자꾸만 올라가 어깨를 주무르는데 이곳이 견갑거근의 압통점이다.

증상
- 견갑골과 흉곽 후면에 지속적으로 통증이 일어나 주변까지 방사통이 일어난다 (견늑증후근 / scapulocostal syndrome).
- 견갑골 내측연과 척추를 따라 통증이 나타난다.
- 어깨에 무거운 압박감과 조이는 느낌이 나타난다.
- 통증은 회전 시에만 나타나다가 악화되면 안정 시에도 발현된다.
- 일명 오십견 환자들에게서도 이 근육의 손상을 확인할 수 있다.
- 촉진 시 견갑골의 상각에서 심한 압통이 발생한다.
- 만성적으로 진행되면 두통이 발생된다.
- 어깨가 올라가고 동측으로 목이 기우는 체형을 보인다.
- 뒤로 고개를 돌리지 못해 상체를 회전시켜 뒤를 보는 습관이 생긴다.

요인
- 어깨가 올라가 있는 만성적인 습관(긴장, 스트레스, 추위 노출)이 원인이다.
- 새우잠과 같은 잘못된 수면 자세가 원인으로 작용한다.
- 목을 많이 돌리면서 하는 작업이나 습관(타이핑, 테니스나 탁구)이 원인이다.
- 목에 상해를 입힐 정도로 고개를 이용하는 운동(레슬링, 수영, 테니스)이 원인이다.
- 천식 등과 같이 반복된 기침으로 인해 목과 흉곽을 압박하는 행위가 원인이 된다.
- 컴퓨터 작업 등과 같이 목을 앞으로 내밀거나 숙이는 습관이 원인이 된다.
- 푹신한 소파 등에 오래 앉아 있게 되면 근육이 단축되어 압통이 유발된다.
- 어깨에 무거운 물건을 올려놓고 운반하는 행위가 원인으로 작용한다.
- 무거운 가방을 어깨에 메고 다니는 습관이 원인이 된다.
- 장시간 목과 어깨 사이로 전화기를 끼고 통화하는 습관이 원인이 된다.
- 지팡이가 길면 어깨에 강자극을 주게 되어 근육 손상을 일으킨다(중풍 환자, 등산).

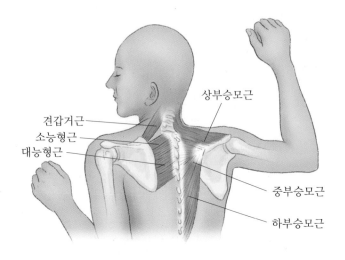

상부승모근

견갑거근
소능형근
대능형근

중부승모근

하부승모근

← 통증 발현의 유형-1
환자의 좌측은 목이 회전되고 견갑거근에 의한 견갑골의 상승으로 근육이 단축되어 압통점이 압박된다. 우측은 반대로 견갑골의 상방회전으로 견갑거근이 팽팽하게 늘어나 역시 압통점을 압박한다.

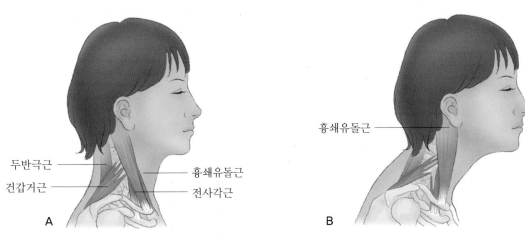

두반극근
견갑거근

흉쇄유돌근
전사각근

A

흉쇄유돌근

B

↑ 통증 발현의 유형-2
A-바른 자세
B-목이 장시간 앞으로 전만되는 습관은 견갑거근에 이완성 긴장을 초래하여 압통을 유발한다.

← 통증 발현의 유형-3
지팡이가 너무 길면 지면에서 올라오는 충격이 견갑거근에 부딪쳐 견갑골을 거상하고 있는 근섬유에 상해를 발생시킨다.

압통점과 방사통

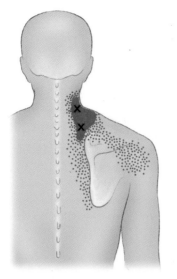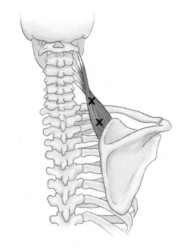

⬆ 견갑거근의 압통점과 방사통
제1압통점 : 견갑골의 내측연과 어깨 후면으로 방사된다.
제2압통점 : 견갑골의 하각으로 방사된다.

근 기능 테스트

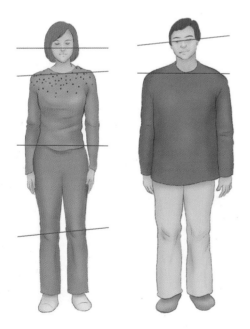

⬆ 견갑거근 대칭 검사
환자가 자연스럽게 직립한 상태에서 어깨의
높낮이를 비교 확인한다.

⬆ 견갑거근 압통 및 근 기능 셀프 테스트
환자는 머리를 굴곡하여 회전시킨 상태에서 왼손으로 측두를 감싸
고 오른손은 내회전하여 허리에 위치시킨다. 환자는 서서히 후두
골을 감싼 손으로 밀고 오른손은 몸의 중심을 잡으며 저항한다.

◀ 견갑거근 압통 테스트
피술자는 측면으로 누워 환측을 오픈한다. 시술자는 무지를 겹장
하여 피술자의 견갑거근 압통점을 지그시 눌러 보아 발현되는 통
증의 정도를 평가한다.

◀ 견갑거근 압통 및 근 기능 테스트
피술자는 환측의 어깨를 약간 신전하고 외전시킨 상태에서 주관절
을 90도로 굴곡하고, 반측의 어깨는 90도 외전, 주관절은 90도로
굴곡한 자세를 취한다. 시술자는 피술자의 팔꿈치 내측을 잡고 서
서히 외측 방향으로 당기면 피술자는 이에 저항한다. 피술자의 견
갑골 상각이 내측 아래 방향으로 회전하는지를 확인하고 통증과
근력의 정도를 평가한다.

시술 테크닉

 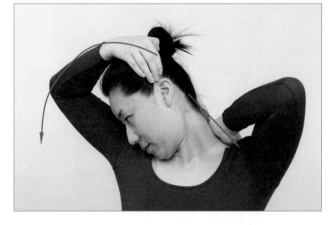

▲ 견갑거근 셀프 스트레칭
환자는 환측의 반대로 고개를 회전하고 다시 신전시킨다. 자신의 오른손은 측두에 고정시켜 당기고, 왼손은 후두와 경부의 접합 부위에
강하게 밀착시킨다. 이어 측두를 서서히 당기며 동시에 왼손은 강하게 견갑골 상각 방향으로 슬라이딩한다.

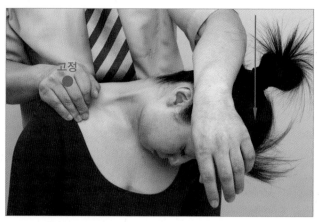

⬆ 견갑거근 스트레칭

시술자의 오른손은 피술자의 어깨를 고정하고 왼팔은 측두에 위치하여 전완의 무게를 이용하여 직하방으로 밀어 내린다. 이때 피술자는 견갑거근에 강한 스트레칭이 일어나도록 목의 긴장을 최대한 이완시킨다. 위의 동작을 몇 회 반복하여 적용한다.

⬆ 견갑거근 압통점 이완

시술자는 피술자의 견갑거근 압통점에 무지를 겹장하여 위치하고 서클을 그리며 이완한다. 같은 방법으로 견갑거근의 근섬유를 따라 골고루 적용해 나간다.

⬆ 견갑거근 마사지-1

피술자는 측면으로 눕고 고개를 자연스럽게 지면으로 떨군다. 시술자는 손바닥을 견갑거근에 밀착하고 견갑골 상각에서 후두골의 방향으로 강하게 슬라이딩한다.

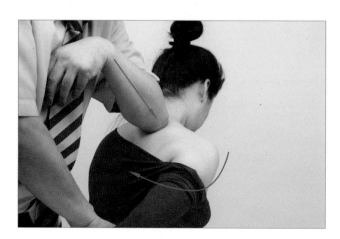

⬅ 견갑거근 마사지-2

피술자는 환측의 반대로 머리를 회전하고 다시 굴곡하며, 오른 어깨는 내회전하여 환측의 견갑거근이 최대한 이완되도록 한다. 시술자는 팔꿈치를 견갑거근의 압통점에 위치하고 자신의 상체 무게를 이용하여 서서히 깊은 압을 적용한다.

◀ 견갑거근 마사지-3
피술자는 환측의 반대로 머리를 회전하고 다시 굴곡한다. 시술자는 왼손으로 피술자의 두부를 감싸 고정하고, 오른쪽 팔꿈치를 이용하여 후두골에서 견갑상각 방향으로 어깨 힘을 이용한 강한 압으로 슬라이딩해 간다.

치료 관점

견갑거근을 마사지하기에 앞서 우선 경추를 감싸고 있는 근육을 먼저 세심하게 이완해야 한다. 상부승모근과 판상근, 사각근, 대소후두직근, 흉쇄유돌근 등은 이 근육의 경직을 일으키는 원인이 될 뿐만 아니라 영향을 동시에 받기 때문이다.

또 잘못된 습관이나 자세로 인해 둥근어깨가 형성되었다면 견갑거근은 약해질 수밖에 없고, 따라서 원인이 되는 대흉근과 광배근, 능형근, 기립근에 대한 마사지와 교정이 반드시 필요하다.

견갑거근은 목을 경직시키는 주요 근육이며, 그 일차적 원인은 육체적, 정신적 스트레스에 있다고 할 수 있다. 이 근육은 긴장된 생활과 잘못된 자세에 의해 민감하게 반응하기 때문에 잘못된 습관을 교정하는 것이 치료의 관점이 된다.

판상근 splenius m.

두판상근(splenius capitus)

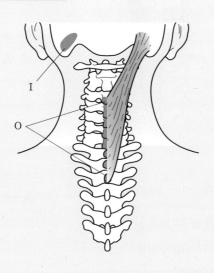

원어 (original word)	Greek : splenion-splint or bandage caput-head
기시부 (origin)	경추 3번–흉추 3번 극돌기
정지부 (insertion)	유양돌기와 윗목덜미선의 외측 1/3
작용 (action)	머리(신전, 회전)
지배신경 (nerve)	중경추신경

　판상근은 두 개의 분지로 나뉘는데, 승모근 바로 아래 머리와 목 부위에 위치해 있고, 심층에 견갑거근과 사각근에 의해 영향을 받으며 삼각형으로 편편하게 배열되어 있다.

　두판상근은 경추 3번에서 흉추 3번까지의 극돌기로부터 유양돌기와 윗목덜미선의 외측 1/3 후두골로 부착되고, 경판상근은 흉추 3번에서 흉추 6번까지의 극돌기로부터 경추 1, 2, 3번의 횡돌기로 각각 부착된다.

　이 근육은 후두골과 경추의 하부 표면 사이에 있는 골격 위에서 두 분지가 만나 결합하여 빈 공간을 채운다. 목 뒷부분이 움푹 파인 것처럼 보이는 것은 목덜미 인대가 근육의 끝부분을 당겨 양쪽이 부풀어 올라와 있으므로 전체적으로 부피감을 느낄 수 있다.

	협동근	길항근
판상근	상부승모근, 견갑거근, 두반극근, 경반극근	흉쇄유돌근, 사각근, 전경근(목 앞 근육) 상부승모근(반측), 두반극근(반측)

경판상근(splenius cervicis)

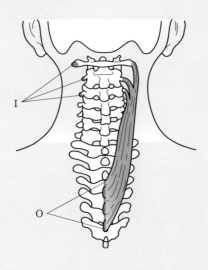

원어 (original word)	Greek : splenion-splint or bandage cervicalis-neck
기시부 (origin)	흉추 3-흉추 6번의 극돌기
정지부 (insertion)	경추 1-경추 3번의 횡돌기
작용 (action)	머리(신전, 회전)
지배신경 (nerve)	하경추신경

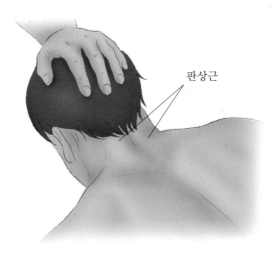

판상근

⬆ 판상근
후두골의 외후두융기부터 제7경추 극돌기에 이르는
정중면에 부착된 목덜미인대(nuchal ligament)로
인해 목을 신전하면 양측에서 판상근의 윤곽이 도드
라지게 일어난다.

유양돌기에는 4개의 근육이 부착되어 있으며, 앞쪽에는 흉쇄유돌근과 이복근 그리고 뒤쪽에는 판상근과 척추기립근의 한 종류인 두최장근이 있다. 따라서 머리와 목이 회전이나 굴곡 또는 신전을 하면 어느 근육이라도 문제를 일으키게 되고 이에 따른 영향을 받을 수밖에 없다.

예를 들어 고개를 숙인 자세를 오래 유지하면 목 앞에서는 흉쇄유돌근에 수축성 긴장이 일어나고, 목 뒤에서는 판상근에 이완성 긴장이 일어나며, 반대로 고개를 젖히는 신전 상태를 유지하면 역시 반대 원리로 긴장되어 목에 통증이 생성된다. 그리고 이들에 의한 공통적인 통증은 견갑골 내측연에서 주로 발생한다는 것이다.

또한 판상근을 경직시키는 가장 큰 원인 중 하나로 선천적, 후천적 척추후만증(kyphosis)을 들 수 있다. 이는 상체가 굴곡되어 있어 이에 대한 길항 작용으로 언제나 고개를 들고 있어야 하기 때문에 판상근의 피로가 가중될 수밖에 없다.

판상근의 목과 어깨에서 일어나는 통증은 견갑거근과 비슷하지만 정도에 있어서는 약간 덜한 편이며, 동측으로 회전 시에는 견갑거근과 비슷한 회전 각도를 보이나 견갑거근의 압통을 이완했음에도 별 변함이 없다면 판상근이 미처 풀리지 않은 상태라 할 수 있다.

판상근의 기능은 일측이 수축되면 흉쇄유돌근의 협력으로 머리와 목이 회전되고, 양측이 동시에 수축되면 머리가 뒤로 젖혀지는 신전이 일어나며 머리가 앞으로 떨어지지 않도록 굴곡을 제한함으로써 흉쇄유돌근과 서로 길항 작용을 하는 것이다.

머리 신전

흉추 굴곡

⬆ 척추후만증
척추후만증은 상체가 앞으로 기울어져 이에 대한 보상 작용으로 머리를 뒤로 젖히는 긴장 상태가 만들어지면서 형성된다.

증상 • 환측에서 두정통이 발생한다.

• 환측의 안구에 모래가 들어간 것 같은 통증이 발생한다.

• 안구 후연으로 통증이 스며드는 듯한 통증이 발생한다.

• 어깨에서 통증이 매우 심하게 나타난다.

• 경부 경직(stiff neck) 증후군이 나타난다.

• 목과 어깨의 접합 부위에서 통증이 나타난다.

• 머리에서 목과 눈으로 통증이 나타난다.

• 머리와 목 회전에 제한을 받는다.

• 환측의 시야가 희미해지고 눈에 피로를 느낀다.

• 어지러움을 호소한다.

• 견갑거근 근막 통증에 비하면 심하지 않지만 고개를 돌려서 사물을 보기가 힘들다.

요인 • 고개를 들거나 돌리는 행위(페인트칠, 도배, 수영)를 오랫동안 지속할 때 발생한다.

• 척추가 후만되면 고개가 앞으로 떨구어지며 이에 대항하면서 이완성 긴장이 발생한다.

• 새우잠과 같은 수면 자세로 인해 발생한다.

• 앉아서 머리를 떨구고(dropped head syndrome) 잠을 자는 행위 등으로 발생한다.

• 줄다리기와 같이 머리를 앞으로 내민 자세에서 과도하게 당기는 행위가 원인이다.

• 앞으로 구르기와 같은 동작을 반복하면 발생한다.

• 추위에 오랫동안 노출되어 발생한다.

• 시력이 나빠 머리를 앞으로 내밀어 사물을 보는 일명 거북목 증후군이 원인이 된다.

• 스트레스가 원인이 되어 발생한다.

• 교통사고로 인한 후유증(편타증후군 / post whiplash syndrome)이 원인이다.

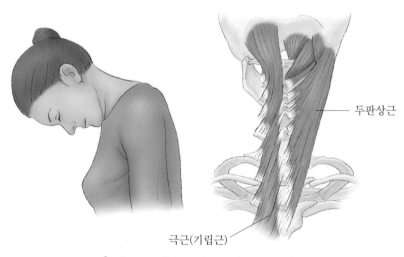

두판상근

극근(기립근)

⬆ dropped head syndrome

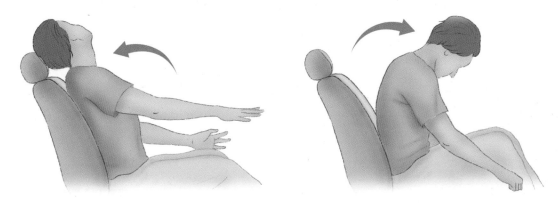

⬆ 교통사고로 인한 편타증후군 발생

압통점과 방사통

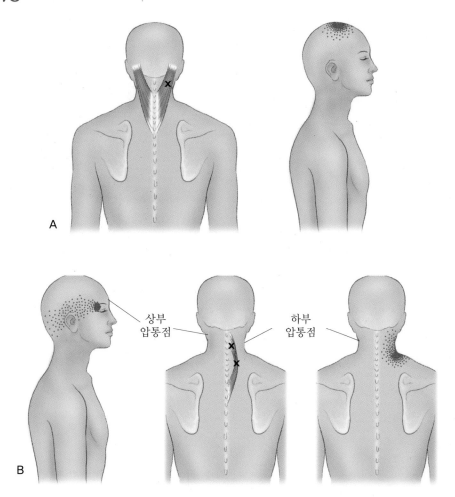

⬆ 판상근의 압통점과 방사통

A-두판상근 : 두정으로 방사된다.

B-경판상근 : 상부-머리 내부를 관통하여 안구에 집중적으로 방사된다.
　　　　　　하부-목과 어깨의 접합 부위에 집중적으로 방사된다.

근 기능 테스트

◀ 판상근 압통 및 근 기능 셀프 테스트
피술자는 침대 밖으로 머리를 내밀고 수평을 유지한다. 시술자는
피술자의 후두골에 손을 올려 놓고 서서히 아래로 내리고 피술자
는 이에 저항한다. 이때 나타나는 통증과 근력의 정도를 평가한다.

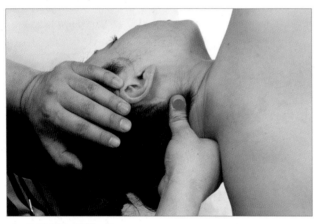

↑ 두판상근 압통 테스트
두판상근 압통점에 무지로 압을 적용하여 유발되는 통증의 정도를
확인한다. 같은 방법을 반측에도 실시한다.

↑ 경판상근 압통 테스트
경판상근 압통점에 무지를 겹장하여 압을 적용하며, 이때 나타나
는 통증의 정도를 확인한다.

시술 테크닉

◀ 판상근 셀프 스트레칭-1
환자는 고개를 숙여 최대한 굴곡한 상태를 유지하고 양손은 자신
의 후두골에서 맞잡아 위치한다. 이어 양손으로 자신의 후두골을
서서히 강하게 당겨 머리가 아래로 굴곡되도록 하며, 동시에 고개
는 이에 대항하며 신전시킨다. 위의 동작을 몇 회 반복하여 적용
한다.

◀ 판상근 셀프 스트레칭-2

환자는 얼굴을 위로 하고 고관절을 완전히 굴곡시켜 무릎이
자신의 양 어깨에 오도록 눕는다. 양손은 골반 양측에 각각
위치하여 몸의 균형을 잡고, 엉덩이를 좌우로 움직이면 하
체의 무게에 의해 목과 척추 근육이 스트레칭된다.

◀ 수치료

환자는 머리를 굴곡시켜 판상근으로 뜨거운 물이
떨어지도록 함으로써 목과 어깨 부위의 피로 물
질을 제거한다.

◀ 판상근 마사지-1

시술자는 양손을 이용하여 피술자의 목 중간쯤에서 판상근을 감
싸 조이고, 이어 서서히 각각 반대 방향으로 당겨 근막을 스트레
칭한다.

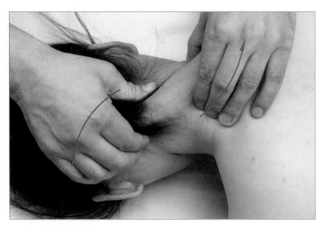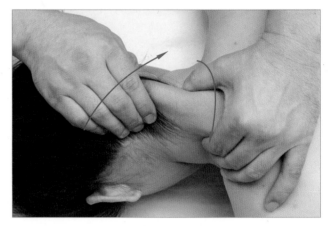

⬆ 판상근 마사지-2

시술자는 양손으로 피술자의 판상근을 조이며 서로 반대 방향으로 강약이 배합된 리드미컬한 압을 적용하여 페트리사지한다.

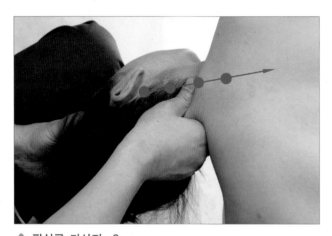

⬆ 판상근 마사지-3

피술자는 머리를 아래로 침대 밖으로 머리를 내밀어 시술자의 무릎 위에 올려놓아 목의 후연을 가장 이완된 상태로 만든다. 이어 승모근과 흉쇄유돌근 사이, 상부승모근과 견갑거근 사이로 무지를 이용하여 깊은 압으로 서클을 그리며 적당한 간격으로 마사지해 내려간다.

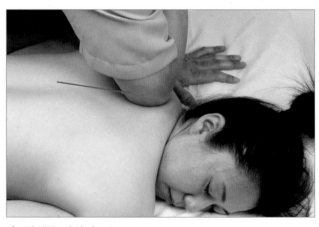

⬆ 판상근 마사지-4

시술자는 피술자의 흉추 6번 부위에서부터 후두골 방향으로 팔꿈치를 이용하여 강한 압을 적용하며 슬라이딩한다.

⬆ 판상근 마사지-5

시술자는 팔꿈치를 이용하여 경부에서 견갑골 내측으로 판상근을 따라 강한 슬라이딩을 적용한다.

치료 관점

판상근은 어깨와 목 치료에 있어 가장 기본적인 치료 요건에 있다. 또한 견갑거근과 흉쇄유돌근 그리고 상부승모근은 판상근에 직·간접적인 영향을 주므로 경중을 따지기 전에 함께 치료해야 한다.

목에 통증을 일으키는 원인은 매우 많지만 특히 직립 생활을 하는 인간에 있어서 흉추나 복부의 비정상적인 만곡 상태에 의해 발생된다. 또 하지나 상지 길이의 비대칭도 원인이 되고, 서 있거나 앉아 있어도 목을 고정하고 안정시켜야 하므로 긴장 상태에서 벗어날 수가 없다. 또 목이 경직되면 뇌의 산소 공급에 장애를 일으키고, 뇌압을 배출하지 못해 두통을 일으키며, 뼈를 고정하는 근력이 약해 디스크가 탈출되어 신경계에 손상을 입힌다.

판상근은 자기 몸무게의 1/10(약 7%) 정도나 되는 두개골을 들고 있는 근육이라 해도 과언이 아니므로 이 근육에 대한 중요성과 피로감을 확실하게 인지하고, 통증이 만성으로 진행되기 전에 통증의 양상을 구분하는 조치가 필요하다.

환자의 관절 가동 범위를 수시로 검사하고, 주변 근육에 대한 압통도 함께 확인하는 다각도의 시각에서 치료에 임하도록 하며, 환자는 일상에서 목에 부목을 착용하고 휴식 시에는 제거하는 습관을 통해 치유 효과를 배가시킨다.

승모근 trapezius m.

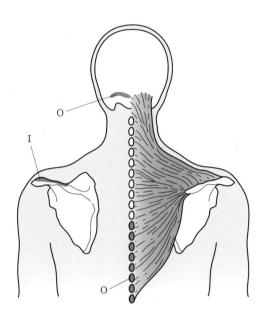

원어 (original word)	Greek : trapezoeides-tablelike
기시부 (origin)	후두골, 목덜미 인대, 극돌기(경추1~흉추12)
정지부 (insertion)	쇄골 외측 1/3, 견봉돌기, 견갑골극
작용 (action)	견갑골(회전, 하강, 상승, 뒤로 당김, 내전) / 머리(회전, 신전)
지배신경 (nerve)	부신경, 목신경 제11뇌신경, C3, C4

　승모근은 직립하는 인간의 활동에 직·간접적으로 가장 많은 영향을 주는 근육으로 분리된다. 팔을 사용하기 때문에 상지를 움직일 때마다 중력에 대항하고, 거의 머리를 앞으로 내미는 생활 습관이 목과 등을 만곡시켜 통증을 유발하기 때문이다. 이로 인해 기능과 증상을 표현하는 애칭도 다양하다.

　전체적으로 보면 옷걸이에 걸려 있는 스웨터처럼 생겼다고 하여 일명 '옷걸이 근육(coat hanger muscle)'이라 불리는데, 그 이유는 옷이 걸리는 부분에 해당하는 상부는 양팔을 수시로 움직이므로 중력의 영향을 받아 단단한 채 늘어져 있고, 양측은 날개처럼 벌어지며, 하부는 다시 오그라드는 모양을 하기 때문이다.

　또, 추위에 몸을 움츠리면 가슴은 오므라들고(둥근 어깨), 등은 넓어져(흉추 후만) 신체의 앞뒤에서 긴장이 일어나 어깨죽지의 혈액 순환을 방해함으로써 등골이 쑤시는 병증이 일어나게 된다. 이 증상이 마치 몸살감기에 걸린 환자와 같다고 하여 '감기 근육' 이라고도 한다.

	협동근	길항근
승모근	흉쇄유돌근, 사각근, 극상근, 전거근, 삼각근, 판상근, 반극근, 견갑거근, 능형근	흉쇄유돌근(반측), 사각근(반측), 견갑거근(반측), 전거근(반측), 능형근(반측), 대흉근

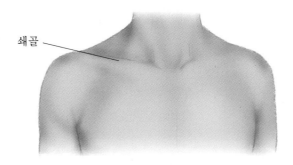

↑ 승모근의 비대칭
승모근에 만성적인 이완성 또는 수축성 긴장 상태에
놓이면 부착 부위인 쇄골에 영향을 주어 비대칭을
일으킨다.

옷을 입는데도 승목근이 적당히 잘 발달되면 남자는 늠름한 어깨를 가지게 되고, 너무 발달되면 건장하게 느껴지나 목이 짧아 보여 답답한 느낌이 든다. 반대로 너무 퇴화되면 목이 길고 어깨가 왜소해 보이기도 한다.

승모근에 이와 같은 다양한 설명이 필요한 이유는 우선 해부학적으로 근력을 사용하지 않고 가만히 있어도 피로감이 유발되기 때문이다. 스트레스를 받으면 옷 한 장만 걸쳐도 무게를 느끼고 초긴장 상태에 놓인다.

승모근은 사실상 몸의 중심을 잡아 주는 근육이라 할 수 있다. 따라서 일측으로 과도한 긴장이나 상해가 발생하면 척추는 휘고 그로 인해 다른 근육도 불가피하게 변형되어 결국 기형적인 체형이 되고 만다. 이 기형적인 체형은 질병을 일으키는 원인이 된다. 그러므로 쇄골의 균형이 비대칭으로 나타나 있으면 가장 큰 원인으로 무조건 승모근을 꼽는 것이다.

쇄골에는 승모근 외에도 다양한 근육이 부착되는데 전삼각근, 흉쇄유돌근, 쇄골하근, 대흉근 등이 여기에 속한다. 이 근육들 중 어느 한 곳이라도 이상이 발생하면 승모근에 영향을 주게 되고, 반대로 승모근에 이상

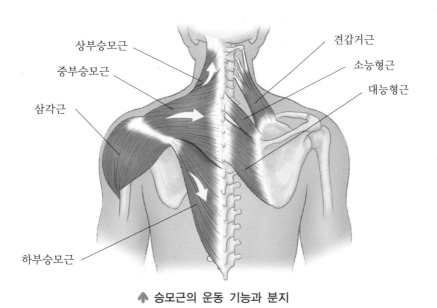

↑ 승모근의 운동 기능과 분지

이 발생해도 이들 근육에 영향을 미친다. 이러한 상관관계에 놓여 있어 전혀 다른 부위에서 다른 유형의 증상이 일어나는 것이다.

승모근이 긴장하면 두개골 하연에 위치한 근육들을 당기고 그 압박으로 추골동맥을 눌러 뇌에 산소 공급을 방해하여 두통을 일으키며, 심장 질환과 같은 흉통이나 안면 통증, 목에 림프 부종을 유발시킬 수도 있다.

승모근은 기능적인 면에서 상부·중부·하부승모근으로 구분하지만, 이 3개의 근육이 하나처럼 움직이고, 부피는 등의 절반 가량을 차지할 만큼 넓다. 근력의 발달 정도에 따라 윤곽이 확실하게 드러나기도 하고 반대로 마치 없는 듯 구분이 안 되기도 하는 특색을 보인다.

견갑골의 평형과 운동 기능학적 요소를 조절하는 근육은 많지만 그 중에서도 승모근과 전거근의 역할이 매우 크다. 전거근과 상부승모근이 팔을 거상시키는 데에는 중부승모근이 견갑골과 쇄골을 받치고 지지함으로써 가능하다. 척추에 미치는 영향에 있어서도 승모근의 역할이 중요하다. 하부승모근에 이완성 긴장이 일어나면 흉추와 요추의 접합부에 척추의 신전이 약화되어, 견갑골의 수축력과 척추의 신전에 부하를 주고 이로 인해 가벼운 움직임에도 척추 상해를 입는 경우가 발생한다.

또, 승모근의 구축은 만성적인 흉추후만이나 둥근 어깨를 만들고, 극돌기 주변에 위치한 척추기립근을 계속 압박하여 흉추와 늑골 간의 움직임에 제한을 일으키기도 한다.

상부승모근의 근섬유층은 후두골의 윗목덜미선 내측 1/3과 목덜미 인대(nuchal ligament) 그리고 경추 1번에서 5번까지의 극돌기로부터 쇄골의 외측 1/3 지점으로 부착된다. 기능에 있어서는 목을 굴곡하고 측굴하며 회전을 보조하고, 양측 수축 시 머리와 목을 신전시키며 어깨를 상승시킨다. 또한 상지의 무게에 저항하며 팔의 움직임에 따라 보조 역할을 한다.

중부승모근의 근섬유층은 경추 6번에서 흉추 3번까지의 극돌기의 극간인대(interspinous ligament)로부터 견봉돌기(acromion)과 견갑골극의 상연으로 부착된다. 기능에 있어서는 견갑골을 내전시키고, 회전을 보조하며 어깨의 굴곡과 외전을 보조한다.

하부승모근의 근섬유층은 흉추 4번에서 흉추 12번까지의 극돌기와 극간인대로부터 견갑골극의 내측으로 부착된다. 기능에 있어서는 견갑골의 회전과 이를 후방으로 끌어당기며, 상완의 굴곡과 외전을 보조한다.

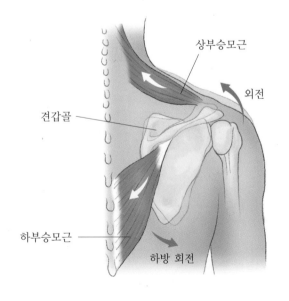

◀ 승모근의 역학 관계
승모근은 견갑골의 기능에 매우 중요한 근육으로 상부승모근 또는 하부승모근에 섬유 손상이 발생하면 서로에게 영향을 미쳐 결국 견관절의 회전과 외전 운동 등에 장애를 일으킨다.

증상
- 가만히 있어도 어깨가 무겁고 답답한 통증을 느낀다.
- 만성적으로 등에 피로를 느낀다.
- 정신이 아찔한 느낌과 어지러움이 나타난다.
- 경추와 흉추가 만나는 부위에 외측으로 타는 듯한 통증이 나타난다.
- 경부 강직이 일어난다(stiff neck).
- 안면신경통 증상이 나타난다.

요인
- 상지와 하지 길이의 불일치로 인한 과부하가 원인이다.
- 쇄골의 비대칭이 원인으로 작용한다.
- 골반의 비대칭이 원인으로 작용한다.
- 척추의 만곡 현상이 있는 환자에게 발생한다.
- 무거운 가방이나 짐을 어깨에 걸치는 행위가 원인이다.
- 만성적으로 팔을 거상하고 작업하는 행위(페인트칠, 타이핑)가 원인이다.
- 가슴 큰 여자의 브래지어 착용이 원인이 된다.
- 습관적으로 어깨를 올리는 행위가 원인이 된다.
- 팔걸이가 없는 의자에 장시간 앉아 있으면 발생한다.
- 무거운 의복(코트)을 장시간 입고 있으면 발생한다.
- 추위에 장시간 노출되면 발생한다.
- 둥근 어깨가 원인으로 작용한다.
- 불안정한 자세가 원인이다.
- 과다한 운동량이 원인이 된다.

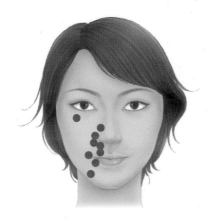

↑ 안면신경통
대개 광대뼈와 윗입술, 코 옆으로 통증이 나타나거나
아랫입술과 턱으로 통증이 나타난다. 심한 경우 눈과
이마 쪽에도 증상이 나타나며, 귀로 통증이 뻗친다.

- 장시간 턱을 괴고 앉아 있는 자세가 원인으로 작용한다.
- 팔짱을 끼고 오랫동안 있으면 발생한다.
- 긴 지팡이를 장시간 사용하면 발생한다.
- 정신적인 스트레스가 원인이다.
- 외상이 발생 요인이 된다.
- 장시간 서 있는 행위가 원인으로 작용한다.

◀ 여성의 가슴이 큰 경우
큰 가슴을 가진 여성의 경우 브래지어에 장력이 발생하여 상부승모근을 압박한다.

◀ 오래 서 있을 경우
장시간 서 있게 되면 팔의 중력으로 상부승모근에 긴장을 초래한다. 주머니에 손을 넣으면 팔의 무게가 감소되어 중력을 피할 수 있다.

압통점과 방사통

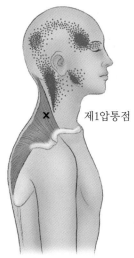

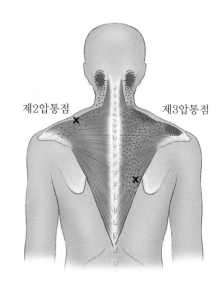

⬆ **승모근 – 제1, 2, 3압통점과 방사통**

제1압통점 : 유양돌기에서 후외측 목으로 강하게 방사, 관자놀이에서 집중적으로 발현되며 측두로 확장되어 방사, 하악각에서 집중으로 발현, 후두부와 어금니·귀 후면으로 방사된다. 압통점 중에서 가장 흔하게 발현되는 지점이다.

제2압통점 : 후두근 하연에서 강하게 발현된다.

제3압통점 : 후두근하연과 상부승모근으로 방사, 견봉에서 강하게 발현, 견갑골 내측을 따라 방사된다.

• 목과 머리가 반측으로 최대로 회전되면 통증이 발현된다.

• 제1압통점과 제2압통점에 압통이 심화되면 제3압통점으로 방사되어 어깨 통증이 매우 심하게 느껴진다.

• 다른 압통점을 이완했음에도 목과 배부에서 통증이 지속되면 제3압통점에 원인이 있다.

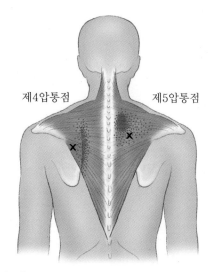

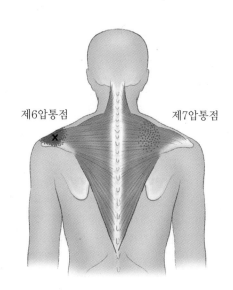

⬆ **승모근 – 제4, 5, 6, 7압통점과 방사통**

제4압통점 : 견갑골의 내측연(1cm 내)에서 발현된다.

제5압통점 : 압통점과 경추 7번 사이에서 강하게 타는 듯한 표재통으로 발현된다.

제6압통점 : 견관절의 정점과 견봉돌기에 쑤시는 듯 강하게 발현된다.

제7압통점 : 자율신경 반사 작용을 일으켜 상완의 외측으로 소름이 돋는 감각을 일으킨다.

• 가볍게 제7압통점을 자극하면 상완에 소름이 돋는다. 제7압통점은 견갑거골을 가로질러 넓게 분포되어 있다.

근 기능 테스트

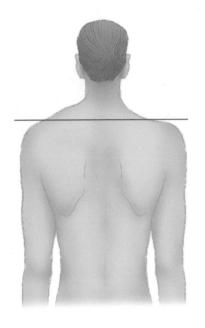

← 승모근의 비대칭
양측 어깨의 견봉을 기준으로 마음속에 수평을 긋고 관찰해 보면 어깨 높이의 비대칭이 나타난다. 승모근에 현저하게 근력 차이가 생성되어 있음을 보여 준다.

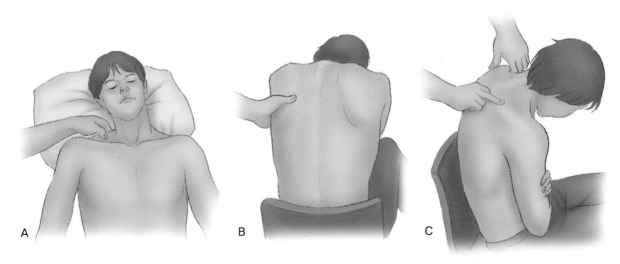

A   B   C

↑ 승모근 압통 테스트
A – 피술자는 얼굴을 위로 하고 누워 환측으로 고개를 10도 정도 측굴시켜 환부를 이완시킨다. 시술자는 피술자의 제1압통점과 제2압통점을 각각 손가락을 이용해 집게 촉진(pincer palpation)하여 유발되는 통증의 정도를 확인한다. 같은 방법을 반측에서도 실시한다.
B – 피술자는 앉은 자세에서 양팔을 앞으로 모아 둥근 어깨를 만들고 허리는 약간 굴곡한다. 시술자는 제3압통점과 제4압통점을 각각 무지를 이용해 평판 촉진(flat palpation)하여 유발되는 통증의 정도를 확인한다. 같은 방법을 반측에서도 실시한다.
C – 피술자는 앉은 자세에서 양팔을 앞으로 모아 둥근 어깨를 만들고 허리는 약간 굴곡한다. 시술자는 제5, 6, 7압통점을 각각 손가락을 이용해 평판 촉진(flat palpation)하여 유발되는 통증의 정도를 확인한다. 같은 방법을 반측에서도 실시한다.

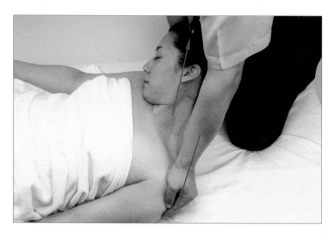

◀ 승모근 압통 및 근 기능 테스트
시술자는 왼손으로 피술자의 어깨를 감싸고 오른손은 환측의 유양
돌기 부위에 위치하여 반대 방향으로 각각 당긴다. 이에 피술자의
어깨가 지면에서 떨어지지 않도록 유의하며 근력과 통증의 정도를
평가한다.

◀ 승모근 압통 및 근 기능 셀프 테스트-1
환자는 얼굴을 아래로 하고 누워 양 어깨를 최대한 굴곡하여 팔
전체가 지면에 닿도록 한다. 어깨가 곧바로 펴지지 않으면서 통증
이 나타나면 승모근에 경직이 발생했음을 의미한다.

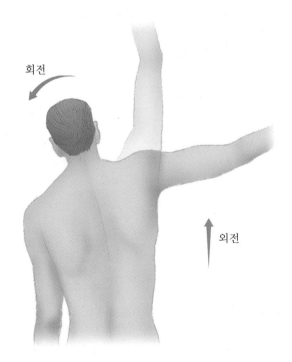

회전

외전

◀ 승모근 압통 및 근 기능 셀프 테스트-2
환자는 환측의 팔을 외전시키면 목과 어깨로 통증이
유발되며, 머리가 환측의 반대로 함께 회전되는 현상이
일어난다. 이는 승모근이 경직되어 있음을 의미한다.

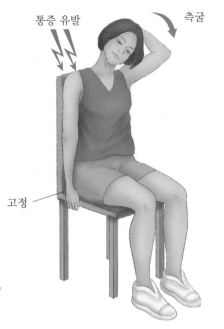

통증 유발   측굴

고정

◀ 승모근 압통 및 근 기능 셀프 테스트-3
환자는 의자에 앉아 고개를 굴곡하고 회전하며 다시 측굴 상태를
유지한다. 반측의 손은 의자 밑을 잡아 몸의 중심을 유지하고 왼
손으로는 환측의 머리를 감싼 채 서서히 더욱 측굴시켜 나간다.
목과 어깨에서 나타나는 통증의 정도와 관절의 가동 범위를 확인
할 수 있다.

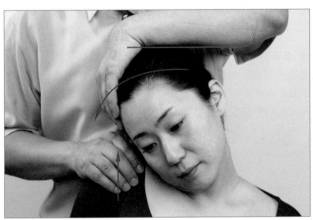

▲ 상부승모근 압통 및 근 기능 테스트
피술자는 앉은 상태에서 환측의 어깨를 상승하고 머리와 목을 환
측으로 측굴시켜 어깨와 머리가 서로 맞닿도록 한다. 시술자는 머
리와 어깨 사이가 벌어지도록 각각 당기고, 이에 피술자는 저항하
며 근력과 통증의 정도를 평가한다.

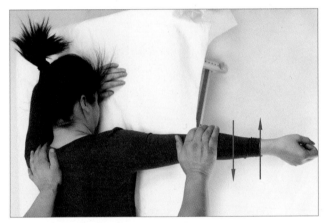

▲ 중부승모근 압통 및 근 기능 테스트
피술자는 환측의 어깨를 90도로 외전하고, 엄지손가락이 위로 향
하도록 가볍게 주먹을 쥐고 눕는다. 시술자는 피술자의 상완을 아
래로 누르며, 동시에 피술자는 이에 저항한다. 이때 피술자의 견갑
골이 척추로부터 고정되는지 외전되는지 세심하게 관찰한다.

◀ 하부승모근 압통 및 근 기능 테스트
피술자는 어깨를 120도로 외전하고, 엄지손가락이 위로 향하도록
가볍게 주먹을 쥐고 눕는다. 시술자는 피술자의 팔을 서서히 아래
로 내리면 피술자는 이에 저항한다. 이때 피술자의 견갑골이 척추
로부터 고정되는지 상승되는지 관찰하며 근력의 정도를 평가한다.

시술 테크닉

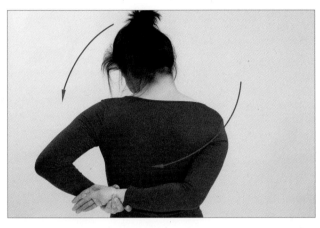

⬅ 상부승모근 셀프 스트레칭

환자는 서서 고개를 굴곡, 회전하며 다시 측굴 상태를 유지한다. 환측의 팔은 최대한 내회전시켜 자신의 허리에 위치하고 반대의 손으로 손목을 잡아 고정한다. 이어 고개는 한층 더 측굴을 시도하고 동시에 손목을 잡은 팔은 서서히 당겨 내회전을 가속화한다.

⬅ 중 · 하부승모근 셀프 스트레칭

환자는 얼굴을 아래로 하고 누워 양 어깨를 135도 정도 외전한다. 이어 고개를 서서히 들어 올려 척추에 강한 수축을 일으킨다. 정점에 도달하면 몇 초 동안 유지하고 다시 서서히 이완하기를 몇 회 반복한다.

⬆ 승모근 셀프 스트레칭-1

환자는 환측의 팔을 90도로 옆으로 벌려 외전시키고 반측의 팔은 곧게 뻗어 머리 위로 굴곡시킨다. 환자의 시선은 수평으로 외전시킨 손끝을 응시하고 가슴이 지면에 닿도록 서서히 상체를 지면으로 끌어 당겨 승모근 전체에 강한 스트레칭이 일어나도록 한다.

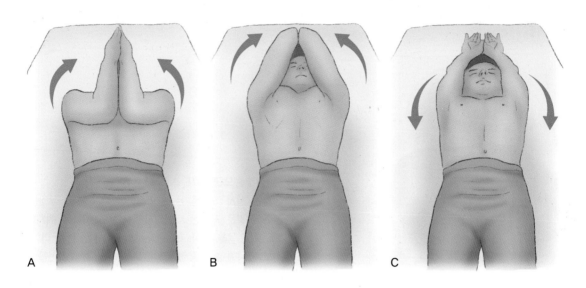

⬆ 승모근 셀프 스트레칭-2

환자는 얼굴을 위로 하고 눕는다.

A-양 어깨를 내전하고 양 팔꿈치를 90도로 굴곡하여 전완이 서로 닿도록 한다.

B-양 어깨를 최대한 굴곡하여 팔꿈치가 머리에 닿도록 한다.

C-양 팔꿈치를 신전시켜 팔이 지면에 닿도록 한다.

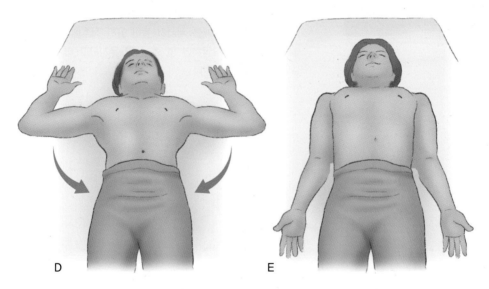

⬆ 승모근 셀프 스트레칭-3

D-양팔이 지면에서 떨어지지 않도록 유의하고 어깨를 내전시키며 끌어당기고, 이때 어깨와 팔꿈치는 각각 90도를 유지한다.

E-양 어깨를 끌어당겨 내전시키고 동시에 팔꿈치를 신전시켜 양팔이 곧게 편 상태로 자신의 대퇴부 측면에 닿도록 한다.

A에서 E까지 연속 동작으로 근력에 힘을 주며 서서히 반복하며 실시한다. 견갑골의 운동 범위 (ROM / range of motion)를 강화시키는 운동요법으로 중·하부승모근의 이완과 강화에 도움을 준다.

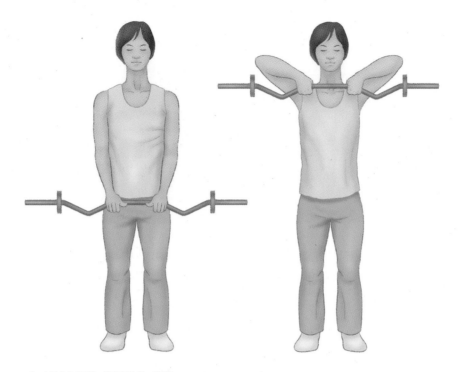

↑ 상부승모근 근력강화 운동

환자는 양손으로 바벨을 들고 몸체의 중심선을 따라 수직으로 자신의 얼굴 방향으로 끌어
올려 어깨 올림(elevation) 운동을 실시한다. 정점에 도달하면 몇 초간 유지하고 다시 반
대로 서서히 수직으로 내려 어깨 내림(depression) 운동을 실시한다.

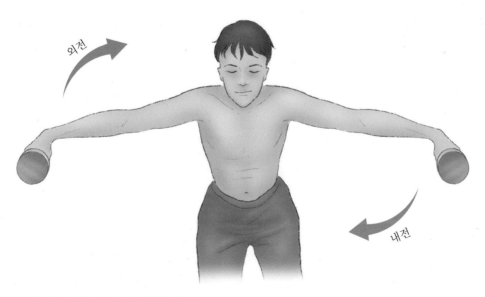

↑ 중 · 하부승모근 근력강화 운동

환자는 서서 허리를 약간 굴곡한 채 양손에 아령을 들고 몸체를 중심으로 외전과 내전 운동을
실시한다. 외전과 내전 운동 시 근력에 힘을 주고 서서히 연속 동작으로 실시하며, 무리하지
않도록 유의하고 서서히 횟수를 늘려 반복하여 적용한다.

 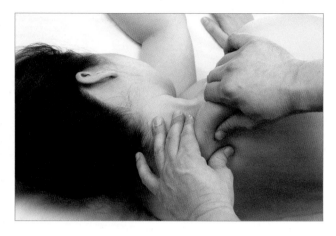

↟ 승모근 압통점 이완

시술자는 무지 및 양 손가락 전체를 사용해 피술자의 상부승모근에 리듬감 있게 페트리사지를 적용하며 압통을 이완한다. 초기에는 약한 압으로 시작하다가 어느 정도 젖산이 제거되면(통증이 없어지면) 점점 압을 강하게 적용한다.

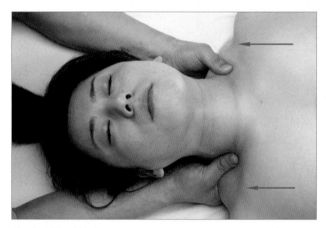 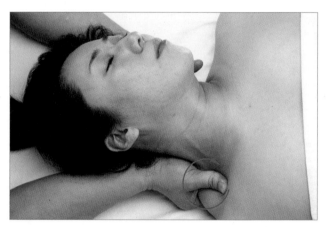

↟ 승모근 마사지-1

시술자는 무지 및 양 손가락 전체를 사용해 피술자의 상부승모근을 조이며 당기고, 이어 리듬감 있게 강약이 배합된 압으로 페트리사지를 적용한다.

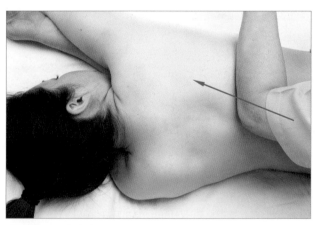 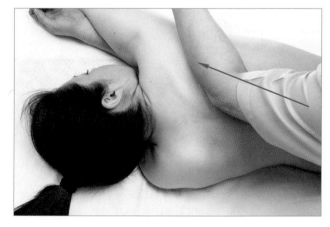

↟ 승모근 마사지-2

피술자는 측와위로 눕는다. 시술자는 전완을 이용하여 마지막 흉추 부위에서 견봉 방향으로 중·하부승모근을 강하게 쓸어 올려 에플라지 한다. 몇 회를 반복하여 실시한다.

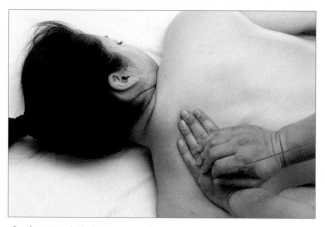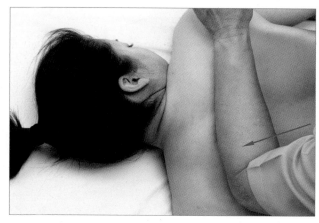

⬆ 승모근 마사지-3

시술자는 수장을 겹장하여 넓은 압으로 흉추 부위에서 어깨 방향으로 승모근 전체에 강한 에플라지를 적용한다. 또 전완을 이용하기도 한다. 이 과정에서 시술자의 척골이 피술자의 견갑골에 부딪쳐 불필요한 통증이 발생되지 않도록 유의한다.

치료 관점

　　목과 팔은 인간 생활에 있어 잠시도 쉴 틈 없이 분주하게 운동하며 다양한 기능적 요소를 가지고 있다. 승모근은 이러한 기능에 대해 가장 잘 이해하고 도와주는 근육으로 사용이 많은 만큼 그에 비례해 피로감도 많이 발생하게 된다.

　　승모근은 팔을 움직일 때마다 어깨 관절과 견갑골을 안정시켜 고정하는 역할을 하므로 팔의 외전이나 굴곡, 신전으로 발생되는 모든 통증에 관여한다. 따라서 직접적인 원인이 아니더라도 목과 어깨, 등에서 통증이 발생한다면 근육 이완에 우선 순위를 두어야 한다.

02

상 지 부

삼각근, 상완이두근, 상완삼두근, 오구완근, 완요골근,
상완근, 주근, 신전근

삼각근 deltoid m.

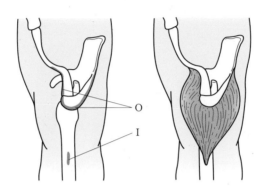

원어 (original word)	Greek : delta-triangular-shaped
기시부 (origin)	쇄골의 외측 1/3 견봉돌기 견갑극의 외측부
정지부 (insertion)	상완골의 삼각근조면
작용 (action)	어깨(굴곡, 내회전, 내전, 신전, 외회전)
지배신경 (nerve)	액와신경 C5, C6

　　삼각근은 견관절(glenohumeral joint)의 가장 천층(superficial layer)에 위치하여 견관절을 보호하고, 한 개의 근육군으로 명명되지만 기본적으로는 앞, 중앙, 뒤쪽의 근육 섬유가 각각 개별적인 기능을 한다. 전·중·후삼각근은 해부학적으로는 삼각근이지만 '오각근'이라고도 불리며, 서로 길항(antagonist) 작용을 한다는 특이점을 갖고 있다.

　　이 근육은 어깨 관절의 모든 움직임에 관여한다. 또 7개의 근섬유다발로 이루어져 전부 섬유, 중부 섬유, 후부 섬유로 크게 나뉘고 근육의 방향과 근섬유의 결이 일치하는 근육 중 하나이다.

　　삼각근은 어깨를 형성하고 곡선을 만드는 근육으로 남성과 여성을 외형적으로 구분하는 근육이며, 특히 남성의 잘 발달된 어깨를 보면 완벽한 하트 모양(♡)을 보인다. 또한 유일하게 360도 회전되는 관절을 쌓고 있어 그 운동력이 매우 다양하고 복잡하다.

　　차렷 자세로 서 있거나 팔걸이가 없는 의자에 앉아만 있어도 상완골이 하방으로 탈구되지 않도록 극상근과 더불어 상완을 안정시키는 작용을 한다.

	협동근	길항근
삼각근	오구완근, 대흉근의 쇄골지, 상완이두근 장두, 상완삼두근 장두, 극상근	삼각근 전·후부 반대측 근육, 대흉근 흉골지, 대원근, 광배근

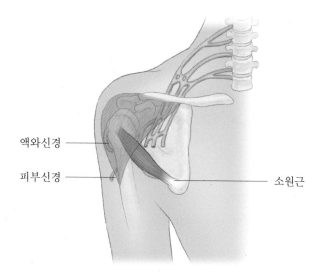

액와신경 ——— 소원근

피부신경 ———

↑ 액와신경
액와신경의 손상은 목에 있는 사각근이 눌려
발생하기도 하지만 견관절 탈구나 회전근개
파열, 근위상완골 골절, 견갑하근 파열 등에
의해서도 다양하게 발생한다.

삼각근을 일명 '둔한 근육(dull actor)'이라 하는데 이는 압통이 가장 자주 발생하면서도 잘 손상되지 않는 특징 때문이다. 인체의 역학구조상 가장 바쁜 부위이며, 제각기 구조와 기능이 다르면서도 근 조직이 매우 견고한 편이다. 그럼에도 과격한 운동이나 외상으로 외적인 상해를 가장 많이 받기도 한다.

삼각근의 지배신경인 액와신경은 목의 측면에 위치한 사각근 밑을 통과하여 쇄골 하연으로, 그리고 다시 액와로 내려가기 때문에 사각근의 영향으로 눌리거나 목이 경직되어 일자목 또는 거북목이 되면 삼각근의 기능을 저하시키고 마비시킨다.

삼각근과 대흉근 그리고 흉쇄유돌근은 쇄골에 부착되어 이들 근육에 이상이 생기면 쇄골에 변형을 일으키며, 쇄골을 지나는 얼굴표정근인 광경근에도 영향을 주어 얼굴에 변형을 일으키는 결과를 초래한다. 그러므로 임상학적으로 오십견이나 견비통 환자의 볼과 입꼬리 등이 처지는 안면비대칭 현상이 나타난다.

전삼각근(anterior deltoid)

전삼각근의 기시부인 쇄골에는 쇄골하근(subclavius), 대흉근(pectoralis major), 흉쇄유돌근(SCM), 상부 승모근(upper trapezius)이 서로 얽혀 있으며, 서로의 장력은 쇄골의 균형을 조절함으로써 견관절의 안정과 움직임에 매우 중요한 역할을 담당한다.

단독으로 작용 시에는 견관절의 굴곡(flexion)과 수평내전(horizontal adduction)하고 중·후삼각근과 협동 시에는 외전(abduction) 운동에 관여하며, 기본적으로 대흉근의 쇄골지와 오구완근, 상완이두근 단두와 함께 기능적으로 동일한 작용을 한다.

이 근육은 쇄골의 외측 1/3 지점에서 시작하여 상완골의 삼각근조면(deltoid tuberosity)으로 부착된다.

전삼각근은 삼각근에서 가장 크고 잘 발달된 단일 근육이며, 가동 범위가 가장 크고, 인체의 해부학적 구조로 볼 때 삼각근 중에서 기능적으로 가장 활발한 작용을 한다. 이 근육에 기능 이상이 발생하면 상부승모근에 직접적으로 영향을 미쳐 목의 움직임에 제한을 주고, 두통과 자율신경계 증상을 일으키며, 쇄골로 배수되는 림프의 순환을 방해하여 부종을 일으킨다.

대흉근과 소흉근, 대원근, 광배근에 단축성 긴장 상태, 즉 둥근 어깨(round shoulder)가 형성되면 전삼각근은 상완골의 내전으로 인해 함께 단축이 일어나고 후삼각근은 반대로 늘어나, 이완성 긴장 상태가 된다. 전삼각근은 견관절의 전면에서 대흉근을 덮고 있어 사실상 대흉근의 쇄골지와 기능 및 작용이 동일하기 때문에 둥근 어깨로 대흉근이 단축되면 전삼각근도 단축성 긴장 상태가 되고 만다. 따라서 이들 근육에 관한 전반적인 이완을 함께 해야 함을 잊지 말아야 한다.

중삼각근(middle deltoid)

중삼각근은 극상근(supraspinatus)과 함께 견관절을 외전시키는 작용을 하며, 외전의 초기(0~30도)에는 극상근이 작용하지만 그 이후 90도(일부 학자는 150도)까지는 중삼각근이 작용하여 서로 협동한다. 단독으로 작용 시에는 견관절을 힘있게 외전시키고, 극상근의 협동에 의해서 보다 자유로운 외전이 가능해진다.

이 근육은 견봉돌기(acromion process)에서 시작하여 상완골의 삼각근조면으로 부착된다. 중삼각근은 전·후삼각근 사이에 끼어 있으며 다수의 방사형 근육다발로 이루어져 있다.

방사형 근육은 근력은 매우 강하지만 가동 범위가 넓다는 것이 특징이다. 이 방사형 근육은 팔이 외측으로 벌어져 수평까지 가동될 때 발휘된다. 중삼각근은 외전 시 낮은 각도에는 전·후삼각근이 움직임을 통제하지만, 45~50도 정도를 넘어서면 본격적으로 강한 근력과 장력을 발휘하며 그 이상에서는 승모근이 작동한다.

극상근은 견관절을 안정시키며 동시에 초기 외전 시에 상완골두를 관절와에 끼워 넣는 역할을 한다. 따라서 극상근 건염이나 약화 등과 같은 이상은 초기 외전 시 관절 움직임의 안정성에 문제를 일으키며 외전 60도 이상부터 작용하게 될 삼각근에 과부하를 일으킨다. 따라서 중삼각근 치료 시에 극상근과 그 위층을 덮고 있는 상부 승모근을 함께 이완해야 함을 잊지 말아야 한다.

후삼각근(posterior deltoid)

후삼각근은 상완삼두근, 극하근, 소원근과 직·간접적으로 함께 작용한다. 견갑골의 위치에 따라 많은 영향을 받으며 단독으로 작용 시에는 견관절을 신전하고 전·중삼각근과 협동 시에는 외전에 관여한다. 이 근육은 견갑극(scapula spine) 외측 1/3 지점에서 시작하여 상완골의 삼각근조면으로 부착된다.

후삼각근 역시 방추형 근육이며, 일상에서의 동작은 그리 크지 않아 발달도 가장 늦다. 일상 생활에서 둥근 어깨가 형성되었거나 늘 팔을 앞으로 굴곡 또는 거상하는 일을 반복하면 삼각근 후부에 이완성 긴장 상태가 발생한다. 이는 후삼각근 하연에 위치한 극하근과 대원근, 소원근을 지속적으로 압박하여 어깨 통증을 일으키는 또 다른 원인이 된다. 따라서 극상근과 삼각근을 치료함과 동시에 이들 근육도 함께 이완해야 함을 잊지 말아야 한다.

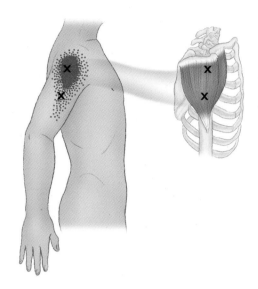

↑ 삼각근의 통증 범위

삼각근의 모양은 방추형으로 통증점이 주로 중삼각근이 배열된 중간에 몰려 있고, 삼각근 전체로 골고루 통증을 일으키지만 원거리로는 강하게 방사가 일어나지는 않는다.

증상
- 어깨를 움직일 때 통증이 매우 심하고 안정하면 감소되는 경향을 보인다.
- 팔을 수평으로 들기가 힘들다.
- 손을 입가로 올리기가 힘들다.
- 손을 등배로 올리기가 힘들다.
- 견관절을 감싸며 국소적으로 통증이 집중되는 현상이 나타난다.
- 어깨뼈가 어깨에서 분리되는 듯한 심한 통증이 있다.

요인
- 사격의 반동이나 활을 당기는 동작의 반복에서 외상이 발생한다.
- 넘어져 어깨에 강한 충돌로 인해 외상이 발생한다.
- 스키와 같이 강한 힘으로 어깨를 당길 때 발생한다.
- 무거운 물건을 어깨에 메는 행위가 원인이다.
- 운전대의 윗부분을 잡고 장시간 운전하는 행위가 원인이다.
- 어깨 높이에서 물건을 들고 있거나 운반하는 행위가 원인이다.
- 야구에서 공을 앞으로 반복적으로 던지는 행위가 원인이다.
- 삼각근하점액낭염(오십견)이 원인이 된다.
- 이두근건염이 원인이 된다.
- 견관절 점액낭염(shoulder bursitis)이 원인이 된다.
- 어깨충돌증후군(impingement syndrome)이 원인이다.
- 어깨에 근육 주사를 자주 맞는 행위가 원인이다.

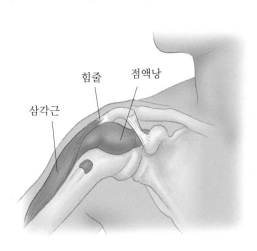

⬆ 견관절 점액낭염

점액낭염은 견관절에 염증이 발생한 경우로, 견봉과 상완골 사이에 가동력을 떨어뜨리고 통증을 유발시킨다. 이것은 매우 흔한 질환으로 운전사가 운전할 때와 같이 팔을 올리는 나쁜 자세의 반복에 의해서 발생한다.

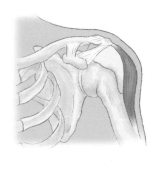

⬆ 어깨충돌증후군

회전근개와 견봉 사이에는 충분한 공간이 있어 팔을 올릴 때 힘줄/건이 견봉 밑으로 쉽게 미끄러질 수 있는 구조이다. 그러나 연속적으로 팔을 올리는 동작이나 반복적으로 던지는 동작 등은 회전근개건과 견봉이 충돌을 일으켜 공간이 좁아지고 염증이 발생하며, 나아가 어깨 관절을 석회화시킨다.

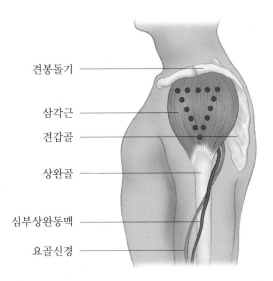

⬆ 삼각근 근육주사 부위

견봉돌기 하단과 액와선 사이에 형성되는 역삼각형 부위로, 견봉돌기의 약 5cm 아래 부위에 근육 주사를 실시한다. 빨간 점(●)선 안은 신체에서는 작지만 흡수율이 가장 좋다.

압통점과 방사통

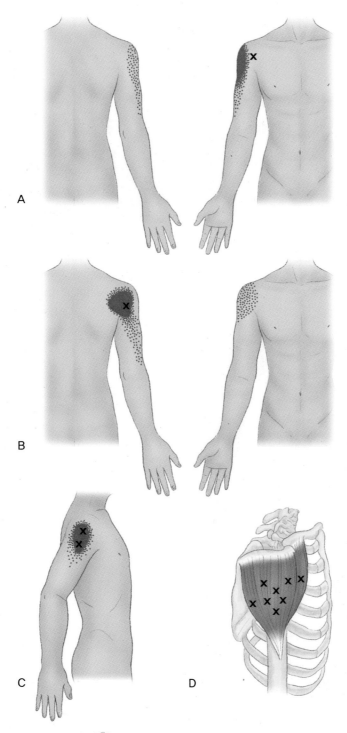

⬆ 삼각근의 압통점과 방사통

A-전삼각근：삼각근의 전면과 중간 부위로 통증이 발현된다.

B-후삼각근：삼각근의 후면 부위에서 통증이 발현된다.

C-중삼각근：삼각근의 중간 부위에서 통증이 발현된다.

D-전체：압통점의 위치이다.

근 기능 테스트

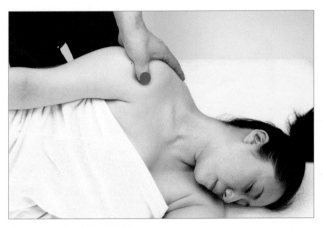

↑ 전삼각근 압통 테스트

피술자는 옆으로 눕고 상완을 약간 뒤로 신전시킨 상태로 팔을 곧게 뻗고 눕는다. 시술자는 무지로 전삼각근의 압통점에 압을 적용하여 통증의 정도를 평가한다.

↑ 전삼각근 압통 및 근 기능 테스트

피술자는 견관절을 90도 외전, 주관절은 90도 굴곡하고 앉는다. 시술자는 왼손으로 피술자의 견관절 부위를 고정하고, 오른손은 상완 원위부에 위치하여 서서히 아래로 내려 약간의 내전과 신전 방향 즉, 45도 각도로 힘을 가하고 피술자는 이에 저항한다.

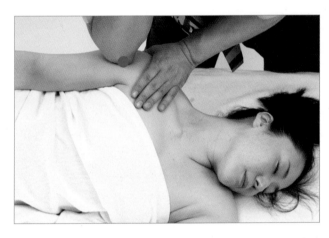

← 중삼각근 압통 테스트

피술자는 옆으로 누워 상완을 곧게 뻗는다. 시술자는 팔꿈치로 중삼각근의 압통점에 압을 적용하여 통증의 정도를 평가한다.

← 중삼각근 압통 및 근 기능 테스트

피술자는 견관절을 90도 외전하고 좌위 또는 입위 상태를 유지한다. 시술자는 피술자의 상완 원위부에 각각 위치하여 서서히 직하방으로 힘을 가하고 피술자는 이에 저항한다.

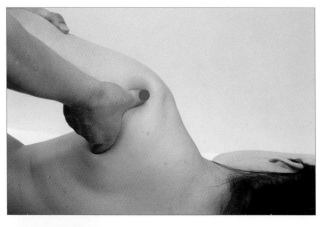

◀ 후삼각근 압통 테스트

피술자는 옆으로 눕고 상완을 약간 외전과 굴곡시킨 상태를 유지한다. 시술자는 무지로 후삼각근의 압통점에 압을 적용하여 통증의 정도를 평가한다.

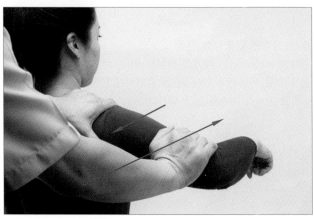

◀ 후삼각근 압통 및 근 기능 테스트

피술자는 견관절을 90도 외전, 주관절은 90도 굴곡하고 약간 내회전 상태를 유지하고 앉는다. 시술자는 왼손으로 피술자의 견관절 후면을 고정하고, 오른손은 상완 원위부에 위치하여 서서히 아래로 내려 약간의 내전과 굴곡 방향, 즉 45도 각도로 힘을 가하고 피술자는 이에 저항한다.

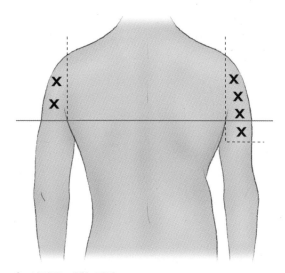

▲ 삼각근 대칭 검사

피술자는 바로 선 자세에서 양팔을 자연스럽게 내린다. 시술자는 피술자의 뒷면에서 삼각근의 모양과 크기를 세심하게 관찰한다. 양측의 비대칭 정도를 확인하고 단축된 부위는 이완과 스트레칭을 적용하며, 이완된 곳은 근력강화 운동을 통해 근력을 강화시킨다.

시술 테크닉

⬆ 전삼각근 셀프 스트레칭

환자는 환측의 팔을 최대한 내회전시켜 골반과 허리 사이에 위치하고 반측의 손으로 손목을 감싼다. 이어 반측의 손으로 서서히 당겨 전삼각근에 강한 스트레칭이 일어나도록 한다.

⬆ 전삼각근 근력강화 운동

환자는 누워 적당한 무게의 바벨을 이용, 서서히 수평 외전과 수평 내전을 반복하여 전삼각근을 강화시킨다. 무리하지 않도록 유의하고 서서히 횟수를 늘려 나간다.

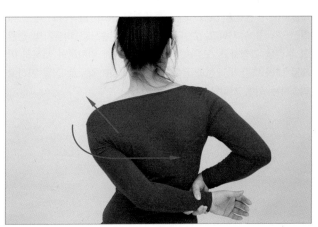

⬅ 중삼각근 셀프 스트레칭

환자는 환측의 팔을 최대한 허리 위로 내회전시키고 다른 손으로 환측 손목을 잡아 수평으로 당기며 동시에 어깨는 이에 저항한다. 중삼각근에 강한 스트레칭이 일어나도록 한다.

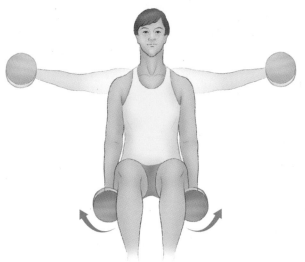

⬅ 중삼각근 근력강화 운동

적당한 무게의 바벨을 어깨 근력을 이용하여 서서히 외전시키고, 다시 이완하기를 반복하여 중삼각근을 강화시킨다. 무리하지 않도록 유의하고 서서히 횟수를 늘려 나간다.

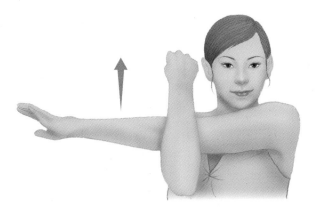

⬆ 후삼각근 셀프 스트레칭

환자는 환측의 어깨를 수평내전시키고 팔을 곧게 편다. 반측의 전완으로 환측의 주관절을 감싸 서서히 자신의 방향으로 당겨 후삼각근에 강한 스트레칭이 일어나도록 한다. 몇 회를 반복하고 서서히 횟수를 늘려 나간다.

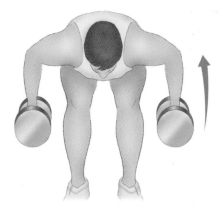

⬆ 후삼각근 근력강화 운동

환자는 허리와 다리를 굴곡한 상태로 서서 적당한 무게의 바벨을 어깨 근력을 이용하여 서서히 신전시키고, 다시 이완하기를 반복하여 후삼각근을 강화시킨다. 무리하지 않도록 유의하고 서서히 횟수를 늘려 나간다.

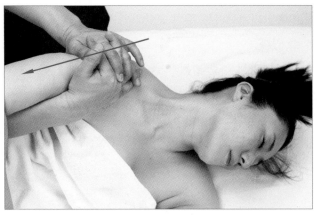

⬆ 삼각근 마사지-1

시술자는 양손을 깍지 끼어 피술자의 삼각근 전체를 감싸며 조인다. 이어 삼각근에 밀착된 압을 그대로 유지한 채 당기며 슬라이딩하여 전·후삼각근을 마사지한다.

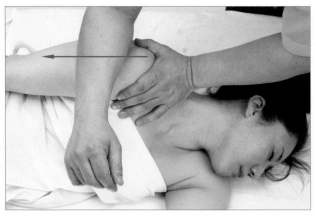

⬆ 삼각근 마사지-2

시술자는 피술자의 삼각근 중부에 전완을 밀착시켜 강한 압으로 어깨에서 주관절 방향으로 슬라이딩하여 중삼각근을 마사지한다.

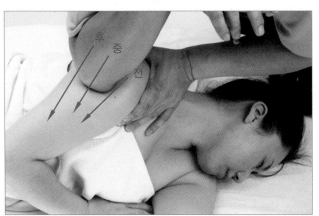

⬆ 삼각근 마사지-3

시술자는 팔꿈치를 이용하여 피술자의 전·중·후삼각근을 강하게 압박하며 슬라이딩한다. 유의할 점은 팔꿈치가 오일로 인해 미끄러져 시술 부위를 벗어날 수 있으므로 다른 손으로 팔꿈치를 감싸며 이동시킨다.

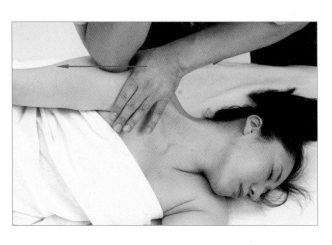

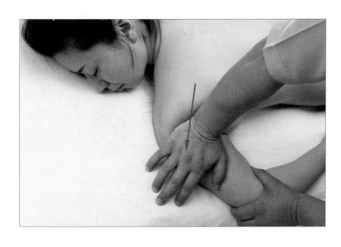

◀ 삼각근 마사지-4
시술자는 수장으로 견갑골 외측에서 상완 후면으로 강하게 압박하여 슬라이딩하며 후삼각근을 마사지한다.

치료 관점

삼각근은 견관절의 모든 움직임에 관여하므로 많은 피로감과 다양한 외상의 위험으로부터 언제나 노출되어 있는 근육 중 하나이다. 또한 이 근육 자체의 문제로 촉발되기보다는 주변 근육과의 연동 관계에 영향을 많이 받으므로 시술 시 함께 치료해야 효율성을 높일 수 있다.

삼각근은 목과 어깨 그리고 등과 흉부에 모두 관여한다. 따라서 치료 범위가 클 수밖에 없으며 특히, 견갑골의 상태에 가장 직접적으로 영향을 주므로 견갑골의 안정이 이 근육을 기본적으로 보호할 수 있는 구조이다. 예를 들어 일명 오십견이라고 하는 어깨 통증이 발생하면 볼 것도 없이 삼각근의 기능은 함께 상실된다. 그러므로 일상에서 잘못된 자세를 되풀이하지 않도록 하고 꾸준한 스트레칭과 마사지로 경직을 예방하도록 한다.

상완이두근 biceps brachii m.

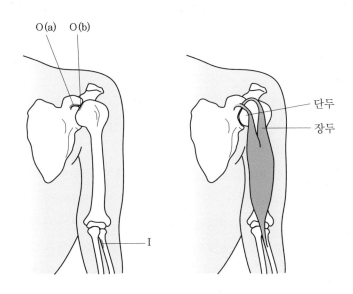

O(a) O(b)

단두
장두

I

원어 (original word)	Latin : bis-twice+caput-head bracchium-arm
기시부 (origin)	장두(a) - 견관절와의 상연 단두(b) - 오구돌기
정지부 (insertion)	요골조면
작용 (action)	팔꿈치(굴곡), 전완(회외전), 어깨(굴곡, 외전)
지배신경(nerve)	근피신경 C5, C6

　상완이두근은 2개의 근육으로 구성되어 있으며, 상완근의 대부분을 덮고 있다. 두 근육의 분지는 한쪽이 좀 더 길어 장두라 하고, 짧은 쪽을 단두라 한다. 장두의 경우는 팔을 내리고 무거운 물건을 들 때, 상완골두가 관절와에서 벗어나지 않도록 자리 잡는 것을 돕는다. 이 근육을 일명 '코르크따개 근육'이라 부르는데, 근 수축 시 일어나는 동작이 마치 병뚜껑을 따는 모습을 연상시키기 때문이다. 흔히 '알통'이라고 말하는 이 근육은 건강한 육체를 가진 사람을 상징화하기도 한다.

　이 근육이 발달하면 눈에 띄게 형상이 나타나며, 강한 근력을 발휘하지만 단축성 긴장 상태가 되어 평소에 팔을 떨어뜨리고 있으면 팔꿈치가 곧게 펴지지 않는 제한이 나타난다. 이로 인해 다른 근육으로 보상 작용이 일어나 목에 과부하가 전달되고, 견관절을 신전된 상태로 만들어 일상에서 어깨 피로와 무기력증을 호

	협동근	길항근
상완이두근	상완근, 상완요골근, 회외근, 극상근, 전삼각근	상완삼두근, 주근

소하게 된다.

상완이두근의 주 기능은 전형적인 주관절의 굴근 역할을 하는 것이며, 특히 주관절의 회외(supination) 상태에서 강하게 발휘된다. 또한 견관절을 굴곡하고 전완의 회외전을 보조한다.

이 근육은 3개의 관절(a three joint motor)과 연관되어 있으며, 이 3개의 관절은 어깨 상완, 상완 척골, 요골 척골 관절을 말한다. 여기서 장두는 견갑골의 관절와(glenoid cavity) 상연 결절에서 시작하고, 단두는 견갑골의 오구돌기(coracoid process)에서 시작하여 주관절의 요골 조면(radial tuberosity)으로 부착된다.

상완이두근은 상완근(brachialis)과 함께 굴곡을 협동하고, 뒤편에 위치한 상완삼두근(triceps brachii)과는 서로 길항 관계로 종속되어 팔꿈치를 굽히고 펴는 데 주관절에 안정을 주며, 가동 범위의 조화로운 균형 관계를 이루는 중요한 역할을 한다.

이 근육에 파열, 타박상, 혈종 비틀림과 같은 기능 이상이 발생하면 던지기, 밀기, 들기 등과 같은 운동을 할 수 없다. 또 보조 및 길항의 역할을 하는 상완근, 회외근과 상완삼두근에 부하가 걸려 2차 병변을 가져온다. 주로 발생하는 상해로 상완이두건염을 들 수 있는데, 회전근개(극상근, 극하근, 소원근, 견갑하근) 질환과 함께 나타나 오십견과 같은 증세를 보인다. 그러나 상완이두건염은 단독으로 발생하는 일은 흔치 않고, 팔을 내리고 무거운 물건을 들거나 반대로 머리 위로 반복적으로 팔을 올릴 경우 견관절에 마찰과 마모를 일으켜 외상이 발생된다.

상완이두근 검사는 견관절 외전 시 90도 이상 올릴 때 통증이 나타나므로 어깨를 움직이는 다른 근육과 미묘한 차이점을 가지고 있다.

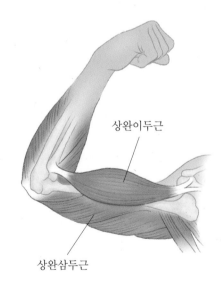

⬆ 상완을 이루는 대칭 근육
상완이두근이 주관절을 굴곡하면 상완삼두근이 제어함으로써 각도를 조절하고, 반대로 삼두근이 신전되면 이두근이 저항함으로써 팔꿈치의 가동력과 운동 범위를 조화롭게 한다.

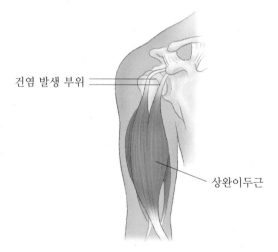

⬆ 상완이두건염 / bicipital tendinitis
상완이두근은 견갑인대와 함께 거상 중간 범위에서 어깨의 안정성에 관여한다. 따라서 관절순의 단열이 상완이두근 정지점 부근에서 발생하면 상부·중부 견갑상완인대가 손상되고 견갑상완 관절의 안정성에 심한 손상을 일으키며 염증을 일으킨다.

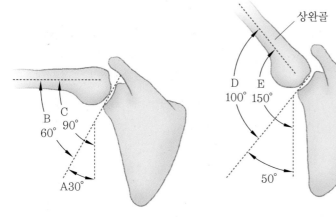

상완골

견갑골

D 100° E 150°

50°

B 60° C 90°

A 30°

A-30도 극상근
B, C-90도 삼각근
D, E-90도 이상 이두근
　　　180도 오구완근

⬆ 견관절의 외전각

견관절을 외전해 보면 근 기능 상태를 유추할 수 있는데, 각 각도마다
심한 통증과 가동 범위의 제한이 나타난다.

증상
- 어깨 전면으로 표재통(superficial pain)을 호소한다.
- 팔을 높이 들려고 하면 통증과 함께 근력이 약화됨을 느낀다.
- 팔을 옆으로 벌리는 외전 시 어깨에서 사그락 소리가 난다.
- 결절간구(bicipital groove)에서 심한 통증을 느낀다.
- 팔의 전면에서 통증이 발생하지만 후면 팔꿈치에서는 통증이 나타나지 않는다.
- 어깨와 팔꿈치 관절에서 운동 제한은 나타나지 않는다.
- 전완으로 심부 압통과 저림, 무기력증이 나타난다.
- 상완이두건염(bicipital tendinitis) 증상이 나타난다.

요인
- 권투, 노젓기 등과 같이 팔꿈치를 폈다 접었다 하는 반복된 동작이 원인이다.
- 팔꿈치를 구부리고 오랫동안 고정된 자세를 유지하는 행위(바이올린 연주, 책읽기 등)가 원인이다.
- 팔을 내리고 무거운 물건을 들거나 머리 위로 드는 동작이 원인이 된다.
- 손목을 강한 힘으로 회전하는 만성화된 동작(드라이버 사용)이 원인이다.

⬅ 반복적인 마찰로 인한 외상

상완이두근의 힘줄이 반복적으로 마찰되면
골막에 영향을 주고 골의 퇴행성을 일으킨다.

압통점과 방사통

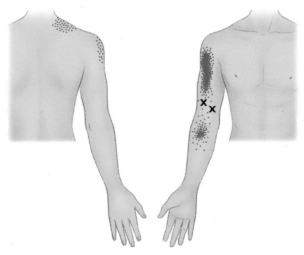

⬅ **상완이두근의 압통점과 방사통**
전삼각부와 상완이두근 원위부로 압통이
발현되고, 극상근 부위와 주관절로 띠를
이루며 방사된다.

근 기능 테스트

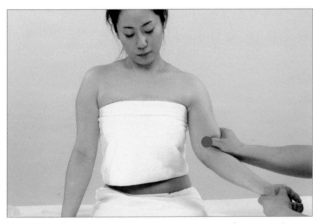 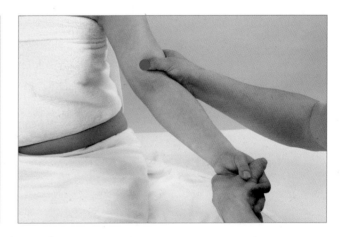

⬆ **상완이두근 압통 테스트**
피술자는 앉아서 환측의 주관절을 15도 정도 굴곡한 채 손바닥이 위로 향하게 한다. 시술자는 이완된 피술자의 상완이두근 내/외측 압
통점에 무지로 압을 적용하여 통증의 정도를 평가한다.

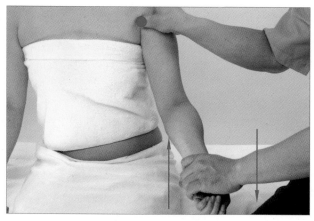

◆ 스피드 검사 / speed's test

1. 피술자는 어깨를 내전한 상태에서 주관절을 15도 굴곡하고 손바닥이 위로 향한 자세를 취한다. 시술자는 오른손으로 피술자의 어깨 결절간구(bicipital groove)를 눌러 고정하고, 왼손으로 피술자의 손목을 잡고 위에서 아래로 서서히 신전시킨다. 이에 피술자는 저항한다.

2. 시술자는 신전했던 압을 풀고 손이 피술자의 어깨 높이만큼 올라가도록 한다. 다시 압력을 가해 아래로 누르며 원래 상태로 신전시킨다. 마찬가지로 피술자는 이에 저항한다.

위와 같이 신전과 굴곡을 빠르게 연속으로 실행하면서 견절간구와 상완이두근에서 발생되는 통증과 근력의 정도를 평가한다.

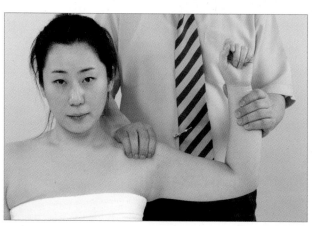

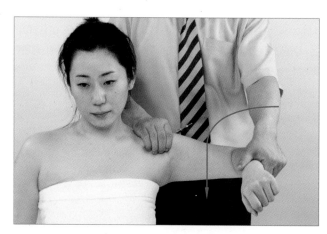

⬆ 상완이두근 압통 테스트

피술자 어깨를 90도 외전하고 다시 주관절을 90도 굴곡한다. 시술자의 오른손은 상완이두근의 장두 기시부인 결절간구 부위를 조여 고정시키고, 왼손으로 피술자의 전완을 잡아 서서히 내회전시켜 본다. 이때 나타나는 통증과 근력의 정도를 평가한다.

시술 테크닉

⬆ 상완이두근 셀프 스트레칭

환자는 환측의 팔을 곧게 펴고 엄지는 아래로 향한 자세로 문틀을 잡는다. 이어 상체를 서서히 앞으로 당겨 상완이두근에 강한 스트레칭이 일어나도록 한다.

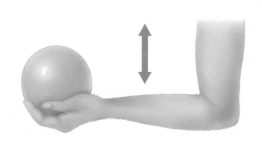

⬆ 상완이두근 근력강화 운동

환자는 적당한 무게의 바벨을 이용, 서서히 주관절을 굴곡과 신전을 반복하여 상완이두근을 강화시킨다. 위의 동작을 몇 회 반복하여 적용한다.

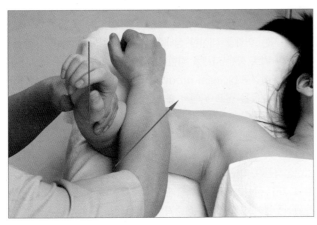 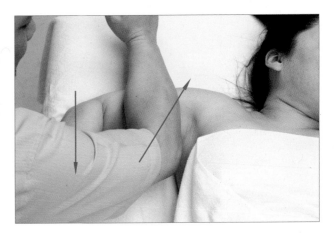

⬆ 상완이두근 마사지-1

시술자는 피술자의 전완을 왼손으로 잡고, 오른 전완을 이용하여 주관절에서 어깨 방향으로 밀착시키며 슬라이딩한다. 이때 압의 방향은 사선으로 진행하고, 동시에 피술자의 전완은 당김으로써 상완이두근 내측부에 강한 마찰을 발생시켜 이완을 극대화한다.

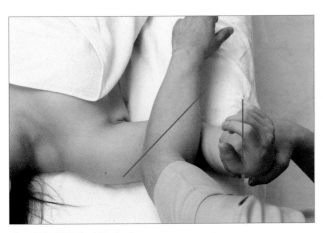 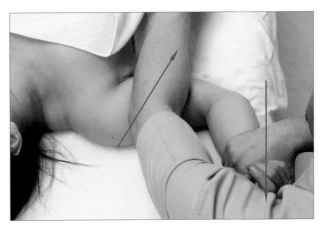

⬆ 상완이두근 마사지-2

시술자는 피술자의 전완을 오른손으로 잡고, 왼쪽 전완을 이용하여 주관절에서 어깨 방향으로 밀착시키며 슬라이딩한다. 이때 압의 방향은 사선으로 진행하고, 동시에 피술자의 전완은 당김으로써 상완이두근 외측부로 강한 마찰을 발생시킨다.

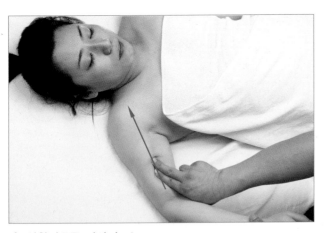 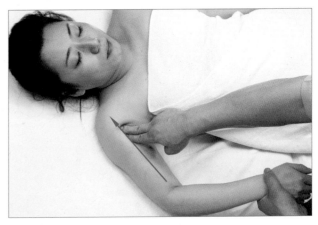

⬆ 상완이두근 마사지-3

시술자는 손가락 인지와 중지 끝을 모아 피술자의 상완이두근의 근섬유를 세밀하고 강하게 압박하며 주관절에서 어깨의 오구돌기 방향으로 슬라이딩한다.

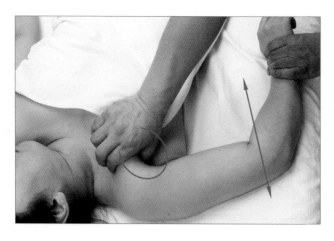

◀ 상완이두근 마사지-4

시술자는 피술자의 손목을 잡아 좌우로 움직여 겨드랑이에서 마사지가 쉽도록 각도를 조절하고, 무지와 나머지 손가락을 사용하여 쥐어짜는 동작으로 서클을 그리며 상완이두근의 장두와 단두 기시부를 이완한다.

치료 관점

상완이두근에 이상이 생기면 팔을 옆으로 벌리거나 올릴 때 어깨에서 마찰감이 느껴지고, 튕기는 소리가 난다. 또 견관절의 기능에 제한을 받는데 우선 골절 및 관절 탈위가 없는지 선행 검사를 하여 만성으로 진행되거나 또는 불필요한 치료가 되지 않도록 유의한다.

상완이두근은 오구완근과 지근에 있어 서로 지속적인 접촉과 마찰을 발생시켜 건초염이나 유착성 통증을 일으키기 쉽다. 따라서 마사지할 때에는 유착된 부분에 대한 세밀한 이완이 매우 중요하다.

상완이두근에 단축성 긴장 상태가 오래되면 견갑골의 전방 변위 시 어깨 상부(승모근, 극상근)에 쑤시는 통증과 방사통이 일어나므로 원인이 어디에 있든 어깨 전반에 걸쳐 함께 치료함을 잊지 말아야 한다. 특히 손을 많이 사용하는 직업군은 이 근육을 잘못 방치하면 근건염이 퇴행성으로 발전할 수 있음에 유의한다.

상완삼두근 triceps brachii m.

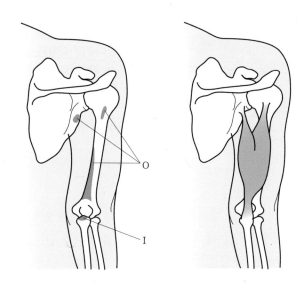

원어 (original word)	Greek : treis-three Latin : bracchium-arm
기시부 (origin)	장두 – 견갑골의 관절와 하순 내측두 – 요골신경 내측 및 원위부 상완골 외측두 – 요골신경 외측 및 근위부 상완골
정지부 (insertion)	척골의 주두
작용 (action)	팔꿈치(신전), 어깨(신전), 손목(회내전)
지배신경 (nerve)	요골신경 C7, C8

　상완삼두근은 삼각근과 마찬가지로 3개의 분지로 나뉘어 상완의 후면을 구성하고 장두, 단두(내·외측두)의 구조로 이루어져 있다. 장두는 상완의 내측을 형성하고, 단두(내측두)는 그 아래에서 장두를 지지하며 근 모양에 영향을 준다. 외측두는 상완의 후면에서 가장 두드러지게 나타나 이 근육이 특별히 발달하면 말굽 모양의 형태로 근육이 부풀어 올라 강한 근력감이 느껴진다.

　상완삼두근은 상완에서 서로 앞뒤로 길항 관계에 있는 상완이두근보다 근육량이 많은 편이며, 기능이 발달할수록 근육이 커지는 대근육과 같은 속성을 가지고 있다.

　이 근육은 전거근(serratus anterior)과 함께 일명 '복서의 근육(boxer's muscle)'이라 불린다. 이는 펀치를 날릴 때 팔을 펴 주는 역할을 주도하기 때문이며, 이외에도 기본적으로 어깨부터 팔꿈치까지 배열되어 있어 운동에 필요한 모든 동작에 관여함을 강조해 불리고 있다.

	협동근	길항근
상완삼두근	주근, 광배근, 대원근, 소원근, 후삼각근	상완이두근, 상완근

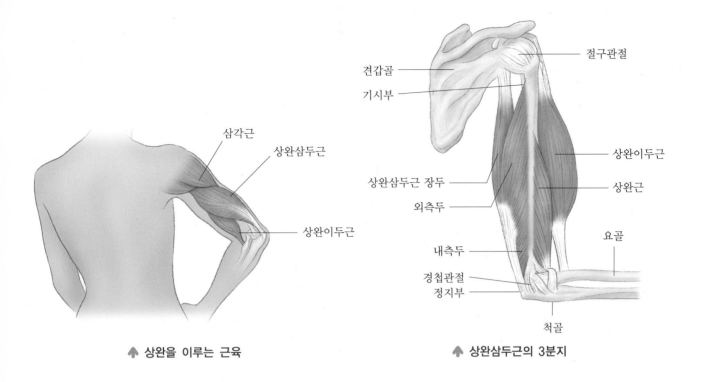

↑ 상완을 이루는 근육

↑ 상완삼두근의 3분지

상완삼두근은 역학적으로 볼 때 팔꿈치와 어깨를 곧바로 편 상태(차렷 자세), 즉 신전 시 가장 강한 수축을 보이며, 반대로 어깨가 굴곡되고 동시에 팔꿈치가 신전된 상태(앞으로 나란히 자세)에서 수축력이 가장 약해진다.

팔꿈치를 굽히고 펴는 동작에서 상완이두근과 상완삼두근은 매우 조화로운 균형 상태를 유지하지만 일상생활에서 생리해부학상 팔꿈치를 구부리고 생활하는 경향이 있으므로 상완이두근은 언제나 단축되어 있고, 상완삼두근은 이완되어 자연스럽게 팔을 곧게 펴면 일직선으로 펴지지 않고 약간 구부러진 상태가 되고 만다.

상완삼두근의 주 기능은 전형적인 주관절의 신전에 있으며 어깨의 신전과 내전, 손목의 회내전(pronation)의 기능을 돕는다. 장두는 어깨를 신전과 내전시키고 상완골두를 견봉돌기 방향으로 상승시키는 작용을 하며, 90도 외전 시에는 견관절와 방향으로 상완골두를 당기는 역할을 한다. 이로 인해 주로 장시간 팔을 높이 들고 일할 때 근육이 수축된 채 방치되어 심한 피로감을 호소하게 된다. 내측두(단두)는 주관절을 신전할 때 가장 큰 역할을 하며, 장두와 함께 외측상과(tennis elbow)로 증상을 발생시킨다.

상완삼두근의 장두는 견갑골의 관절와 하순(infraglenoid lip of the scapular), 내측두는 상완골의 원위부(distal), 외측두는 상완골의 근위부(proximal)에서 각각 시작하여 척골의 주두(olecranon)로 부착된다.

상완삼두근의 주 증상은 팔꿈치 관련 통증이다. 무리한 운동이나 습관적으로 반복된 팔꿈치 사용이 원인이 되며, 이는 인대 손상과 근 파열을 일으킨다.

증상
- 팔꿈치에서 통증이 발생한다.
- 어깨와 상완에서 명확하지 않는 경계로 통증이 발현된다.
- 팔꿈치를 곧게 편 상태에서 견관절의 완전한 외전이나 굴곡에 제한이 일부 나타나기도 한다.
- 팔꿈치를 구부리면 상완 후면에서 경련과 통증이 나타나기도 한다.
- 상완삼두근의 근력이 약화되면 여성의 경우 지방으로 인해 굵어지는 경향이 나타난다.
- 골프 엘보(golf elbow) 또는 테니스 엘보(tennis elbow) 증후군이 나타난다.

요인
- 가슴 높이 이상에서 주관절을 지지하지 않고 지속적으로 팔을 움직이는 동작(뜨개질, 운전 등)이 원인이다.
- 과도한 팔 관련 운동이 원인으로 작용한다.
- 책상에 팔꿈치를 괴고 있는 만성적인 자세가 원인이 된다.
- 외상이 원인으로 작용한다.
- 목발 또는 전완 커프(forearm crutch) 사용 시 요인이 된다.
- 외측두에 다우트밴드로 인해 요골신경의 폐색이 일어나기도 한다.

압통점과 방사통

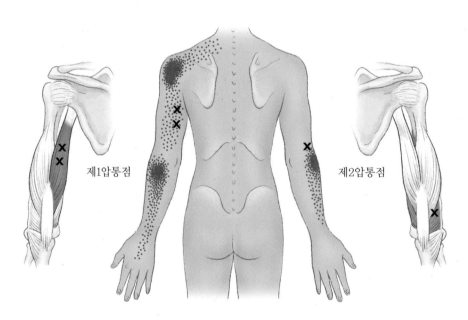

⬆ **상완삼두근의 제1, 2압통점과 방사통**
제1압통점-어깨 후면에서 강하게 발현되고, 팔의 후면과 상부승모근, 목의 기저부로
　　　　　방사된다.
제2압통점-외측상과에서 강하게 발현되고, 전완의 요골측 배면부로 방사된다.

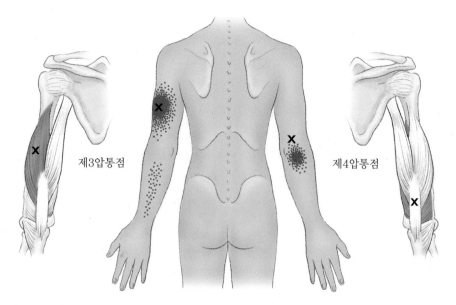

▲ 상완삼두근의 제3, 4압통점과 방사통

제3압통점 – 상완의 후면부에서 강하게 발현되고 전완의 후면부와 4, 5번째 손가락으로 방사된다.

제4압통점 – 주골두에서 강하게 발현되고 그 둘레 원위부로 방사된다.

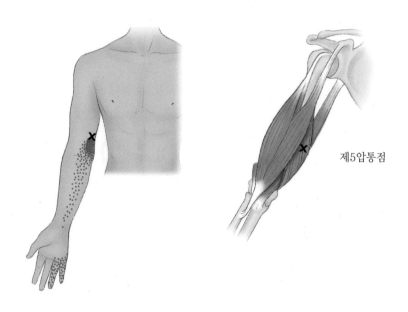

▲ 상완삼두근의 제5압통점과 방사통

제5압통점 – 상완의 내측상과에서 강하게 발현되고 전완의 전면부와 4, 5번째 손가락으로 방사된다.

근 기능 테스트

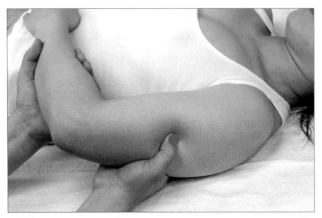

↑ 상완삼두근 단두 압통 테스트
피술자는 앙와위로 누워 환측의 주관절을 45도 정도 굴곡하고, 어깨를 내회전시켜 자신의 복부에 가볍게 올려놓는다. 시술자는 이완된 피술자의 상완삼두근 단두에 있는 압통점에 무지로 압을 적용하여 통증의 정도를 평가한다.

↑ 상완삼두근 근력 테스트
피술자는 복와위로 누워 환측 어깨와 상완을 침대에 밀착시켜 지지하고, 전완이 침대 밖에 위치하도록 하며 어깨를 45도 외전, 주관절은 15도 굴곡한다. 시술자는 피술자의 전완을 잡아 아래로 서서히 내려 주관절을 굴곡시키고 피술자는 저항한다. 이때 나타나는 근력과 통증의 정도를 평가한다.

← 상완삼두근 양성검사 /
  positive triceps brachii test
피술자는 자연스럽게 양팔을 올려 어깨를 최대한 굴곡한다. 이때 통증과 함께 어깨의 가동 범위에 제한이 나타나는 증상을 확인한다. 사진은 왼쪽에서 양성 반응을 보이고 있다.

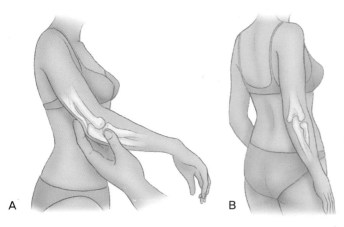

← 상완삼두건 검사
A- 피술자의 팔꿈치를 약간 구부려 상완삼두근 양쪽 팔꿈치오목(olecranon fossa) 부위에서 건/힘줄을 압박하여 통증의 정도를 평가한다.
B- 상완골의 외측 상과는 관절 융기에 가깝게 연결되어 상 관절융기(supracondylar) 2cm 정도에 위치함으로써 요골 머리 부분을 형성하고 있다. 상완삼두근이 경직되면 주관절의 신전에 제한을 주고 관절의 가동 범위가 축소되어 관절 융기가 벌어진다.

시술 테크닉

⬆ 상완삼두근 셀프 스트레칭

환자는 팔을 최대한 외회전시켜 손바닥이 자신의 동측 견갑골에 닿도록 위치한다. 이어 반측의 손으로 환측의 상완을 서서히 후면으로 밀어 상완삼두근을 스트레칭한다. 정점에 도달하면 몇 초 동안 자세를 유지하고 다시 처음 상태로 이완한다.

⬆ 상완삼두근 근력강화 운동-1

환자는 적당한 무게의 물체를 자신의 머리 뒤에서 주관절을 움직여 서서히 올렸다(신전) 내렸다(굴곡) 반복하여 상완삼두근을 강화시킨다. 무리하지 않도록 유의하고 서서히 횟수를 늘려 나간다.

⬅ 상완삼두근 근력강화 운동-2

환자는 다리를 모으고 양손을 적당하게 벌려 발과 손만 지면에 닿도록 엎드려 팔굽혀펴기 자세를 취한다. 서서히 팔의 근력만을 이용하여 상체를 일으키고(상완삼두근 운동), 반대로 서서히 상체를 지면으로 내리는(상완이두근 운동) 동작을 반복함으로써 상완삼두근을 강화시킨다.

↑ 상완삼두근 마사지-1

피술자는 복와위로 어깨를 45도 외전시키고 눕는다. 시술자는 전완을 이용하여 주관절에서 상완골두와 견갑골의 접합부위 방향으로 넓고 둔탁한 압을 적용하며 슬라이딩한다.

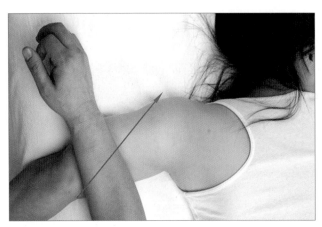 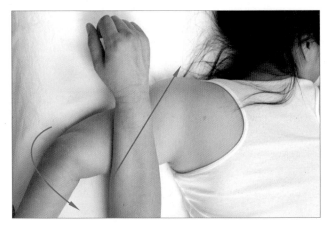

↑ 상완삼두근 마사지-2

피술자는 팔을 90도 외전시키고 시술자는 전완을 이용하여 주관절에서 상완골두와 견갑골의 접합부위 방향으로 압을 주며 대각선으로 슬라이딩한다. 이때 슬라이딩 속도에 맞추어 피술자의 팔을 내회전시킴으로써 상완삼두근 장두의 근섬유를 강하게 트위스팅한다.

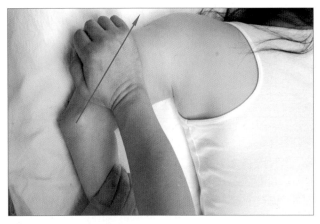 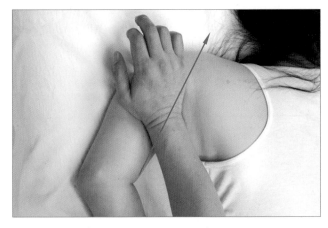

↑ 상완삼두근 마사지-3

피술자는 어깨를 90도 외전, 주관절을 90도 굴곡한다. 시술자는 수장을 이용하여 주관절에서 상완골두와 견갑골의 접합부위 방향으로 세심하게 압을 적용하며 대각선으로 슬라이딩한다. 상완삼두근 장두의 근섬유를 강하게 트위스팅한다.

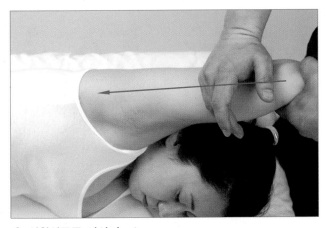 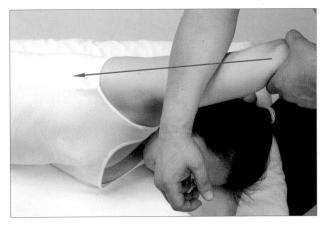

⬆ 상완삼두근 마사지-4

피술자는 측와위로 눕고 어깨를 최대한 외전한다. 시술자는 수장을 세워 주관절에서 상완골두의 단두 방향으로 근섬유를 이완하며 슬라이딩한다. 이어 전완을 이용하여 같은 방법을 적용한다.

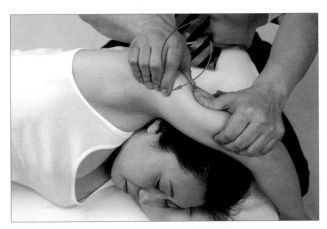 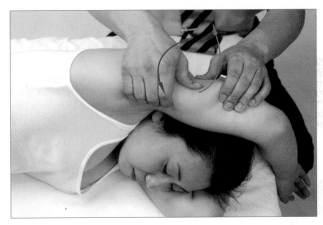

⬆ 상완삼두근 마사지-5

시술자는 무지와 다른 손가락을 이용하여 피술자의 상완삼두근을 강약이 배합된 압으로 리드미컬하게 페트리사지한다.

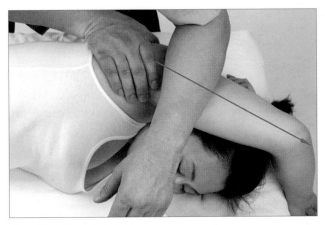 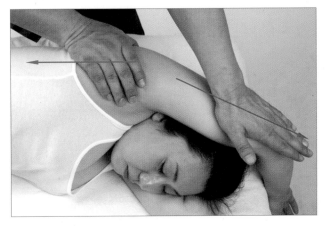

⬆ 상완삼두근 마사지-6

시술자는 전완으로 견갑골 관절와 하순에서 주관절 방향으로 밀착하여 슬라이딩함으로써 근섬유를 이완함과 동시에 스트레칭도 함께 적용한다. 또 수장은 주관절 방향으로 밀착하며 당기고, 동시에 다른 손은 견갑골의 내측을 조여 잡아 반대 방향으로 당긴다.

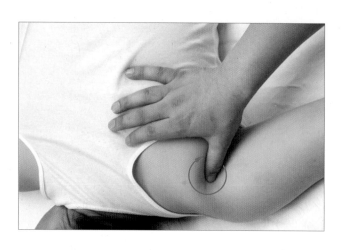

◀ 상완삼두근 마사지-7
시술자는 무지를 이용하여 상완삼두근 기시부에 서클을 그리며 심층의 근섬유를 이완한다.

치료 관점

상완삼두근에 이상이 발생하면, 특히 둥근 어깨를 형성하고 있는 환자의 대부분에서 이완성 긴장 상태에 따른 통증과 경련을 호소하는 특징이 나타난다. 또한 주관절을 바로 펴지 못해 이로 인한 보상 작용으로 견관절이 약간 신전되거나 상완골두가 앞으로 아탈구되는 경우가 종종 발생한다. 따라서 주변 근육인 승모근, 견갑거근에 대한 충분한 치료가 선행되어야 하며 협동근인 광배근, 대원근, 소원근 역시 충분히 마사지하도록 한다.

상완삼두근에서 장두의 압통은 의외로 치료가 잘 되는 편이라 마사지만으로도 쉽게 통증이 이완되고 운동력도 바로 회복되는 특징이 있다. 그리고 외측두에 이상이 발생하면 요골신경이 폐색되어 손가락이 저린 증세가 나타나므로 상완근, 회외근, 상완요골근에 대한 치료도 병행해야 함을 잊지 말아야 한다.

상완삼두근은 여성의 경우 운동이 부족하면 근육 약화로 지방이 많이 누적되어 미용상 불만을 호소하는 부위이기도 하다.

오구완근 coracobrachialis m.

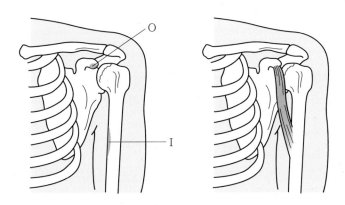

원어 (original word)	Greek : korax-crow's beak Latin : bracchium-arm
기시부 (origin)	견갑골의 오구돌기
정지부 (insertion)	상완골의 내측 중앙부
작용 (action)	어깨(굴곡, 내전)
지배신경 (nerve)	근피신경 C6, C7

오구완근은 팔 안쪽 삼각근과 대흉근 바로 아래 깊숙이 위치한 작은 근육으로, 팔이 근간의 측면을 따라 위치해 있어 가만히 내리고 있을 때에는 형태가 거의 드러나지 않지만, 팔을 수직으로 들어 올리면 상완골 간 내측면 상완삼두근과 상완이두근 사이로 뚜렷한 돌기가 형성되어 일명 '숨바꼭질 근육(hide-and-go-seek)' 이라고 한다.

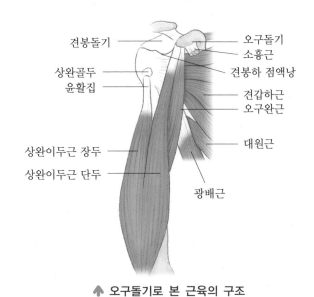

⬆ 오구돌기로 본 근육의 구조

오구돌기(coracoid process)를 기준으로 오구완근의 역학적인 기능을 보면 기본적으로 상완골 내면의 상완근(brachialis)으로 연결되어 주관절 운동에 영향을 주고, 상완이두근 단두(biceps brachii-short head)로 연결해 보면 팔 운동에, 소흉근(pectoralis minor)과 연결지어 보면 흉곽을 자극하는 호흡에도 영향을 미친다. 또 상완삼두근 장두(triceps brachii-long head)와 협력하여 광배근(latissimus dorsi)의 근력에 저항하는 중요한 역할을 한다.

보디워크를 실시함에 있어 오구완근은 매우 중요한 시술점인데 이는 신경을 압박하는 구조로 배열되어 있기 때문이다. 근피신경은 목에서 내려오는 길에 오구완근을 뚫고 지나가므로 이 부위에 경직이 발생하면 전완으로 저린 증상과 피부에 감각 장애를 일으킨다. 마치 골반에서 이상근이 경직되면 좌골신경을 압박하는 현상과 같은 이치이다. 따라서 손저림 증상이 나타나면 오구완근에서 원인을 찾기보다는 대부분 경추 디스크로 오진하는 경우가 많으므로 세심한 관찰이 필요하다.

오구완근은 오구돌기의 정점에서 시작하여 상완골의 중간 근위부의 상완삼두근과 상완이두근 사이 내측부로 부착된다.

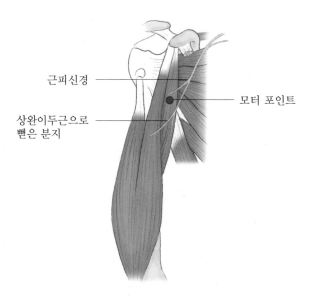

↑ 오구완근의 신경지배 및 운동신경점

근피신경(musculocutaneous nerve)은 오구돌기부터 상완이두근 말단까지 분지를 형성하고, 오구완근의 모터 포인트(운동신경점 / motor point)를 통해 상완이두근으로 내려가기 때문에 이 근육에 경직이 발생되면 운동신경점을 압박하게 된다. 근피신경의 지배를 받는 근육은 상완근, 상완이두근, 오구완근이 있다.

	협동근	길항근
오구완근	삼각근, 상완이두근 단두, 대흉근, 견갑하근, 극하근, 대소원근, 상완삼두근 장두	중삼각근, 극상근, 광배근, 상부승모근

주 기능은 상완을 굴곡(flexion) 및 내전(adduction)하는 데 있고, 상완골두가 관절와 내에서 탈구 또는 아탈구되지 않도록 상완삼두근 장두와 함께 끌어 당겨 안정시키며, 특히 어깨의 수평 내전 시에 일차적인 운동 기능을 하는 것이다.

주 증상은 어깨의 전면부와 상완 그리고 전완의 후면으로 띠를 이루며 통증이 발현되고, 손가락 중지로까지 방사되기도 한다. 그러나 팔꿈치와 손목으로는 통증이 나타나지 않는다. 이외에도 전완 요골측으로 피부 감각 이상 증세가 나타나며, 주관절의 굴곡력이 현저히 감소되어 손이 자신의 등 쪽에서 허리를 수평으로 가로질러 뻗지 못하는 증상을 호소한다.

증상
- 자신의 허리로 손을 가져가지 못한다.
- 머리 위로 손을 올리기가 힘들다.
- 삼각근 전부에서 통증이 나타난다.
- 상완과 전완의 후면과 손등에서 따갑고 저리고 쓰린 느낌이 나타난다.
- 가운뎃손가락으로 통증이 나타난다.
- 촉진 시 압통이 심하게 나타난다.
- 오구돌기염이 나타난다.

요인
- 뒤로 넘어지는 동작에서 손을 짚어 발생한다.
- 아기를 오랫동안 업고 있는 자세로 발생한다.
- 다른 근육의 압통으로 인해 2차적 손상으로 발생한다.
- 투구나 수영과 같은 운동에 의해 발생한다.

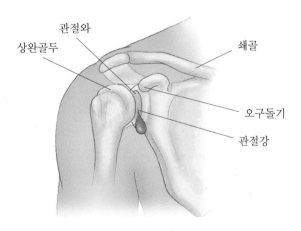

🔺 오구돌기염 / coracoid process bursitis
오구돌기에는 견봉인대, 상완인대가 부착한다. 근육은 상완이두근, 소흉근, 오구완근건이 서로 밀착되어 견관절을 안정시킨다. 견관절 장해가 발생하면 마찰로 인해 염증이 발생하며, 주로 오구돌기에서 근 수축이 일어날 때 동통을 수반한다.

압통점과 방사통

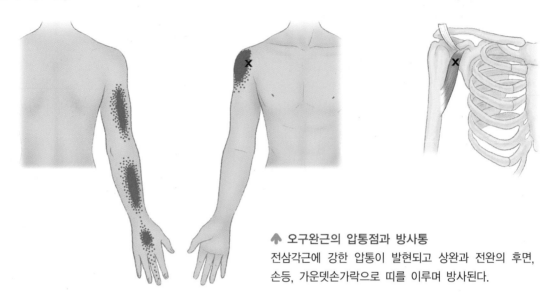

↑ 오구완근의 압통점과 방사통
전삼각근에 강한 압통이 발현되고 상완과 전완의 후면,
손등, 가운뎃손가락으로 띠를 이루며 방사된다.

근 기능 테스트

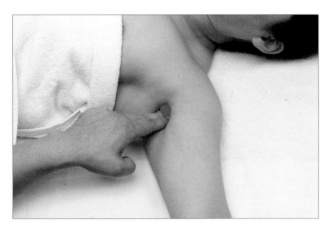

← 오구완근 압통 테스트
시술자는 피술자의 대흉근과 전삼각근의 바로 아래 액와에서 상완
골 방향으로 손가락을 깊게 넣고 오구완근의 압통점에 압을 적용
하여 통증의 정도를 평가한다.

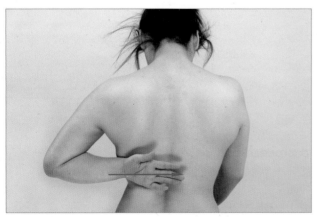
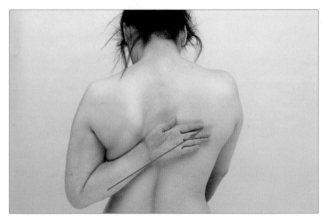

↑ 등 문지르기 검사 / back-rub test
환자는 환측의 어깨를 내회전한 상태에서 손등이 등 전체에 닿을 수 있는지 검사한다. 오구완근의 활성화에 따라 내회전의 가동 범위가
다르게 나타난다.

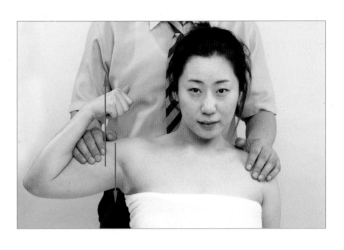

◀ 오구완근의 압통 및 근 기능 테스트
피술자는 앉아서 어깨를 70도 정도로 외전하고, 주관절은 완전히
굴곡하며, 손목은 회외전하여 상완이두근이 더 이상 작용하지 않
도록 한다. 시술자는 피술자의 상완 1/3 지점의 전내측부를 뒤로
당겨 신전시키고, 동시에 피술자는 이에 저항한다.

시술 테크닉

◀ 오구완근 셀프 스트레칭 / in-doorway stretch
환자는 견관절을 외회전한 상태에서 전완과 주관절을 최대한 하향
하여 문틀에 밀착한다. 이어 서서히 몸을 앞으로 당겨 어깨가 최
대한 과신전되도록 하여 오구완근에 강한 스트레칭이 일어나도록
한다.

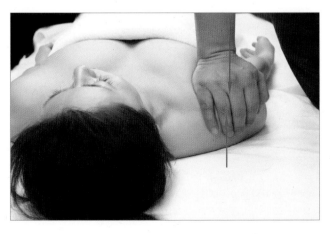

◀ 오구완근 스트레칭
피술자는 앙와위로 눕고, 시술자는 견갑골의 오구돌기 부위를 서
서히 누르며, 피술자는 이에 저항하며 어깨를 들어 올린다. 오구돌
기에 연결된 근육군을 압박했다 다시 이완하기를 반복하며 동시에
견관절을 스트레칭한다.

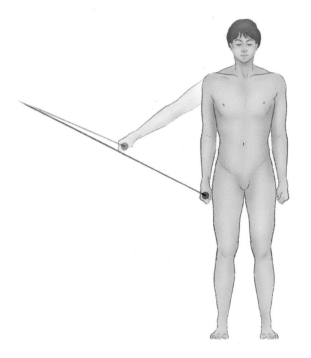

오구완근 근력강화 운동
환자는 적당한 장력의 밴드를 이용하여 자신의 몸 방향으로 서서히 당겨 어깨를 내전하고, 다시 이완하기를 반복하여 오구완근을 강화시킨다. 위의 동작을 몇 회 반복하여 적용한다.

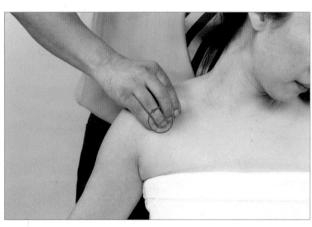

오구완근 압통점 이완
시술자는 피술자의 오구완근을 치료하기에 앞서 전삼각근에 위치한 압통점을 강한 압으로 서클을 그리며 이완한다.

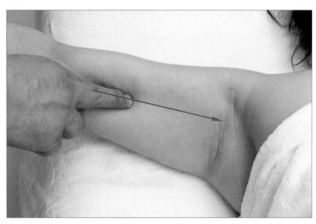 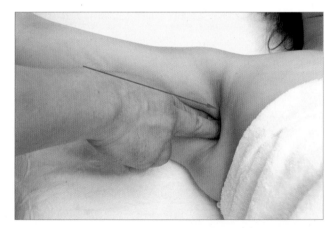

오구완근 마사지-1
시술자는 피술자의 어깨를 외전시켜 상완이두근과 상완삼두근 사이에 위치한 오구완근을 인지와 중지 끝을 모아 주관절에서 액와 방향으로 섬세하게 압을 적용하며 슬라이딩한다.

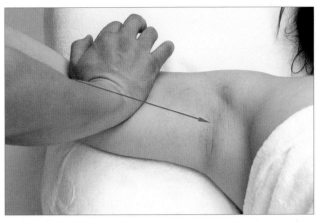 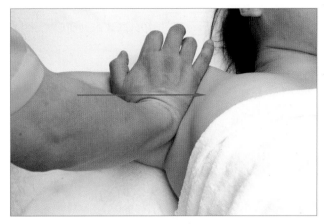

▲ 오구완근 마사지-2

시술자는 피술자의 어깨를 외전시켜 상완이두근과 상완삼두근 사이에 위치한 오구완근을 수근을 이용해 주관절에서 액와 방향으로 넓은 압을 적용하며 슬라이딩한다.

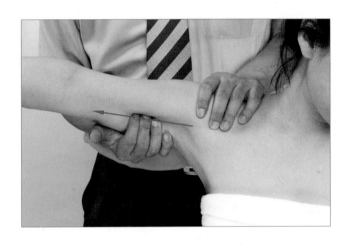

◀ 오구완근 마사지-3

상완이두근과 상완삼두근 사이에 위치한 오구완근을 손가락 끝을 모아 액와에서 주관절 방향으로 세심하게 압을 적용하며 슬라이딩한다.

치료 관점

오구완근은 심층에 숨어 있는 근육으로 표층만을 자극하는 마사지로는 효과가 없다. 천층의 삼각근 내측과 혼동되지 않도록 유의하며 정교한 심부 마사지를 실시하여야 한다. 어깨를 외회전시켜 상완이두근과 삼두근 사이의 근막을 녹이듯 가르며, 상완골이 만져지는 느낌이 들 정도의 압박으로 슬라이딩 테크닉을 적용한다.

심부 마사지가 끝날 때에는 환자의 팔을 회전시켜 위아래로 올렸다 내렸다 반복해 줌으로써 강한 압박으로 미세하게나마 경직된 근육이 없도록 유의한다.

이 근육은 자체의 문제보다 다른 근육의 손상으로 인해 증상이 나타나는 경우가 많으므로 주변 근육인 상완이두근, 상완삼두근, 삼각근, 상완근의 압통을 먼저 비활성화시킨 후 보디워크를 적용해야 진정한 치료 효과를 얻을 수 있다.

완요골근 brachioradialis m.

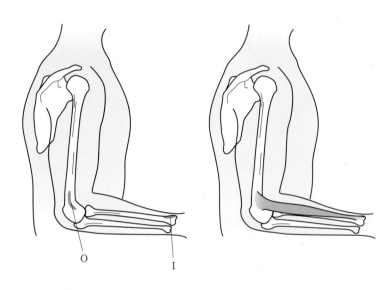

원어 (original word)	Latin : bracchium-arm radialis-spoke of a wheel
기시부 (origin)	상완골 외측위 관절돌기
정지부 (insertion)	요골의 경상돌기
작용 (action)	팔꿈치(굴곡)
지배신경 (nerve)	요골신경 C5, C6

이 근육은 상완골 하부 1/3 지점의 외측 관절돌기(condylar process)에서 시작하여 요골의 경상돌기(styloid process) 기저로 삽입되며, 부근의 긴 근육군의 섬유들과 함께 원의 1/4 정도 뒤틀림 운동을 한다.

완요골근은 상완근(brachialis) 상부에서는 근육의 두께가 얇으나, 장장근(palmaris longus)에까지 도달하는 전완의 전방 표면인 하부에서는 두꺼워지며, 상완골 부분에서는 측방으로 평평하고 하부로 전완골 부분에서는 전후방이 평평한 특징을 갖고 있다.

상완의 관절을 연결하는 짧은 거리로 장장근을 덮고 지나며, 주 기능은 전완을 굴곡(flexion)한다.

	협동근	길항근
완요골근	장단요측수근신근, 척측수근신근, 요측수근굴근(flexor carpi radialis)	척측수근신근(extensor carpi ulnaris)

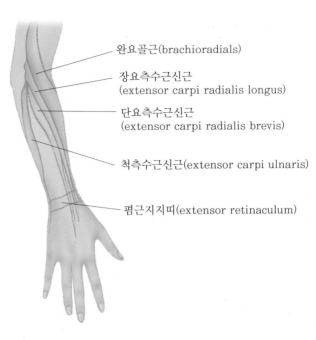

완요골근(brachioradials)

장요측수근신근
(extensor carpi radialis longus)

단요측수근신근
(extensor carpi radialis brevis)

척측수근신근(extensor carpi ulnaris)

폄근지지띠(extensor retinaculum)

⬆ 신전근과 완요골근의 구조

통증은 요측수근신근의 압통점으로 인해 외측상과(lateral epicondyle)와 손등으로까지 방사된다. 특히 완요골근과 회외근의 운동 작용 시에는 극심하게 나타나 종종 테니스 엘보로 진단하는 경우가 많다. 따라서 이러한 증상들은 먼저 완요골근의 압통점을 근본적으로 치료하지 않고서는 효과를 기대할 수 없음에 유의하도록 한다.

증상
- 통증은 전완과 손목 관절, 손의 배면부에서 나타날 수 있다.
- 처음에는 외측상과에서만 통증이 일어나나 점점 손목과 손으로까지 동통이 방사된다.
- 악수할 때와 같이 주먹을 쥐는 힘이 약해진다.
- 완요골근에 이상이 있으면 손목 관절과 엄지와 검지 사이(thumb-index web space)로 방사통이 발생한다(척측수근신근에 이상이 있으면 손목관절의 척골측으로 통증이 발생, 전완의 요골측 근육에 이상이 있으면 요골측으로 통증이 발생).

요인
- 반복적으로 손아귀에 힘을 줄 때 발생한다.
- 테니스 운동 시 백핸드 스트로크로 인한 충격으로 외상을 입는다.
- 드라이버를 사용할 때와 같이 힘을 주어 손목을 자주 회전하는 행위가 원인이 된다.
- 수건을 짤 때와 같은 동작을 반복하는 행위가 원인이 된다.
- 손목 관절염이 원인이 된다.
- 외상과염이 원인으로 작용한다.
- 엄지손가락 관절염이 원인이 된다.

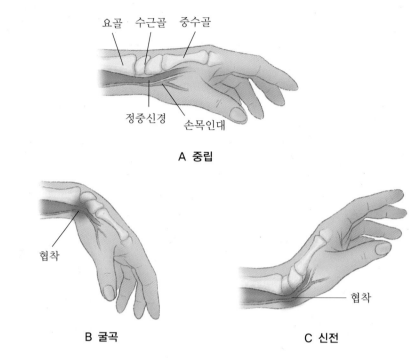

요골 수근골 중수골

정중신경 손목인대

A 중립

협착

B 굴곡

협착

C 신전

⬆ 손목 인대 협착
완요골근의 기능 이상은 손목 전체와 손가락 무지와 인지 사이로 일차적인 통증을 유발시킨다.

압통점과 방사통

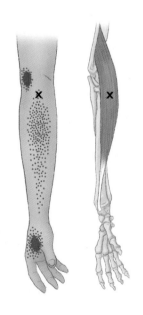

⬆ 완요골근의 압통점과 방사통
손가락 무지와 인지 사이의 기저부에서 팔꿈치
외측상과로 방사된다.

근 기능 테스트

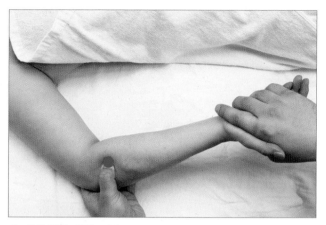

⬆ 완요골근 압통 테스트
피술자는 어깨를 45도 외전, 주관절은 30도 정도 굴곡하고, 시술자는 압통점에 압을 적용하여 통증의 정도를 평가한다.

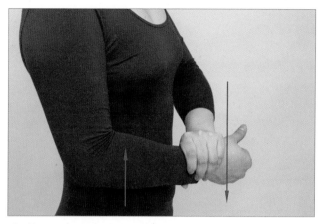

⬆ 완요골근 압통 및 근 기능 셀프 테스트
환자는 환측에 무지가 위로 가도록 주먹을 쥐고 주관절을 45도 정도로 굴곡한다. 다른 손은 환측을 감싸 직하방으로 서서히 압을 주며 내리고, 환측은 동시에 이에 저항한다. 환측에 방사통이 재현되고 주먹에 힘을 주지 못하는 증상을 파악한다.

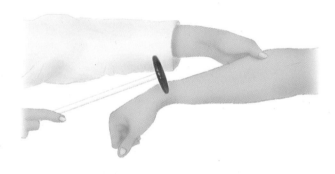

⬅ 완요골근 반사 테스트
피술자는 가볍게 손등이 위로 가도록 주먹을 쥐고 팔꿈치를 신전한다. 시술자는 피술자의 무지 방향 요골 기저부를 반사봉으로 가볍게 두드려 자극한다. 방사통이 재현되고 경련이 일어나는 반사의 정도를 파악한다.

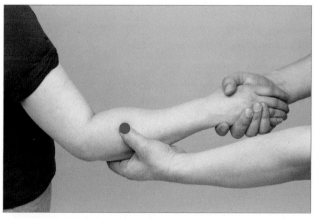

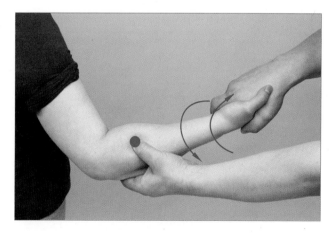

⬆ 완요골근 저항 테스트
피술자는 환측의 손등이 위로 향하게 하고, 주관절은 45도 정도로 굴곡한다. 시술자는 피술자와 악수하는 자세에서 서서히 회외전, 회내전시키고, 피술자는 이에 반대로 저항한다. 이때 나타나는 통증과 근력의 정도를 평가한다.

시술 테크닉

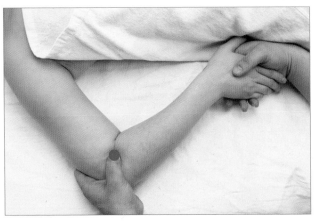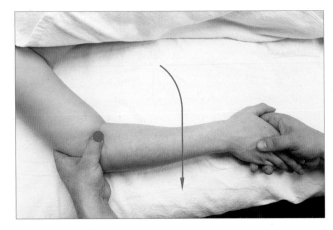

⬆ 완요골근 마사지-1

피술자는 어깨를 45도 외전하고 다시 주관절을 90도 굴곡한다. 시술자는 상완골과 요골이 만나는 완요골건막에 무지로 압을 적용하며 고정하고, 다른 손은 주관절을 서서히 신전하여 이 부위에 강한 장력이 발생하도록 하여 근막을 이완한다.

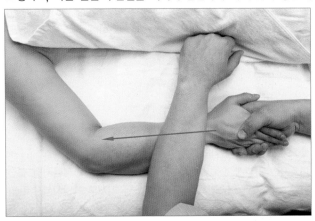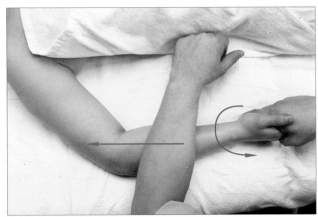

⬆ 완요골근 마사지-2

피술자는 어깨를 45도 외전하고 다시 주관절을 45도 굴곡한다. 시술자는 전완을 이용하여 손목에서 주관절 방향으로 강한 압을 적용하여 슬라이딩하며, 동시에 피술자의 전완을 회외전시켜 장력을 통해 근막을 이완한다.

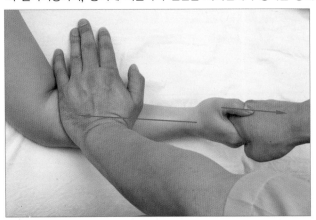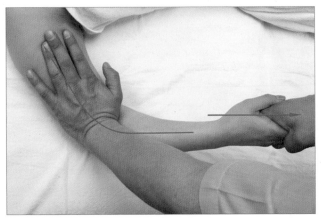

⬆ 완요골근 마사지-3

시술자는 수장을 이용하여 손목에서 주관절 방향으로 강한 압을 적용하여 슬라이딩하며, 동시에 피술자의 전완을 반대로 당겨 등척성 운동을 일으키며 근육을 이완한다.

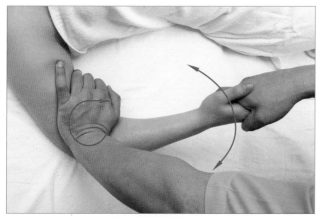

⬅ 완요골근 마사지-4
시술자는 수장을 이용하여 상완골과 요골이 만나는 주관절 외측에 서클을 그리며 압을 적용하고, 동시에 피술자의 주관절을 굴곡하고 신전하면서 강약이 조절된 리듬감 있는 압을 적용한다.

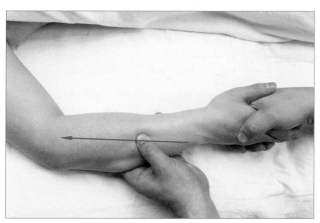

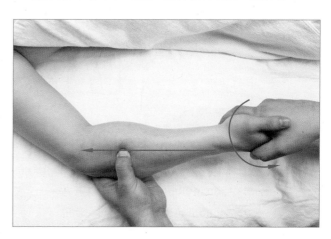

⬆ 완요골근 마사지-5
시술자는 무지로 피술자의 완요골근 근섬유를 따라 손목에서 주관절 방향으로 강하게 슬라이딩하며, 동시에 피술자의 전완을 회외전시켜 근섬유에 강한 장력이 발생하도록 한다.

치료 관점

상부 전완과 외상과의 통증은 대부분 테니스 엘보라고 알려져 있으나, 완요골근의 이상은 손목 관절을 움직이는 신전근 근막통 증후군과 더 가깝다고 볼 수 있다. 일단 증상이 발생하면 손목 사용을 제한하고, 손목의 과도한 굴곡을 방지하기 위해 관절에 부목을 사용하는 것이 좋다. 마사지 등으로 시간을 충분히 두고 치료해 나가며, 키네시스 테이핑(kinesiology taping)을 통해 림프 순환을 꾸준히 돕는다.

상완근 brachialis m.

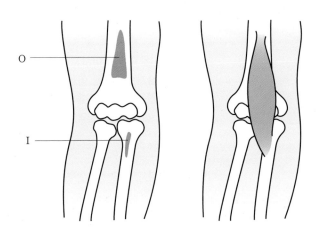

원어 (original word)	Latin : bracchium-arm
기시부 (origin)	상완골의 전면 원위부 1/2 내측 및 외측 근간막
정지부 (insertion)	척골의 근위부
작용 (action)	팔꿈치(굴곡)
지배신경(nerve)	근피신경 C5, C6, C7

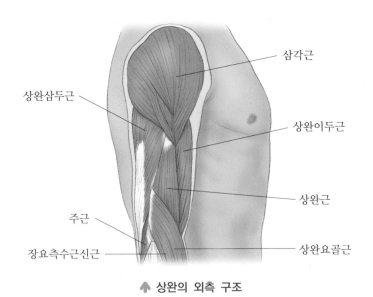

↑ 상완의 외측 구조

	협동근	길항근
상완근	상완이두근, 상완요골근, 회외근	상완삼두근

상완근은 상완이두근 심부에서 상완삼두근과 상완이두근 사이에 위치해 있지만 촉진이 쉬우며, 위쪽 상완골과 아래 척골을 연결하면서 오로지 팔꿈치를 굴곡시키는 한 동작만 충실히 수행하는 근육이다. 이 근육은 주관절 굴곡 시 빠른 굴곡 운동보다는 지속적으로 근력을 발휘하는 적근(red muscle)으로, 이 때문에 '부지런한 주관절 가동자(workhorse elbow flexor)' 라는 애칭이 붙었다. 우리의 일상에서 팔은 가장 근력을 많이 사용하는 곳이므로 상완근은 매우 중요한 역할을 하는 셈이다.

상완근은 팔꿈치가 펴지려는 상황에서 가장 강하게 저항하고, 특히 주관절 굴곡이 100도일 때 최대로 힘이 발휘되지만, 반대로 펴진 상태에서는 근력이 약해지는 특징을 보인다.

또, 상완근과 심장의 부하 상태와도 연관성이 있는데, 이는 상완근이 위치한 곳으로 상완동맥(brachial artery)이 지나감으로써 혈압 측정(blood pressure)을 통해 심장 상태를 검사할 수 있기 때문이다.

상완근에 이상이 발생하면 통증이 삼각근 전체로 방사되지만 엄지손가락 부위에도 심하게 발현되는 특징을 보인다. 원인으로는 상완근이 경직되어 요골신경을 압박하기 때문이다. 주로 수동적으로 주관절을 펴려고 할 때와 촉진할 때 통증이 강하게 발생된다. 다만 동작에 있어 관절의 가동 범위를 크게 제한하지는 않는다.

이 근육은 상완골의 전면 원위부에서 시작하여 척골 근위부로 부착된다.

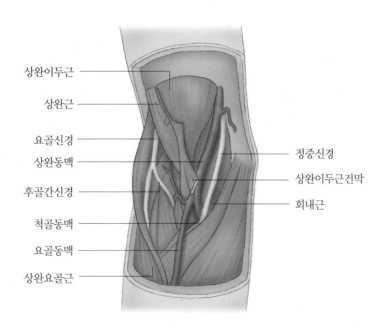

상완이두근
상완근
요골신경
상완동맥
후골간신경
척골동맥
요골동맥
상완요골근

정중신경
상완이두근건막
회내근

↑ 주관절의 구조

증상
- 안정 시에도 엄지손가락 기저부로 통증이 발생한다.
- 엄지손가락의 배측으로 감각 이상, 따끔거림, 저림 현상이 나타난다.
- 삼각근 전부로 통증이 나타난다.
- 팔을 완전히 신전시키면 통증이 발생한다.
- 주관절을 굴곡하는 힘이 약해진다.
- 엄지 관절염으로 오인할 수 있다.
- 요골신경 압박 증상(radial nerve compression symptoms)을 보인다.

요인
- 무거운 물건을 오랫동안 들고 있을 때와 같이 인위적인 스트레칭이 원인이 된다.
- 전완 목발(forearm crutches) 사용이 원인이 된다.
- 팔베개를 하고 자는 습관(단축성 긴장)이 원인으로 작용한다.
- 바이올린 연주와 같이 주관절을 오랫동안 굴곡시키는 동작이 원인이 된다.
- 아기를 오랫동안 안고 있는 행위가 원인이다.
- 여성의 경우 오랫동안 핸드백을 팔에 걸고 다니는 행위가 원인이다.
- 주관절에 골화성 근염이 원인이 되기도 한다.

↑ 중풍 신드롬 / stroke syndrome
요골 신경이 폐색되면 손목에 힘이 없고, 환측의 주관절이 구부러지며 저절로 손바닥이 지면으로 향하는(elbow pronation) 중풍 환자와 같은 자세를 취하게 된다.

압통점과 방사통

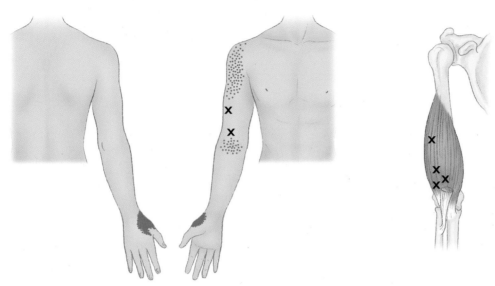

⬆ 상완근의 압통점과 방사통
엄지손가락 기저부의 배면으로 통증이 발현되고, 상완의 주와부와 전삼각근으로 방사된다.

근 기능 테스트

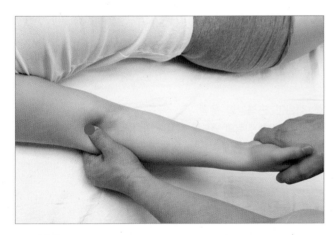

⬅ 상완근 압통 테스트
피술자는 환측의 어깨를 15도 외전하고, 시술자는 피술자 상완의 압통점을 내측으로 밀면서 무지를 이용, 압을 적용하여 통증의 정도를 평가한다. 압통으로 인해 엄지손가락으로 방사통이 일어나는지 확인한다.

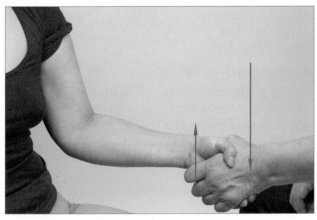

⬅ 상완근 압통 및 근 기능 테스트
피술자는 팔꿈치를 100도 굴곡하고, 손목을 회전시켜 엄지손가락이 위로 향하게 한 후 시술자와 손을 맞잡는다. 시술자는 주관절을 신전시키고, 피술자는 이에 저항하며 현 각도를 유지한다. 이때 나타나는 근력과 통증의 정도를 평가한다.

시술 테크닉

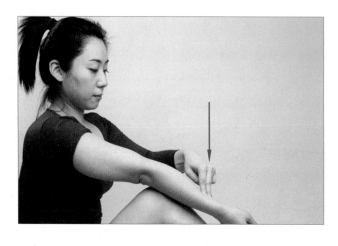

◀ 상완근 셀프 스트레칭

환자는 자신의 무릎에 팔꿈치를 고정하고 손바닥은 회외전시켜 위로 향하게 한다. 이어 반측의 손으로 환측 전완의 원위부를 서서히 아래로 내려 정점까지 압을 적용하면서 상완근에 강한 스트레칭을 실시한다. 위의 동작을 몇 회 반복하여 적용한다.

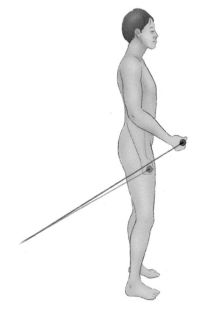

◀ 상완근 근력강화 운동

환자는 적당한 장력의 밴드를 서서히 당겨 주관절을 굴곡한다. 주관절의 굴곡과 신전을 반복하고, 이때 팔꿈치 각도가 100도 이상 굴곡되지 않도록 유의하며, 반측에도 위의 동작을 반복하여 적용한다.

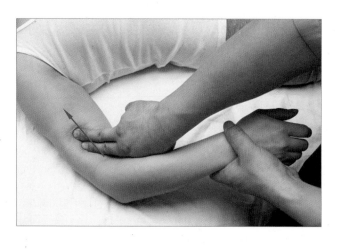

◀ 상완근 마사지-1

피술자는 어깨를 45도 외전하고 다시 팔꿈치를 40도 굴곡한 채 손바닥이 아래로 향하게 하고 눕는다. 시술자는 인지와 중지를 모아 상완이두근 외측의 근섬유를 내측으로 밀면서, 동시에 주관절에서 겨드랑이 방향으로 세심한 압을 적용하며 상완근을 슬라이딩한다.

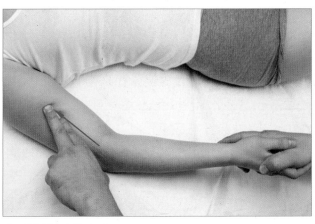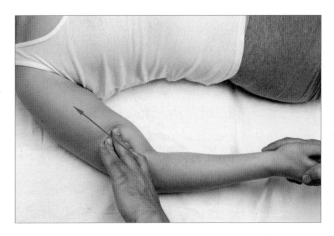

↑ 상완근 마사지-2
시술자는 인지와 중지를 모아 피술자의 상완삼두근 내측의 근섬유를 외측으로 밀면서, 동시에 주관절에서 겨드랑이 방향으로 세심한 압을 적용하며 상완근을 슬라이딩한다.

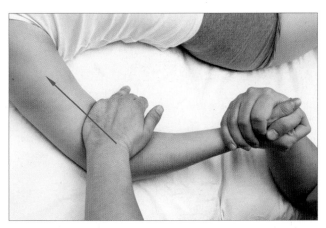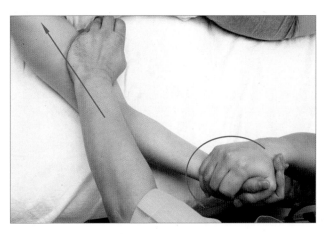

↑ 상완근 마사지-3
시술자는 수장을 이용하여 피술자의 상완골 전면 원위부에서 어깨 방향으로 강한 압을 적용하며 슬라이딩한다. 동시에 피술자의 전완을 회외전시킴으로써 장력을 일으켜 근막을 효과적으로 이완한다.

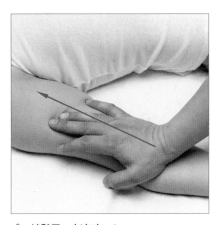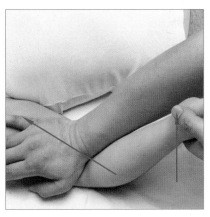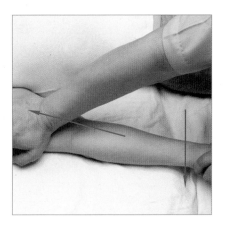

↑ 상완근 마사지-4
시술자는 수장을 이용하여 전완에서 상완 방향으로 팔의 내측을 강하게 압박하며 슬라이딩한다. 이때 시술자의 수장이 주관절 내측을 지날 때는 팔오금의 림프관을 압박하지 않도록 전완을 살며시 들어 압을 줄이며 슬라이딩한다. 팔오금의 림프관을 벗어나면 다시 강한 압을 적용하고, 동시에 팔을 신전시켜 장력으로 인한 등척성 운동을 유도한다.

치료 관점

상완근의 특징은 엄지손가락에 통증을 유발하는 것이지만, 어깨에서 팔을 걸쳐 손가락까지 통증이 일어나면 대개 다른 데서 원인을 찾는 경우가 많아 진단 시 매우 유의해야 한다. 예를 들면 손가락 저림이나 통증은 주로 경추신경근 이상, 사각근 증후군, 흉곽 터널 증후군, 소흉근, 상완이두근, 손목 터널 증후군 등 알려진 것만 해도 매우 다양하여, 여기서 상완근이 간과되는 경우가 많기 때문이다.

어깨의 전면과 주와 그리고 손가락으로 통증이 연결되면서 손목에 힘이 없고 손바닥을 자기도 모르게 지면 방향으로 향하면 이 근육의 문제 여부를 확인해야 한다.

어깨를 45도 굴곡시켜 상완이두근을 느슨하게 만든 후 외측 상완이두근막을 내측으로 밀어 보면 상완삼두근과 상완이두근 사이로 상완근을 확인할 수 있으므로 촉진과 근력 테스트를 통해 이상을 확인하고 적극적으로 치료에 임하도록 한다.

주근 anconeus m.

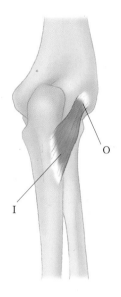

원어 (original word)	Latin : ancon-elbow Greek : ankon-elbow
기시부 (origin)	상완골의 외측위 관절돌기
정지부 (insertion)	팔꿈치머리의 외측과 척골의 후방표면
작용 (action)	팔꿈치(신전), 손목(회내전), 팔꿈치관절 고정
지배신경 (nerve)	요골신경 C7, C8, T1

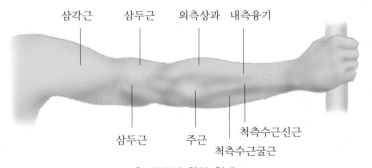

⬆ 주근의 완압 형태

	협동근	길항근
주근	상완삼두근, 신전근, 수지신근	상완이두근, 상완근, 완요골근, 척측수근굴근, 요측수근굴근

주근은 뚜렷한 건으로 의하여 상완골의 외측상과에서 시작하여 주두의 외부와 척골의 후방 표면 속으로 삽입한다. 주 기능은 상완삼두근의 신전 작용을 도와주고, 팔꿈치를 안정시키며, 손목의 회내전을 돕는 것이다. 주관절 후면에서 척골의 머리끝으로 가장 눈에 띄게 두드러진 모양의 완압을 나타낸다.

전체적으로는 전완을 주관절에서 신전시키지만, 주관절 신전에 있어서는 상완삼두근 내측두에서 가장 많은 역할을 하며, 통증은 외측상과 위로 국소적으로 나타난다.

증상
- 전완을 펴는 동작에서 통증이 유발되고 관절의 가동에 장애를 받는다.
- 팔꿈치에 힘을 주는 운동이나 행위가 힘들어진다.
- 물건을 당길 때 통증이 유발된다.

요인
- 중력으로 인해 팔의 무게중심이 아래로 늘어져 늘 주근이 긴장되는 것이 원인이다.
- 목발이나 지팡이의 지나친 사용이 원인으로 작용한다.
- 손목을 과도하게 돌리는 탁구와 같은 운동이 원인이다.
- 무리한 팔 굽혀 펴기 운동이 원인이 된다.

⬆ **팔꿈치 손상**
무리한 팔 굽혀 펴기 운동은 주근의 손상을 가져온다.

⬅ **스튜던트 엘보 / student's elbow**
옆으로 팔꿈치를 고정하고 누워 있는 자세나 학생이 공부할 때 장시간 책상에 팔꿈치를 괴고 있는 행위로 인해 발생되는 통증으로 주근에 긴장성 수축을 일으키는 원인이 된다.

압통점과 방사통

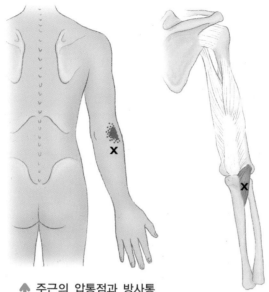

⬆ 주근의 압통점과 방사통
외측상과에서 강한 국소적인 통증이 발현된다.

근 기능 테스트

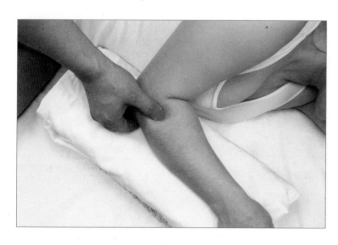

⬅ 주근 압통점 테스트
피술자는 팔꿈치를 굴곡한 상태에서 측면으로 눕고 시술자는 무지
로 압통점을 눌러 발생하는 통증의 정도를 확인한다.

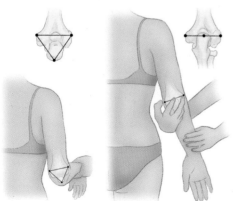

⬅ 주관절 대칭 검사
상완골의 내측상과(medial epicondyle)와 외측상과 그리고 팔꿈
치머리(olecranon)는 팔꿈치를 90도로 구부릴 경우 등변삼각형
을 이루고 신전시킬 때는 평행을 이룬다.

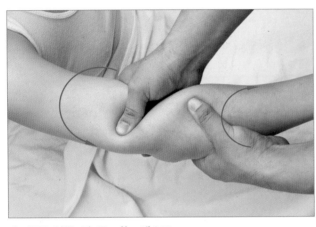
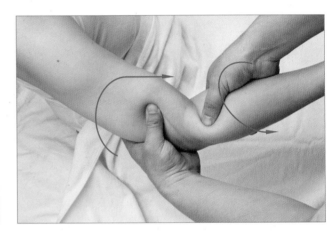

◀ 주근 압통 및 근 기능 셀프 테스트
적당한 무게의 아령을 들고 팔꿈치를 신전하고 다시 전완을 회외
전하면 팔꿈치의 각도는 9~14도 정도가 되어야 정상이지만, 통증
과 가동 범위에 제한이 나타나면 양성 반응으로 평가한다.

⬆ 주근 압통 및 근 기능 테스트
상완을 고정 또는 신체의 외측으로 회전하고 동시에 전완을 반대로 회내전하여 팔꿈치의 안정성과 저항력을 검사한다. 상완을 신체의 내
측으로 회전하고 동시에 전완을 반대로 회외전하여 팔꿈치의 안정성과 저항력을 검사한다.

시술 테크닉

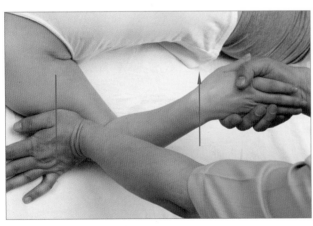
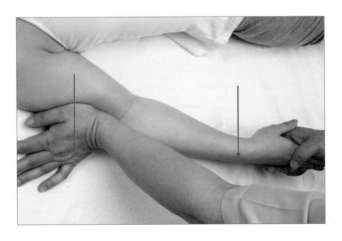

⬆ 주근 마사지-1
시술자는 수장을 이용하여 피술자의 상완 원위부 외측을 직하방으로 누르며 동시에 전완을 굴곡시킨다. 이어 상완 원위부 외측을 직하방
으로 누르며 동시에 전완을 신전시킨다. 주관절의 중앙 측면의 안정성을 평가하면서 주근에 리드미컬한 강약의 압과 스트레칭을 함께
적용한다.

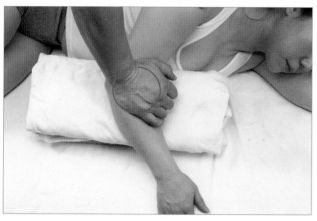

↑ 주근 마사지-2

피술자는 측와위로 눕고 주관절의 내측에는 보조물을 끼워 안정시
킨다. 시술자는 수장으로 팔꿈치 측면을 감싸고 직하방으로 서클
을 그리며 압을 적용한다.

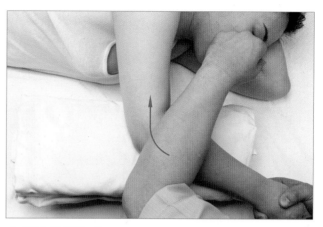

↑ 주근 마사지-3

시술자는 전완을 이용하여 피술자의 팔꿈치 측면을 강약이 배합된
리드미컬한 압으로 슬라이딩한다.

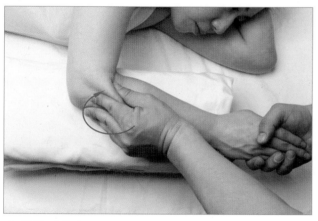

↑ 주근 마사지-4

시술자는 피술자의 팔꿈치 외측 전반에 걸쳐 세심하게 페트리사지
를 적용한다.

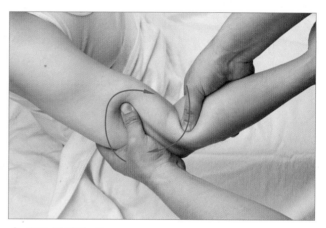

↑ 주근 마사지-5

시술자는 피술자의 상완과 전완을 각각 잡고, 부드럽고 강한 압을
배합하며 서로 반대 방향으로 조이고 당기며 페트리사지를 적용
한다.

치료 관점

주근의 이상은 주관절을 굴곡하거나 반대로 신전 시 통증이 발생하므로 가급적 팔의 사용을 제한하고 일
정 시간 휴식을 취하도록 한다. 일상 시에는 팔꿈치를 보호하는 부목 또는 밴드를 사용하고, 움직임이 적은
시간에는 근 기능 회복 테이핑(kinesiology taping)을 적용함으로써 혈액과 림프 순환을 돕는다.

신전근 extensor m.

장·단요측수근신근(extensor carpi radialis longus and brevis)

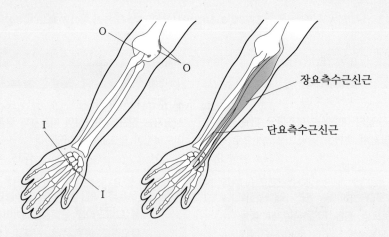

원어 (original word)	Latin : extensio-to extend karpos-wrist radialis-spoke of a wheel longus-long brevis-brief
기시부 (origin)	장요측수근신근 - 상완골의 외측위 관절돌기 단요측수근신근 - 상완골의 외측위 관절돌기
정지부 (insertion)	장요측수근신근 - 둘째 손바닥뼈 단요측수근신근 - 셋째 손바닥뼈
작용 (action)	손목(신전, 외전)
지배신경 (nerve)	요골신경 C6, C7

손등을 이루고 있는 중수골로 끝나는 3개의 이 근육군은 손목을 신전시키고 손가락을 펼치는 기능을 한다.

장요측수근신근은 상완골 외측연과 외측상과에서 시작하여 제2중수골저의 후면으로 삽입하며, 완요골근 아래에서 서로 얽혀 손목으로 나란히 내려간다. 그러나 살 부분이 완요골근보다 훨씬 짧으며 단요측수근신 근을 덮고 있다. 주 기능은 수근의 신전 및 외전 작용이다.

단요측수근신근은 상완골과 외측상과에서 시작하여 제3중수골 밑으로 삽입하며, 전체 1/2의 두꺼운 부분 은 완요골근과 장요측수근신근에 의해 덮여 있다. 후면의 표층 전완부에서는 이 근육의 형태가 뚜렷하게 나 타나며 장요측수근신근의 건과 같이 손으로 내려가는 단 하나의 건이다.

이 두 근육은 엄지손가락 근육의 힘줄과 서로 어긋나는데, 이러한 구조는 손가락 굴곡에 도움을 주고, 손 가락을 구부려 주먹을 쥔 상태에서 손목을 안정시키는 형태가 된다.

척측수근신근(extensor carpi ulnaris)

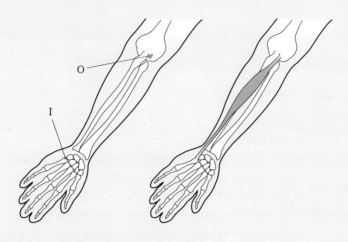

원어 (original word)	Latin : extensio-to extend 　　　karpos-wrist 　　　ulna-elbow
기시부 (origin)	상완골의 외측위 관절돌기
정지부 (insertion)	다섯 번째 손바닥뼈의 하연
작용 (action)	손목(신전, 내전)
지배신경 (nerve)	요골신경 C6, C7, C8

척측수근신근은 상완골의 외측상과 척골능 건막에서 시작하여 제5중수골 밑으로 삽입되며, 육안으로 볼 수 있는 뚜렷한 완압을 보여 준다. 손을 쥘 때 손등 쪽에서 당겨 손목을 안정시키는 역할과 수근의 신전과 내전의 기능을 한다.

장요측수근신근

단요측수근신근

척측수근신근

⬆ 수근신전근의 구성

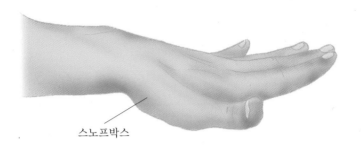

스노프박스

↑ 스노프박스 / snuffbox

손을 많이 쓰는 직업을 가진 사람이나 주부들이 엄지손가락에서 손목까지 통증을 호소하는 경우가 많은데, 이것을 테코반스병이라 한다. 이 증상은 엄지손가락을 움직이는 힘줄이 서로 마찰을 일으켜 발생한다. 통증은 엄지손가락과 손목 사이의 신전근(스노프박스 snuff box)에서 발생하며, 이 부위를 누르면 극심한 통증이 느껴진다.

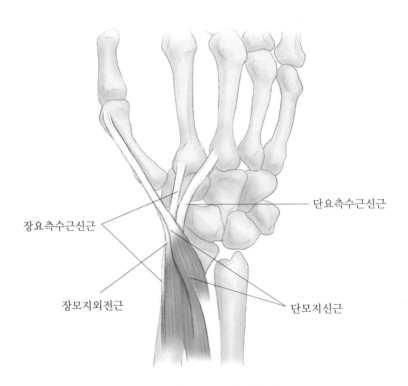

장요측수근신근

장모지외전근

단요측수근신근

단모지신근

↑ 장·단요측수근신근의 인대 분포

	협동근	길항근
신전근	장단요측수근신근, 완요골근, 척측수근신근, 수지신근	척측수근신근, 수근굴근

증상
- 통증은 전완과 손 및 완관절의 배부에서 나타난다.
- 통증이 전완에 국한되어 나타나기도 한다.
- 손등에는 통증이 있으나 손가락 사이의 인대에서는 통증이 나타나지 않는 경우도 있다.
- 통증으로 인해 악수 또는 손아귀에 힘을 주는 행위에 제한을 받는다.
- 척측수근신근의 기능 이상은 손목 관절의 척골측으로 방사통이 발생한다.
- 장요측수근신근의 기능 이상은 외측상과에 압통이 일어나며, 엄지와 검지 사이(thumb-index web space)로 방사통이 발생한다.
- 단요측수근신근의 기능 이상은 손목의 배면부로 방사통이 발생한다.
- 전체적으로 신전근의 기시부에 긴장이 오면 심부에 있는 요골신경과 상과분지를 압박하여 팔꿈치가 저리며 통증이 발생한다.
- 손목을 회외전시키거나 신전시킬 경우 통증이 발생한다.
- 통증의 주 증상은 팔꿈치 외측에서 일어나 손목과 손바닥으로 방사된다.
- 스노프박스(snuffbox)에서 통증이 심하게 나타난다.

요인
- 손목을 강하게 회내·외전시키는 행위(문고리, 드라이브 회전)로 발생한다.
- 가위질과 같은 동작의 반복에서 발생한다.
- 신전근의 활액막염이 원인이 된다.
- 손목 관절염과 엄지손가락 관절염이 원인이다.
- 외상과염이 원인이다.
- 전완신전근 상해가 원인이 된다.

압통점과 방사통

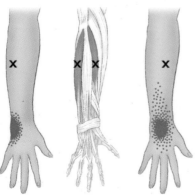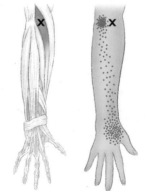

척측수근신근 단요측수근신근 장요측수근신근

⬆ **수근신근의 압통점과 방사통**
척측수근신근 : 손목 배면부의 척측으로 방사된다.
단요측수근신근 : 손과 손목의 배면부로 방사된다.
장요측수근신근 : 외측상과에 압통이 나타나며 스노프박스로 방사된다.

근 기능 테스트

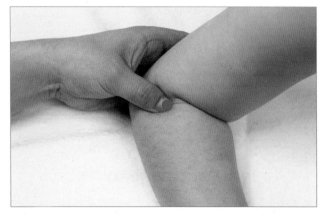

◀ 장요측수근신근 압통 테스트
피술자는 주관절을 90도 정도 굴곡하고 시술자는 무지를 이용하여 서클을 그리며 근건 접합부에 있는 압통점을 강자극하여, 이때 나타나는 통증의 정도를 비교 확인한다.

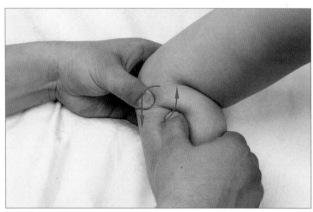

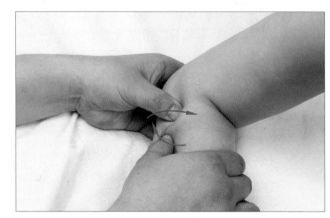

▲ 척측수근신근 압통 테스트
피술자는 어깨를 외전하고 팔은 45도로 굴곡하며 손을 회내전한 상태를 유지한다. 시술자는 양측의 무지로 압통점을 자극하여 통증의 정도와 방사를 확인한다.

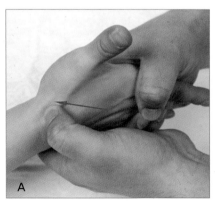

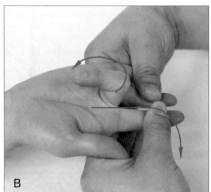

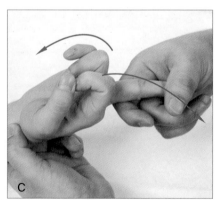

▲ 수근신근 손가락 근력 테스트
A-시술자는 피술자의 환측 손을 악수하듯 잡고, 피술자는 손목을 서서히 위로 꺾으며 외번시킨다. 시술자는 스노프박스를 눌러 통증의 정도를 확인한다.
B-시술자는 피술자의 가운뎃손가락을 제외한 나머지 손가락을 모두 손등 방향으로 신전시키고, 동시에 피술자는 가운뎃손가락을 반대로 최대한 굴곡하여 저항력과 통증의 정도를 확인한다.
C-가운뎃손가락을 제외한 나머지 손가락은 모두 굴곡 상태를 유지하고 가운뎃손가락만을 서서히 반대로 신전시켜 저항력과 통증의 정도를 확인한다.

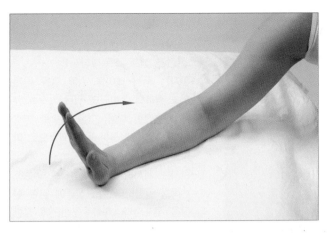

◀ 수근신근 손목 근력 테스트
환자는 환측의 전완을 침대에 완전히 접착하고 서서히 손목을 위로 꺾으며 최대한 신전시킨다. 관절의 가동력과 통증의 정도를 확인한다.

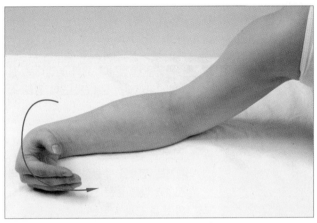

▲ 수근신근 손목 통증 테스트-1
피술자는 환측의 척골 부위를 침대에 완전히 밀착하여 세우고, 서서히 손목을 최대한 굴곡한다. 관절의 가동력과 통증의 정도를 확인한다.

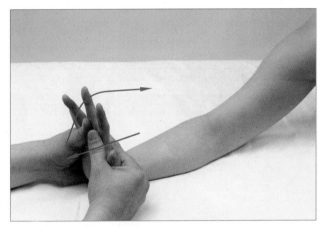

▲ 수근신근 손목 통증 테스트-2
피술자는 환측의 전완을 침대에 완전히 밀착하고 손목을 약간 신전한 상태(통증이 느껴지지 않는 각도를 유지)로 고정한다. 동시에 시술자는 피술자의 손을 서서히 좀 더 위로 최대한 신전시키고, 이에 피술자는 저항하면서 발생하는 통증의 정도를 확인한다.

◀ 팔/손목 보호 밴드
과도한 손목 사용을 제한하기 위해 관절 부위를 감싸는 부목 또는 밴드를 착용하면 도움이 된다.

시술 테크닉

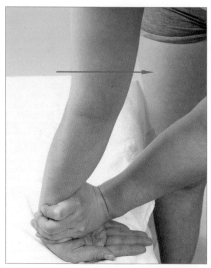

◀ 신전근 셀프 스트레칭-1

A-환자는 서서 테이블 위에 팔을 곧게 펴고 환측의 손바닥이 위로 가도록 팔을 내회전한 다음, 다른 손으로 환측의 손목을 고정하며 몸을 외측으로 이동한다.

B-환자는 서서히 몸을 내측으로 이동해 손목을 굴곡하며, 수근신근에 강한 신장을 유도한다. 척측수근신근에 강한 스트레칭이 일어난다. 무리하지 않도록 몇 회를 반복하고 서서히 횟수를 늘려 나간다.
또, 같은 자세에서 다른 손으로 환측의 손바닥을 고정하며 위의 방법대로 실시함으로써 장·단수근신근에 강한 스트레칭을 유도한다.

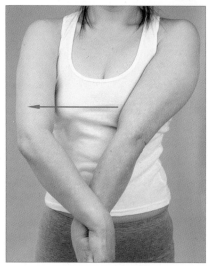
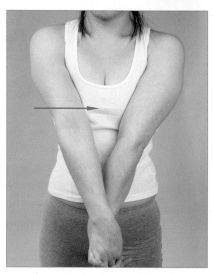

◀ 신전근 셀프 스트레칭-2

A-환자는 환측을 주관절을 최대한 회내전하고 다른 손은 팔을 교차하여 환측의 손을 감싸 고정한다.

B-환자는 굴곡된 주관절을 서서히 펴서 신전한다. 통증으로 신전이 더 이상 어려워지면 가능 범위까지 실시하여 강한 신장을 유도한다. 지신근에서 강한 스트레칭이 일어난다. 무리하지 않게 몇 회를 반복하고 서서히 횟수를 늘려 나간다.

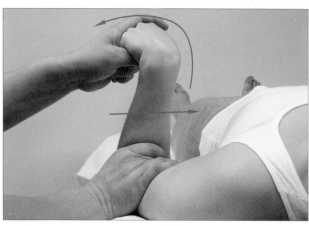
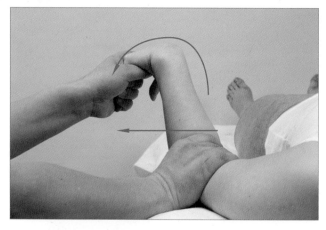

▲ 신전근 스트레칭

시술자는 왼손으로 피술자의 주관절을 잡아 고정시키고, 피술자의 다섯 손가락을 단단히 감싸며 당겨 손목과 손가락 관절을 최대한 굴곡시켜 스트레칭한다. 이어 주관절만을 서서히 신전시키며 소지신근을 이완한다.

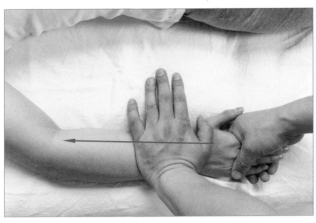 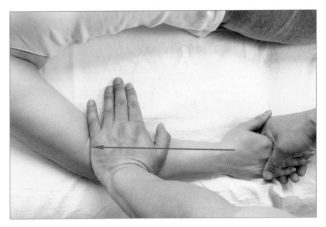

⬆ 수근신근 마사지-1
시술자는 수장을 이용하여 피술자의 손목에서 팔꿈치 방향으로 수근신근을 직하방으로 누르며 강하게 슬라이딩한다.

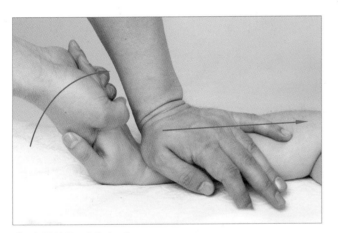 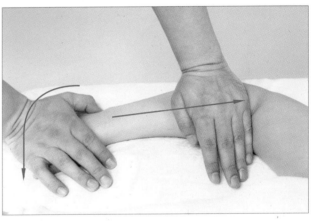

⬆ 수근신근 마사지-2
피술자는 손목을 최대한 신전한 상태에서, 시술자는 수장을 이용하여 피술자의 손목에서 팔꿈치 방향으로 수근신근을 직하방으로 누르며 강하게 슬라이딩하고, 동시에 서서히 손목을 굴곡시키면서 신전근에 장력을 발생시켜 등척성 운동을 일으킨다.

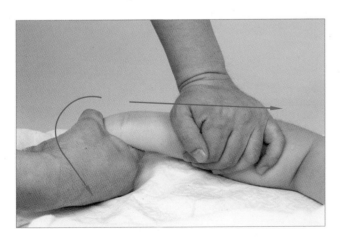

⬅ 수근신근 마사지-3
시술자는 수장을 이용해 피술자의 손목에서 팔꿈치 방향으로 수근신근을 직하방으로 누르며 강하게 슬라이딩하고, 동시에 서서히 손목을 굴곡시켜 신전근에 장력을 발생시켜 등척성 운동을 일으킨다.

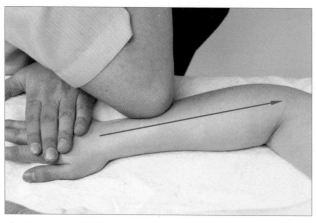 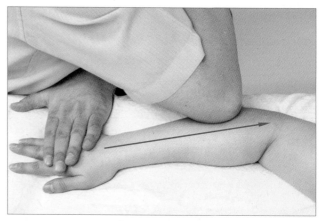

⬆ 수근신전 마사지-4

시술자는 팔꿈치를 이용하여 피술자의 손목에서 팔꿈치 방향으로 수근신근의 근섬유를 세심하게 이완하면서 강한 압으로 슬라이딩한다.

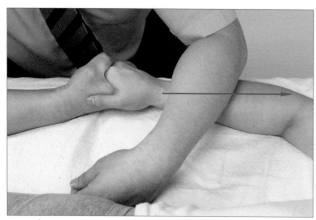 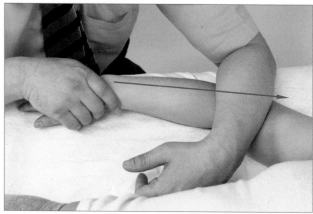

⬆ 수근신전 마사지-5

시술자는 전완을 이용하여 피술자의 손목에서 팔꿈치 방향으로 전체적으로 넓은 압을 적용하며 슬라이딩한다.

치료 관점

　　신전근의 이상은 손목과 손가락 관절을 굴곡하거나 신전 시 통증이 발생하므로 되도록 손가락과 손목 사용을 제한하고 휴식을 갖는 것이 좋다. 또 과도한 손목 사용을 제한하기 위해 관절 부위를 감싸는 부목 또는 밴드를 착용하며, 근 기능 회복 테이핑(kinesiology taping)을 적용함으로써 혈액과 림프 순환을 돕는다.

03

체 간 부

극상근, 극하근, 소원근, 대원근, 견갑하근, 쇄골하근, 전거근,
상후거근, 하후거근, 능형근, 소흉근, 대흉근, 늑간근, 복직근,
복사근, 복횡근, 추체근, 횡격막, 광배근, 요방형근, 척추기립근

극상근 supraspinatus m.

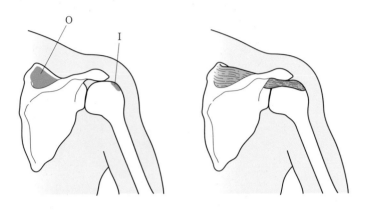

원어 (original word)	Latin : supra-above spinatus-spine
기시부 (origin)	견갑골의 극상와
정지부 (insertion)	상완골의 대결절 상부
작용 (action)	어깨(외전, 굴곡)
지배신경 (nerve)	견갑상신경 C5, C6

극상근은 견갑골의 극상와에 부착되어 오구돌기(coracoid process)와 견봉돌기(acromion process) 사이를 통과하고 상완골의 대결절(greater tubercle)로 붙는다. 승모근으로 덮여 있는 이 근육은 승모근의 발전에 의존하면서 극상와의 대부분을 채워 어깨 위로 근육의 완압을 형성한다. 극상근은 어깨를 움직이는 근육군 중 하나이지만 팔을 회전 시 유일하게 상완골(humerus)의 회전에는 도움을 주지는 않는다.

주 작용은 무거운 물체를 들 때 팔이 아래로 탈구되지 않도록 하며, 상완골두를 견갑골의 관절와로 압박하여 고정시키고, 삼각근과 함께 상지의 외전(abduction)을 주동하는 것이다.

외전의 주된 근육은 삼각근이지만 이 근육의 기능이 마비되어도 극상근만으로도 팔을 들 수 있으며, 극상근 건을 둘러싸면서 상완 관절의 보조 역할을 하는 커다란 활액낭(bursa : 활액이 들어 있는 주머니)은 삼각근과 견봉을 분리시킨다. 따라서 이 부위에 유착 상태가 오면 어깨의 가동성을 제한하며 통증을 일으키고, 만성으로 진행될 경우 견부의 근육 위축을 가져온다.

어깨 깊숙한 부위, 즉 삼각근에서 통증이 나타나면 테니스 엘보, 삼각근염으로 오진되기도 한다. 미세한 차이점이라면 주로 팔을 바깥으로 돌릴 때(외회전) 통증이 강하게 나타난다. 가만히 있으면 약해지며, 어깨를 움직일 때마다 탁발음과 같은 소리가 나는 특징을 가지고 있다.

	협동근	길항근
극상근	중삼각근, 상부승모근, 극하근, 견갑하근, 전거근, 소원근(상완골두 고정)	광배근, 대흉근, 대원근, 소원근(내전)

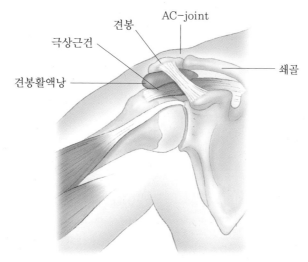

↑ 상완관절의 구조

증상

- 어깨 주위에 심부통과 운동 제한이 나타난다.
- 상완의 외전 시 오구돌기와 견봉돌기의 마찰로 가동 범위가 제한받는다.
- AC-joint 촉진 시 압통이 방사된다.
- 상완을 외전, 굴곡, 신전 시 통증이 발생한다.
- 극상근의 만성적인 경직은 목을 뻣뻣하게 하며, 외측상과(테니스 엘보) 통증으로까지 확대된다.
- 어깨 주변으로 탁발음(clicking sound)이 난다.
- 어깨부터 시작된 통증은 팔 전체로 이어지며, 드물게는 손목까지 방사되기도 한다.
- 만성적인 경우 극상건에 석회 침착이 올 수도 있다.
- 팔을 사용하지 않으면 통증이 둔하게 나타나고 움직이면 통증이 강하게 유발된다.
- 테니스 엘보 증상이 나타난다.
- 중부삼각근과 상완 외측으로 집중된 통증이 나타난다.
- 승모근, 극하근과 같은 부근 근육의 관련통이 나타나기도 한다.
- 극상근의 중요한 특징 중 하나는 견관절 운동에 따른 제한보다는 어깨를 70~120도 각도로 외전 시 통증이 극렬하게 나타난다는 점이다.

요인

- 무거운 물건을 옮길 때 극상근에 많은 부하가 발생하면 통증이 생긴다.
- 팔을 거상하고 반복적으로 작업 또는 운동하는 행위가 원인이 된다.
- 극상근의 석회화건염이 원인으로 작용한다.
- 견봉하활액낭염이 원인이 된다.
- 견관절충돌증후군(shoulder impingement syndrome)이 요인이다.
- 회전근개 파열이 증상을 일으키는 원인이다.
- 스트레스, 피로가 원인으로 작용한다.
- 견쇄관절 외상으로 인한 탈구가 원인이 된다.

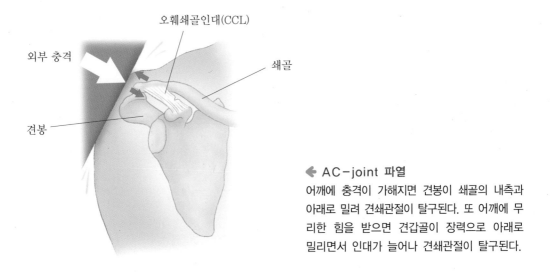

오훼쇄골인대(CCL)

외부 충격

쇄골

견봉

◀ AC-joint 파열
어깨에 충격이 가해지면 견봉이 쇄골의 내측과
아래로 밀려 견쇄관절이 탈구된다. 또 어깨에 무
리한 힘을 받으면 견갑골이 장력으로 아래로
밀리면서 인대가 늘어나 견쇄관절이 탈구된다.

압통점과 방사통

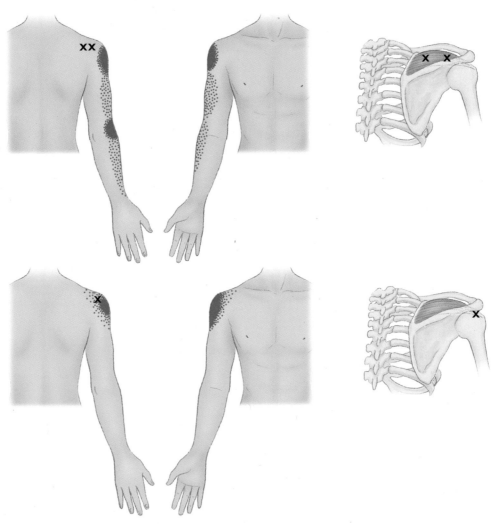

↑ 극상근의 압통점과 방사통
중삼각근의 전면과 상완골의 외측상과로 방사되며 드물게는 손목까지 확산된다.

근 기능 테스트

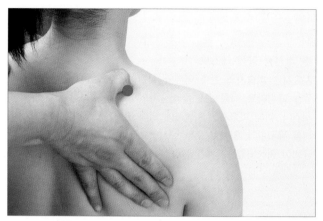

⬆ 극상근 압통 테스트
피술자는 어깨를 최대한 이완한 상태로 팔을 내리고 앉는다. 시술자는 무지로 압통점을 눌러 통증의 정도와 방사를 확인한다.

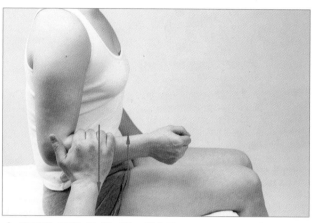

⬆ 극상근 압통 및 근 기능 테스트
피술자는 환측의 주관절을 90도로 굴곡하고 시술자는 피술자의 전완을 잡아 아래로 서서히 당기며 피술자는 이에 저항한다. 상완 골두가 관절와(glenoid fossa)로부터 빠지면서 극상근건에 부하가 걸리고, 이때 유발되는 통증의 정도로 이상 여부를 확인한다.

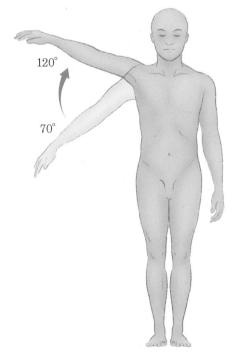

⬆ 극상근 압통 및 근 기능 셀프 테스트
환자는 환측의 어깨를 서서히 외전시키며 통증이 유발되는 각도로 극상근의 이상 여부를 확인한다. 극상근의 이상은 일반적으로 견부의 외전이 70~120도 사이에서 주로 발생한다.

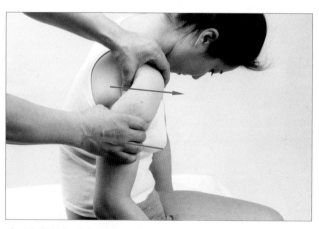

⬆ 견쇄관절 이상 테스트 / AC-joint compression test
피술자는 환측의 어깨를 최대한 이완한 상태로 앉는다. 시술자는 피술자의 어깨와 상완이 만나는 관절 부위를 양손으로 각각 잡고 서로 반대 방향으로 당기고 밀어 본다. 상완골두가 관절와로부터 벌어지면서 통증이 유발되며 그 정도를 확인한다.

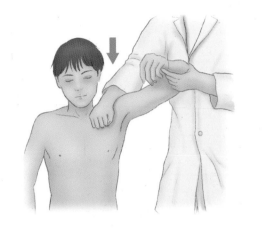

← 과신전 양성 테스트
시술자는 피술자의 환측 어깨와 상완이 만나는 견쇄관절 부위에 팔을 고정하고, 다른 손으로 피술자의 어깨를 최대한 서서히 외전 시킨다. 이때 피술자는 시술자에 의해 어깨가 외전되도록 이완 상태를 유지한다. 양측을 모두 실시함으로써 인대가 늘어나 좌우 불균형이 형성되었는지 확인한다.

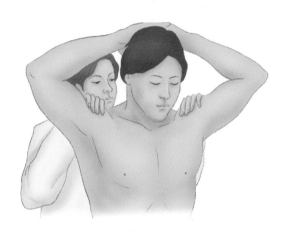

← 루딩턴 테스트
루딩턴 테스트(Ludington's test)는 상완이두근의 머리에 힘줄이 파열되었는지를 확인하는 방법이다. 피술자는 양손을 깍지 끼고 외회전 상태로 자신의 머리 위로 거상하고 걸쳐 팔의 무게를 지탱한다. 이어 피술자는 양손으로 자신의 머리를 눌러 이두박근을 수축하고 반대로 다시 이완하기를 반복한다. 이때 손상된 이두박근은 부어오른다. 어깨와 상완 사이의 인대, 즉 상완이두근 장두를 촉진하여 동통이 발생하면 상완이두근 장두에 건염이 발생한 것이고, 그렇지 않다면 극상근에 문제가 있을 수 있다.

시술 테크닉

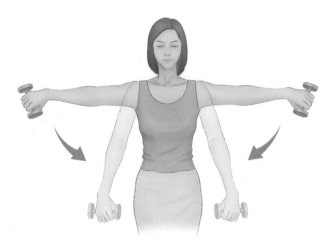

← 극상근 근력강화 운동
피술자는 적당한 무게의 도구를 이용하여 엄지손가락이 아래로 향하도록 손목을 회내전(pronation)한 상태로 어깨 높이만큼 외전(abduction) 운동을 실시한다. 무리하지 않도록 유의하고 서서히 횟수를 늘려 반복하여 적용한다.

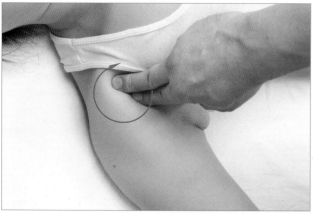

↑ 극상근 마사지-1

시술자는 피술자의 환측 극상근을 집게손가락과 가운뎃손가락 끝을 모아 상완골의 대결절 상부에 심부압을 적용하여 서클을 그리며 이완한다.

↑ 극상근 마사지-2

피술자는 환측의 어깨를 위로 하고 측와위로 눕는다. 시술자는 극상근 압통점을 무지로 심부압을 적용하여 서클을 그리며 이완한다.

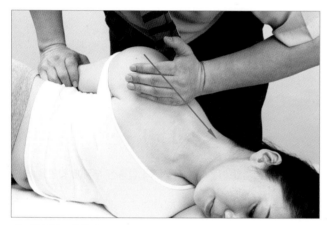

↑ 극상근 마사지-3

시술자는 수장을 이용하여 피술자의 후두골 방향으로 강한 압을 적용하며 슬라이딩한다.

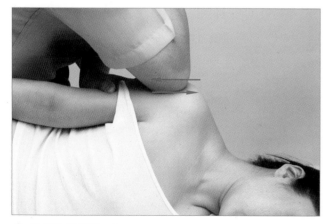

↑ 극상근 마사지-4

시술자는 팔꿈치를 이용하여 극상근의 기시부인 상완골의 대결절 상부를 앞뒤로 강약이 배합된 압으로 리드미컬하게 슬라이딩한다.

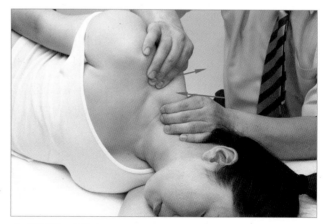

↑ 극상근 마사지-5

시술자는 양손으로 강약이 배합된 압으로 조이며 당겨 페트리사지한다.

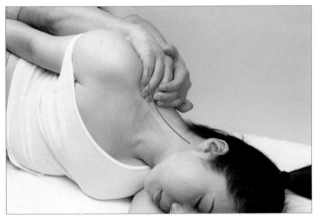

↑ 극상근 마사지-6
시술자는 양 손끝을 모아 극상근에 밀착시키고, 목에서 어깨 방향으로 강하게 조이며 당겨 슬라이딩한다.

↑ 극상근 마사지-7
피술자는 복와위로 눕고 시술자는 양손을 이용하여 강약이 배합된 압으로 조이며 당겨 페트리사지를 적용한다.

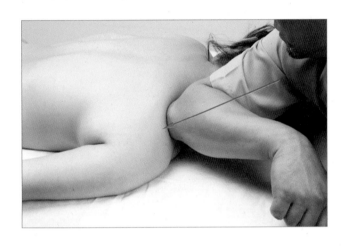

← 극상근 마사지-8
시술자는 팔꿈치를 이용하여 극상근의 압통점 부위에 강약을 배합한 압을 적용한다.

치료 관점

극상근에 이상이 오면 외전 시 통증이 더 발생하므로 무리한 팔의 사용을 피한다. 통증 원인이 급성 건염, 인대 손상, 석회화 현상인지 확인한 후 적합한 치료에 임하는 것이 중요하다.

가벼운 외상은 보통 안정 요법이나 부목, 압박 붕대 등을 이용하여 당분간 환부를 고정시켜 치료할 수 있으나 방치하면 병원적 수술이 요구되는 증상으로까지 확산될 수도 있으므로 주의한다.

급성기에는 냉찜질을 환부에 적당한 간격으로 적용하고, 근 기능 회복 테이핑(kinesiology taping)을 적용함으로써 혈액과 림프 순환을 돕는다.

극하근 infraspinatus m.

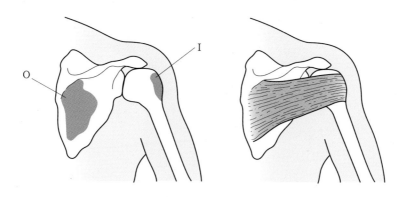

원어 (original word)	Latin : infra-beneath spinatus-spine
기시부 (origin)	견갑극하의 극하와의 내측 2/3
정지부 (insertion)	상완골의 대결절 후면
작용 (action)	어깨(신전, 외회전)
지배신경 (nerve)	견갑상신경 C5, C6

극하근은 견갑골의 극하와 내측에서 상완골 대결절 후면으로 삽입된다. 강한 건막에 의해 유지되는 이 근육은 두꺼운 근육으로 견갑골 중앙에서 판판해진 완압을 형성하며, 삼각근과 승모근의 가장자리를 경계로 두드러져 보인다. 이 근육은 소원근과 함께 상완의 외회전 작용을 하며, 상완골두가 견관절와에 안정되도록 고정하는 역할을 한다. 따라서 극하근이 약해지면 견관절의 아탈구가 발생한다.

극하근은 견갑골에 흡입되듯 붙어 있어 탄력이 별로 없으며, 활동성도 적은 편이다. 대부분 견갑골을 덮고 뼈를 보호하는 기능을 하지만, 기능이 약해져 근육이 뼈에 유착(adhesion)되면 견갑골의 성장 및 조혈 기능, 혈액 순환을 방해하는 원인이 된다. 또한 견갑골의 극하와에는 견갑상 동맥의 분포가 조밀하여 국소적인 강한 압박(침, 지압)은 동맥과 정맥관을 파열할 수 있으므로 뼈에 닿는 강한 자극은 피하도록 한다.

상완을 외전할 때 가슴이 펴져 폐활량을 증진시키며, 반대로 어깨가 굽은 자세를 오래 지속하면 호흡이 답답함을 느낀다. 이 근육의 반대편 대흉근은 어깨의 내전이 주 기능으로 극하근과는 길항 작용을 하게 된다.

둥근 어깨(round shoulder)는 대흉근의 단축을 의미하며, 중부승모근과 능형근의 약화도 극하근에 영향을 주므로 마사지할 때 같은 비중으로 적용해야 바른 자세와 호흡에 불편함을 덜 수 있다.

	협동근	길항근
극하근	소원근, 후삼각근	견갑하근, 대흉근, 전삼각근, 대원근

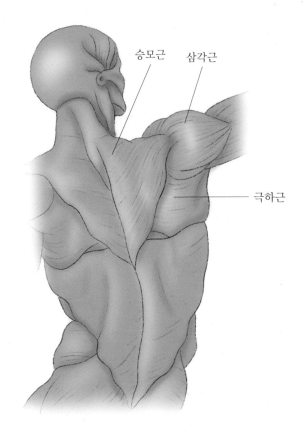

승모근   삼각근

극하근

⬆ **견갑대의 구조**

극하근 근막통증은 사각근 근막통증 증후군과 비슷한 증상을 보인다. 어깨를 움츠리는 자세를 취하면 어깨가 처지면서 흉곽을 끌어내리고 1, 2번 늑골이 밑으로 당겨져, 여기에 연결되어 있는 목 근육인 사각근이 늘어나 혈관과 신경, 림프관을 압박하기 때문이다. 이로 인해 팔이 저리고 붓고 무거운 느낌을 받게 된다.

극하근은 견갑대(shoulder girdle)에서 통증을 일으키는 근육군들 중에서 승모근과 견갑거근 다음으로 압통점이 많이 생긴다. 어깨를 누르는 심한 피로감이 느껴지거나, 주먹을 쥐는 힘이 약하거나, 견관절의 운동 제한이 심해지면 이 근육의 압통 상태를 먼저 확인한다.

기능이상 근육 판별법(외회전 검사/mouth wrap-around test)
- 목의 뒷부분으로 손이 닿지 않을 때 : 견갑하근(subscapularis)
- 귀쪽만 손이 닿을 때 : 극하근(infraspinatus)
- 머리 위까지 닿을 수 있지만 머리 뒤쪽으로 닿지 않을 때 : 후삼각근(posterior deltoid), 오구완근(coracobrachialis)
- 팔의 외전을 유지할 수 없을 때 : 극상근(supraspinatus)

증상
- 어깨 후면과 상부에서 통증이 발생한다.
- 통증은 삼각근 전체를 감싸고 전완의 요골측 부위를 따라 손가락 부위까지 방사된다.
- 견갑골 내측 모서리를 따라 칼로 베는 듯한 날카로운 통증을 일으킨다.
- 어깨 피로를 쉽게 느끼며 주먹을 쥐는 힘이 약해진다.
- 통증 부위로 땀이 나는 증상이 발생한다.
- 손을 회외전(supination), 굴곡(flexion) 시 통증과 함께 동작에 제한을 받는다.
- 근 기능의 이상은 내회전에 장애를 주어 손이 신체의 뒤로 가는 동작에 제한을 준다.
- 승모근, 사각근, 극상근, 견갑하근의 압통이 통증을 유발한다.
- 팔을 움직일 때 어느 각도든 상관없이 통증을 유발한다.
- 통증으로 잠을 설친다.
  - 천장을 보고 누우면 극하근이 눌려 통증이 발생한다.
  - 배를 깔고 누우면 극하근이 양측으로 늘어나 통증이 발생한다.
  - 옆으로 누우면 팔의 무게로 극하근이 늘어나 통증이 발생한다.

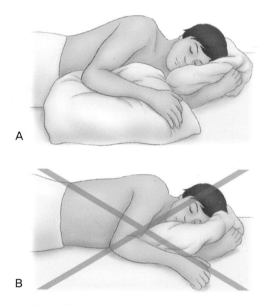

↑ **수면 자세**
A-베개를 이용하여 팔을 거상시킨 자세로 수면 시 극하근이
　　안정되어 통증이 감소한다.
B-팔의 무게로 극하근이 늘어나 통증이 유발된다.

요인
- 갑작스러운 과도한 내회전 운동 시(골프 스윙)이 증상을 일으킨다.
- 대흉근의 기능 이상(둥근 어깨)이 요인이 된다.
- 삼각근하 점액낭염이 요인이다.
- 외상이 요인으로 작용하기도 한다.
- 무거운 물건을 오랫동안 들고 있는 행위가 원인이 된다.

압통점과 방사통

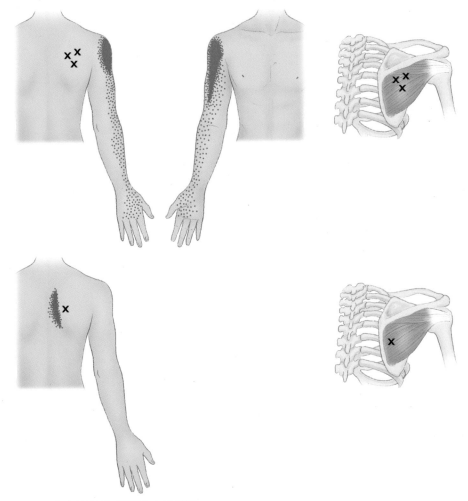

⬆ **극하근의 압통점과 방사통**
어깨의 삼각근 부위를 감싸고 유발되며 전완의 요골측을 따라 손가락 부위까지
방사되고, 견갑골 내측연을 따라 예리한 통증이 유발된다.

근 기능 테스트

⬅ **극하근 압통 테스트**
피술자는 옆으로 누워 극하근을 오픈하고, 시술자는 무지를 이용
하여 압통점을 눌러 통증의 정도와 방사를 확인한다.

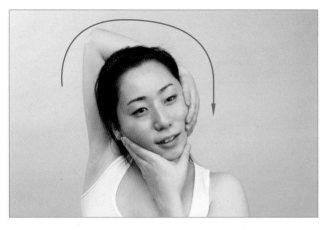

◀ 극하근 압통 및 근 기능 셀프 테스트(외회전 검사)
환자는 머리를 측면으로 회전시켜 어깨와 45도 각도를 유지한다. 이어 환측의 팔을 머리 뒤로 외회전하여 반대편 입을 감싼다.

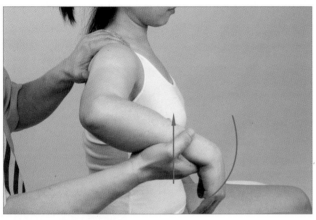

⬆ 극하근 근 기능 테스트-1
시술자는 피술자의 환측 견갑골을 왼손으로 고정하고, 피술자는 어깨와 주관절을 90도로 외전하고 굴곡한 후 내회전 방향(파란 화살표)으로 서서히 회전시킨다. 이때 시술자는 피술자의 어깨가 회전되지 않도록 동시에 저항하며 통증과 근력의 정도를 평가한다.

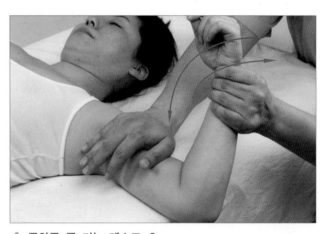

⬆ 극하근 근 기능 테스트-2
피술자는 어깨를 외전하고 견갑골을 지면에 붙여 움직이지 않도록 하여 눕는다. 시술자의 오른손은 피술자의 상완을 고정시켜 피술자의 어깨와 견갑골이 움직이지 않도록 한다. 피술자는 서서히 전완을 내회전(빨간 화살표)하고, 동시에 시술자는 반대로 저항하여 통증과 근력의 정도를 평가한다.

시술 테크닉

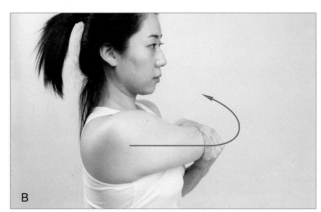

A-극하근 스트레칭 잘못된 자세

B-극하근 스트레칭 올바른 자세

⬆ 극하근 셀프 스트레칭-1 : 한번에 10초 이상 압을 지속하고 5회 반복한다.

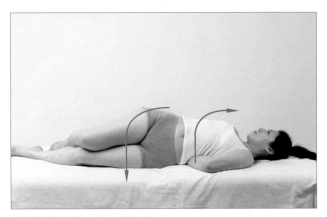

↑ 극하근 셀프 스트레칭-2

환자는 양측 팔을 내회전시켜 자신의 등 뒤에 위치하고, 어깨를 좌우로 롤링하며 동시에 골반은 반대로 회전을 주어 견관절을 스트레칭한다. 적당한 압으로 위의 동작을 몇 회 반복하여 적용한다.

↑ 극하근 셀프 스트레칭-3

환자는 허리를 최대한 굴곡하고, 양어깨를 내회전하여 자신의 허리에 위치한다. 이때 손바닥은 등을 향하여 밀착하며, 허리에서 등으로 서서히 끌어 올린다. 적당한 속도를 유지하고 최대한 당긴다.

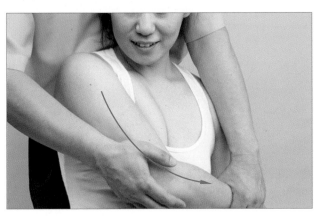

↑ 극하근 스트레칭-1

피술자는 어깨를 과내전(hyperadduction)하고 앉는다. 시술자는 상완골두에서 주관절 방향으로 손바닥을 강하게 밀착시키며 슬라이딩하여 극하근을 스트레칭한다.

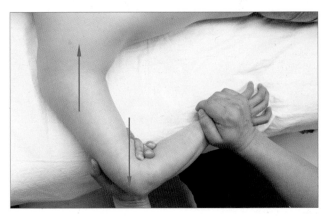

↑ 극하근 스트레칭-2

피술자는 엎드려 어깨를 90도 외전한다. 시술자는 팔꿈치를 잡아 침대 아래로 서서히 당기며 피술자는 어깨 힘만을 이용하여 이에 저항한다. 무리하지 않도록 적당한 횟수로 반복하여 적용한다.

내회전 운동

외회전 운동

↑ 극하근 근력강화 운동

시술자는 측면으로 누워 환측에 적당한 무게의 운동기구를 이용하여 내회전과 외회전 운동을 실시한다. 몇 회를 반복하여 적용하되 감당할 수 있는 운동기구를 선택하고 최대한 천천히 실시한다.

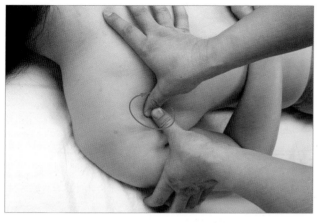

← 극하근 마사지-1

피술자는 어깨를 내회전하고 엎드려 눕는다. 시술자는 상완골의 대결절 후면 부위와 견갑골 위 모서리 접합 부위에 걸쳐 있는 극하근과 소원근의 근건막을 무지를 겹장하여 서클을 그리며 프릭션(friction)한다.

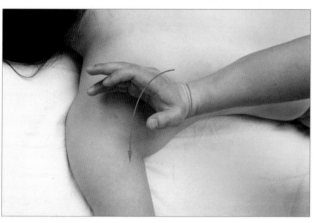

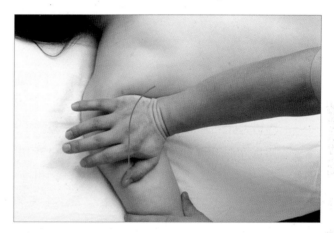

↑ 극하근 마사지-2

시술자는 피술자의 극하근 견갑골 내측에서 상완골 후면 방향으로 수장을 세워 강하게 밀착하며 슬라이딩한다. 이어 수장을 극하근에 밀착시켜 후삼각근 방향으로 슬라이딩한다.

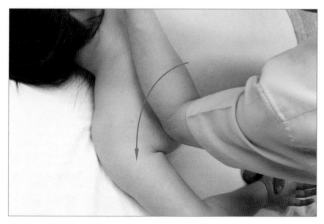

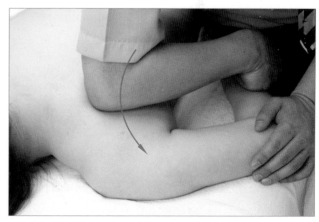

↑ 극하근 마사지-3

시술자는 피술자의 극하근 견갑골 내측에서 상완골 후면 방향으로 전완을 이용하여 넓은 압으로 슬라이딩한다.

↑ 극하근 마사지-4

시술자는 피술자의 극하근 견갑골 내측에서 상완골 후면 방향으로 팔꿈치를 이용하여 강하고 세심한 압을 적용하며 슬라이딩한다.

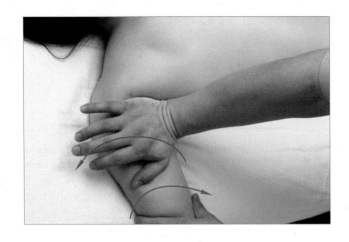

◀ 극하근 마사지-5

시술자는 피술자의 극하근 견갑골 내측에 수장을 밀착시켜 내측에서 외측으로 말아 올리며 압을 적용하고 동시에 상완은 말아 당겨 회전시킨다. 강한 등척성 운동을 통해 스트레칭 효과를 극대화한다.

치료 관점

극하근의 이상 여부는 어깨의 외회전 검사(mouth wrap-around test)를 통해 확인한다. 극하근은 소원근과 외회전 기능을 함께 하므로 방사 범위와 압통점으로 구별한다. 또 어깨 관절 부위에서 통증이 유발된다면 견갑거근(levator scapulae)과도 혼동이 될 수 있어 둘의 차이점을 구분하는 데 유의한다. 손아귀에 쥐는 힘이 약해지는 증상은 사각근 증후군과 비슷하나, 사각근은 신경학적 증상이어서 손에 쥐고 있는 물건을 자신도 모르게 떨어뜨리므로 미세한 차이가 있다.

극하근에 외상이 발생하면 초기 치료가 매우 중요하다. 단순히 어깨 관절의 가동 범위가 약해졌다고 해서 다른 근육군에 비중을 두고 극하근을 소홀하면 동결견, 오십견의 직접적인 원인을 초래하기 때문이다.

소원근 teres minor m.

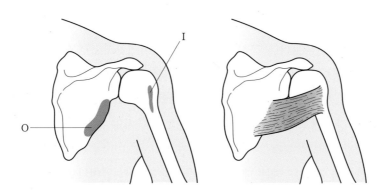

원어 (original word)	Latin : teres-round minor-smaller
기시부 (origin)	견갑골후면의 액와연
정지부 (insertion)	상완골 대결절의 하연
작용 (action)	어깨(외전, 신전, 외회전)
지배신경 (nerve)	액와신경 C5, C6

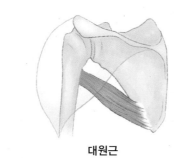

대원근

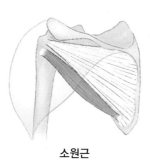

소원근

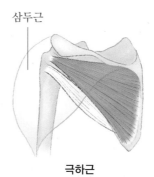

극하근

	협동근		길항근	
소원근	극하근, 극상근, 후삼각근		견갑하근, 대흉근, 대원근, 전삼각근	

소원근은 액와연 가까이의 견갑골의 후면에서 시작하여 상완골의 하부 결절 속으로 삽입된다. 형태상 부피는 작고 원통형으로 늘어나 있다.

통증은 후삼각근 내 심부에서 동전 크기로 나타나 일명 동전 통증(silver-dollar pain)이라 부른다. 대체로 심한 국소적인 통증을 느끼나 주변으로는 넓게 방사되지 않고, 견관절 운동에도 큰 제한을 주지 않는 특징을 보인다. 따라서 환자의 증상을 찾아내는 데 그리 어렵지 않다.

압통의 발생은 소원근 단독보다는 극하근이 원인이 되어 2차적으로 동반되는 경우가 많아, 어깨 앞면과 상완 전체로 넓게 방사통이 나타난다면 소원근보다는 극하근의 이상 여부를 먼저 검사한다.

소원근은 비슷한 기능을 하는 극하근과는 다르게 액와신경의 지배를 받는다. 위로는 극하근, 아래로는 대원근과 상완삼두근의 장두에 의해 분리되어 위치해 있고, 어깨의 움직임을 주도하는 매우 중요한 근육군 중 하나이다.

기능 이상은 정반대의 기능을 하는 대흉근에 긴장성 단축이 일어나면 어깨가 안으로 말리는 둥근 어깨(round shoulder)가 형성되어 소원근에 만성적인 과부하를 일으킨다. 따라서 소원근 치료 시에는 반드시 대흉근도 함께 시술해야 한다. 이 근육은 상완골을 관절와 뒤쪽으로 회전시키는 동작, 즉 극하근과 함께 외회전(external rotation)이 주 기능이며, 극상근과 견갑하근을 보조하고, 어깨의 외전(abduction)과 신전(extension) 시 후삼각근(posterior deltoid)과 협동하며 상완골두를 고정시킨다.

둥근 어깨가 이미 만들어진 체형이라면 극하근과 소원근에 이완성 단축이 일어나 중·하부승모근, 능형근, 상후거근과 같은 주변 근육에도 영향을 준다. 이는 흉곽을 변화시켜 가슴이 답답하고 호흡에도 영향을 미치며, 어깨를 누르는 압박감과 팔이 저리고 무거운 증세를 동반한다.

증상
- 어깨 뒤쪽에서 움직일 때 소리가 난다.
- 어깨 후면부에 통증이 느껴진다.
- 어깨 후면에서 경계가 분명한 동전 크기의 심한 국소적인 통증이 나타난다.
- 네 번째와 다섯 번째 손가락에서 이상 감각이 발생한다.
- 통증 부위에 발한 현상이 나타난다.
- 견갑골에 근육이 부착되고 경직되어 뼈처럼 단단하게 느껴진다.
- 대흉근에 긴장성 단축이 일어난다.
- 둥근 어깨가 형성된다.

요인
- 외측 후방으로 팔을 강하게 뻗는 반복된 행위가 원인이다.
- 견갑대의 만성 피로가 원인으로 작용한다.
- 나쁜 자세와 습관이 영향을 미친다.
- 어깨를 형성하는 근육군의 기능 약화가 요인이다.

압통점과 방사통

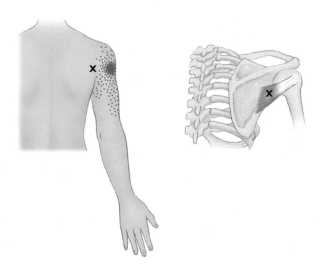

⬆ 소원근의 압통점과 방사통
후삼각근의 삼각근 결절부에서 국소적인 통증이 유발된다.

근 기능 테스트

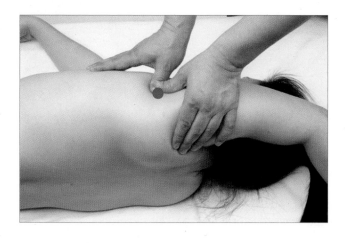

⬅ 소원근 압통 테스트
피술자는 옆으로 누워 환측의 어깨를 최대한 신전한다. 시술자는
무지를 겹장하여 소원근 압통점에 압을 적용하여 통증의 정도를
평가한다.

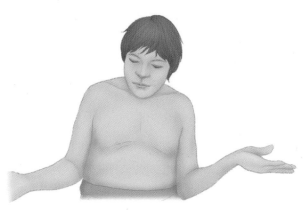

⬅ 소원근 압통 및 근 기능 셀프 테스트-1
환자는 양 주관절을 90도로 굴곡하고 서서히 외회전 방향으로 어
깨를 회전한다. 통증이 발생하는 각도와 근력의 정도를 평가한다.
사진은 소원근의 경직으로 비대칭적인 외회전이 형성되어 있다.

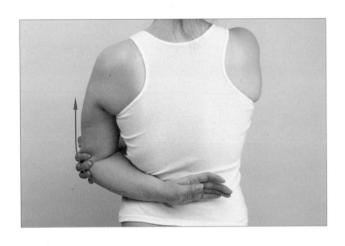

◀ 소원근 압통 및 근 기능 셀프 테스트-2
환자는 환측의 팔을 내회전하여 자신의 허리에 위치하고, 다른 손으로 환측의 팔꿈치를 잡아 서서히 앞으로 당긴다. 견관절에 강한 스트레칭이 일어나며, 이때 발생하는 통증 부위와 정도를 평가한다.

시술 테크닉

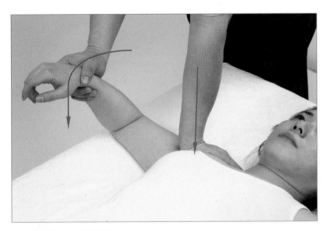
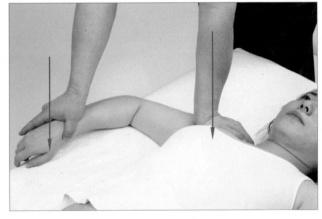

⬆ 소원근 스트레칭
피술자는 누워 환측의 어깨를 90도 외전하고, 다시 팔꿈치를 90도 굴곡한다. 시술자는 피술자의 환측 어깨를 고정하고 다른 손으로는 전완을 잡아 서서히 내회전시킨다. 시술하는 동안 피술자의 어깨가 들리지 않고, 견갑골이 바닥에 고정되어 있어야 한다.

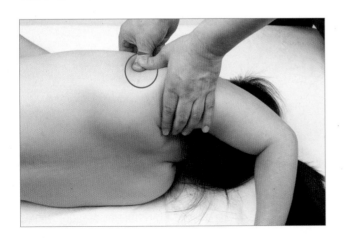

⬆ 소원근 마사지-1
피술자는 어깨를 최대한 외전하여 소원근의 압통점을 오픈한다. 시술자는 상완골의 대결절 후면과 견갑골의 외측 모서리를 따라 무지를 겹장하여 서클을 그리며 소원근을 마사지한다.

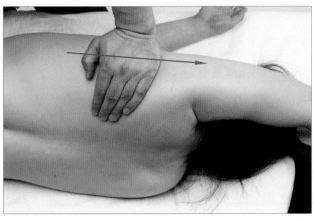

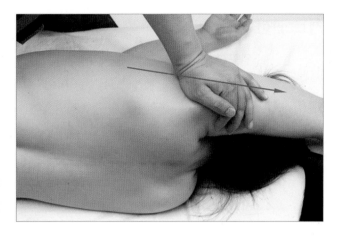

⬆ 소원근 마사지-2

시술자는 수장을 이용하여 견갑골 외측하연에서 상완골의 대결절 후면 방향으로 견갑골의 외측 모서리를 따라 강한 압으로 슬라이딩한다.

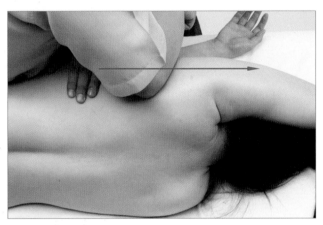

⬆ 소원근 마사지-3

시술자는 견갑골 외측하연에서 상완골의 대결절 후면 방향으로 견갑골의 외측 모서리를 따라 전완을 이용하여 무겁고 강한 압으로 슬라이딩한다.

⬆ 소원근 마사지-4

시술자는 상완과 견갑골의 접합 부위를 무지와 나머지 손가락을 이용하여 강약이 배합된 리드미컬한 압으로 페트리사지한다.

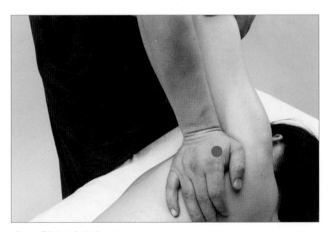

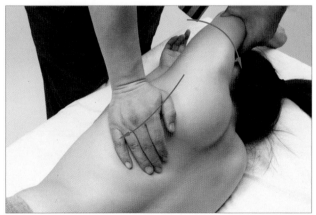

⬆ 소원근 마사지-5

시술자는 피술자의 전완을 잡아 어깨를 90도 외전시키고, 견갑골과 상완의 접합 부위에 수장을 밀착시켜 고정한다. 이어 피술자의 상완을 최대한 외전시키며, 동시에 밀착한 수장으로 견갑골 하연 방향으로 강하게 슬라이딩한다.

치료 관점

소원근의 이상 여부는 어깨의 외회전 검사(mouth wrap-around test)를 통해 확인하며, 극하근과는 어깨의 외회전 기능을 함께 하므로 방사 범위와 압통점으로 구별한다.

소원근의 손상은 일반적으로 급작스러운 외회전 시 발생하는데, 테니스 경기에서 서브 시 공을 헛칠 때와 같은 동작의 반복은 어깨를 이루는 관절 부위에 만성 피로를 느끼게 하며, 이로 인해 팔의 악력이 약해지고, 어깨의 운동성에 제한이 오게 된다. 이는 삼각근 활액낭염과 비슷한 증상을 보이기도 하므로 정확한 감별이 요구된다. 오십견의 직접적인 원인을 초래하므로 치료 시기를 놓치지 않도록 한다.

급성기에는 환부에 냉찜질을 적당한 간격으로 적용하고, 근 기능 회복 테이핑(kinesiology taping)을 적용함으로써 혈액과 림프 순환을 돕는다. 일상생활을 통해서는 바른 자세와 가벼운 운동을 병행함으로써 근육이 단축되지 않도록 하고, 이와 함께 어깨와 몸통을 이루는 모든 근육을 치료해야 한다.

대원근 teres major m.

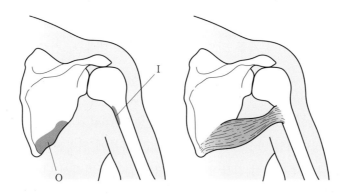

원어 (original word)	Latin : teres-round major-larger
기시부 (origin)	견갑하각
정지부 (insertion)	상완골의 소결절능
작용 (action)	어깨(신전, 내전, 내회전)
지배신경 (nerve)	견갑하신경 C5, C6, C7

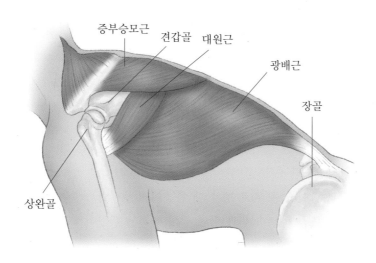

⬆ 대원근(쌍둥이 근육)의 구조

	협동근	길항근
대원근	대흉근, 광배근, 견갑하근	소원근, 극하근, 후삼각근

대원근은 소원근(teres minor) 아래에 평평하지만 비교적 두꺼운 근육이며, 뒤틀린 형태의 길고 네모난 모양을 하고 있다. 광배근(latissimus dorsi)과 같이 겨드랑이 후벽을 형성하며, 팔이 신체의 측면을 따라 자연스럽게 내려갈 때는 견갑골의 하부각 외부에 둥근 융기와 후액와 주름(posterior axillary fold)을 만든다.

이 근육은 도끼질을 하거나 수영, 골프 스윙, 톱으로 나무를 베는 동작과 같이 상완골을 내전하거나 내회전할 때 광배근을 도와 협동하는데, 이것에 비유하여 '쌍둥이 근육(twins muscle)'이라고 부른다.

대원근은 단독으로 직접적인 문제를 일으키기보다는 주로 대흉근, 견갑하근, 능형근의 긴장으로 인해 2차적 손상을 입는 근육이라 할 수 있다. 이는 위치상 견갑골 외측에서 시작하여 상완골로 연결되어 있어 팔과 견갑골 내측면에 부착되는 근육에 영향을 받을 수밖에 없는 구조에 있기 때문이다.

예를 들면 극하근(supraspinstus), 소원근은 외회전(external rotation) 근육으로 대원근과는 정반대로 길항 작용을 함으로써 상대적인 만성 요인의 주가 되고, 흉부에 위치한 내회전(internal rotation) 근육인 대흉근과 배부의 광배근에서 단축성 긴장이 일어나면 대원근도 따라서 단축 현상이 나타나며, 견갑골의 내전(adduction) 근육인 능형근이 긴장하면 대원근은 이완성 긴장 상태가 되어 둥근 어깨(round shoulder)가 되고 만다.

대원근으로 인한 통증은 견갑골 후연의 후삼각근 부위 심부층에서 만성적으로 일어나며, 압통점으로 인해서는 견관절 뒤쪽에서 주로 발현되고, 가끔 전완 후면으로도 방사되기도 하지만 견갑골과 팔꿈치에서는 통증이 나타나지 않는 특징을 보인다. 그리고 팔을 움직이지 않고 가만히 있을 때는 통증이 미미해서 잘 모르다가 머리 위로 팔을 드는 동작 특히, 어깨의 외전이 120도 이상 되면 심하게 나타나 팔을 들어 올려 자신의 귀에 붙이지 못할 정도가 된다.

이 근육은 견갑하각에서 시작하여 상완골의 소결절능으로 광배근과 함께 겹쳐 부착되며, 주 기능은 상완골의 내전과 내회전을 돕고, 고정된 상태에서는 상완골을 신전시키는 것이다. 또 대원근은 상완의 외전 운동 시 상완골두가 탈골되지 않도록 극하근, 소원근과 함께 하방으로 당겨 고정시키는 역할을 한다.

증상
- 견갑골 후부로 만성적인 통증을 호소한다.
- 삼각근 후부로 강한 심부 통증을 호소한다.
- 전상방으로 팔을 뻗을 때 통증과 동작 제한이 나타난다.
- 차 핸들을 안쪽으로 돌릴 때 특히 증상이 악화된다(no power handle 작동 시).
- 대원근 증후근(장사방공간 증후근)
- 테니스 서브 동작과 같이 팔을 위로 뻗을 때 통증이 발생한다.
- 견관절을 움직일 때 뜨끔 하는 느낌과 팔에 힘이 빠지는 현상이 나타난다.

요인
- 팔을 앞으로 들어 올리는 행위를 오래 하면 통증이 나타난다.
- 파워 스티어링 없이 오랫동안 운전하는 것이 원인이 된다.
- 오십견이 원인이 된다.
- 테니스나 배구 경기에서 급작스럽게 서브를 넣는 행위가 원인이다.

압통점과 방사통

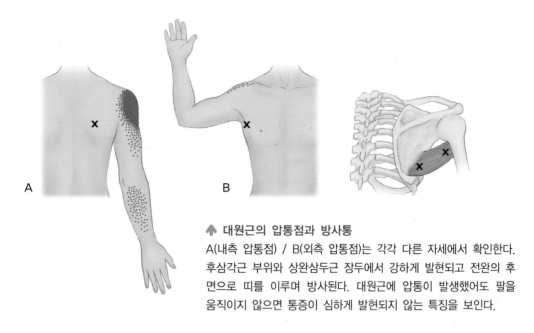

⬆ **대원근의 압통점과 방사통**
A(내측 압통점) / B(외측 압통점)는 각각 다른 자세에서 확인한다. 후삼각근 부위와 상완삼두근 장두에서 강하게 발현되고 전완의 후면으로 띠를 이루며 방사된다. 대원근에 압통이 발생했어도 팔을 움직이지 않으면 통증이 심하게 발현되지 않는 특징을 보인다.

근 기능 테스트

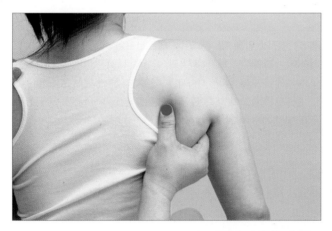

⬅ **대원근 압통 테스트**
피술자는 앉아 환측의 어깨를 30도 외전한다. 시술자는 피술자의 배측 견갑골 압통점을 무지와 함께 집게손가락으로 감싸 압을 적용하여 통증의 정도를 평가한다.

⬅ **삼두근 검사 / triceps brachii test**
환자는 어깨를 외전하여 동측의 귀로 상완을 붙인다. 환자의 왼쪽 어깨는 양성 반응으로 통증과 동작 제한을 보인다.

🔸 외회전 검사 / mouth wrap-around test
대원근 단독으로 문제가 있는 경우 외회전 검사 시 3~5cm 정도
로만 운동 제한이 나타나지만, 다른 근육군과 함께 이상이 있는
경우 전체적으로 관절의 운동 범위가 크게 제한되고, 견갑하연 심
부에서 강한 통증이 나타난다.

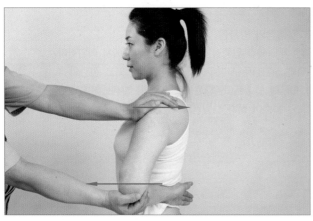

🔺 대원근의 압통 및 근 기능 테스트-1
피술자는 서서 환측의 어깨를 내회전하여 손등이 자신의 측부 골
반에 오도록 한다. 시술자는 피술자의 전삼각근 부위를 고정하고,
다른 손은 전완의 배부를 감싸 서서히 시술자 방향으로 당기고,
피술자는 이에 저항한다.

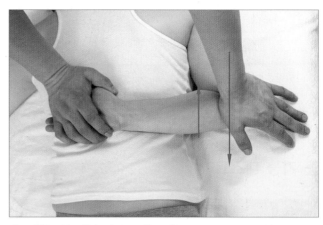

🔺 대원근의 압통 및 근 기능 테스트-2
피술자는 복와위로 눕고, 환측의 어깨를 내회전하여 손등이 자신
의 흉부에 오도록 한다. 시술자는 피술자의 손바닥을 고정하며, 다
른 손으로 피술자의 내측 팔꿈치 부위를 감싸며 서서히 아래로 누
르고, 피술자는 이에 저항한다.

시술 테크닉

🔸 대원근 셀프 스트레칭-1
환자는 견관절을 최대한 외전하고, 주관절은 최대한 굴곡하여 벽
에 자신의 상완 전체를 최대한 밀착시킨다. 이어 서서히 자신의
상체를 벽을 향해 밀어 견관절을 과외전시킴으로써 대원근에 강한
스트레칭이 일어나도록 한다.

⬆ 대원근 셀프 스트레칭-2

환자는 벽과 적당한 거리를 두고 양손을 어깨 높이와 넓이만큼 벌리고 벽에 밀착하여 고정한다. 이어 서서히 자신의 상체를 아래로 내리면서 대원근에 강한 스트레칭이 일어나도록 한다. 몇 회를 반복하고 서서히 횟수를 늘려 나간다.

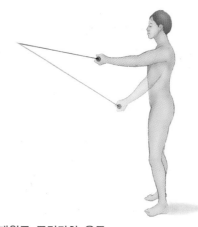

⬆ 대원근 근력강화 운동

환자는 적당한 장력의 밴드를 이용하여 자신의 몸 방향으로 서서히 당겨 견관절을 신전시키고, 다시 이완하기를 반복하여 대원근을 강화시킨다. 이때 손바닥은 천장을 향하도록 회외전시켜 밴드를 잡는다. 무리하지 않도록 유의하고 몇 회를 반복하여 적용한다.

⬆ 대원근 마사지-1

피술자는 환측의 견관절을 내회전하여 손등이 자신의 후부 흉부에 오도록 하고 눕는다. 시술자는 대원근 압통점을 집게손가락과 가운뎃손가락 끝을 모아 심부압으로 서클을 그리며 이완시킨다.

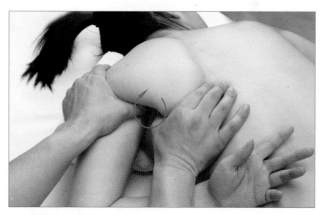

⬆ 대원근 마사지-2

피술자는 환측의 견관절을 내회전한다. 시술자는 후삼각근 부위와 상완삼두근 장두의 대원근 압통점을 무지를 모아 깊은 압으로 서클을 그리며 다이내믹하게 이완시킨다.

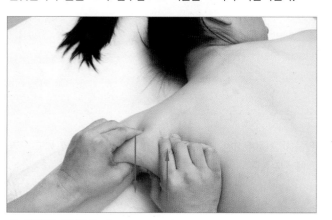

⬆ 대원근 마사지-3

피술자는 어깨를 적당하게 외전한다. 시술자는 양손을 이용하여 피술자의 견갑골 외측과 상완골두 후면의 접합부를 각각 조여 잡고 강약이 배합된 압으로 리드미컬하게 페트리사지한다.

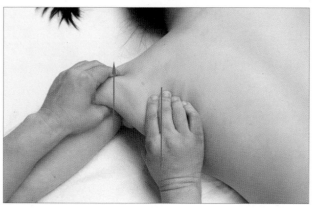

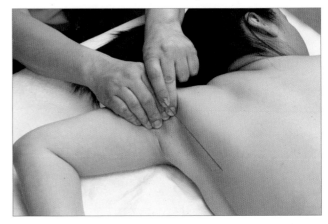

⬆ 대원근 마사지-4

시술자는 손가락 끝을 모아 견갑골 외측에서 후부 상완골두 방향으로 강하게 조이며 당겨 슬라이딩한다.

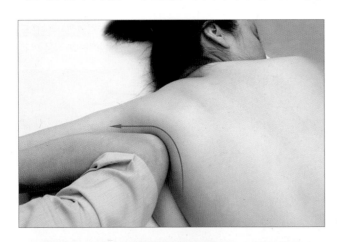

⬅ 대원근 마사지-5

시술자는 팔꿈치를 이용하여 피술자의 견갑골 외측에서 대원근의 근섬유를 따라 강한 압으로 슬라이딩한다.

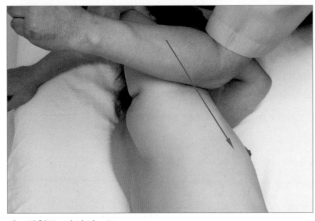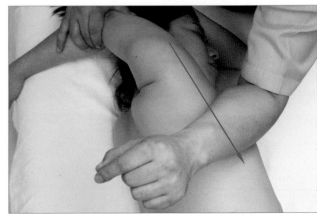

⬆ 대원근 마사지-6

피술자는 측와위로 누워 환측의 어깨를 최대한 외전한다. 시술자는 전완을 이용하여 상완골두 후부에서 견갑골 외측을 따라 넓고 무거운 압을 적용하며 슬라이딩한다. 근섬유의 이완과 함께 스트레칭을 동시에 적용한다.

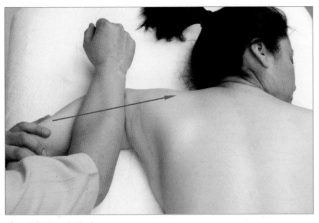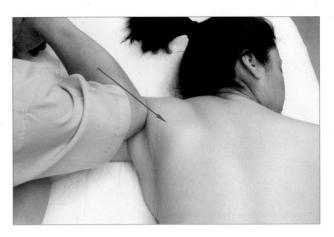

⬆ 대원근 마사지-7

피술자는 환측의 어깨를 90도 외전한다. 시술자는 전완을 이용하여 피술자의 상완삼두근에서 상완골두 후부 방향으로 넓고 무거운 압을 적용하며 슬라이딩한다. 이어 견갑골과 상완이 만나는 접합 지점에서는 팔꿈치를 세워 강한 심부압을 적용한다.

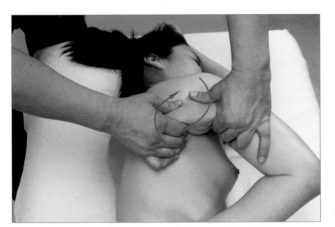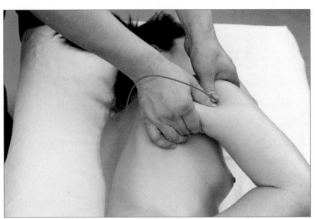

⬆ 대원근 마사지-8

피술자는 측와위로 누워 환측의 어깨를 내회전한다. 시술자는 양손으로 견갑골과 상완골두의 후면 부위를 강약이 배합된 압으로 리드미컬하게 페트리사지한다. 이어 무지를 겹장하여 대원근의 상완골 정지부인 소결절능의 근막을 강하게 조이며 슬라이딩한다.

치료 관점

대원근을 치료함에 있어서는 기본적으로 견갑골을 안정시키는 근육군을 먼저 이완해야 한다. 특히 어깨의 신전을 강력하게 주도하는 광배근과 견관절의 내회전을 협동하는 대흉근은 가장 우선시되는 부위라 할 수 있다.

만약 삼각근의 후부에서 동통이 만성적으로 나타나면 소위 말하는 오십견으로 진행되는 것으로 대원근도 함께 손상을 입게 된다. 그리고 둥근 어깨는 불안정한 자세로 인해 대흉근은 단축되고 광배근과 능형근이 이완된 상태를 말하는데, 이때도 대원근이 이완성 긴장 상태에 있다는 것을 의미한다.

견갑하근 subscapularis m.

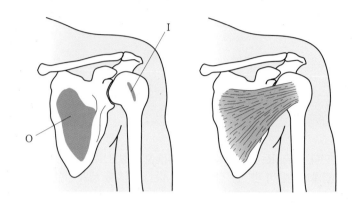

원어 (original word)	Latin : sub-below scapulae-shoulder blade
기시부 (origin)	견갑골의 전내면(견갑하와)
정지부 (insertion)	상완골의 소결절 전내면
작용 (action)	어깨(내전, 내회전)
지배신경 (nerve)	견갑하신경 C5, C6

견갑하근은 견갑하와(subscapular fossa)에서 시작하여 상완골의 소결절로 삽입되며 견갑골의 견갑하와를 채운다. 이 근육은 견관절낭을 보호하고, 견관절와에 상완골두를 안정되게 위치하도록 지지하며, 상완골두의 전방 탈구를 억제시킴으로써 상완의 외전 시 삼각근의 일방적인 작용을 제어하는 작용을 한다.

견갑하근에 이상이 오면 외전과 외회전, 내회전 시 기능 제한과 함께 어깨 후부로 극심한 통증을 호소하는데, 이를 소위 오십견의 일반적인 특징으로 보고 있다. 『통증과 질환(Myofascial Pain and Dysfunction)』의 저자인 의사 자넷 트라벨 (Dr. Janet Travell)은 견갑하근을 '동결견(frozen shoulder)' 즉 '오십견' 이라 칭했다.

어깨 부위의 통증은 후삼각근에서 뚜렷하게 나타나 상지로 방사되며, 통증은 손목으로까지 나타나기도 한다. 견갑하근의 단축으로 인해 외회전근이 손상되면 외전 시 상완골두에서 회전이 일어나지 않아 상완골두가 견봉과 부딪쳐 견봉이 솟아오르게 된다.

	협동근	길항근
견갑하근	대원근, 광배근, 대흉근	극하근, 소원근

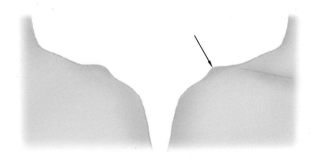

↑ 견봉의 아탈구 상태

증상
- 어깨 움직임이 있을 때나 없을 때나 후삼각근과 견관절 후부에서 극심하게 통증이 유발된다.
- 초기에는 팔을 올리거나 뻗을 수 있으나 어깨 높이 이상 팔을 올릴 때는 외회전이 잘 되지 않는다.
- 손등이 시리고 팔목의 배부에서 더 심하게 통증을 호소한다.
- 견관절의 제한은 액와 부위의 공간을 폐색시켜 림프 흐름을 방해하고, 겨드랑이에 이물질이 끼거나 악취가 난다.

요인
- 무리하게 반복적인 내회전 운동을 많이 할 경우 통증을 일으킨다.
- 어깨의 내전 혹은 내회전 상태에서 움직임이 오랫동안 없을 경우 통증이 일어난다.
- 강한 외전을 무리하게 반복할 경우(야구, 테니스 운동) 통증을 유발한다.
- 어깨 탈골이 원인이 되기도 한다.
- 중풍 혹은 편마비 환자에게서 어깨 통증이 나타난다.
- 상완골의 골절 또는 관절낭이 파열된 경우 통증이 나타난다.

◀ 견갑하근 외상
테니스 운동과 같이 강한 외전을 무리하게 반복하면
견갑하근이 손상된다.

압통점과 방사통

⬆ 견갑하근의 압통점과 방사통
견갑골의 후면, 후삼각근, 상완삼두근, 팔목의 배부로 띠를 형성하며 통증이 유발된다.

근 기능 테스트

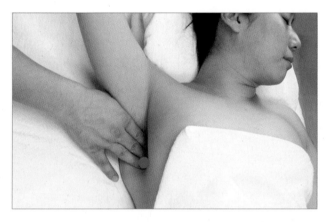

⬅ 견갑하근 압통 테스트
피술자는 환측의 어깨를 외전시켜 견갑골 외측과 액와 부위를 오픈한다. 시술자는 손가락 끝을 모아 압통점을 눌러 통증의 정도와 방사를 확인한다.

⬆ 견갑하근 압통 및 근 기능 테스트-1
피술자는 양 어깨를 시술자의 몸에 밀착시키고 주관절을 90도 굴곡한다. 시술자는 피술자의 손바닥에 자신의 손바닥을 접촉시키고 서서히 신체의 측면으로 외회전시키면 피술자는 이에 저항하여 근력과 통증의 정도를 비교 평가한다.

⬆ 견갑하근 압통 및 근 기능 테스트-2
피술자는 환측의 팔을 최대한 외회전 상태로 만든다. 시술자는 피술자의 상완과 전완을 각각 잡고 서서히 더욱 외회전시키며, 이때 발생되는 통증의 정도를 평가한다.

시술 테크닉

← 견갑하근 셀프 스트레칭-1

환자는 환측의 어깨를 내전하고 주관절을 90도로 굴곡한다. 이어 다른 손으로는 환측의 팔꿈치를 안정되도록 잡는다. 피술자는 서서히 압을 주어 어깨를 정점까지 외회전하고, 팔꿈치를 잡은 손은 반대로 저항한다. 꾸준하게 적용하여 견갑하근의 기능을 활성화시킨다.

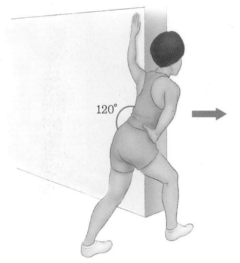

← 견갑하근 셀프 스트레칭-2

피술자는 환측의 어깨를 120도 외전하고, 주관절을 굴곡한 채 벽에 전완을 밀착하여 지지한다. 이어 자신의 신체를 서서히 앞으로 움직여 견관절이 강하게 외회전되도록 스트레칭을 가한다. 적당한 압과 횟수를 반복하여 견갑하근의 기능을 활성화시킨다.

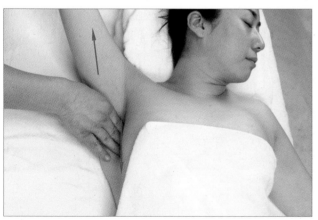

↑ 견갑하근 마사지-1

피술자는 어깨를 외전하고 눕는다. 시술자는 손가락 끝을 모아 견갑골 외측 모서리를 따라 액와에서 견갑골의 하악각으로 깊고 강한 압으로 슬라이딩하며 견갑하와를 마사지한다.

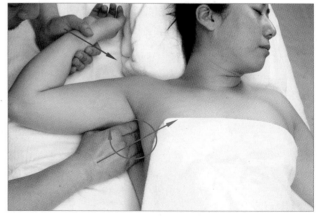

↑ 견갑하근 마사지-2

피술자는 어깨를 외전하고 눕는다. 시술자의 왼손은 피술자의 어깨를 움직여 시술 각도를 조절하고 오른손은 손가락 끝을 모아 견갑골의 하악각으로 깊고 강한 압으로 서클을 그리며 견갑하근을 마사지한다.

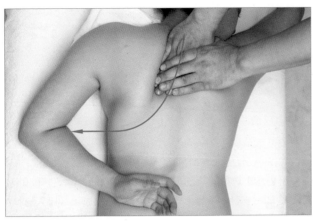
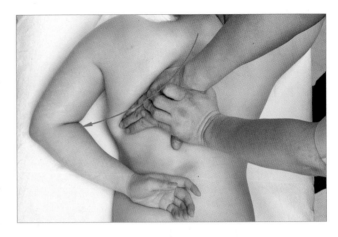

⬆ 견갑하근 마사지-3

피술자는 어깨를 내회전하여 자신의 요추부에 손등을 올려놓는다. 시술자는 양손을 겹장하여 견갑골의 전내면 견갑하와를 깊게 파고들며 슬라이딩한다. 이때 견갑골이 자연스럽게 익상될 수 있도록 전삼각근 밑에 보조물을 끼워 넣으면 매우 효과적이다.

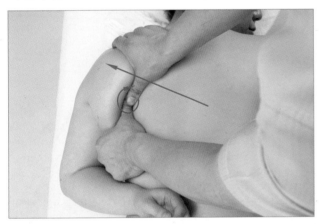

⬆ 견갑하근 마사지-4

피술자는 어깨를 내회전하여 요추부에 손등을 올려놓는다. 시술자는 양 무지를 겹장하여 견갑골의 전내면 견갑하와를 깊게 파고들고 동시에 서클을 그리며 압을 적용한다. 견갑골의 전내면 전반에 걸쳐 촘촘히 국소압을 적용하며 진행한다.

⬆ 견갑하근 마사지-5

피술자는 어깨를 내회전하여 요추부에 손등을 올려놓는다. 시술자는 앉아 피술자의 익상된 견갑골에 양 손가락을 걸어 고정하고, 서서히 아래로 당겨 견갑하근을 스트레칭한다. 강약이 배합된 리드미컬한 압으로 수축과 이완을 실시한다.

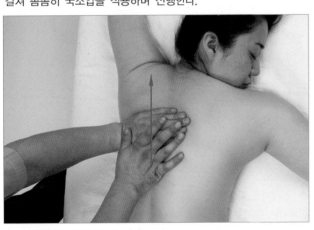
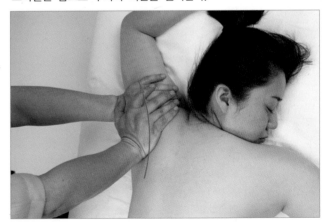

⬆ 견갑하근 마사지-6

피술자는 어깨를 외전하고 복와위로 눕는다. 시술자는 양손을 겹장하여 견갑골 하악에서 삼각근 방향으로 강한 압을 적용하며 슬라이딩한다. 견갑골을 압박하여 스트레칭과 동시에 견갑하근을 마사지한다.

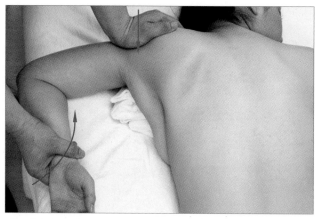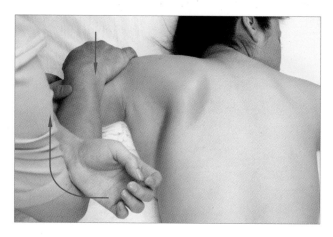

⬆ **견갑하근 마사지－7**

피술자는 어깨를 90도 외전하고 주관절도 90도 굴곡하고 시술자는 피술자의 어깨를 고정한 채 손목을 잡아 서서히 내회전시킨다. 이어 피술자의 내회전된 팔에 전완을 끼우고 동시에 손바닥으로 어깨를 감싸며 서서히 깊은 압으로 더욱 내회전을 가속화시킨다.

치료 관점

　　견갑하근은 팔, 어깨를 90도로 외전시킬 때까지는 내회전근의 작용이 일어나고, 그 이상의 외전 시에는 상완골두를 회전시킨다. 따라서 외회전 테스트(mouth wrap around test)로 가장 먼저 견갑하근의 이상 유무를 확인해야 한다. 견갑하근에만 문제가 있다면 어깨 운동은 제한되지만 견갑골 운동은 제한되지 않는 다는 차이점에 유의한다.

　　이 근육은 견갑하와에 부착되어 있어 직접적으로 만지거나 구별할 수 없으나, 상완의 소결로 연결되어 있어 소결절의 근위부를 자극하면 진단과 치료가 가능하므로 운동 또는 마사지를 통해 꾸준히 이완시키도록 한다. 조금만 치료해도 외전 각도가 30~40도까지 금방 가능해진다는 특징이 있다.

쇄골하근 subclavius m.

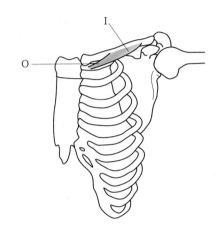

원어 (original word)	Latin : sub-under clavis-key
기시부 (origin)	제1늑골과 흉골의 하연
정지부 (insertion)	쇄골하연
작용 (action)	견갑골(하방), 쇄골(고정) 제1늑골(상승)
지배신경 (nerve)	쇄골하신경

　　쇄골하근은 제1늑골과 쇄골의 접합 지점에 위치한 늑골의 연골 조직에서 시작하여 쇄골하연으로 삽입된다. 이 근육은 아주 작은 근육으로 쇄골 밑에 가려져 있으나, 심장과 흉곽으로부터 머리와 상지로 가는 동맥과 정맥, 림프, 신경을 덮고 있는 구조이다. 따라서 쇄골하근에 단축이 일어나면 제1늑골이 계속적으로 상승하여 흉곽출구를 압박하고 어깨 통증과 팔저림, 마비 증상을 일으키는 직접적인 원인이 된다. 또 간접적인 원인에 의해서도 다양하게 쇄골하근의 위축을 가져온다.

　　승모근과 흉쇄유돌근, 대흉근은 쇄골에, 사각근과 전거근은 제1늑골에 부착되어 있어 각각의 기능을 유지하다가 경직이 발생하면 목과 쇄골의 공간 구조에 변화를 일으키고 쇄골을 비대칭으로 만들어 쇄골에 연결된 다른 근육에까지 영향을 준다. 이러한 영향을 가장 민감하게 받는 곳이 바로 쇄골하근이므로 정확히 어떤 근육이 원인인지 확진하지 못한 채 치료에 임하면 만성 증후군으로 확산시키는 실수를 저지르게 된다.

　　주 기능은 쇄골을 흉곽에 고정하고 쇄골을 전하방으로 당기는 작용이며, 쇄골에 골절이 일어나면 쇄골하동맥(subclavian artery)을 어느 정도 보호하기도 한다.

　　통증은 근육의 크기에 비해 넓게 발현되고, 다른 근육의 통증과 비슷하게 띠를 이루며 어깨에서 손으로

	협동근	길항근
쇄골하근	대흉근, 소흉근, 사각근	상부승모근, 견갑거근

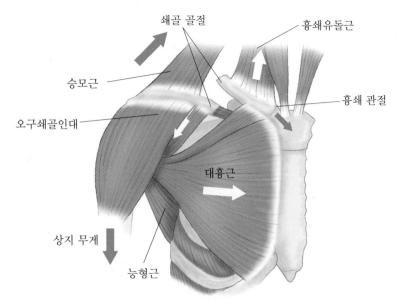

쇄골 골절

승모근

오구쇄골인대

흉쇄유돌근

흉쇄 관절

대흉근

상지 무게

능형근

↑ 쇄골 골절
교통사고와 같이 급작스러운 경부의 충격은 운전자의 머리를 강하게 뒤로 당겨 목
근육을 상향으로 신장시키고, 반대로 흉부와 상지의 근육은 아래와 내측으로 강하게
밀려 장력으로 인해 그 사이에 위치한 쇄골이 위아래로 당겨져 골절이 발생한다.

까지 방사되므로 다른 근막 통증과 혼돈될 수 있으므로 지나치지 말고 반드시 검사해야 한다. 만약 손목의
회내전(pronation) 시 통증이 심하게 나타나고 기능이 잘 되지 않으면 이미 만성으로 확산되었다는 것을 의
미한다.

증상
- 흉부 전면에서 통증이 나타난다.
- 호흡이 불편하고 답답함을 느낀다.
- 쇄골 부위와 상완이두근 부위로 뻐근한 통증이 강하게 나타난다.
- 테니스 엘보와 같이 주관절이 시리고 손목 신전근에 통증이 나타난다.
- 손가락의 외측(엄지쪽) 앞뒤로 통증이 발현되며 뻣뻣해지는 느낌이 든다.

요인
- 만성적인 긴장과 스트레스가 원인이다.
- 쇄골의 손상이 가장 큰 원인이다.
- 둥근 어깨(round shoulder)에서 많이 나타난다.
- 잘못된 자세가 원인으로 작용한다.
- 컴퓨터 작업과 같이 팔꿈치를 뒤로 움직이지 않고 가슴을 웅크린 자세의 반복이 원인이다.
- 흉곽의 골절로 오랫동안 깁스를 하고 있는 것도 원인이 된다.
- 쇄골이 전체적으로 올라간 채 굳어 있는 경우 원인으로 작용한다.
- 에어컨이나 찬바람으로 목과 어깨 근육이 수축되면 통증이 유발된다.
- 여성의 경우 가슴이 크면 쇄골을 아래로 당겨 경직이 발생한다.

압통점과 방사통

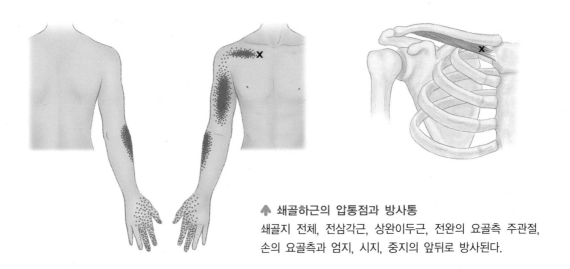

↑ 쇄골하근의 압통점과 방사통
쇄골지 전체, 전삼각근, 상완이두근, 전완의 요골측 주관절,
손의 요골측과 엄지, 시지, 중지의 앞뒤로 방사된다.

근 기능 테스트

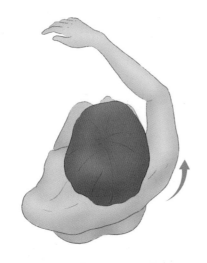

← 쇄골하근 압통 셀프 테스트
피술자는 어깨를 수평내전(horizontal adduction)하여 쇄골 부위
를 압박함으로써 발생되는 통증의 정도를 확인한다.

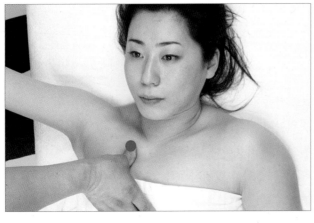

← 쇄골하근 압통 테스트
시술자는 무지를 이용하여 피술자의 쇄골하근 압통점을 눌러 보아
통증의 정도를 확인한다.

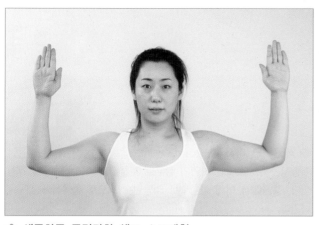

↑ 쇄골하근 근력강화 셀프 스트레칭

환자는 양 어깨와 주관절을 90도로 외전과 굴곡을 하고, 서서히 몸의 중심으로 수평내전시켜 양측 전완이 서로 맞닿도록 한다. 손바닥과 전완이 완전히 밀착된 상태에서 몇 초를 유지하고 다시 서서히 원위치시킨다.

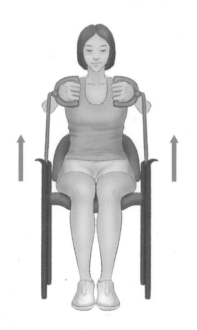

← 쇄골하근 근력강화 운동

환자는 양손으로 밴드를 잡고 어깨는 90도로 굴곡하고 주관절은 약간 굴곡한다. 어깨 힘을 이용하여 서서히 밴드를 아래에서 위로 당겨 정점에 도달하면 다시 서서히 원위치시킨다. 무리하지 않도록 유의하고 점점 횟수를 늘려 반복하여 적용한다.

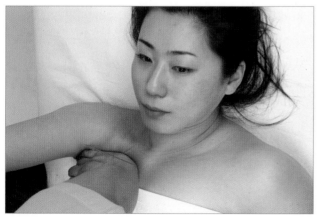

← 쇄골하근 마사지-1

피술자는 앙와위로 눕고 어깨를 약간 외전한다. 시술자는 수장의 모서리를 이용하여 쇄골하연을 따라 강하고 섬세한 압을 적용하며 흉골에서 어깨 방향으로 슬라이딩한다.

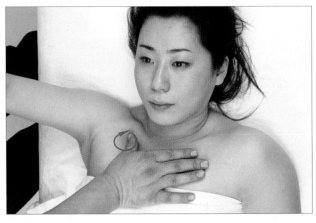

◀ 쇄골하근 마사지-2
시술자는 무지로 쇄골하연의 심부로 서클을 그리며 국소압을 적용한다. 흉골에서 어깨 방향으로 적당한 간격으로 촘촘하게 적용해 나간다.

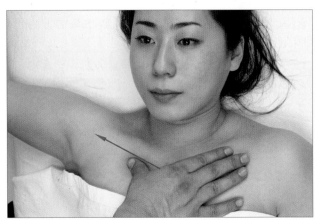 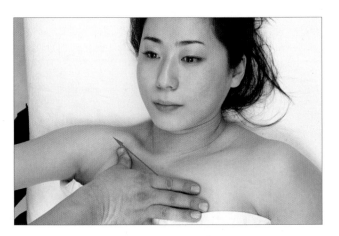

▲ 쇄골하근 마사지-3
피술자는 어깨를 외전하고 앙와위로 눕는다. 시술자는 무지로 쇄골하근 심부에 깊은 압을 적용하며 흉골에서 어깨 방향으로 슬라이딩한다.

치료 관점

　　쇄골하근의 방사통은 기능 이상을 확인하지 않은 상태에서는 다른 근막 통증과 증상이 매우 비슷한데, 일반적으로 외상이나 골절과 같이 단독으로 증상이 오는 경우는 드물고, 흉곽 출구 증후군 증상을 일으키는 근육군과 연계되어서 증상을 일으키는 경우가 많다. 따라서 위 사항을 함께 고려해 치료하는 것을 잊지 말아야 한다.

　　또한 림프 순환에 있어 림프가 최종으로 배수되는 부위이므로 부종을 호소하는 환자의 경우 이 근육이 경직되거나 통증이 유발되지 않도록 근막을 이완하는 마사지와 함께 림프 마사지를 병행하여 함께 적용하도록 한다.

전거근 serratus anterior m.

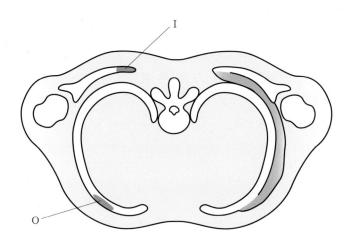

원어 (original word)	Latin : serratus-notched or jagged like a saw ante-before
기시부 (origin)	늑골 1-9
정지부 (insertion)	견갑골의 상각, 내측연, 견갑하극
작용 (action)	견갑골(전방으로 당김, 외회전)
지배신경 (nerve)	장흉신경 C5, C6, C7

　전거근은 생김새부터 특이하다. 라틴어로 serra는 '톱'을, anterior는 '전방'을 뜻하는 것으로 신체의 앞면에 톱 모양으로 배열되어 있다. '거근'은 단어의 뜻으로 볼 때 흉곽을 든다는 의미가 아니라, 톱니라는 뜻을 담고 있다. 이 근육은 흉곽 외측벽을 덮고, 대흉근의 외측 바로 아래와 광배근의 앞쪽 겨드랑이 사이에 위치해 있어 자연스럽게 팔을 내리고 있으면 숨어 있지만 팔을 머리 위로 들면 쉽게 형체가 드러난다.

　전거근은 견갑골(scapula)의 하각을 전방으로 당겨 전거근의 상부 섬유가 견갑골을 올리고, 하부 섬유는 회전 운동을 함으로써 상완골을 올리는 보조 작용을 한다. 이는 마치 권투선수가 주먹을 날릴 때 견갑골이 앞으로 움직이는 것을 연상하여 상완삼두근(triceps brachii)과 함께 일명 '복서의 근육(boxer's muscle)'이라고 부른다.

　흉곽에서 늑골 앞으로는 전거근이 있고 뒤편에는 상후거근, 하후거근이 감싸고 있어 모두 호흡에 관여하며, 등 쪽의 능형근과는 반대의 길항 작용을 함으로써 견갑골의 움직임을 조절하고 고정하는 중요한 역할을 한다. 따라서 이 근육에 이상이 발생하면 늑간을 압박하여 호흡 장애가 발생하고, 너무 강해 단축이 일어나

	협동근	길항근
전거근	대흉근, 상부승모근, 상완 삼두근	능형근, 광배근, 중부승모근

면 늑간이 협소해져 늑간통과 둥근 어깨를 일으키며, 반대로 너무 약해 이완이 가속화되면 늑골이 늘어져 견갑골을 움직이는 근력에 부하를 주어 팔을 수평 이상으로 들지 못하게 만든다.

전거근은 견갑골을 늑골로 당겨 부착시킴으로써 안정성을 유지하므로 이를 확인하려면 엎드려서 팔굽혀 펴기를 하거나, 벽을 향해 밀면 육안으로 근력과 근 모양을 평가할 수 있다. 따라서 만성적인 이완성 긴장이 초래되면 견갑거근과 능형근의 반사 작용으로 인해 견갑골이 늑골로부터 떨어져 거상되는 변형이 일어난 다. 전거근을 지배하는 장흉신경(long thoracic nerve)은 경추 5~7에서 빠져나와 견갑골과 늑간을 조절하 므로 목에 신경이 압박되면 영향을 받는다. 그 중 주 원인이 중사각근(scalenus medius)의 압통으로 인해 발생된다.

통증은 전거근이 단축되었을 경우에는 만성적으로 견갑대, 견관절에서 발생하고 동시에 운동 제한을 동 반하며, 안정 시에도 흉곽의 전외방에서 꾸준하게 발현된다.

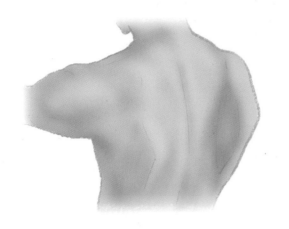

◀ 익상견갑 / winging scapular
지대형 (limb-girdle type) 익상견갑 증상은 일반적으로 10대에서 40대에 걸쳐 남녀 모두에게 발병하며, 주로 어깨 근육과 둔부 근육의 약화를 가져오고, 견갑골이 날개처럼 튀어 나온다.

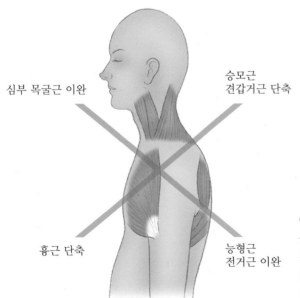

◀ 상지보상 증후군 / upper crossed syndrome
근육은 앞뒤로 서로 협력과 길항을 통해 상대적인 보상기 전을 유지하고 있다.
단축-대흉근, 소흉근, 상부승모근, 견갑거근
이완-중·하부승모근, 전거근, 능형근, 흉쇄유돌근

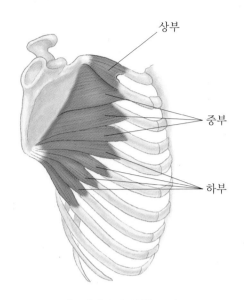

상부

중부

하부

↑ 전거근의 부착 부위

주 기능은 견갑골을 앞으로, 위로, 외측으로 움직이게 하며 견갑골을 흉곽으로 단단하게 고정하고, 호흡 시 흡기를 돕는 것이다. 전거근의 상부 섬유는 제1늑골에서 견갑골 상각 방향으로, 중부 섬유는 제2~4늑골에서 견갑골 내측으로, 하부 섬유는 제5~9늑골에서 견갑골 하각으로 부착된다.

증상
- 견갑골 하각으로 집중적인 통증이 발현된다.
- 심근경색, 협심증과 같은 가슴 통증을 호소한다.
- 유방에 비정상적인 감각이 느껴진다.
- 안정 시에도 가슴 통증을 호소한다.
- 전력을 다해 달리기를 하면 옆구리 통증이 극대화되고 가슴이 답답해진다.
- 공기 기아증(air hunger)이 느껴지며 두통과 구토, 어지럼증을 호소한다.
- 조금만 걸어도 가슴 통증과 호흡 장애를 느낀다.
- 웃거나 울 때 통증이 나타난다.
- 손바닥과 네 번째와 다섯 번째 손가락으로 통증이 방사된다.
- 어깨와 팔을 들어 올릴 때 특히 심해진다.
- 늑간통과 늑막염(pleuritis)을 호소한다.

요인
- 전거근에 압박을 주는 코르셋이나 브래지어 착용이 원인이다.
- 만성적인 기침이나 호흡기 질환자에게 통증이 나타난다.
- 전력을 다하는 달리거나, 팔굽혀 펴기 운동 후 통증이 일어난다.
- 머리 위에 장시간 무거운 물건을 이고 다니는 행위는 통증을 유발시킨다.
- 체간의 근력을 과도하게 사용하는 운동(골프 스윙)이 원인이 된다.

압통점과 방사통

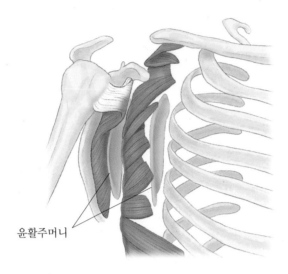

윤활주머니

↑ 늑간염
늑골과 견갑골 사이 마찰을 줄이는 윤활주머니(bursa)에
염증이 발생하거나 또는 견관절을 움직일 때마다 여러 종
류의 소리를 일으키는 탁발음(snapping scapula)이 발
생하기도 한다.

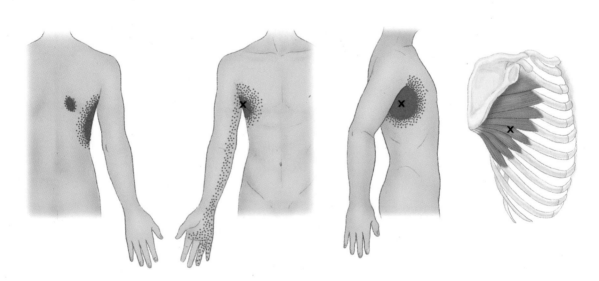

↑ 전거근의 압통점과 방사통
중부흉곽의 전외측에서 강하게 압통이 발현되고, 견갑골 하각의 내측부,
팔의 내측부를 따라 손바닥을 걸쳐 네 번째 손가락과 다섯 번째 손가락으
로 띠를 이루며 방사된다.

근 기능 테스트

⬆ 전거근 압통 테스트-1

피술자는 옆으로 누워 견관절을 최대한 과신전한다. 시술자는 피술자의 수축(retraction)된 견갑골로 인해 오픈된 전거근의 압통점을 무지를 이용하여 압을 적용하며 통증의 정도를 평가한다.

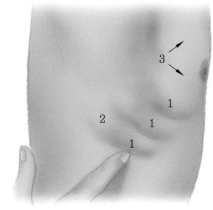

1－전거근
2－광배근
3－대흉근

⬆ 전거근 압통 테스트-2

피술자는 앉아 환측의 팔을 곧게 펴서 110도 정도 굴곡하고, 손바닥은 지면을 향하게 회내전시킨다. 시술자는 이때 나타난 피술자의 전거근 근섬유를 손가락으로 촉진하며 세밀하게 연축 반응을 평가한다.

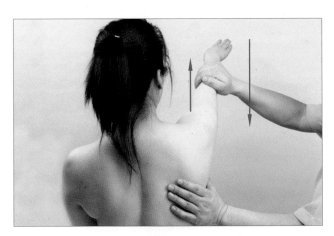

⬅ 전거근의 압통 및 근 기능 테스트-1

피술자는 환측의 팔을 곧게 펴서 어깨를 110도 정도 굴곡하고, 손바닥은 지면을 향하게 회내전한다. 시술자는 왼손으로 피술자의 견갑골을 고정하며 연축 반응을 확인하고, 오른손으로 피술자의 외측 팔꿈치 부위를 감싸 서서히 아래로 누른다. 동시에 피술자는 이에 저항한다.

⬆ 전거근의 압통 및 근 기능 테스트-2

피술자는 앉아 양팔을 내회전하여 등 뒤에서 손바닥이 서로 맞닿게 한다. 이어 최대한 양손을 모아 상승시켜 좌우에서 발현되는 통증과 가동 범위를 비교한다. 시술자는 피술자의 견갑골 움직임을 세밀하게 관찰하며, 늑골로부터 벌어지는 비대칭의 정도를 파악한다.

시술 테크닉

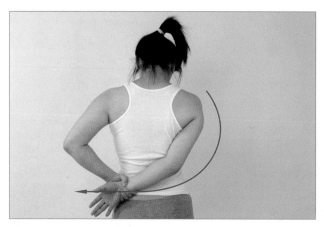

↑ 전거근 셀프 스트레칭-1

환자는 환측의 견관절을 내회전하여 허리에 위치하고, 반측의 손으로 손목을 감싸 잡는다. 이어 서서히 반측 하방 방향으로 당겨 전거근에 강한 스트레칭이 일어나도록 한다. 위의 동작을 몇 회 반복하여 적용한다.

↑ 전거근 셀프 스트레칭-2

환자는 짐볼을 이용하여 상체를 거상하고 양손을 모아 적당한 무게의 아령으로 허리와 어깨를 과신전하여 전거근에 강한 스트레칭이 일어나도록 한다. 다리는 상체의 중심을 잡는 단순 역할만 한다. 위의 동작을 몇 회 반복하여 적용한다.

주관절을 약간만 굴곡한 상태

주관절을 신전하여 이완한 상태

↑ 전거근 근력강화 운동

환자는 팔굽혀펴기(push-up) 운동을 통해 전거근을 강화한다. 양손을 최대한 벌리고 상체를 지지한다.

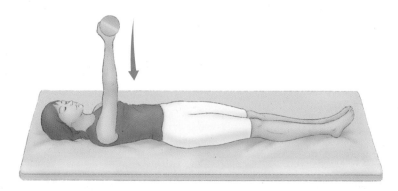

↑ 익상견갑 교정 운동

환자는 누워 견갑골이 익상(winging)된 환측에 적당한 무게의 아령을 들고, 직상방으로 들어 올려 거상함으로써 늑골이 견갑골로 부착되도록 한다. 무리하지 않도록 하고 점점 횟수를 늘려 나간다. 이때 상부승모근으로 무게중심이 쏠리지 않도록 유의한다.

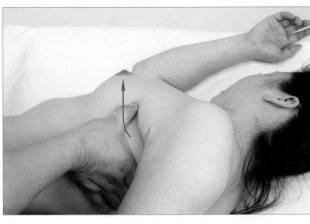

◀ 전거근 마사지-1

시술자는 무지를 이용하여 피술자의 늑골 사이를 따라 전거근의 근섬유를 강하게 압박하며 슬라이딩한다. 전거근 전반에 걸쳐 같은 방법으로 적용한다.

▲ 전거근 마사지-2

시술자는 피술자의 늑골 사이로 수장을 끼워 넣듯 전거근의 근섬유를 강하게 압박하며 슬라이딩한다. 늑골 사이를 따라 전거근 전체에 촘촘하게 적용한다.

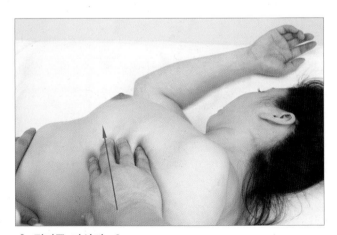
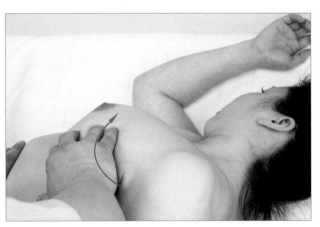

▲ 전거근 마사지-3

시술자는 피술자의 늑골 사이로 손가락 끝을 끼워 넣듯 압을 적용하며, 외측에서 내측으로 강하게 슬라이딩한다. 전거근 전체로 촘촘하게 적용한다.

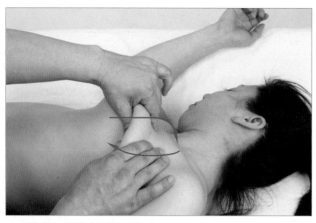 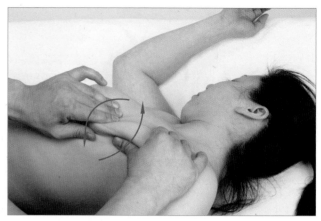

⬆ 전거근 마사지-4
시술자는 전거근을 양손으로 조여 잡고 강약이 배합된 압으로 리드미컬하게 페트리사지한다.

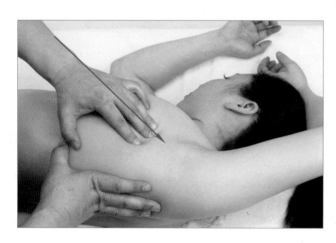

⬅ 전거근 마사지-5
시술자는 피술자의 늑골 사이로 손가락 끝을 끼워 넣듯 압을 적용하며, 늑골에서 견갑골의 상각과 내측연 방향으로 강하게 슬라이딩한다. 전거근의 중·상부 섬유 전체로 촘촘하게 적용한다.

치료 관점

전거근은 길항 작용을 하는 능형근과 협동하는 대흉근과의 조화가 매우 중요하기 때문에 그에 따른 상관 관계를 잘 이해하고 정확한 보디워크를 적용하도록 한다. 그리고 아래로는 외복사근과 경첩됨으로써 복근에도 일정 부분 관여하므로 복근을 먼저 충분하게 이완하고 전거근을 마사지하는 것이 효율적이다.

긴 호흡과 강한 호흡을 통해 전거근의 긴장을 줄일 수 있으므로 횡격막 운동을 함께 실시하며, 근육의 탄성을 유지하기 위해 주기적인 근력 운동도 함께 병행한다. 전거근에 지방이 축적되면 가슴이 측면으로 넓어지기 때문에 여성의 경우는 미용상에도 매우 중요한 시술 부위가 된다.

상후거근 serratus posterior superior m.

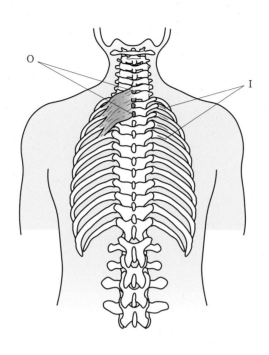

원어 (original word)	Latin : serratus-notched or jagged like a saw posterus-behind superus-upper
기시부 (origin)	경추7번~흉추3번의 극돌기
정지부 (insertion)	늑골2-5번의 흉추부 근막
작용 (action)	흡기 시 늑골2~5번 상승
지배신경 (nerve)	늑간신경 T1, T2, T3, T4

    상후거근은 승모근과 능형근으로 전체가 덮여 있고, 그 밑으로 장늑근과 흉최장근이 놓여 있으며, 능형근 바로 윗선에서 45도 각도로 상흉추부의 늑골과 견갑골로 연결된다. 이 근육의 특징은 호흡 시 상부 늑골을 끌어올려 흉강을 증가시킴으로써 흡기의 기능을 돕지만, 해부학 서적 중에는 호흡 근육이 아니라고도 해석 되는데, 그 이유는 가만히 있을 때의 호흡 시에는 움직이지 않기 때문이다.

    주 기능은 늑골에 부착되어 호흡을 보조하고, 견갑골에 부착됨으로써 팔 움직임에 영향을 미치며, 흉부와 경부가 연결되는 경추 7번에 능형근과 함께 부착되어 목 운동을 돕고, 목의 심부에서 다른 근육의 구조적인 안정화에 기여하는 것이다.

	협동근	길항근
상후거근	사각근, 외늑간근, 능형근, 중부승모근	대흉근, 전삼각근, 전거근

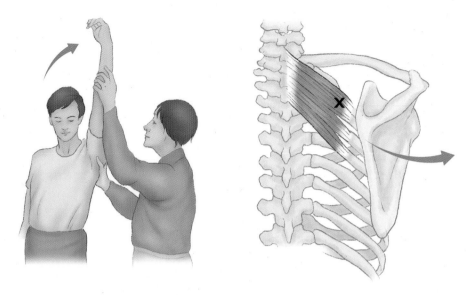

↑ 상후거근의 장력 발생
달리기와 같이 과도한 상완의 움직임은 견갑골이 상후거근을 압박하고, 빠른 호흡은
늑간에 장력을 발생시켜 통증을 증가시킨다.

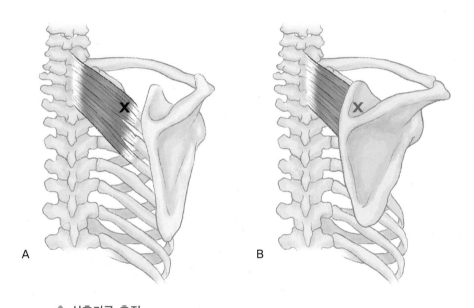

A

B

↑ 상후거근 촉진
A-견갑골이 외전되면 압통점을 촉진할 수 있다.
B-안정된 상태에서는 견갑골이 압통점을 덮어 촉진할 수 없다.

상후거근은 같은 호흡 보조근인 전거근과의 조화를 통해 호기와 흡기를 돕는데, 이 때문에 전거근이 너무 이완되면 하부늑골이 거상되고 횡격막은 아래로 떨어져 호흡이 불규칙해지는 증상을 일으킨다.

또, 전흉부 근육인 대흉근에 단축성 긴장이 발생하면 중부승모근과 능형근으로 이완성 긴장이 일어나 상후거근이 그 영향을 받아 통증이 유발된다. 또 목에 있는 사각근에 의해 신경이 눌려 늑간으로 압통을 일으켜 상후거근의 직접적인 문제가 아니어도 2차적인 원인으로 병변을 발생시키기도 한다.

통증은 주로 견갑골 상부와 삼각근의 뒷면에서 나타난다. 그리고 상완의 뒷면, 전완의 척골면을 따라 새끼손가락까지 확산되기도 하며 특히 팔에서는 척골측에 집중되는 특징을 보인다.

이 근육의 주 증상은 흉부로 심부통이 발현되며, 마치 뼛속 깊숙이 심장을 관통하는 듯한 느낌이다. 안정 시에도 통증이 멈추지 않고, 팔을 앞으로 내밀어 물건을 드는 동작과 같이 견갑골을 인위적으로 벌리면 더욱 심해진다. 그러나 운동 제한은 매우 미미하다.

상후거근은 중부승모근과 압통점의 위치가 비슷하지만 심부통으로 발현된다는 점에서 미묘한 차이가 있다. 상후거근의 압통점은 늑골 정지부에 견갑골에 의해 숨어 있으나 견갑골이 벌어지면 이로 인한 장력으로 압박되어 통증이 발생한다.

상후거근은 경추 7번과 흉추 2번의 흉추부 근막에서 시작하여 흉추 2번에서 5번 늑골의 두측연으로 부착된다.

증상
- 호흡 시 가슴이 걸리는 듯한 통증이 나타난다.
- 안정 시에도 지속적인 흉부 심부통을 호소한다.
- 등을 바닥에 대고 누우면 가슴이 답답하고 호흡에 불편을 느낀다.
- 운동이나 활동으로 인한 통증 변화는 거의 없다.
- 거북목 또는 일자목 현상이 나타난다.
- 상완의 뒷면, 전완의 척골면을 따라 새끼손가락까지 확산 통증이 방사된다.
- 통증 부위를 정확히 짚을 수 없지만 견갑골 내측 심부 전체로 담이 든 것 같은 통증이 나타난다.
- 가슴 부위의 통증으로 협심증이나 심장 질환으로 오인하기도 한다.
- 상흉추에 후만과 측만 증세가 나타난다.
- 상후거근의 좌우 비대칭은 견갑골과 흉곽을 변형시킨다.

요인
- 만성적인 기침이 원인(폐렴, 기관지염, 천식)이다.
- 달리기와 같이 가쁜 호흡이나 무리한 흉식 호흡이 원인이 된다.
- 만성적인 피로와 허약한 체질이 원인으로 작용한다.
- 현저한 다리 길이의 비대칭이 증상을 일으킨다.
- 상지를 많이 사용하는 직업군에서 발병된다.
- 딸꾹질과 같이 횡격막 장애로 인한 호흡기 불량이 원인이다.
- 둥근 어깨도 원인이 된다.

압통점과 방사통

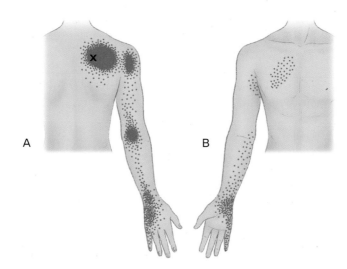

↑ 상후거근의 압통점과 방사통

A-견갑골 상부 아래서 심부통으로 압통이 발현되며, 삼각근의 후연과
　　상완삼두근 장두를 따라 주관절의 내측상과, 전완의 척측부, 손목
　　과 다섯 번째 손가락으로 띠를 이루며 강하게 방사된다.

B-앞에서 본 방사통을 나타낸 것이다.

근 기능 테스트

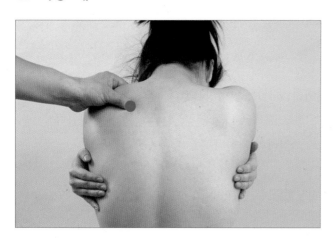

← 상후거근 압통 테스트

피술자는 앉아 견관절을 최대한 수평내전(horizontal adduction)
하여 척추와 견갑골 사이를 이완한다. 시술자는 피술자의 견갑골
내측 상후거근의 압통점을 무지를 이용하여 압을 적용하며 통증의
정도를 평가한다.

← 상후거근의 압통 및 근 기능 테스트

피술자는 옆으로 누워 환측의 어깨를 90도로 외전하고, 다시 주
관절을 굴곡하여 팔꿈치가 지면에 닿도록 한다. 이어 반측의 손으
로 환측의 손을 잡아 중심을 잡고, 상체를 지면에서 들어 올려 최
대한 상체를 오랫동안 거상시킨다. 이때 상흉부에 나타나는 근력
과 통증의 정도를 평가한다.

시술 테크닉

↑ 상후거근 셀프 스트레칭-1
환자는 환측을 위로 하고 측와위로 눕는다. 환측의 어깨를 최대한 외전하고, 주관절과 손목을 최대한 굴곡하여 상완이 어깨 뒤로 더욱 외전되도록 한다. 정점에서 몇 초 동안 유지하여 상후거근에 강한 스트레칭이 일어나도록 하고 다시 서서히 이완한다.

↑ 상후거근 셀프 스트레칭-2
환자는 가부좌로 앉아 빠르게 흉식 호흡을 실시한다. 빠른 심호흡은 사각근, 대흉근, 소흉근, 전거근, 상후거근에 강한 스트레칭을 일으킨다. 흉식 호흡은 무리하면 과산소증을 일으켜 체내에 나쁜 영향을 줄 수 있으므로 무리하지 않도록 유의한다.

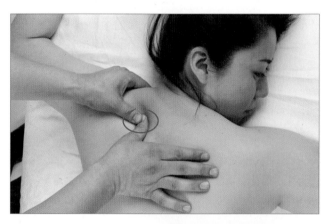

← 상후거근 압통점 이완
시술자는 무지를 겹장하여 견갑거근의 압통점을 강약이 배합된 압으로 서클을 그리며 이완한다.

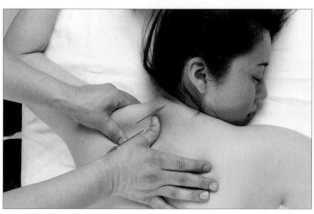

↑ 상후거근 마사지-1
시술자는 무지를 이용하여 각각 반대 방향으로 근섬유를 늘려 상후거근을 이완시킨다. 견갑골 내측의 늑골에서 경추와 흉추 방향으로 세밀하게 적용한다.

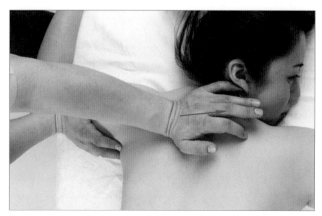

↑ 상후거근 마사지-2
시술자는 수장을 이용하여 사선으로 견갑골 내측에서 상부 흉추 방향으로 넓고 강한 압을 적용하며 슬라이딩한다.

↑ 상후거근 마사지-3
시술자는 손가락 끝을 모아 상후거근 근섬유를 강한 압으로 앞뒤로 슬라이딩하며 이완시킨다.

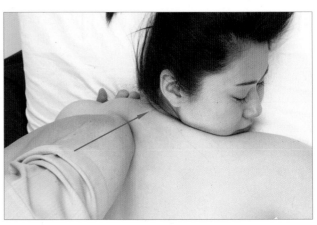

↑ 상후거근 마사지-4
시술자는 팔꿈치를 이용하여 강하고 깊은 압으로 슬라이딩한다.

↑ 상후거근 마사지-5
피술자는 앉아 허리와 고개를 약간 굴곡하고 환측의 팔은 자연스럽게 내린다. 이어 피술자는 호흡을 내뿜으며 멈추고, 동시에 시술자는 상후거근을 손가락 끝으로 강한 압을 적용하며 근섬유를 따라 슬라이딩한다.

↑ 상후거근 마사지-6
시술자는 전완을 이용해 상후거근 근섬유를 측면에서 슬라이딩하며 이완한다. 적당한 간격으로 근 전반에 걸쳐 적용한다.

치료 관점

　　상후거근의 치료에 있어서는 먼저 사각근을 충분히 풀고 승모근과 능형근, 대흉근을 함께 이완해야 한다. 특히 이 근육은 심층에 있는 근육이므로 척추와 견갑골 사이를 충분히 벌려 마음속의 상상으로 근섬유를 따라 세심하고 깊은 압이 적용되도록 한다.

　　딸꾹질과 같은 역행 호흡(paradoxical breathing)은 이 근육을 손상시키는 직접적인 원인이 되므로 이때는 호흡을 유도해 횡격막의 안정을 찾는 치료가 중요하다. 그러나 흉식 호흡만으로 치료에 임하면 흡기 보조근에 과부하가 생길 수 있으므로 흉식과 복식 호흡이 조화된 호흡법을 적용해야 함에 유의한다.

하후거근 serratus posterior inferior m.

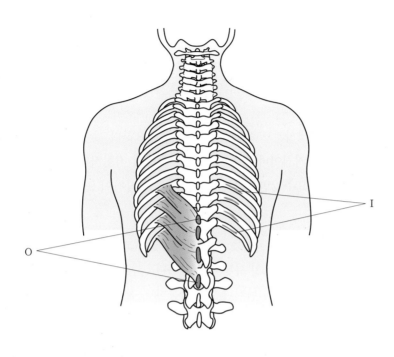

원어 (original word)	Latin : serratus-notched or jagged like a saw 　　　　posterus-behind 　　　　infra-beneath
기시부 (origin)	흉추 11번-요추 2번의 극돌기
정지부 (insertion)	늑골 9번-12번의 내측
작용 (action)	호기 시 늑골 9번-12번의 하강, 척추 외회전
지배신경 (nerve)	늑간신경 T9, T10, T11, T12

　하후거근은 흉추와 요추를 연결하는 천층 근육으로 척추기립근 위에, 광배근보다는 아래에 위치해 있으며, 근 배열이 45도 각도로 광배근과 같은 주행 방향을 보인다. 이 근육은 척추 회전에도 관여하지만 너무 과도하게 회전이 일어나지 않도록 제어하는 역할을 한다. 호흡 보조근의 역할을 할 때에는 호기 때 늑골을 아래로 당겨 횡격막으로 인해 늑골이 상승되는 것을 막아 늑골이 고정되도록 한다.

　하후거근의 특이한 증상은 요통의 원인이 되는 근육들을 모두 치료했음에도 불구하고, 미세한 통증이 끈질기게 발현되어 더 치료하기도 애매하고 모른 채 방관하면 만성화로 진행될 수 있어 일명 '성가신 잔여 요통(nuisance residual backache)'이라 불린다.

	협동근	길항근
하후거근	복횡근, 흉장늑근, 흉최장근, (동측-복사근, 요방형근, 광배근)	복직근, 대요근, 상후거근, 전거근 (반측-복사근, 광배근, 요방형근)

허리의 움직임이나 기침으로 하후거근에 강한 수축을 가해도 심하게 통증이 나타나지 않으며 운동 범위 또한 제한받지 않는다는 특징이 있다.

허리를 움직이는 근육은 척추기립근(흉장늑근, 흉최장근), 요방형근, 광배근, 복직근, 내·외복사근, 대요근, 하후거근 등이 서로 역학적 관계에 의해 작용하므로 이들 중 어느 한 곳에 이상이 발생하면 흉요추부에 비정상적인 만곡이 형성되고, 근 손상과 피로감이 나타나므로 치료에 있어서는 모든 신굴근을 이완해야만 효과를 얻을 수 있다. 위 사항은 특별한 증상을 보이지는 않지만 만성적인 요통의 원인이 되는 하후거근에 대해 어디서부터 치료할 수 있는지에 대한 답이 되므로 매우 중요하다.

하후거근은 호기 시 요방형근, 복사근, 복횡근 등과 협력하지만 역시 이들 근육 중 어느 한 곳에 문제가 발생해도 허리에 연관통을 발생시키므로 세심한 진단이 필요하다. 주로 몸통을 굴곡시킨 상태에서 과도한 회전을 주는 동작과 만성적인 기침이나 횡격막 경련이 손상의 직접적인 원인이 된다.

하후거근은 흉추 11번에서 요추 2번까지의 극돌기에서 시작하여 9번째 늑골에서 12번째 늑골의 내측으로 부착된다.

증상
- 허리를 가로질러 하부 늑골에서 쑤시는 듯한 불편감을 호소한다.
- 최대 흡기 시나 기침할 때는 통증이 유발되지 않는다.
- 수면 후 일어날 때 쑤시는 통증이 나타나지만 활동하면 점점 통증이 감소한다.
- 육체적 노동이 심한 직업군에게서 척추 측만과 융기가 나타난다.
- 상요추 또는 하흉부로 미만성 통증이 나타나나 운동 제한은 별로 없다.
- 환측을 어느 정도 스트레칭하면 통증이 감소되는 경향을 보인다.

요인
- 팔을 뻗어 물건을 올리고 동시에 몸통을 회전하는 동작이 원인이 된다.
- 성행위 후에 발통되는 경우도 있다.
- 체간을 비튼 상태로 오랫동안 팔을 들고 글씨를 쓰는 행위(선생님 강의)가 원인이다.
- 허리를 구부리고 오랫동안 일을 하는 행위가 통증을 일으킨다.
- 장시간 엎드려 책을 보는 행위가 원인이다.
- 현저한 다리 길이의 비대칭이 원인으로 작용한다.
- 딸꾹질과 같은 역행 호흡(paradoxical breathing)이 원인이 된다.
- 오랫동안 머리 위로 팔을 뻗고 몸통을 움직이며 작업하는 행위(페인트칠, 도배)가 원인이다.

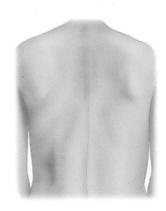

◀ 하후거근의 비대칭
허리를 굴곡하고 오랫동안 일을 한 사람의 경우, 허리를 앞으로 구부려 보면 하후거근에서 심한 측만이 일어나 있는 것을 볼 수 있다. 그림은 좌측으로 두드러져 보인다.

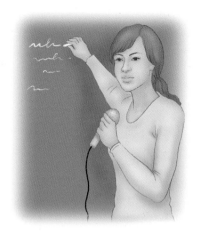

← 하후거근의 장력 발생
발은 정면을 향하고 오랫동안 체간을 회전한 상태는 하후거근에 장력을 발생시킨다.

압통점과 방사통

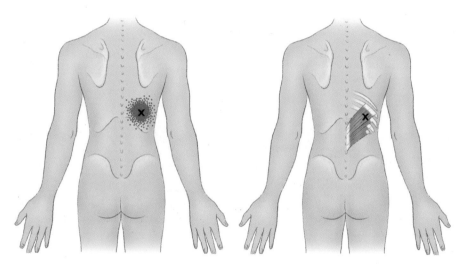

↑ 하후거근의 압통점과 방사통
압통점 주변에 국소적인 통증이 발현된다.

근 기능 테스트

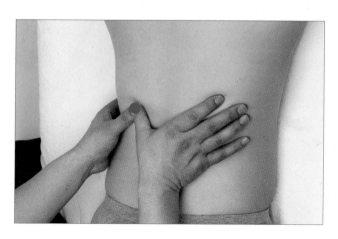

← 하후거근 압통 테스트
피술자는 얼굴을 아래로 하고 견관절을 45도 외전하고 눕는다. 시술자는 피술자의 하후거근의 압통점을 무지를 겹장하여 압을 적용하고, 통증의 정도를 평가한다.

시술 테크닉

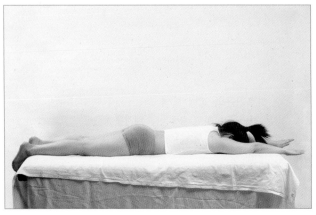 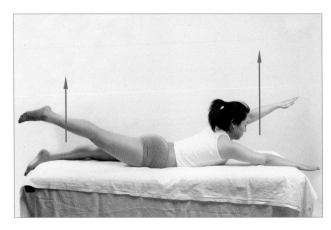

⬆ **하후거근의 압통 및 근 기능 테스트**

환자는 양팔을 적당히 벌리고 머리 위로 곧게 편다. 이어 허리힘을 이용하여 한쪽 어깨를 지면에서 거상하고, 동시에 반측의 다리를 최대한 과신전한다. 골반은 지면에 부착되어 있어야 하며, 이때 상부요추 부위로 나타나는 근력과 통증의 정도를 평가한다.

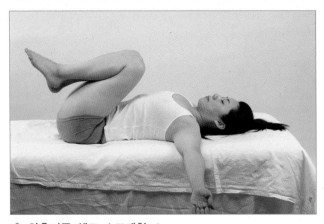 

⬆ **하후거근 셀프 스트레칭-1**

환자는 고관절과 양 무릎을 최대한 굴곡하고 동시에 양발을 모아 저굴하여 양 어깨는 90도 외전한다. 이어 골반을 움직여 한 측면으로 회전하고, 동시에 고개는 반측으로 회전한다.

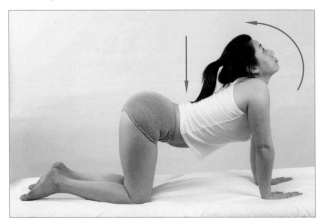 

⬆ **하후거근 셀프 스트레칭-2**

환자는 허리를 최대한 지면을 향해 내려가도록 하고, 동시에 고개는 최대한 신전한다. 이어 반대로 고개를 최대한 굴곡하여 양팔 사이로 넣고, 동시에 허리는 최대한 지면에서 떨어지도록 들어 올린다.

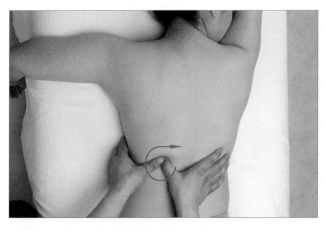

◀ 하후거근 압통점 이완
시술자는 무지를 겹장하여 하후거근의 압통점을 강약이 배합된 압으로 서클을 그리며 이완한다.

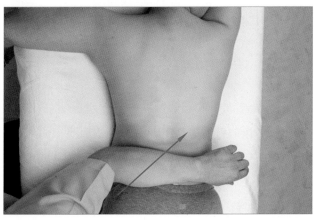

▲ 하후거근 마사지-1
시술자는 전완을 이용하여 하후거근의 근섬유를 역방향에서 마찰을 일으키며 슬라이딩한다.

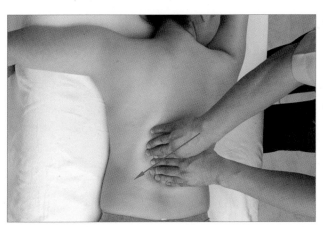

▲ 하후거근 마사지-2
시술자는 손가락 끝에 힘을 주어 강한 압을 적용하며 근섬유를 따라 슬라이딩한다.

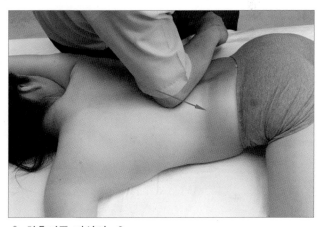

▲ 하후거근 마사지-3
시술자는 팔꿈치를 이용하여 슬라이딩한다. 이때 주의할 것은 11번, 12번 흉추는 거짓늑골(false ribs)이라 골절의 위험이 있으므로 강한 압은 피한다.

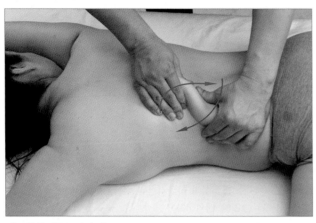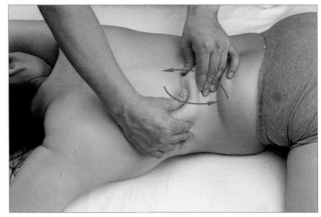

⬆ 하후거근 마사지 – 4

시술자는 피술자의 하후거근을 양손으로 조여 잡고 강약이 배합된 압으로 리드미컬하게 페트리사지한다.

치료 관점

　　하후거근의 움직임은 헛기침을 해 보면 상요추 부위와 하늑골 사이로 근육이 수축되는 것을 알 수 있다. 이때 시술자는 피술자의 하후거근의 압통점에 손가락을 대고 연축 반응을 느끼며 동시에 가볍게 눌러 본다. 피술자가 통증을 호소하면 이 근육에 이상이 있음을 진단할 수 있다. 또, 흉장늑근과 흉최장근의 압통이 제거된 뒤에만 하후거근의 통증이 정확히 나타나므로 이를 필히 참고한다.

　　하후거근이 만성적으로 문제를 일으키면 척추 측만을 가져오는데, 측만된 부위에 지속적인 마사지가 필요하다.

　　허리 통증을 일으키는 인자는 매우 많겠지만 하후거근이 문제라고 편딘되면 광배근과 요방형근을 먼저 충분히 이완한 후 치료에 임해야 효과를 극대화할 수 있다.

능형근 rhomboid m.

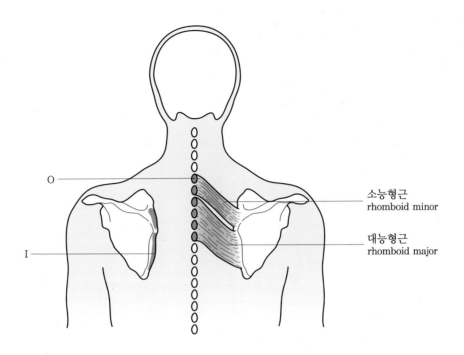

소능형근
rhomboid minor

대능형근
rhomboid major

원어 (original word)	Latin : rhombos-all sides even 　　　　major-larger 　　　　minor-smaller
기시부 (origin)	major : 흉추 2-5번의 극돌기 minor : 경추 7-흉추 1번의 극돌기
정지부 (insertion)	견갑골의 내측연
작용 (action)	견갑골 (내전, 상승)
지배신경 (nerve)	견갑배신경 C5

능형근은 대소로 구분되지만 기능면에서는 큰 차이점이 없으며, 승모근 아래 마름모꼴로 모두 견갑골과 몸통을 연결시켜 견관절 안정에 중요한 역할을 담당한다. 기본적인 기능은 창문을 당겨 여는 동작을 할 때 능형근이 척추 방향으로 견갑골을 살짝 들어 올리며 당기게 된다.

이 근육은 상후거근과 중부승모근 사이에 위치해 있고, 심층에서는 견갑하근과 천층에서는 극하근과 연결된다. 이러한 위치 때문에 강력한 대흉근과는 길항의 대상이 되어 늘 피곤한 상태에 놓이며, 몸을 앞으로 숙여 생활하는 습관으로 등이 넓어지고, 어깨가 안으로 오그라드는 둥근 어깨(round shoulder)를 만드는

	협동근	길항근
능형근	승모근, 견갑거근	대흉근, 소흉근, 전거근

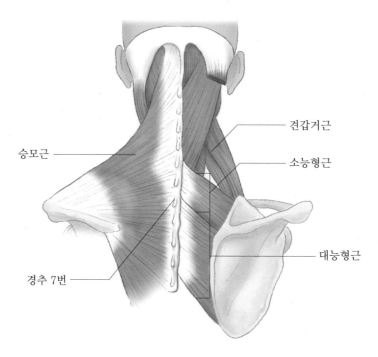

↑ 견갑골에 부착되는 근육

대표적인 원인이 된다.

능형근은 견갑거근과는 주행 방향이 동일하여 서로 협조하고, 견갑골을 아래로 당기는 광배근과는 길항하며, 상부승모근, 전거근과는 견갑골을 들어 올리는 작용을 함께 함으로써 견갑골과 척추에서의 변증과 변형을 일으키는 중심에 있다고 할 수 있다. 그리고 체간에서 견갑골로 이어지는 근육군에는 능형근과 함께 승모근, 견갑거근, 전거근, 소흉근이 있는데, 이들 근육과의 상관 관계에 따라서도 다양한 영향을 주고받는다.

능형근에 통증을 일으키는 주 원인은 대흉근과 상부승모근의 단축으로 견갑골 사이가 과신장되어 상흉추에 표면적인 근육통이 발현되는 데 있다. 기능 이상은 척추에서 측만증, 전만증, 후만증을 일으키고, 대흉근의 강한 단축에 의해 둥근 어깨와 흉곽의 비틀림이 초래된다. 그리고 체간 앞에 위치한 전거근이 약해짐과 동시에 능형근에 강한 이완성 긴장이 일어나면 견갑골이 늑골로부터 벌어지는 익상견갑(winging scapular) 등을 초래한다. 또 능형근은 목 근육과 관련된 판상근과 척추기립근인 극근(spinalis)과도 척추에서 연결되어 있어 이들 근육과의 상호 기능에 이상이 발생하면 두개골을 안정시키지 못해 결국 목 통증을 일으키는 원인도 된다.

능형근의 지배신경은 경추 5번으로부터 나와 사각근을 통과하므로 사각근이 긴장되면 근 기능 저하와 함께 신경성 질환이 나타난다. 통증은 주로 견갑골의 내측연을 따라 양측에서 압통이 생성되지만 단독에 의해서가 아닌 대흉근과 사각근 등 주변 근육의 이상으로 인해 2차적 문제로 발생하는 경우가 대부분이다. 다만 목과 견갑골, 어깨의 움직임에는 운동 제한이 나타나지 않는 특징을 보인다.

소능형근은 경추 7번~흉추 1번 사이 극돌기에서, 대능형근은 흉추 2~5번 사이 극돌기에서 시작하여 사선으로 견갑골 내측연을 따라 상·하연으로 각각 부착된다.

증상
- 견갑골과 척추 사이로 통증을 느끼며 숨을 쉬거나 움직일 때 심해진다.
- 둥근 어깨가 형성된다.
- 견갑골을 서로 내측으로 모으려는 힘이 약하다.
- 거북목 증후근(turtle neck syndrome)이 나타난다.
- 견관절을 움직일 때 소리가 난다(snapping / crunching noise).
- 휴식 시에도 표면적인 통증이 발생한다.
- 능형건염이 발생한다.
- 익상견갑골 현상이 나타난다.
- 상흉추의 전만과 후만, 측만 현상이 나타난다.

요인
- 어깨 위 높이에서 장시간 팔을 들고 작업할 때 증상이 나타난다.
- 둥근 어깨 자세로 장시간 작업할 때(컴퓨터, 글쓰기 등) 증상이 나타난다.
- 등받이 없는 의자에서 오랫동안 앉아 있는 것이 원인이 된다.
- 다리 길이의 현저한 비대칭이 통증을 일으킨다.
- 골반의 현저한 비대칭이 통증을 일으킨다.
- 어깨를 과격하게 뒤로 당기는 운동(야구, 골프 등)이 원인이 된다.

◀ 상흉추의 비정상적인 굴곡
체간에서 견갑골로 이어지는 근육군에 비정상적인
불균형 상태가 만성화되어 발생한다.

◀ 과도한 견갑골의 수축과 이완
견갑골의 만성적인 과도한 수축과 이완은 척추에서
견갑골로 이어지는 근육군에 강한 장력을 발생시켜
근육 손상을 일으킨다.

압통점과 방사통

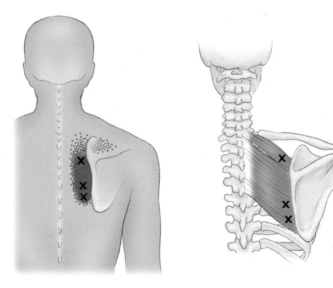

⬆ **능형근의 압통점과 방사통**
갑골 내측연을 따라 강하게 발현되고 띠를 이루며 방사된다.

근 기능 테스트

◀ **능형근 압통 테스트-1**
피술자는 앉아 환측의 어깨를 수평내전(horizontal adduction)하여 견갑골과 척추 사이가 최대한 이완되도록 한다. 시술자는 피술자의 이완된 견갑골 내측연의 능형근 압통점을 무지를 이용하여 압을 적용하며 통증의 정도를 평가한다.

◀ **능형근 압통 테스트-2**
피술자는 환측의 팔을 반대편으로 최대한 당기며, 동시에 반측의 손으로 견갑골의 내측연을 촉진하여 발현되는 통증의 정도를 평가한다.

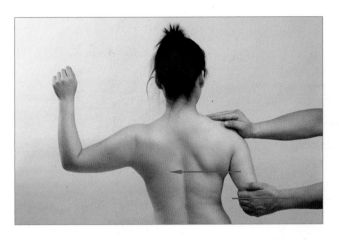

◀ 능형근의 압통 및 근 기능 테스트
피술자는 서서 환측의 어깨를 내전 상태로 고정하고, 주관절은
90도로 굴곡하며, 반측의 팔을 어깨 외전과 주관절 굴곡 상태를
유지한다. 이어 시술자는 오른손으로 피술자의 어깨를 고정한 채
주관절 내측을 잡아 서서히 시술자 방향으로 당기며 외전시키고,
피술자는 이에 저항한다.

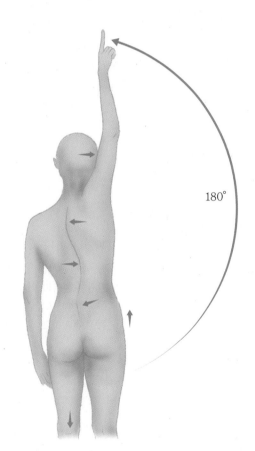

180°

⬆ 견갑배신경 운동 검사
피술자는 서서 환측의 어깨를 160~180도 외전과 굴곡하여
정점에서 통증이 발생하면 중사각근에 의해 견갑배신경
(dorsal scapular nerve, C5)이 눌렸을 것으로 판단되며,
탁발음 소리도 나는 특징을 보인다. 이외에도 견갑하근, 견
갑거근, 척추기립근도 원인이 될 수 있으므로 참고한다.

시술 테크닉

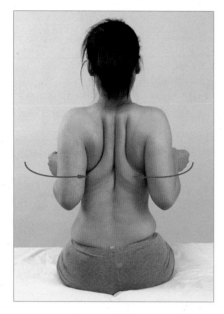 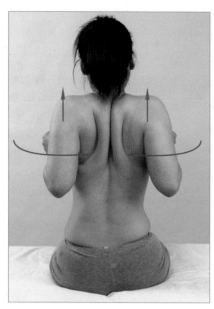

◀ 능형근 셀프 스트레칭-1
환자는 어깨를 내전한 상태에서 주관절을 각각 90도로 굴곡하고 서서히 강하게 뒤로 당겨 능형근을 수축한다. 이어 같은 자세에서 어깨를 최대한 상승하여 능형근을 한 번 더 수축한다.

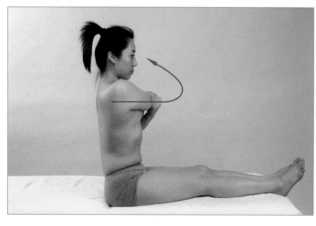

◀ 능형근 셀프 스트레칭-2
환자는 환측의 어깨를 수평내전한 상태에서 반측의 손으로 주관절을 감싼다. 이어 서서히 수평내전을 최대화하며 정점에서 몇 초 동안 유지하고 다시 서서히 이완하기를 반복한다.

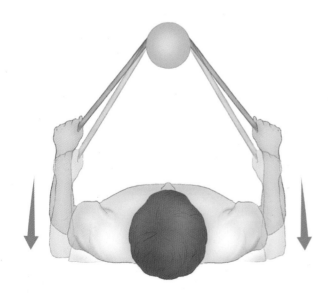

◀ 능형근 근력강화 운동
환자는 장력이 강한 밴드를 어깨 넓이로 각각의 손에 잡는다. 이어 어깨 근력을 이용하여 최대한 당겨 정점에서 몇 초 동안 유지하고 다시 같은 속도로 서서히 이완한다. 무리하지 않도록 유의하고 서서히 횟수를 늘려 나간다.

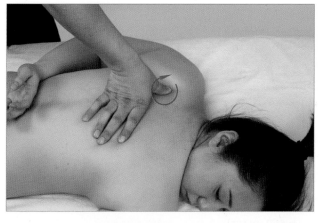

◀ 능형근 압통점 이완

피술자는 환측의 어깨를 내회전하여 손등이 자신의 허리에 위치하도록 하여 견갑골 내측을 오픈한다. 시술자는 무지로 견갑골 내측연에 위치한 능형근의 압통점을 서클을 그리며 이완한다.

↑ 능형근 마사지-1

시술자는 오픈된 피술자의 견갑골 내측연에 전완을 위치하고, 견갑골을 외측으로 밀면서 견갑하각에서 상각 방향으로 부드럽고 둔탁한 압을 적용하며 슬라이딩한다.

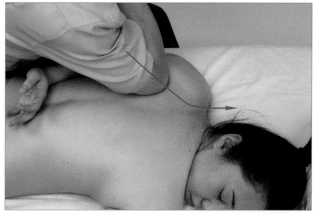

↑ 능형근 마사지-2

시술자는 오픈된 피술자의 견갑골 내측연에 팔꿈치를 위치하고, 견갑골을 외측으로 밀면서 깊고 강한 압을 적용하며 슬라이딩한다.

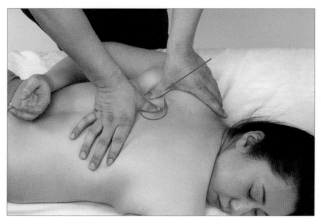

↑ 능형근 마사지-3

시술자는 오픈된 피술자의 견갑골 내측연에 양 무지를 이용하여 서로 반대 방향으로 근섬유를 조이며, 강약이 배합된 리드미컬한 압을 적용한다.

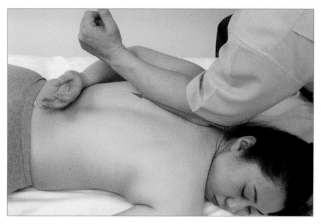

↑ 능형근 마사지-4

시술자는 피술자의 견갑골 내측과 척추 사이의 능형근을 전완을 이용하여 무겁고 강한 압으로 슬라이딩한다.

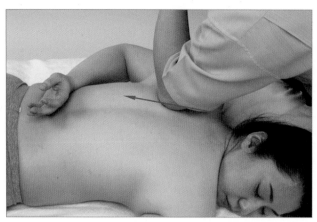

▲ 능형근 마사지-5
시술자는 팔꿈치를 이용하여 능형근을 강한 압으로 슬라이딩한다.

▲ 능형근 마사지-6
시술자는 팔꿈치를 이용하여 서클을 그리며 능형근 전반에 적당한 간격으로 국소압을 적용한다.

치료 관점

피술자의 체형을 볼 때 둥근 어깨를 형성하고 있다면 이와 관련된 근육(대·소흉근, 견갑거근, 상부승모근, 광배근, 전거근, 상후거근)을 먼저 이완하고 치료에 들어가도록 한다. 특히 대흉근의 영향으로 주로 이완성 긴장 상태가 되므로 이 부위에 대한 충분한 이완이 필요하다.

능형근을 지배하는 신경은 사각근을 뚫고 나오므로 환자가 일자목(plate cervical)이나 거북목 형태를 보이면 역시 견갑배신경도 눌렸을 것으로 판단하여 목을 충분히 이완시킨다.

소흉근 pectoralis minor m.

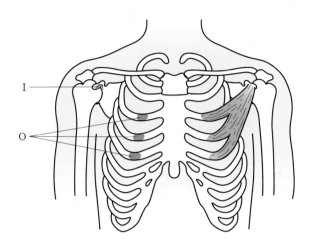

원어 (original word)	Latin : pectoralis-pertaining to the chest minor-smaller
기시부 (origin)	늑골 3-5번
정지부 (insertion)	견갑골의 오구돌기
작용 (action)	견갑골(전방, 하강, 내측으로 당김, 외회전)
지배신경 (nerve)	내측흉근신경 C8, T1

소흉근은 대흉근의 아래쪽에 자리 잡고 있어 표면으로는 드러나지 않으며, 늑골과 흉골의 접합 지점에 있는 늑골의 연골조직에서 시작하여 쇄골 부위로 연결되는 모양을 하고 있다. 3, 4, 5번 늑골의 앞쪽 중간에서 시작하여 오구돌기(coracoid process)로 부착되고, 흉곽 최상부의 늑골 밑에서 팔로 연결되는 상완신경총(brachial plexus), 액와동맥(axillary artery), 액와정맥(axillary vein)을 덮고 지난다.

소흉근은 구조학상 원심 부위 위에서 다리처럼 연결되어 있어 이 근육이 경직되면 겨드랑이에서 팔로 내려가는 상완신경을 눌러 팔저림 증상을 초래하고, 혈관을 압박해 손에 부종을 일으키며, 압통점을 유발해 가슴과 어깨에 통증을 일으킨다.

기능에 있어서는 어깨가 고정되어 있을 때에는 사각근과 함께 늑골을 들어 올려 흡기를 돕고, 움직일 때는 등배에 위치한 하부승모근 및 광배근과 함께 협동하여 견갑골을 하방으로 당겨 고정시키는 역할을 한다. 따라서 승모근과 광배근이 약화되면 견갑골이 하방으로의 고정 기능이 상실되어 반측에 있는 소흉근이 수축한다.

	협동근	길항근
소흉근	견갑거근, 상부승모근, 흉쇄유돌근, 사각근, 대흉근, 광배근	능형근, 하부승모근

그리고 대흉근과 같이 둥근 어깨를 만들어 가슴의 비대칭과 순환 장애를 발생시키는 원인이 되어 미용학적으로도 아름다운 가슴선을 잃게 된다. 또한 주요 신경, 혈관, 림프가 이 근육을 직접적으로 통과하고 있어 소흉근에 이상이 오면 대흉근 및 가슴으로 기능 이상이 연계될 수 있음을 주지해야 한다.

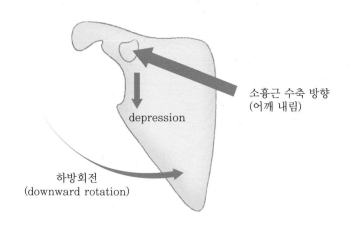

↑ 소흉근의 수축으로 인한 견갑골의 움직임
가슴에서 오구돌기 방향으로 소흉근이 수축되면 견갑골이 하방 내측으로 회전하면서 견갑골을 고정한다.

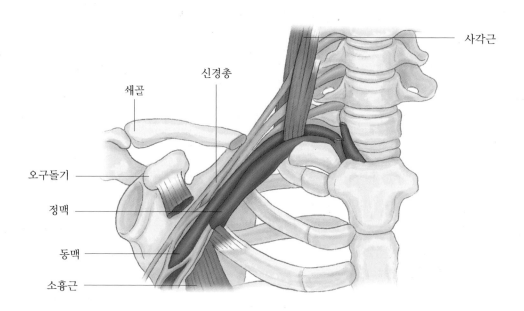

↑ 소흉근을 지나는 신경총 및 혈관

◀ 소흉근의 비대칭
우측 어깨의 소흉근이 부어올라
반측과 비대칭을 이룬다.

증상
- 가슴과 어깨 부위의 통증으로 대흉근과 구별이 어렵다.
- 둥근 어깨(round shoulder)의 원인이 된다.
- 한쪽 가슴이 처지고 크기가 다른 모습이 된다(가슴 비대칭).
- 대흉근의 상부가 부은 듯이 올라와 반측과 비대칭을 이룬다.
- 팔의 내측을 타고 내려와 새끼손가락까지 통증이 방사된다.
- 손의 부종을 일으키는 원인이 된다.
- 호흡 및 흉부 통증을 초래한다.
- 전삼각근 부위의 통증이 가장 심하게 나타난다.
- 통증이 상완, 주관절, 전완을 거쳐 손의 장측으로 방사된다.
- 수평외전(shoulder horizontal abduction)이 힘들다.
- 어깨의 굴곡(full flexion)이 힘들다.
- 외전(abduction), 외회전(external rotation)이 힘들다.

요인
- 심근경색이 원인이 된다.
- 사각근의 압통점으로 인해 발생하며, 압통점의 활성화가 원인이 된다.
- 어깨를 하강(shoulder depression)하는 운동의 반복이 원인이다.
- 주관절의 빠른 신전(extension) 운동의 반복이 원인으로 작용한다.
- 반복적으로 팔을 올리는 운동(야구, 배드민턴, 배구, 양궁, 펜싱, 역도 등)이 원인이다.
- 상지 길이의 비대칭이 통증을 유발한다.
- 자세가 불량하면 통증을 일으키는 원인으로 작용한다.
- 호흡 근육의 손상이 원인이 된다.
- 직접적인 어깨 외상, 어깨 탈구, 상완골 골절 등이 원인으로 작용한다.
- 회전근개 파열이 원인이 된다.
- 상완신경총염이 통증을 일으킨다.
- 상완신경총의 마비 증세가 근 기능을 저하시킨다.
- 팔을 올리고 엎드려 자는 습관이 통증을 일으킨다.
- 목발 보행 시 통증이 발생한다.

압통점과 방사통

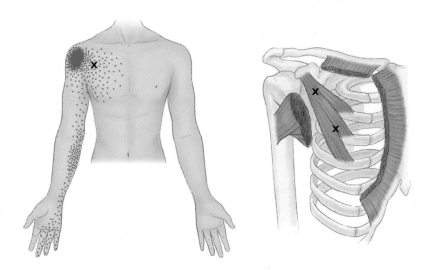

↑ 소흉근의 압통점과 방사통
전삼각근, 쇄골 하부, 흉부 전체, 상완 내측, 주관절 내측, 전완 내측, 세 번째와
네 번째 손가락으로 방사된다.

근 기능 테스트

← 소흉근 압통 테스트
피술자는 어깨를 90도 외전하고 다시 주관절을 90도 굴곡하고
눕는다. 시술자는 무지와 나머지 손가락을 이용하여 피술자의 소
흉근을 집게 촉진하고 이어서 무지를 액와 방향으로 서서히 깊은
압으로 밀어 넣어 소흉근을 강자극시켜 본다. 통증과 압박의 정도
를 확인한다.

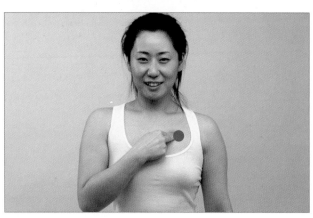

← 소흉근 압통 셀프 테스트
환자는 소흉근의 압통점을 손가락으로 눌러 봄으로써 압통의 정도
와 방사통을 확인한다.

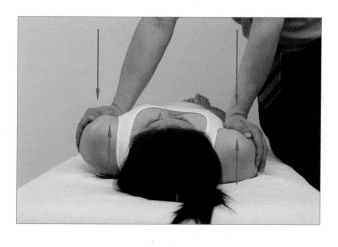

◀ 소흉근 압통 및 근 기능 테스트
피술자는 천장을 보고 바로 눕는다. 시술자는 피술자의 양측 어깨
전삼각근을 양손으로 가볍게 누르며 고정하고, 동시에 피술자는
어깨 근력만을 이용하여 서서히 들어 올려 시술자의 압에 저항한
다. 환측의 근력을 평가하고 통증의 정도를 확인한다.

시술 테크닉

⬆ 소흉근 근력강화 셀프 스트레칭-1
환자는 양 어깨를 외회전한 후 자신의 후두면에서 손가락을 깍지
낀다. 서서히 상완이 신체 뒷면으로 갈 수 있도록 수평외전
(shoulder horizontal abduction) 운동을 실시한다.

⬆ 소흉근 근력강화 셀프 스트레칭-2
환자는 양 어깨를 최대한 굴곡하여 양손을 벽에 고정한다. 이때
몸은 벽에서 떨어져 허리가 굴곡하는 데 불편하지 않도록 거리를
유지하고 서서히 허리를 굴곡하여 어깨를 최대한 신장시킨다.

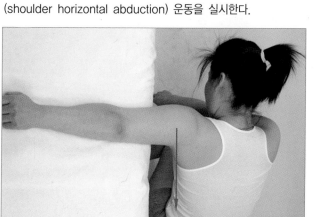

⬆ 소흉근 근력강화 셀프 스트레칭-3
환자는 환측의 어깨를 90도 외전하고 팔을 곧게 펴 테이블에 수평
이 되도록 위치한다. 환자는 상체를 아래로 내려 견관절을 최대한
신장시킨다. 무리하지 않도록 유의하고 몇 회 반복하여 적용한다.

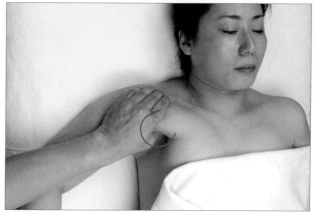

⬆ 소흉근 압통점 이완
피술자는 환측의 견관절을 외전하여 눕는다. 시술자는 소흉근 압
통점을 집게손가락으로 조이며 강약을 배합한 다이내믹한 압으로
서클을 그리며 이완시킨다.

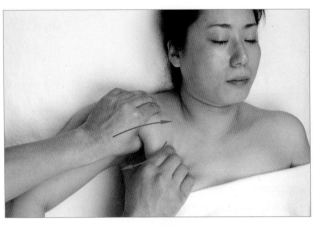

← 소흉근 마사지-1
시술자는 양손으로 소흉근을 감싸 조이며 강약을 배합한 다이내믹한 압으로 페트리사지를 적용한다.

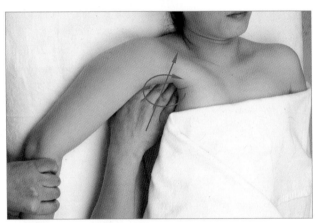

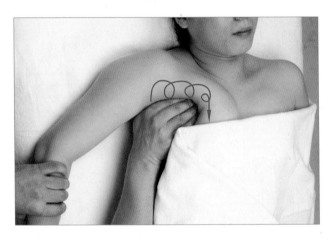

↑ 소흉근 마사지-2
시술자는 손가락 끝을 모아 견갑골의 오구돌기 방향으로 서서히 깊게 파고들어 위치하고, 정점에서 강약이 배합된 서클을 그리며 이완한다. 이어 겨드랑이에서 대흉근 아래 늑골 방향으로 서클을 그리며 한번 더 근막을 이완한다.

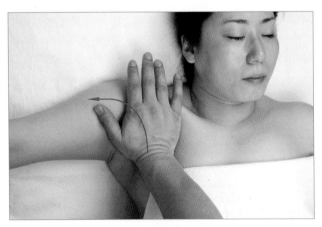

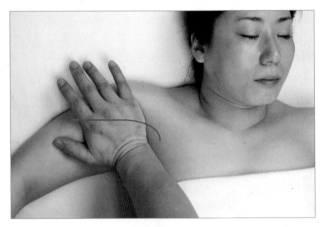

↑ 소흉근 마사지-3
시술자는 수장으로 대흉근의 외측에서 견갑골의 오구돌기 방향으로 반회전을 그리며 깊고 강한 압으로 슬라이딩한다.

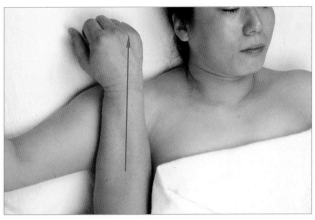 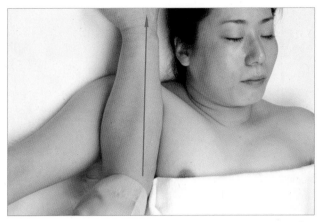

↑ 소흉근 마사지-4
시술자는 전완을 이용하여 전삼각근과 소흉근이 만나는 접합 지점에 강하고 깊은 압을 적용하며 슬라이딩한다.

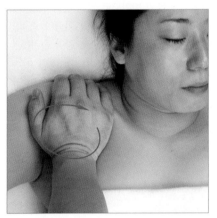 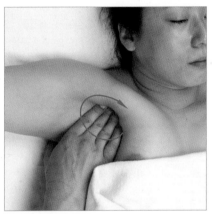 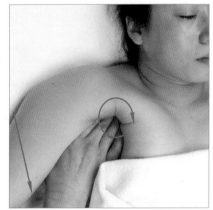

↑ 소흉근 마사지-5
시술자는 수장을 이용하여 강하고 깊은 압으로 서클을 그리며 이완한다.

↑ 소흉근 마사지-6
시술자는 손가락 끝을 모아 대흉근 하연 늑골과 소흉근 사이를 강하게 서클을 그리며 이완한다. 이어 동시에 피술자의 팔을 내전시키며 보다 깊은 심부압으로 서클을 그리며 심부층을 이완한다.

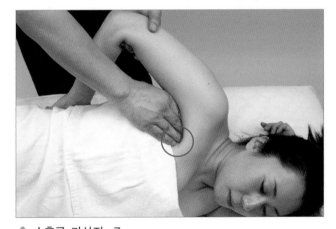 

↑ 소흉근 마사지-7
피술자는 측와위로 눕고 어깨를 외전과 신전하여 소흉근을 오픈한다. 시술자는 왼손으로 피술자의 전완을 잡고 오른손은 손가락 끝을 모아 견갑골의 오구돌기 방향으로 압을 넣고 서클을 그리며 소흉근을 이완한다.

↑ 소흉근 마사지-8
시술자는 수장을 이용하여 피술자의 대흉근을 내측으로 압박하며 심부에 위치한 소흉근에 강한 슬라이딩을 적용한다.

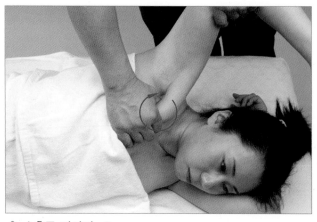

▲ 소흉근 마사지-9

시술자는 무지와 나머지 손가락으로 소흉근을 감싸 조이며 당겨
페트리사지를 적용한다.

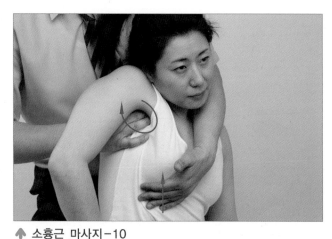

▲ 소흉근 마사지-10

피술자는 앉아 환측의 어깨를 약간 외전한다. 시술자는 배면에서
손가락 끝을 모아 견갑골의 오구돌기 방향으로 밀어 넣어 위치하고
정점에서 서클을 그리며 이완한다. 이때 피술자의 가슴이 중력의
영향으로 소흉근을 신장시키지 않도록 다른 손으로 감싸 올린다.

치료 관점

소흉근 증후군(pectoralis minor syndrome)은 팔과 손의 내측이 저리며 감각이 무디면서 통증이 방사
되는 특징이 나타나는데, 이는 경추 추간판 탈출증과 비슷해서 증상을 파악하는 데 오해를 낳는다. 따라서
소흉근의 압통점을 눌러 보고 어깨를 외회전하여 소흉근을 스트레칭해 보면, 통증과 팔이 저린 증상이 나타
나므로 세밀한 관찰이 요구된다.

소흉근의 통증은 일반적으로 벤치프레스(bench press)와 같은 과도한 운동이 원인이 된다. 따라서 승모
근과 등 관련 근육도 함께 골고루 운동함으로써 견갑골 주면 근육을 강화시켜 부담을 덜어 주는 것이 매우
중요하다.

대흉근 pectoralis major m.

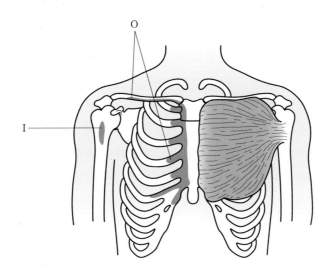

원어 (original word)	Latin : pectorals-pertaining to the chest major-larger
기시부 (origin)	쇄골의 내측 1/2 흉골의 전면 외측 모서리 제1-제8늑연골
정지부 (insertion)	상완골의 대결절능
작용 (action)	어깨(굴곡, 내전, 내회전, 신전)
지배신경 (nerve)	내측 및 외측 흉근신경 C5, C6, C7, C8, T1

　대흉근은 상지 운동에 관계하는 흉부 근육으로 흉부 앞면을 덮고 있는 편평하고 매우 강대한 근육이다. 이 근육은 쇄골, 흉골, 늑골, 복부의 분지로 구분되며, 전체 표면은 상위 앞쪽 가슴벽과 겨드랑이에 볼록한 형태의 주름을 형성한다. 따라서 이 근육이 잘 발달되면 피부상에서 분지 경계로 인한 각 근육의 돌출을 육안으로 잘 볼 수 있지만, 발달되지 않으면 늑골의 형체가 두드러져 보인다.

　대흉근의 주 작용은 호흡 운동을 돕고, 상완을 내측으로 강하게 회전시키는 역할이다. 그러나 팔의 작용에 전적으로 의존되는 대흉근의 역학적인 구도로 인해 특정 분지에만 근력이 지속적으로 가해지면 근육의 형태가 원래 모습과 다른 기형적인 모양으로 변하고, 근 기능 저하에 따른 운동력의 상실을 가져온다.

	협동근	길항근
대흉근	대원근, 소원근, 전·후삼각근, 오구완근, 견갑하근, 쇄골하근, 광배근, 하부승모근, 전거근	능형근, 중부승모근

다음은 팔의 움직임으로 인해 발생되는 대흉근의 변화이다.

❶ 팔을 아래로 내려 무거운 짐을 들고 있을 때는 대흉근의 상부가 어깨의 정점을 올려 주어 전체적으로 볼 때 어깨를 구부리는 동작을 표현하게 된다.

❷ 팔이 수평의 위치에서 작용할 때는 대흉근의 상부는 팔을 내전시키거나 굴곡시키는 역할을 하기 위해 곡선의 형태를 보인다.

❸ 팔이 위에서 작용할 때는 가슴에서 팔을 뒤로 가져가는 곡선의 형태로 나타난다.

다음은 주변 근육과의 상관 관계에 따른 분지의 변화이다.

❶ 쇄골지로 연결된 근육의 경우 : 대흉근은 쇄골에 부착되어 쇄골의 움직임에 관여하고 다시 흉쇄유돌근과의 역학 관계로 이어지며 여기서 상완의 이두근과도 연결되는 구조이다. 그러므로 구부린 자세로 무거운 물건을 반복해서 자주 들거나 앉아서 어깨를 사용하는 작업을 오래 할 때는 이 모든 근육군이 발달하여 쇄골지 부위가 커져 이중 가슴의 기형적 형태로 변한다.

❷ 흉골지로 연결된 근육의 경우 : 대흉근의 긴장성 단축이 원인인 경우에는 가슴이 오그라드는 일명 새 가슴의 형태가 되고, 대흉근과의 길항 작용을 하는 능형근, 중부 승모근 등 견갑골 주변의 근육에 이완성 긴장을 함께 초래하여 둥근 어깨(round shoulder)의 형태로 변한다.

❸ 늑골지와 복근지로 연결된 근육의 경우 : 늑골지와 복근지의 단축이 하부 늑골을 들어 올림으로써 횡격막 운동에 장애를 주어 잦은 호흡을 초래하여 호흡 기능이 저하된다.

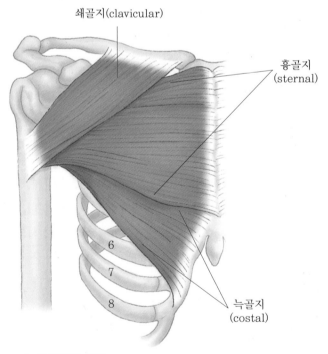

쇄골지(clavicular)

흉골지
(sternal)

6

7

8

늑골지
(costal)

⬆ 대흉근의 분지
대흉근은 쇄골지(쇄골의 내측 1/2), 흉골지(흉골의 전면),
늑골지(제2늑연골에서 제7늑연골)의 분지로 구성되어 있다.

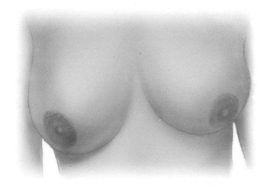

◀ 대흉근의 비대칭
대흉근의 기능 저하는 가슴에 변형을 가져
오고 좌우 비대칭을 형성한다.

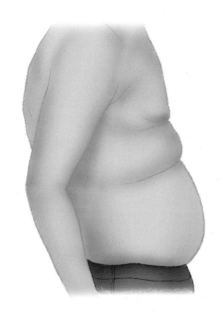

◀ 척추후만증
대흉근이 지속적으로 수축되면 길항 작용
을 하는 등배 근육에 영향을 주어 이완성
긴장 상태가 되고 결국 척추가 후만된다.

　위와 같은 대흉근의 이상은 먼저 압통점을 압박함으로써 심한 흉통이 일어나 가슴 통증을 호소하여 마치 심장 질환을 앓고 있는 증세를 보인다. 또 쇄골로 삽입되는 림프관도 압박함으로써 림프관 폐색으로 인한 가슴 부종 및 순환 장애의 원인이 된다.

　대흉근은 여러 근육의 중심에서 인간의 행동상 위, 아래, 앞, 뒤로 분포된 근육군에 영향을 주거나 받음으로써 필연적으로 체형의 변화를 주도하여 만성적인 전신 질환 증후군의 원인이 되는 근육이다.

　또한 가슴이 볼록해지는 분화구형 가슴, 쇄골이 발달하여 생기는 이중 가슴, 비대칭으로 인한 처진 가슴, 쇄골과 연결되는 흉쇄유돌근의 저하에서 오는 목주름 그리고 광경근에 의한 입꼬리 처짐 현상 등 미용면에서도 비정상적인 형태를 만드는 원인의 중심에 있다고 할 수 있다.

증상
- 어깨의 외전이 제한된다.
- 어깨의 수평내전이 제한된다.
- 어깨의 굴곡과 내회전 기능이 저하된다.
- 전삼각근과 대흉근의 쇄골지로 국소적인 통증이 발생한다.
- 통증과 압통은 환측에서만 느껴진다.
- 가슴이 답답하며 뜨끔거리는 통증을 호소한다.
- 팔을 움직이지 않는 수면 중에도 지속적으로 통증이 발생한다.
- 가슴 부위에서 상완의 내측을 따라 통증이 방사한다.
- 상완골의 내측상과, 즉 일명 '골프 엘보' 증상과 비슷한 통증이 발생한다.
- 심호흡이 곤란하다.
- 협심증과 같은 심장 질환과 유사한 통증을 호소한다.
- 흉골 부위에 정중선을 넘지 않는 국소적인 통증을 느낀다.
- 유두나 유방을 스치기만 해도 통증이 발생하는 과민 반응 현상이 일어난다.
- 유방이 커진 상태에서 압통을 호소하고 유방에 축축하고 울혈된 느낌이 든다.
- 유방에 부종 현상이 나타난다.
- 능형근과 승모근의 약화로 인해 둥근 어깨가 형성된다.
- 가슴을 웅크리는 불안정한 자세로 인해 둥근 어깨가 형성된다.

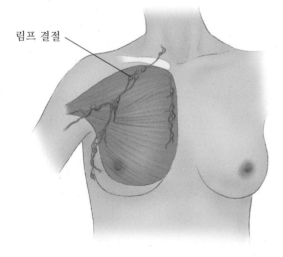

림프 결절

◀ **대흉근의 수축이 림프관을 압박하여 부종 발생**
대흉근이 수축되어 림프관을 압박하면 림프관 폐색이 발생하며, 가슴 부종 및 림프 순환 장애를 초래한다.

요인
- 불안정한 자세에서 아이를 안고 모유하는 습관이 통증을 유발한다.
- 장기간 자동차 운전과 같이 어깨를 모으는 잘못된 자세는 통증 유발의 원인이 된다.
- 팔을 굴곡한 상태에서 반복적으로 무거운 물건을 들고 있는 행위가 원인이다.
- 오랫동안 깁스 상태로 어깨의 내전 상태를 지속하는 것이 원인이다.
- 추위에 오랫동안 노출될 경우 원인이 된다.
- 심장 질환 병증을 앓고 있는 환자에게 통증이 나타난다.

압통점과 방사통

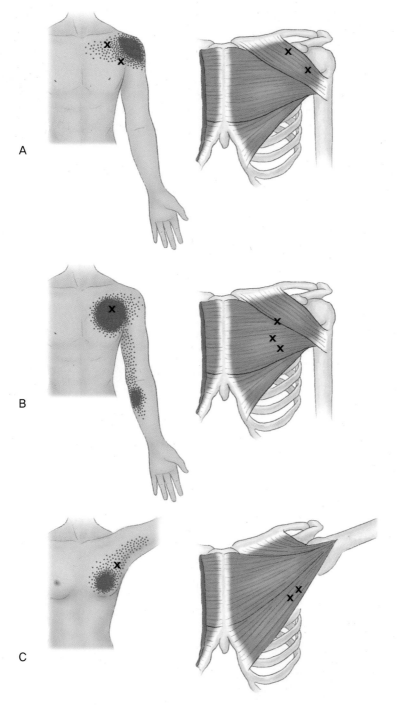

🔺 대흉근의 압통점과 방사통

A–쇄골지 압통은 전삼각근 부위와 대흉근 쇄골지에 국소적인 통증을 유발한다.

B–흉골지 압통은 상완골의 상부 지점에서 전완의 척골 부위로 통증이 방사되고 흉부 전반에 걸쳐 통증을 유발한다.

C–늑골 및 복근지 압통은 유두가 과민해지고 유방 압통 및 부종이 발생한다.

근 기능 테스트

⬆ 대흉근의 쇄골지 압통 테스트

피술자는 천장을 보고 바로 누워 환측의 어깨를 외회전한다. 시술자는 피술자의 쇄골지 압통점을 서서히 깊은 압으로 눌러 강자극하여 통증과 압박의 정도를 확인한다.

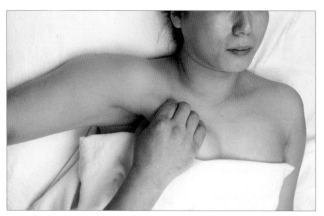

⬆ 대흉근의 늑골지 압통 테스트

시술자는 피술자의 늑골지 압통점을 집게손가락으로 감싸 서서히 깊은 압으로 조여 통증과 압박의 정도를 확인한다.

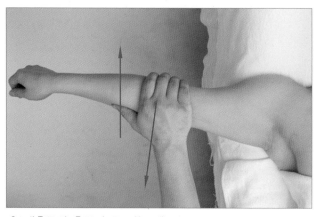

⬆ 대흉근의 흉골지 근 기능 테스트

피술자는 앙와위로 누워 환측의 어깨를 90도 외전한다. 시술자의 손은 환측의 상완 내측에 위치하여 서서히 아래로 내리고 동시에 피술자는 이에 저항한다. 환측의 근력을 평가하고 통증의 정도를 확인한다.

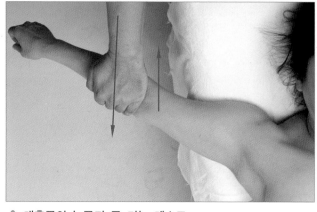

⬆ 대흉근의 늑골지 근 기능 테스트

피술자는 앙와위로 누워 환측의 어깨를 120도 외전한다. 시술자의 손은 환측의 주관절 내측에 위치하여 서서히 아래로 내리고 동시에 피술자는 이에 저항한다. 환측의 근력을 평가하고 통증의 정도를 확인한다.

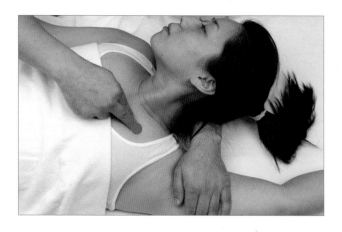

⬅ 대흉근 신전 압통 테스트

피술자는 앙와위로 눕고, 환측의 어깨를 180도로 신전하여 이로 인해 발생하는 자연적인 통증과 압박의 정도를 확인한다. 이어 시술자는 신장된 피술자의 대흉근 전반에 분포된 압통점에 압을 적용하여 다시 한 번 통증의 정도를 확인한다.

◀ 대흉근 압통 셀프 테스트

환자는 환측의 어깨를 최대한 굴곡하고 팔꿈치를 최대한 굴곡한다. 반측의 손을 이용하여 환측의 상완을 신체 뒷면으로 서서히 과굴곡(hyperflexion)하여 대흉근의 신장으로 인해 발생하는 압통의 정도와 방사통을 확인한다.

시술 테크닉

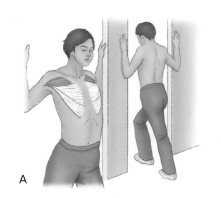

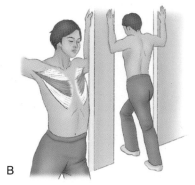

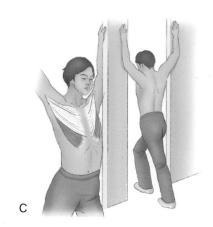

⬆ 대흉근 근력강화 셀프 스트레칭

A-쇄골지 스트레칭 : 환자는 양팔의 주관절을 최대한 하향하여 지지대에 고정한 후, 서서히 자신의 몸을 앞으로 밀어 대흉근을 최대한 신장시킨다.

B-흉골지 스트레칭 : 환자는 양팔의 주관절을 어깨 높이에 위치하여 지지대에 고정한 후, 서서히 자신의 몸을 앞으로 밀어 대흉근을 최대한 신장시킨다.

C-늑골지와 복근지 스트레칭 : 환자는 양팔의 주관절을 최대한 상향하여 지지대에 고정한 후, 서서히 자신의 몸을 앞으로 밀어 대흉근을 최대한 신장시킨다.

위의 과정을 무리하지 않도록 유의하고 점점 횟수를 늘려 반복하여 적용한다.

⬆ 대흉근 근력강화 운동
환자는 엎드려 팔굽혀펴기를 실시한다. 이때 반원형 도구를 이용하면 무게중심을
균형 있게 유도할 수 있어 대흉근 전반에 고른 수축 이완을 적용할 수 있다. 무리
하지 않도록 유의하고 점점 횟수를 늘려 반복하여 적용한다.

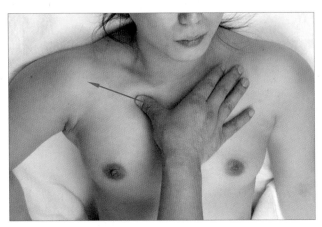

⬆ 대흉근 마사지-1
시술자는 무지를 쇄골하연에 밀착시켜 흉골에서 어깨 방향으로 대흉근의 쇄골지를 강한 압으로 슬라이딩한다.

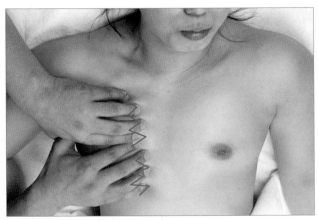

⬆ 대흉근 마사지-2
시술자는 양 손가락 끝을 모아 늑골에 밀착시키고, 진동을 주며
쇄골 방향으로 압박을 가한다. 대흉근의 기시부인 쇄골지를 이완
한다.

⬆ 대흉근 마사지-3
시술자는 양 손가락 끝을 모아 흉골과 늑골 사이에 밀착시키고,
좌우로 진동을 주며 압박을 가한다. 대흉근의 기시부인 흉골지를
이완한다.

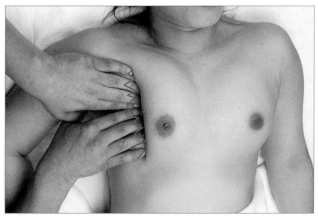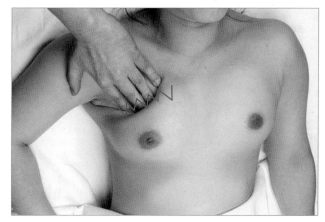

🔺 대흉근 마사지-4

시술자는 양 손가락 끝을 모아 늑골과 외측 대흉근 사이에 위치하고 좌우로 진동을 주며 근막을 이완한다. 유방을 중심으로 360도 원을 그리며 세심하게 적용한다.

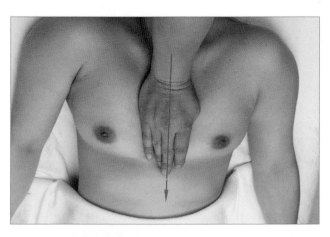

◀ 대흉근 마사지-5

시술자는 수근으로 쇄골에서 검상돌기 방향으로 흉골을 강하게 압박하며 슬라이딩한다.

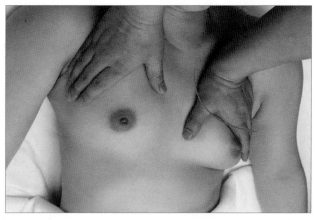

🔺 대흉근 마사지-6

시술자는 수장을 이용하여 피술자의 상부 흉곽을 한쪽씩 직하방으로 압력을 가하며 겨드랑이 방향으로 슬라이딩한다. 대흉근과 흉곽 내 심장과 폐에도 간접 마사지가 된다.

⬆ 대흉근 마사지-7

시술자는 양손으로 부드럽고 리듬감 있게 브레스트 마사지(breast massage)를 적용한다. 여성은 브레스트로 인해 대흉근에 긴장이 더해지므로 반드시 이 마사지를 병행하도록 한다.

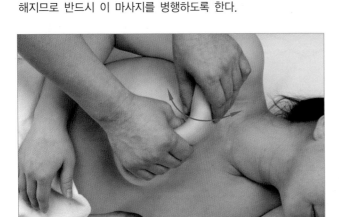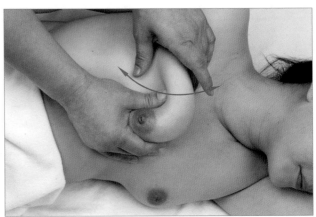

⬆ 대흉근 마사지-8

피술자는 측와위로 눕는다. 시술자는 양손으로 부드럽고 리듬감 있게 브레스트와 대흉근을 동시에 마사지한다.

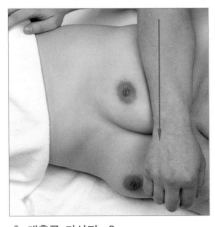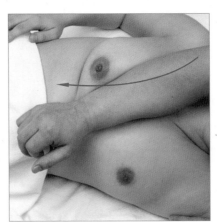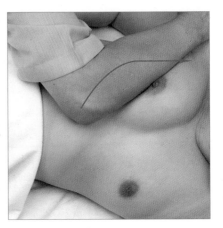

⬆ 대흉근 마사지-9

피술자는 측와위로 눕는다. 시술자는 전완을 이용하여 길고 부드러운 압으로 브레스트와 대흉근을 이완한다. 방향을 바꿔가며 360도 원을 그리며 세심하게 적용한다.

치료 관점

대흉근은 소흉근을 덮고 있어 이상이 발생하면 소흉근을 압박하고 이로 인해 쇄골에서 액와 방향으로 연결되는 신경, 혈관, 림프관 다발과 근막, 인대를 눌러 통증과 근 기능 저하 그리고 순환 장애를 일으킨다.

또, 대흉근은 소흉근에서 뚫고 나온 혈관과 림프관 그리고 신경다발에 의해 통제를 받아 소흉근의 기능 이상은 정상적인 순환에 장애를 일으켜 대흉근에 악영향을 주는 상관 관계에 있다. 따라서 대흉근이나 소흉근에 기능 이상이 발생하면 어느 쪽이 직접적인 원인이든 가슴 부종과 같은 순환 장애와 찌르는 듯한 통증 그리고 제어할 수 없는 신경질환이 발생한다.

대흉근의 이상은 가슴통증과 손저림 증상을 가져오는데, 이는 경추 질환과 비슷하여 오진되기도 한다. 그러므로 엉뚱한 치료가 이루어지지 않도록 압통점과 방사통을 확인한다. 급성기에는 냉찜질을 환부에 적당한 간격으로 적용하고, 근 기능 회복 테이핑(kinesiology taping)을 적용하여 혈액과 림프 순환을 돕는다.

늑간근 intercostal m.

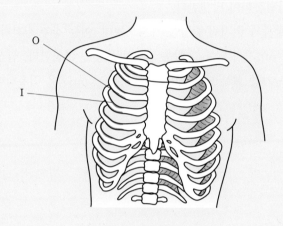

원어 (original word)	Latin : externus-outside 　　　　 internus-within 　　　　 costae-rib
기시부 (origin)	늑골간 하연
정지부 (insertion)	늑골간 아래 늑골의 상연
작용 (action)	흡기 시 흉곽을 올림
지배신경 (nerve)	늑간신경

　외측 늑간근은 쇄골 아래 1번째 늑골에서 11번째 늑골에 위치해 있고, 근섬유 방향이 외복사근과 동일하며, 늑골간의 하연에서 아래 늑골의 상연으로 연결되어 있다.

　주 작용은 늑골을 수축시켜 위로 당김으로써 늑골 사이의 공간을 넓게 만들어 호흡 시 흡기 운동에 관여하는 것이다. 흡기 운동은 외측 늑간근의 수축으로 늑골이 위로 올라가고, 동시에 횡격막이 수축하여 아래로 내려가면서 흉강의 부피를 크게 만들어 외부의 공기가 들어올 수 있도록 하는 것으로, 이는 흉강이 커지면 폐포의 공기 압력이 대기압보다 낮아져 외부의 공기가 폐 속으로 밀려들어 오는 일종의 삼투압 현상을 일으키는 기전을 말한다.

내측 늑간근(internal intercostals)

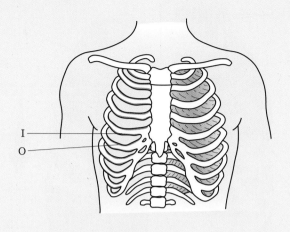

원어 (original word)	Latin : internus–within 　　　　costae–rib
기시부 (origin)	늑골간 상연
정지부 (insertion)	늑골간 위 늑골의 하연
작용 (action)	호기 시 흉곽을 내림
지배신경 (nerve)	늑간신경

　내측 늑간근은 쇄골 아래 1번째 늑골에서 11번째 늑골 측면에 위치해 있고, 근섬유 방향이 내복사근과 동일하며, 늑골간의 상연에서 위 늑골의 하연으로 연결되어 있다.

　주 작용은 늑골을 수축시켜 아래로 당김으로써 늑골 사이의 공간을 좁게 하여 호흡 시 호기 운동에 관여하는 것이다. 내측 늑간근 섬유들은 외측 늑간근보다 심부에 위치해 있고, 외측 늑간근과 교차하며 사선으로 주행한다. 호기 운동은 내측 늑간근은 수축하고, 외측 늑간근은 이완하여 늑골이 아래로 내려가고, 동시에 횡격막도 이완되어 위로 올라가면서 흉강의 부피가 작아져 공기 압력이 높아진다. 이로 인해 폐포 내 압력이 대기압보다 높아져 폐 속의 공기가 밖으로 밀려나가는 기전을 말한다.

　늑간근은 늑골과 늑골을 서로 연결하며, 내측과 외측 두 층으로 구분하고 외측 늑간근과 내측 늑간근은 서로 직각의 형태로 배열되어 있다. 손가락을 늑간 사이로 밀어 넣으면 호흡할 때마다 늑간근에 의한 저항을 느낄 수 있는데, 흡기 운동 시에는 외측근이 움직이고, 반대로 호기 운동 시에는 내측근이 움직인다. 흉곽을 조절하는 늑간근으로는 내·외늑간근, 늑골거근, 늑하근, 흉횡근이 있으며 횡격막 운동이 가해지면서 호흡 운동이 일어난다.

	협동근(상향)	길항근(하향)
늑간근	외측 늑간근, 사각근, 흉쇄유돌근, 횡격막, 늑골거근, 전거근	내측 늑간근, 횡격막, 복직근, 복횡근, 복사근, 흉횡근, 늑하근, 대흉근, 하후거근

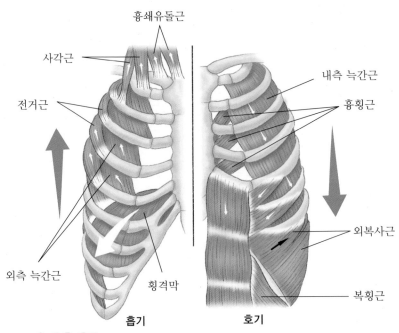

흉쇄유돌근

사각근

전거근

외측 늑간근

횡격막

흡기

내측 늑간근

흉횡근

외복사근

복횡근

호기

⬆ 호흡 운동

흡기-흉쇄유돌근과 사각근, 전거근이 외측 늑간근과 함께 수축되어 상승하고
반대로 횡격막은 하향하여 흉곽을 넓게 만든다.

호기-흉횡근과 외복사근이 내측 늑간근과 함께 수축하여 늑간은 하향하고
반대로 횡격막은 상승하여 흉곽을 좁게 만든다.

근 육 명	작 용
외측 늑간근(external intercostalis)	늑골을 위로 당겨 흉강을 넓힌다.
내측 늑간근(internal intercostalis)	늑골을 아래로 당겨 흉강을 좁힌다.
늑골거근(levatores intercostalis)	늑골을 위로 당겨 흉강을 넓힌다.
늑하근(subcostal)	늑간을 좁힌다.
흉횡근(transversus thoracis)	늑골을 위로 당겨 흉강을 좁힌다.
횡격막(diaphragm)	늑골을 위로 올리고 아래로 내린다.

증상

- 척추후만증이 나타난다.
- 호흡 장애가 나타난다.
- 만성피로 증후군이 나타난다.
- 체간을 굴곡하거나 회전 시 통증을 호소한다.

요인

- 지속적인 호흡이 늑간의 통증을 유발시킨다.
- 척추 손상이 늑간근의 기능을 저하시킨다.
- 복부 비만이 원인이 된다.
- 호흡기 질환이 원인이다.
- 운동 부족 또는 과도한 운동이 원인이다.
- 늑골 상해가 원인으로 작용한다.

압통점과 방사통

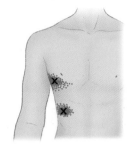

⬆ 늑간근의 압통점과 방사통
중부 흉곽의 전외측(제4~5번 늑골 사이)에서 강한 압통이 국소적으로 발현되고,
하부 흉곽의 전외측(제7~8번 늑골 사이)에서도 국소적인 압통이 발현된다.

근 기능 테스트

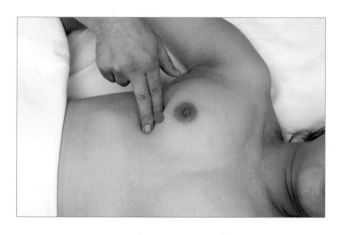

⬅ 늑간근 압통 테스트
피술자는 앙와위로 환측의 어깨를 약간 외전하고 눕는다. 시술자
는 피술자의 늑간근 압통점을 인지와 중지를 모아 압을 적용하며,
동시에 피술자는 호기와 흡기를 통해 압에 저항한다. 이때 나타나
는 통증의 정도를 평가한다.

시술 테크닉

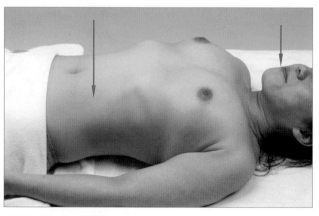 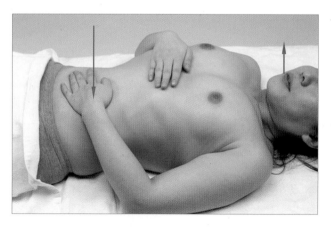

⬆ 늑간근 스트레칭-1
환자는 앙와위로 편하게 눕고, 흉식 호흡을 통해 늑간근에 강한 스트레칭을 적용하며 근력을 강화한다. 복부를 수축하고, 동시에 서서히
정점까지 흡기한다. 이어 복부를 최대한 수축한 상태에서 호기한다. 복부가 최대한 이완되지 않도록 자신의 손을 복부에 올려 저항하며
실시한다.

⬆ 늑간근 스트레칭-2

시술자의 왼손은 피술자의 상부 흉곽에 올려놓고, 오른손은 후방 늑골 밑에 위치한다. 이어 시술자는 서서히 흡기하면서 동시에 손을 자신의 머리 위로 움직인다. 이때 시술자는 흉곽을 위아래에서 압축하며 늑골이 확장되지 않도록 저항한다. 몇 회 반복하여 상부 늑간근에 강한 스트레칭과 근력 운동을 돕는다.

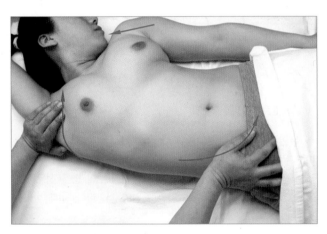

⬅ 늑간근 스트레칭-3

피술자는 환측의 어깨를 최대한 외회전하여 자신의 후두연에 위치하고, 시술자의 손은 피술자의 상부흉곽 측면과 하방늑골 측면에 각각 위치시킨다. 이어 피술자는 서서히 흡기하며 동시에 시술자는 흉곽을 양측으로 최대한 늘린다. 흡기의 속도에 맞추어 진행한다.

⬆ 늑간근 근력강화 운동

환자는 자신의 후두에 오른손을, 왼팔은 옆으로 외전하여 몸의 중심을 잡고, 다리는 고관절과 무릎을 굴곡하여 반측의 무릎 위에 올려놓는다. 이어 최대한 흡기한 상태에서 복부 근력을 이용하여 자신의 상체를 거상한 다리 방향으로 들어 올리고 정점에서 몇 초 동안 유지한다.

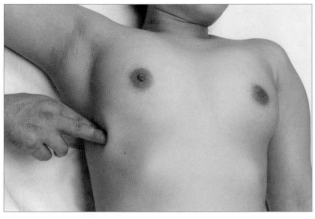
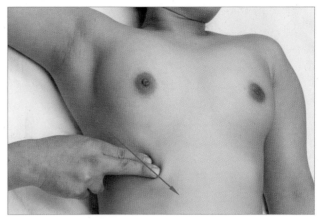

⬆ 늑간근 마사지-1

시술자는 피술자의 늑간근 근섬유를 인지와 중지 손가락 끝을 모아 겨드랑이에서 늑골하연으로 세심하게 슬라이딩한다. 이때의 압은 피술자의 흡기와 호기에 따라 강약을 조절하며 실시한다.

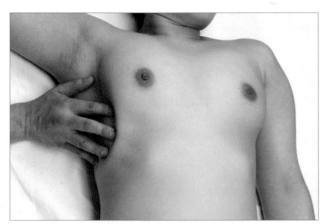
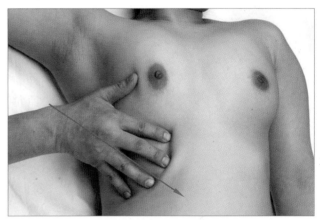

⬆ 늑간근 마사지-2

시술자는 피술자의 늑간근 사이에 손가락 전체를 각각 밀착시켜 가볍고 다이내믹하게 근섬유를 자극하며 슬라이딩한다.

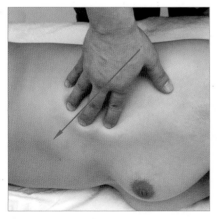
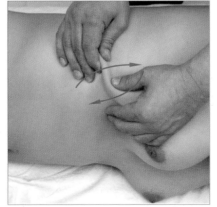
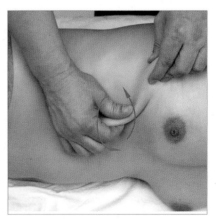

⬆ 늑간근 마사지-3

피술자는 측와위로 눕고 환측의 어깨를 최대한 외전한다. 시술자는 피술자의 늑간근 사이에 손가락을 각각 밀착시켜 가볍고 다이내믹하게 근섬유를 자극하며 슬라이딩한다.

⬆ 늑간근 마사지-4

시술자는 피술자의 늑간근을 덮고 있는 표층 근육을 손가락을 이용하여 페트리사지를 적용하며, 동시에 손가락 끝에서는 늑간근을 다이내믹하게 자극한다.

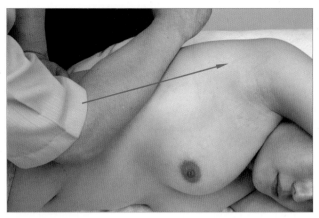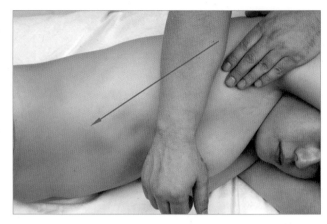

⬆ 늑간근 마사지-5

시술자는 전완을 이용하여 늑간근 전체에 넓은 압을 아래에서 위로, 다시 위에서 아래로 밀착하며 슬라이딩한다. 이때 피술자의 호기와 흡기에 따라 강약의 압을 배합하여 흉곽을 자극한다.

치료 관점

늑간근은 호흡계 질환과 외상에 의해 주로 문제가 생기며, 만성적인 불안정한 자세로 흉곽이 비정상적으로 축소된 체형에서 통증을 일으킨다. 임산부의 경우 임신 기간 중 복부의 압박을 받아 늑간근이 일시적으로 협착되는 경우도 있다.

흉곽을 크게 벌릴 수 있는 스트레칭과 강하고 깊은 호흡 운동이 치료에 도움이 되며, 마사지 시에는 시간이 걸리더라도 늑골과 늑골 사이를 정성스럽게 이완하도록 한다.

복직근 rectus abdominis m.

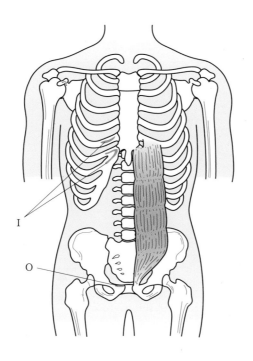

원어 (original word)	Latin : rectus-straight abdomen-belly
기시부 (origin)	치골능
정지부 (insertion)	제5, 6, 7번 늑골연골
작용 (action)	몸통(굴곡) 척추(측굴)
지배신경 (nerve)	늑간신경 T7, T8, T9, T10, T11, T12

복직근은 일반적으로 '복근(abdominal muscle)'을 지칭하는 대명사로 불린다. 이 근육은 복부를 이루는 근육군 중 하나이며, 흉부의 검상돌기와 늑연골에서 시작하여 치골로 나란히 쌍을 이루며 부착된다.

복직근은 뼈에 직접 연결되지 않지만 상하로 매우 길게 늘어져 있다. 배꼽을 중심으로 백선(linea alba : 복부 중앙을 중심으로 수직으로 이어진 연선)에 의해 좌우 수직으로 나뉘고, 나눔힘줄(tendinous intersection)에 의해서는 가로로 4, 5등분으로 나뉘어 총 10개의 분지 형태를 구성한다. 이 나눔힘줄에 의해 복압을 조절하고 호흡 운동을 도우며 몸통을 다양하게 움직이는 역할이 가능해진다.

	협동근	길항근
복직근	요방형근(복압 증가), 장요근, 후하거근, 내복사근, 대둔근, 슬괵근, 내 · 외복사근	흉최장근, 요방형근, 장요근, 대퇴직근, 대퇴근막장근

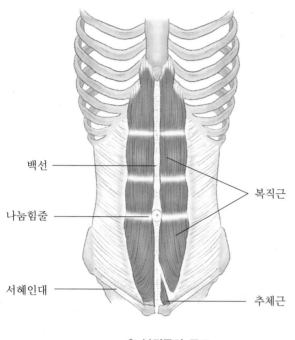

백선 ——

나눔힘줄 ——

서혜인대 ——

—— 복직근

—— 추체근

↑ 복직근의 구조

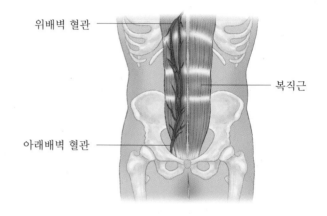

위배벽 혈관 ——

—— 복직근

아래배벽 혈관 ——

↑ 복직근과 배벽 혈관의 구도
복직근이 수축되면 배벽 혈관(epigastric vessel)을 압박하여 혈액 순환 장애가 일어나 복부에 냉증이 유발되며 내장기의 기능이 저하된다.

복직근은 복벽을 긴장시켜 흉곽을 아래로 당기고 골반은 위로 당겨 척추의 굴곡근 작용을 하며, 기본적인 기능은 다음과 같다.

❶ 내장을 보호하고 압축한다. 따라서 복부에 이상 현상 또는 압통점이 발생하면 복부와 등으로 통증이 방사되며 내장에도 영향을 미친다. 그러므로 복부에 발현되는 통증이 복근에 의한 것인지 내장 질환에 의한 것인지 구분하는 것이 매우 중요하다. 이 근육이 약해지면 장기가 외부로 밀려나와 배가 나오고, 장간막 사이로 지방이 축척되어 혈액과 림프 순환에 장애를 준다. 이로 인해 구토, 식욕 부진, 설사, 변비와 같은 다양한 내장 질환성 통증이 유발된다.

❷ 호흡 작용을 돕는다. 복직근은 횡격막을 도와 수축 작용을 일으켜 호기를 돕는 기능을 하므로 이 근육에 이상이 발생하면 호흡 장애가 발생하여 전신에 심한 피로감이 유발된다.

❸ 척추를 굴곡한다. 복직근이 수축되면 요추와 흉추를 앞으로 당겨 척추의 굴신 동작을 일으킨다. 그러므로 복직근이 약화되면 운동력이 떨어져 복부에 지방이 쌓이고 내장이 앞으로 밀려나와 배불뚝이가 되며 굴신 동작의 가동 범위가 줄어든다. 이는 허리에 만성적인 굴곡 현상을 일으켜 결국 어깨가 둥글게 만곡되는 현상으로 발전된다.

❹ 복압을 조절한다. 배변이나 출산 그리고 호흡을 멈추고, 근력을 사용하는 역도와 같은 운동 시 복압을 증가시켜 복부를 압박함으로써 근력을 집중시킨다.

복직근에 이상이 발생하면 통증은 근육과 내장으로 다양하게 방사되지만, 압통점을 중심으로 일정한 통증을 보이는 것이 특징이다. 예를 들면 대개 복부 중앙을 중심으로 좌우 어느 한쪽으로만 나타난다. 그러나 내장에 문제가 있다면 증상 부위를 중심으로 양측으로 넓게 통증이 구분 없이 나타난다.

복직근은 그 자체만의 근육통은 그리 심한 편은 아니다. 활동을 하면 아프지 않지만 오히려 오래 앉아 있으면 허리가 불편해진다. 팔다리를 곧게 펴고 누워 기지개를 하듯 상하로 몸을 늘리면 통증이 발생하는 정도이다. 그러나 다른 증상으로 연관통을 일으키는 원인이 되므로 그것이 더 큰 문제가 된다.

증상
- 의자에 앉을 때 엉덩이는 앞으로 빼고 등은 등받이에 비스듬히 걸치는 대각선 상태를 유지하며, 목과 어깨는 앞으로 말아 전체적으로 척추를 둥글게 만들어 앉는다.
- 호흡이 어렵고 만성 피로를 호소한다.
- 요추가 전만된다.
- 둥근 어깨가 형성된다.
- 복부 중앙에서 통증이 발현된다.
- 날씨, 습도, 기온, 계절에 따라 통증의 정도가 다르게 나타난다.
- 허리와 견갑골 아래 양측으로 통증이 나타난다.
- 의자에 앉아 있을 때 매우 불편하고 통증이 나타난다.
- 생리 시 통증이 더 심하다.
- 다리를 올리거나 윗몸 일으키기 동작에 장애를 받으며 통증이 유발된다.
- 복부 팽만, 쓰림, 복통을 호소한다.
- 설사와 변비, 소변 장애 증세를 보인다.
- 맹장염과 같은 통증 증상을 보인다.

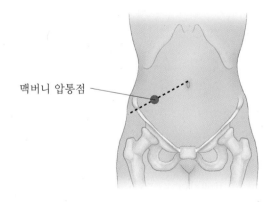

맥버니 압통점

⬆ 맥버니 압통점 / Mcburney point
복직근의 하부 압통점이 압박되어 통증이 발현된다. 이 압통점은 맥버니 압통점(배꼽과 전상장골극(ASIS)을 직선으로 그으면 골반쪽 1/3 지점에 위치)과 위치가 비슷하여 급성 충수염으로 인한 통증과 매우 유사하므로 확실한 감별이 필요하다. 방사통은 요추 부위와 천장 관절까지 방사되고, 배뇨 기능을 저하시키며 경련과 함께 심호흡 시 통증이 더 심해지는 특징을 보인다.

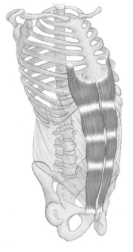

정상　　　　　　　복직근이개

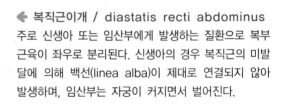

◀ 복직근이개 / diastatis recti abdominus
주로 신생아 또는 임산부에게 발생하는 질환으로 복부 근육이 좌우로 분리된다. 신생아의 경우 복직근의 미발달에 의해 백선(linea alba)이 제대로 연결되지 않아 발생하며, 임산부는 자궁이 커지면서 벌어진다.

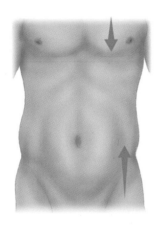

◀ 복직근의 약화에 따른 병변
복직근이 약화되면 흉곽과 골반 사이(thoracic cage)가 멀어져 가슴과 골반 근육들을 서로 당김으로써 만성적인 긴장 상태가 된다. 복부에는 장간막에 피하 지방이 쌓여 혈액 순환을 방해하고, 요추는 심하게 전만되어 신경계를 압박한다.

요인
- 만성적인 복직근의 긴장 상태는 추체근을 손상시켜 배뇨 관련 증상을 일으킨다.
- 과도한 윗몸 일으키기 운동으로 통증이 발생한다.
- 복직근이 단축되면 어깨, 허리, 손발 등으로 연관통을 발생시킨다.
- 횡격막의 기능을 저하시켜 폐 용량이 줄어들고, 폐 관련 질환을 유발한다.
- 복부 통증 시 상체를 앞으로 숙이면 복직근의 긴장이 감소되어 통증이 감소된다.
- 가슴에 분포된 근육을 앞으로 당겨 수축성 긴장 상태를 일으킨다.
- 복부 비만은 복부를 보호하지 못해 장기 손상과 내장 질환을 일으킨다.
- 복직근이 약화되면 요통이 더 심해진다.
- 복직근이 긴장되면 배벽 혈관을 압박하여 혈액 순환을 방해한다.
- 복압이 저하되어 출산과 배변의 기능을 떨어뜨린다.
- 추운 데 오래 있으면 복부에 분포된 혈관을 압축하여 장기에 혈액 순환을 방해한다.
- 비대칭인 골반은 복직근에 만성적인 긴장을 초래한다.

압통점과 방사통

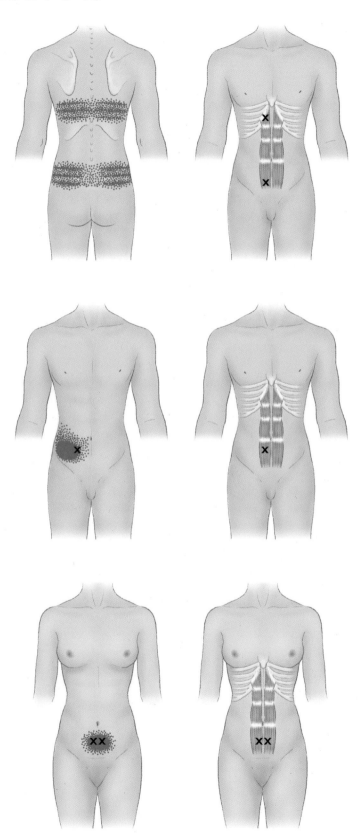

← 복직근의 압통점과 방사통 – 1
상부 복직근의 압통점 : 배면 중앙에서 늑골연 사이를 가로지르며 방사된다. 복부 팽만, 쓰림, 소화 불량 등과 같은 복통이 나타난다.

← 복직근의 압통점과 방사통 – 2
맥버니 압통점(Mcburney's point) : 배꼽과 전상장 골극(ASIS)을 직선으로 그으면 골반쪽 1/3 지점 부근에서 방사된다. 충수염과 비슷한 심한 통증이며, 장골과 음경 부위로 방사된다.

← 복직근의 압통점과 방사통 – 3
하부 복직근의 압통점 : 천장 관절 부위와 하부 요추부 사이로 국소적으로 방사되며, 생리 시 더욱 심하게 발현된다.

근 기능 테스트

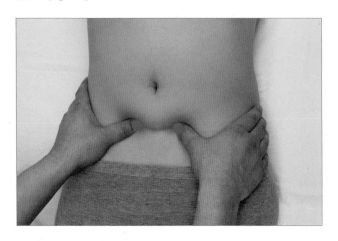

◀ 복직근 압통 테스트
시술자는 배꼽 좌우 아래 하부 복직근의 압통점을 무지를 이용하여 압을 적용하며, 동시에 피술자는 호기와 흡기를 통해 압에 저항한다. 이때 나타나는 통증의 정도를 평가한다.

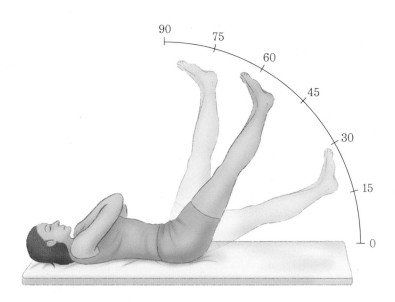

▲ 하부 복직근 압통 및 근 기능 테스트

1. 피술자는 얼굴을 위로 하고 양팔을 팔짱 끼며 두 다리를 모아 곧게 펴고 눕는다.
2. 피술자는 하지를 곧게 펴서 자신의 상체 방향으로 올려 골반과 지면이 90도 각도가 되도록 유지한다. 만약 이 첫 동작이 어렵다면 시술자가 도와준다.
3. 위 동작 시 피술자의 머리와 상체는 모두 지면에 붙어 있어야 한다.
4. 피술자는 서서히 다리를 하강시키고 시술자는 피술자의 요추와 골반이 지면에서 떨어지지 않는지 피술자의 허리에 손을 넣어 확인한다.
5. 피술자가 하지를 일정한 각도에 따라 내리면 고관절 굴곡근의 힘이 작용하여 점점 골반이 전굴된다.
6. 이때 환자는 체간부의 굴곡근을 강하게 수축하여 골반이 전굴되지 않도록 저항하며, 요추가 지면에서 떨어지지 않도록 정해진 각도에 따라 하지를 내린다.
7. 하지와 지면의 각도를 측정하여 근력과 통증의 정도를 측정한다.

준비	0도
아주 양호	15도
양호	30도
보통	45도
약함	60도
아주 약함	75도

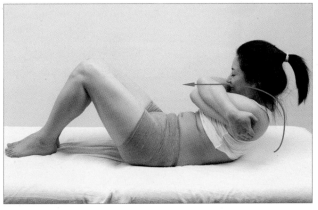

상부 복직근 압통 및 근 기능 테스트
1. 피술자는 얼굴을 위로 하고 고관절은 45도 굴곡, 무릎은 90도로 굴곡한 상태로 눕는다.
2. 피술자는 상체를 일으켜 팔꿈치가 자신의 무릎에 닿도록 하고 정점에 도달하면 몇 초 동안 유지한다.
3. 위 동작 시 피술자의 허리(요추 부위)와 골반 그리고 발바닥이 모두 지면에 붙어 있어야 한다.
4. 다음 표를 통해 근력과 통증의 정도를 측정한다.

아주 양호	피술자는 양손을 머리 뒤에서 맞잡고 상체를 일으켜 윗몸 일으키기를 완벽하게 실행한다.
양호	피술자는 양팔을 가슴에서 팔짱 끼고 상체를 일으켜 윗몸 일으키기를 완벽하게 실행한다.
보통	피술자는 양팔을 앞으로 뻗은 상태에서 상체를 일으켜 윗몸 일으키기를 완벽하게 실행한다.
약함	피술자는 양팔을 앞으로 뻗은 상태에서 척추 굴곡은 가능하나, 고관절 굴곡으로는 윗몸 일으키기를 실행하지 못한다.

시술 테크닉

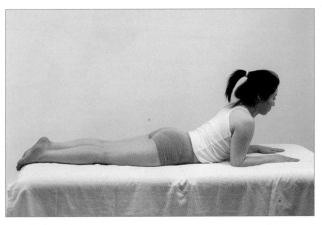

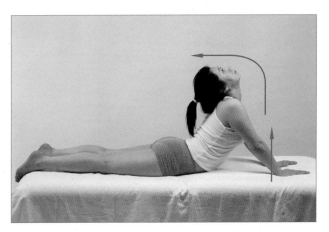

복직근 셀프 스트레칭-1
환자는 엎드려 주관절을 90도로 굴곡하여 상체가 지면에서 떨어지도록 한다. 이어 서서히 주관절을 신전하여 상체를 들어 올리며, 목을 최대한 뒤로 젖혀 신전한다. 이때 골반과 다리가 지면에서 떨어지지 않도록 한다.

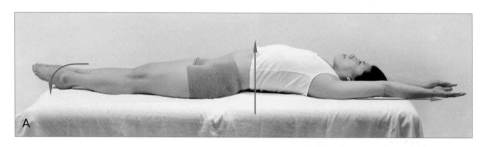

⬆ 복직근 셀프 스트레칭-2

A-환자는 얼굴을 위로 하고 누워 다리는 곧게 펴고 양 어깨는 180도 신전하여 팔이 지면에 닿도
  록 한다. 이어 발끝은 최대한 내려 저굴(plantar flexion)하고, 동시에 복부는 지면에서 들어 올
  리며 양 어깨를 상향으로 최대한 뻗는다.

B-환자는 무릎을 굴곡하여 앉고 양손은 내회전하여 자신의 장골 뒤에 위치한다. 서서히 고개를 뒤
  로 젖혀 몸을 과신전하며 동시에 복부는 앞으로 내민다.

C-환자는 직립하여 양 어깨를 최대한 과신전하고, 동시에 허리를 전만하여 복부가 앞으로 휘면서
  척추가 C자 형이 되도록 한다.

⬆ 복직근 셀프 스트레칭

환자는 직립하여 다리를 모으고 양 어깨는 180도 신전하여 양손을 맞잡는다. B에서 A로 허리 근력만을 이용하여 몸을 서서히 측굴하
고, 원래 상태로 다시 서서히 돌아온다. 이때 다리와 골반은 움직이지 않고 고정한다.

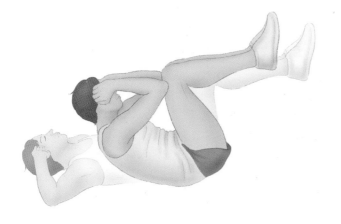

◆ 복직근 근력강화 운동

환자는 누워 양손을 자신의 관자놀이 부위에 각각 위치하고, 무릎을 90도로 굴곡한다. 이어 복부 근력만을 이용하여 상체는 들어 올리고, 동시에 고관절을 굴곡하여 양 팔꿈치와 양 무릎이 서로 닿을 수 있도록 함으로써 상하 복직근을 동시에 강화시킨다.

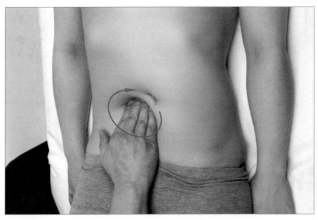

↑ 복직근 압통점 이완

시술자는 손가락 끝을 모아 피술자의 압통점을 서클을 그리며 강 자극하며 이완한다.

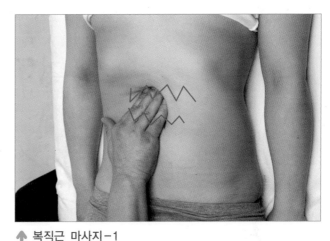

↑ 복직근 마사지-1

시술자는 손가락 끝을 모아 복직근 전반에 강약이 배합된 압으로 국소적이고 세심한 바이브레이션을 적용하여 미세하게 근섬유를 이완한다.

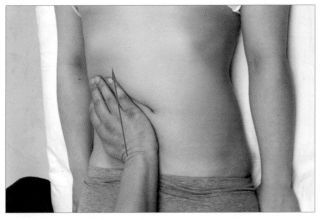

↑ 복직근 마사지-2

시술자는 수장으로 복직근과 복사근의 접합 부위를 따라 강한 압으로 슬라이딩한다.

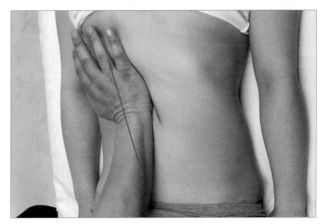

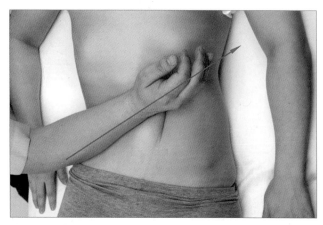 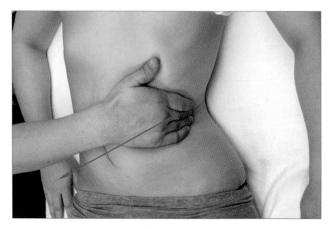

⬆ 복직근 마사지-3

시술자는 전완을 길게 눕혀 골반에서 늑골 방향으로 대각선으로 압을 주며 슬라이딩한다. 이어 손가락 끝을 모아 복직근 외측상연에 걸고 강한 압으로 대각선으로 당긴다.

 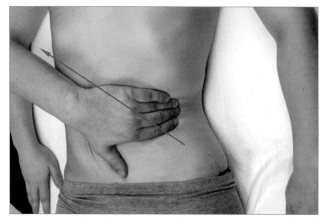

⬆ 복직근 마사지-4

시술자는 전완을 길게 눕혀 늑골에서 골반 방향으로 대각선으로 압을 주며 슬라이딩한다. 이어 손가락 끝을 모아 복직근 외측하연에 걸고 강한 압으로 대각선으로 당긴다.

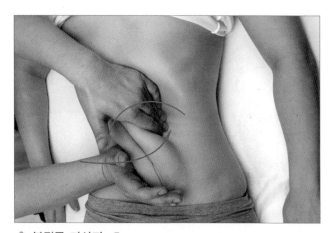 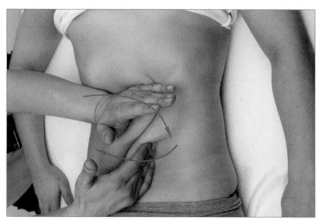

⬆ 복직근 마사지-5

시술자는 양손으로 피술자의 복직근을 리드미컬하고 강약이 배합된 압으로 조이며 당겨 페트리사지를 적용한다.

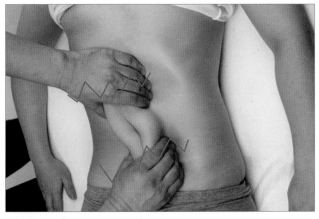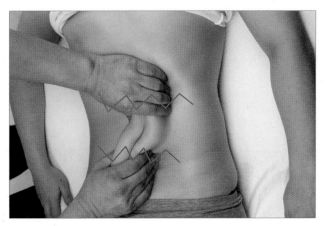

↑ 복직근 마사지-6

시술자는 양손으로 피술자의 복직근을 조여 잡고, 크고 둔탁한 리듬으로 바이브레이션을 적용한다.

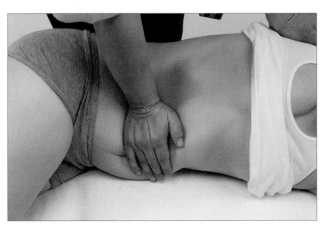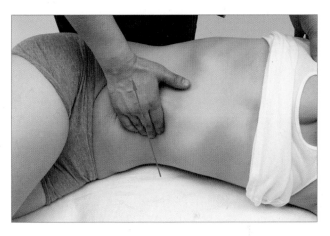

↑ 복직근 마사지-7

피술자는 측와위로 눕고 상부의 고관절을 굴곡하여 복근을 이완한다. 시술자는 수장으로 복직근의 측면을 직하방으로 눌러 수축시키며 슬라이딩한다. 이어 손가락 끝을 모아 위로 당겨 이완한다.

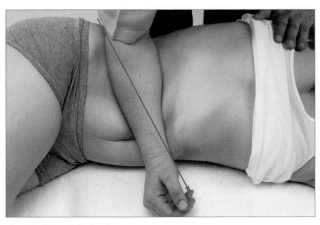

↑ 복직근 마사지-8

시술자는 전완을 이용하여 길고 부드러운 압으로 외측에서 내측으로 슬라이딩한다. 이어 팔꿈치가 복직근의 측면에 도달되면 팔꿈치를 세워 직하방으로 강한 압을 적용하며 슬라이딩한다.

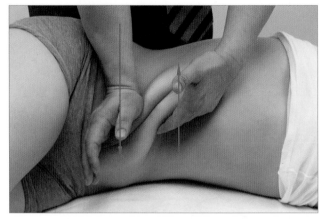

⬆ 복직근 마사지-9

시술자는 수장을 이용하여 위아래에서 각각 수직으로 강약이 배합된 압을 동시에 적용하여 복직근을 리드미컬하게 페트리사지한다.

치료 관점

복직근이 긴장되면 기본적으로 복근에 압통이 생성될 뿐만 아니라 내장 질환도 함께 유발시킨다. 또한 허리와 어깨 통증을 일으키는 주범이며 전신에 혈액 순환을 방해함으로써 신진대사를 떨어뜨리는 원인이 된다. 따라서 모든 근막 통증을 치료함에 있어 복직근은 이유를 불문하고 먼저 이완되어야 효율성을 높일 수 있다.

미용 관점에서 보더라도 여성의 배는 남성보다 더 둥그스름하고 깊어 복직근의 약화로 비만이 형성되면 배만 볼록해지는 것이 아니라, 엉덩이와 다리로까지 확산되어 전체적으로 미의 균형을 잃게 만든다.

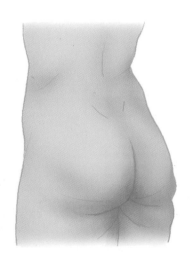

⬆ 복직근의 약화에 따른 체형 변화

복사근 abdominal obliques m.

내·외복사근(external abdominus oblique·internal abdominus oblique)

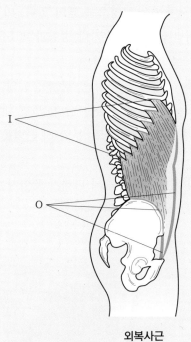

외복사근

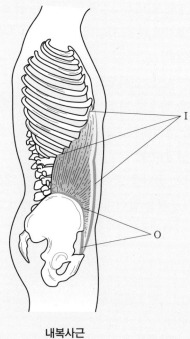

내복사근

외복사근

원어 (original word)	Latin : externus–outside 　　　　abdomen–belly 　　　　obliquus–slant
기시부 (origin)	중앙의 백선과 장골능의 전반부 및 치골 결절
정지부 (insertion)	제5-12번 늑골연골과 검상돌기
작용 (action)	몸통(굴곡) 척추(측굴, 회전), 복압 상승
지배신경 (nerve)	늑간신경 T7, T8, T9, T10, T11, T12

내복사근

원어 (original word)	Latin : internus–within 　　　　abdomen–belly 　　　　obliquus–slant
기시부 (origin)	서혜인대의 외측 1/3 장골능의 전 1/3 요막간의 하부
정지부 (insertion)	제10-12번 늑골의 전외측과 백선
작용 (action)	몸통(굴곡) 척추(측굴, 회전), 복압 상승
지배신경 (nerve)	늑간신경 T8, T9, T10, T11, T12

외복사근은 복직근의 측면과 광배근 아래에서 복벽의 앞면을 덮고 있으며, 제5~12번 늑골에서 시작하여 서혜인대와 장골능으로 넓게 부착된다. 좌우 전거근과 광배근이 혼합되고 외측상방에서 내측하방으로 V자 모양으로 위는 넓고 아래로 좁아지며, 백선(linea alba)을 향해 뻗어 있다. 이 근육의 섬유 방향은 손을 재 킷 주머니에 넣을 때의 손가락 방향과 동일하며 수축 시 늑골을 아래로 당긴다.

내복사근은 외복사근 아래 작고 얇은 층을 이루며, 제10~12번 늑골과 서혜인대 외측 심부에서 시작하여 서혜인대의 외측 1/3과 장골능의 전 1/3 그리고 요막간 하부로 부착된다. 외복사근과는 모양상 직각을 이루고, 외측하방에서 내측상방으로 아래는 넓고 위로 좁아지며 A자 모양으로 뻗어 있다. 이 근육은 육안으로 확인할 수 없지만 손을 가슴에 위치하고, 멜빵을 잡게 되면 근섬유가 손가락 방향과 비슷하며 수축 시 골반을 위로 당긴다.

내·외복사근은 단독으로 작용하기보다는 주변의 근육인 광배근, 최장근, 장늑근 등의 영향을 받아 움직이며, 몸통을 좌우로 회전시키고 옆으로는 측굴을, 앞으로는 굴곡의 기능을 한다. 또한 내부 장기를 보호하고 횡격막을 밀어내어 호흡을 돕고, 복압을 조절하여 배변이나 배뇨, 구토, 분만 시 근력을 발생시키는 중요한 역할을 담당한다.

내복사근은 골반을 끌어올려 거상하기 때문에 단축이 일어나면 환측의 다리가 짧아지는 경향을 보이고, 외복사근은 흉곽을 끌어내려 환측의 어깨가 돌아가고 밑으로 처지게 만든다.

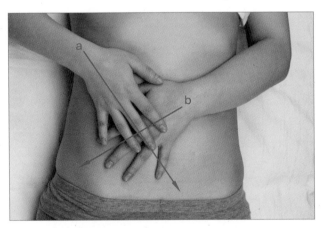

▲ 복사근의 근섬유 방향(a : 외복사근, b : 내복사근)
손가락 방향으로 섬유질이 형성된다.

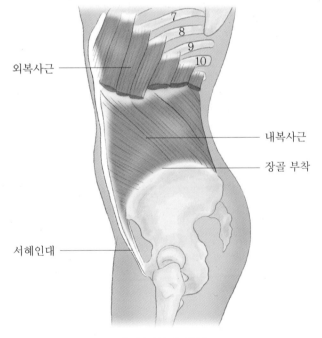

외복사근

내복사근

장골 부착

서혜인대

▲ 복사근의 구성

	협동근	길항근
내·외복사근	요방형근, 요장늑근, 광배근, 전거근, 하후거근, 장요근, 복직근	요방형근(반측), 내외복사근(반측), 요장늑근, 광배근, 기립근, 대둔근, 슬괵근, 비복근

증상
- 몸통을 굴곡하기가 불편하며 복부 전반에 걸쳐 통증이 나타난다.
- 안정 시에도 호흡이 불편해진다.
- 복부에 가스가 많이 찬다.
- 속쓰림 현상이 나타난다.
- 빈뇨 또는 소변 장애가 나타난다.
- 서혜부 통증이 나타난다.
- 아이들은 야뇨증 현상이 나타난다.
- 어깨가 전방으로 말리며 처진다.
- 흉골 아래 명치 부위에 통증이 나타난다.
- 음낭과 복부로 방사통이 나타난다.
- 몸통을 외측으로 측굴 또는 회전 시 통증이 나타난다.
- 구부정한 체형으로 변화된다.

요인
- 과도하게 몸을 회전하거나 오랫동안 작업 시 발생한다.
- 복부를 압박하는 옷이나 장신구로 인해 근육이 약화된다.
- 개복 수술이나 제왕 절개 수술 후유증으로 증상이 유발된다.
- 한 자세로 오래 서 있거나 앉아서 작업 시 나타난다.
- 만성적인 허리 통증이 복부 통증을 유발시킨다.
- 골프나 야구와 같이 스윙 동작이 많은 운동을 과도하게 했을 때 증상이 나타난다.
- 장시간 보행 시 골반의 피로감이 연계통을 발생시킨다.

⬆ 복사근의 긴장에서 오는 체형 변화
상복부의 외복사근이 흉곽을 당겨 어깨는
처지고, 하복부의 내복사근이 골반을 위
로 당겨 다리가 휘게 된다.

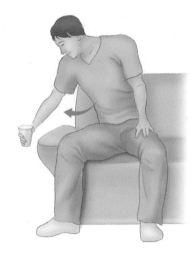

⬆ 체간 회전 시 옆구리 통증 발생
경직된 상태에서 체간을 급작스럽게 회전
하면 복사근이 늑골을 당겨 골절 또는 근
육에 좌상(strain)을 발생시킨다.

압통점과 방사통

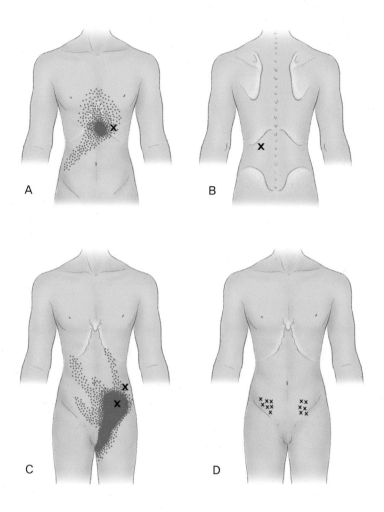

🔺 복사근의 압통점과 방사통

A-흉곽의 전면에서 통증이 발현되며 주변으로 방사된다. 속쓰림과
　횡격막 탈장 증세가 나타난다.

B-일명 벨치 버튼(belch button)이라 불리는 흉요추근막
　(lumbodorsal fascia)에서 압통이 발생, 압통점을 자극하면 트
　림이 나고 심한 경우에는 구토 증세를 일으킨다.

C-치골 상연부와 서혜부 인대 외측을 따라 압통이 발현되며 빈뇨,
　소변 장애, 서혜부 통증, 야뇨 증세가 나타난다.

D-하복부에 압통이 발현되며 만성적인 설사 증세를 보인다.

근 기능 테스트

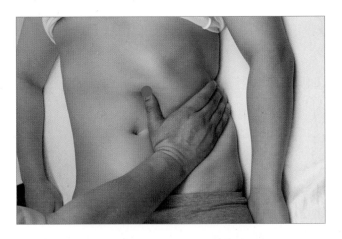

복사근 압통 테스트

시술자는 흉곽의 전면에 위치한 복사근의 압통점을 무지를 이용하여 압을 적용하며 동시에 피술자는 호기와 흡기를 통해 압에 저항한다. 이때 나타나는 통증의 정도를 평가한다.

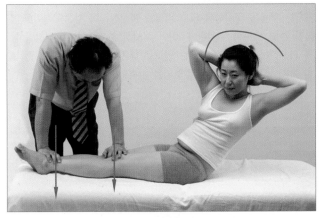

복사근 압통 및 근 기능 테스트-1

1. 피술자는 얼굴을 위로 하고 다리를 곧게 펴고 눕는다.
2. 피술자는 양손을 자신의 후두에서 깍지를 끼고 복근의 힘만을 이용하여 상체를 일으키며 동시에 측면으로 회전을 준다. 정점에 도달하면 몇 초 동안 유지한다.
3. 시술자는 피술자의 골반과 하지가 모두 지면에 붙어 있도록 다리를 고정시킨다.
4. 다음 표를 통해 근력과 통증의 정도를 측정한다.

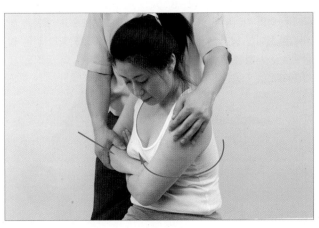

복사근 압통 및 근 기능 테스트-2

1. 피술자는 의자에 앉아 양팔을 끼고 허리는 45도 굴곡한다.
2. 피술자는 허리 근육을 이용하여 환측으로 회전하며, 동시에 시술자는 피술자의 팔꿈치를 고정시키며 이에 저항한다.
3. 근력과 통증의 정도를 측정한다.

아주 양호	피술자는 양손을 머리 뒤에서 맞잡고 상체를 45도 굴곡하고 다시 측면으로 회전한 상태로 몇 초 동안 유지할 수 있다.
양호	피술자는 양팔을 가슴에서 팔짱 끼고 상체를 45도 굴곡하고 다시 측면으로 회전한 상태로 몇 초 동안 유지할 수 있다.
보통	피술자는 양팔을 앞으로 뻗은 상태에서 상체를 45도 굴곡하고 다시 측면으로 회전한 상태로 몇 초 동안 유지할 수 있다.
약함	피술자는 상체를 들어올리기는 하지만 회전이나 유지는 하지 못한다.

시술 테크닉

↑ 복사근 셀프 스트레칭-1

환자는 직립하여 양 어깨를 굴곡하고 머리 위에서 두 손을 맞잡는
다. 이어 허리를 서서히 측굴하여 복부 외측이 최대한 이완되도록
한다. 정점에 도달하면 몇 초 동안 유지하고 다시 이완하기를 반
복한다.

↑ 복사근 셀프 스트레칭-2

환자는 무릎을 굴곡하여 앉고 양팔을 과신전하여 자신의 발바닥에
각각 손이 오도록 위치한다. 이어 서서히 고개를 뒤로 젖혀 몸통
을 과신전하며 동시에 복부는 앞으로 내민다. 정점에 도달하면 몇
초 동안 유지하고 다시 이완하기를 반복한다.

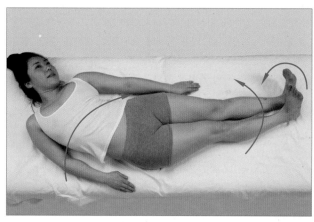

← 복사근 셀프 스트레칭-3

환자는 앙와위로 누워 하지와 상지를 체간으로 모으고, 발목과 발
가락은 최대한 당겨 배굴한다. 이어 상체와 하체를 각각 같은 방
향으로 서서히 측굴하며 복부의 측면을 이완한다. 이 동작을 몇
회 반복하여 적용한다.

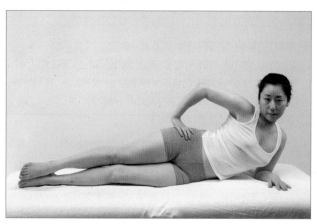

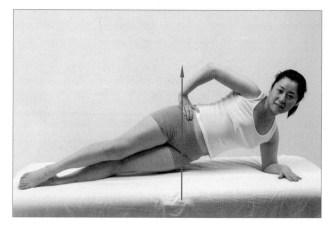

↑ 복사근 근력강화 운동-1

환자는 측면으로 눕고 지면에 전완을 굴곡하여 상체만을 들어 고정하고, 반측 팔은 자연스럽게 자신의 골반에 어깨를 외전해서 올려놓
는다. 이어 허리 근력을 이용하여 골반을 지면에서 들어 올리며 정점에서 같은 자세를 유지한다.

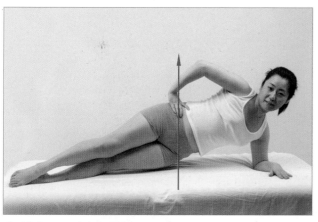
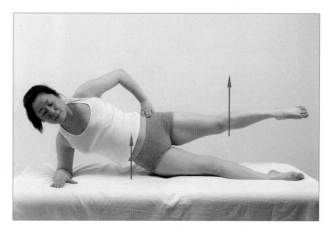

↑ 복사근 근력강화 운동 – 2

환자는 허리 근력을 이용하여 골반을 지면에서 들어 올리며 정점에서 같은 자세를 유지한다(plank position). 이어 위의 자세에서 상부에 있는 다리를 가능한 범위까지 서서히 외전한다.

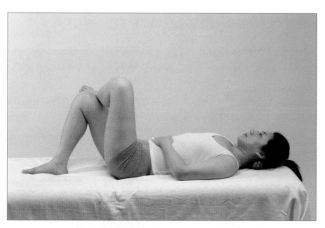
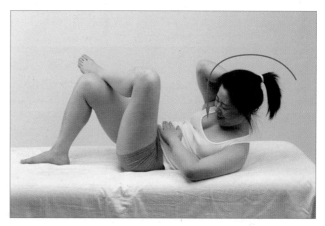

↑ 복사근 근력강화 운동 – 3

환자는 누워 양측 고관절을 굴곡하고, 그 중 한쪽 다리를 반대 무릎 위에 거상한다. 손은 자신의 머리에 고정하고 반측의 손은 복부에 가볍게 올려놓는다. 환자는 복근의 근력만을 이용하여 상체를 들어 올리며 동시에 반측으로 회전한다.

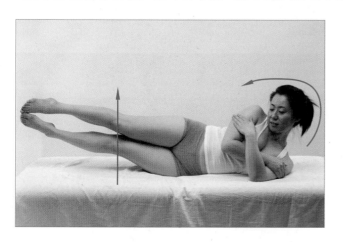

← 복사근 근력강화 운동 – 4

환자는 측와위로 누워 양손은 가슴에서 팔짱을 끼고 하지는 곧게 모아 편다. 이어 고개와 발을 동시에 들어 올려 복부를 중심으로 C자 형의 체형을 만든다. 정점에 도달하면 몇 초 동안 자세를 유지하고 다시 서서히 이완한다.

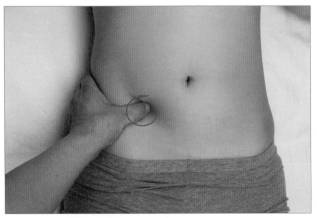

▲ 복사근 압통점 이완

시술자는 무지를 이용하여 치골상연 압통점을 서클을 그리며 강자
극하여 압통을 이완한다.

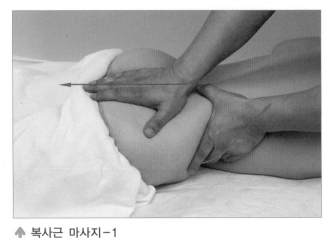

▲ 복사근 마사지-1

시술자는 오른손 손바닥을 피술자의 장골 후연에 올려놓고 골반
방향으로 밀며, 동시에 왼손은 피술자의 복부 외측 하단에 밀착시
켜 상체 방향으로 당긴다. 복사근 후연과 전연을 동시에 압축하여
서로 반대 방향으로 압력을 줌으로써 근막을 이완시킨다.

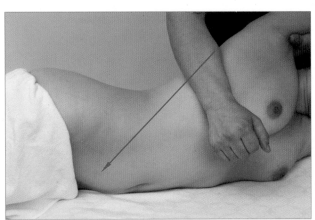

▲ 복사근 마사지-2

피술자는 측와위로 누워 상부의 고관절을 굴곡하고 상체는 약간 신전한다. 시술자는 전완을 이용하여 외복사근 근섬유 방향으로 넓고 부
드럽게 슬라이딩하고 동시에 피술자는 상체를 뒤로 신전하여 근막을 이완한다.

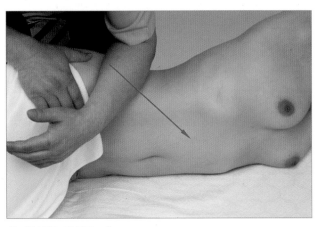

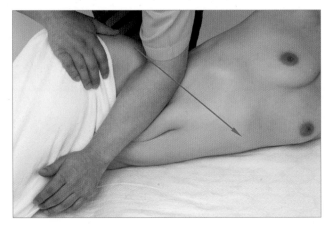

▲ 복사근 마사지-3

시술자는 전완을 이용하여 내복사근 근섬유 방향으로 슬라이딩하며, 점점 압력을 높여 강하게 근막을 이완시킨다.

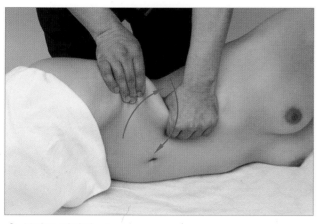
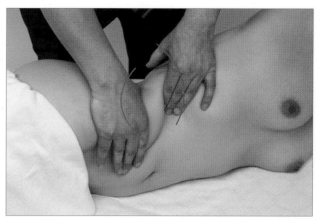

⬆ 복사근 마사지-4

시술자는 내·외복사근을 손아귀로 강약을 배합한 리드미컬한 압으로 조이며 당겨 페트리사지를 적용한다.

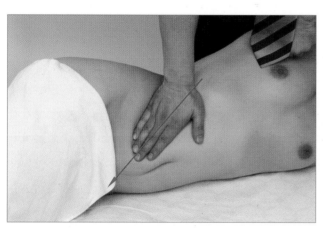

⬆ 복사근 마사지-5

시술자는 수장을 이용하여 복사근에 강하게 밀착하며 심부압으로 슬라이딩한다.

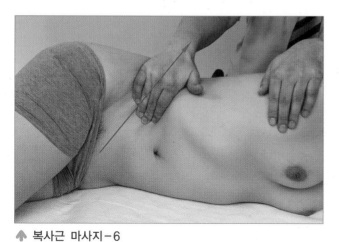
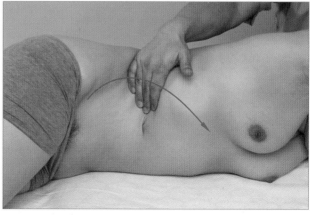

⬆ 복사근 마사지-6

시술자는 손가락 끝을 모아 복사근을 역방향으로 서서히 당겨 근막을 이완한다. 이어 복부의 외측면을 따라 늑골 하연으로 강하게 밀착하며 서서히 슬라이딩한다.

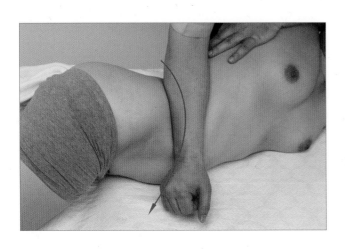

◀ 복사근 마사지-7
시술자는 전완을 이용하여 복사근의 접합 부분인 장골능의 전면과 요막간의 하부에서 서혜인대 방향으로 강하게 압을 적용하며 슬라이딩한다.

치료 관점

복사근이 만성적으로 긴장 상태에 있으면 압통점을 유발시켜 내장 질환성 통증을 일으키는 것이 특징이다. 외복사근의 상부에 압통이 발생하면 속쓰림과 명치 끝에 국소적인 심부 통증을 유발시켜 급성 위장병을 의심하게 한다. 내복사근 하부에 압통이 발생하면 서혜부를 따라 방광 부위로 통증이 확산되어 소변 장애 또는 빈뇨 증상이 나타나 전립선 또는 방광염을 의심하게 만든다. 여성의 경우 생리 시에는 복부가 일시적으로 부풀어 오르며 가스가 차고 체온이 내려가는 증상이 나타나므로 원인이 근막 통증인지 내장 질환인지 구별하는 것이 매우 중요하다. 또, 복근은 복근 자체만을 이완해서는 완전한 보디워크가 이루어지지 않는다는 점을 항상 고려해야 한다. 목과 흉추, 요추의 과도한 만곡 상태를 먼저 이완해야 치료 효과를 극대화할 수 있기 때문이다.

복사근은 평소 몸을 비트는 간단한 운동만 꾸준히 실천하더라도 압통은 크게 문제되지 않지만, 만약 비만이나 외상으로 근력이 약화되었다면 적절한 유산소 운동과 안정, 마사지를 통해 예방과 치료를 병행해야 한다. 복부는 어떤 식으로든 만지면 복압이 이완되어 배가 가볍고 편해지는 것은 사실이다. 그러나 복압을 먼저 부드럽게 이완하지 않고 마사지를 하면 장기에 손상을 주고 불필요한 통증을 겪게 된다.

복횡근 transversus abdominis m.

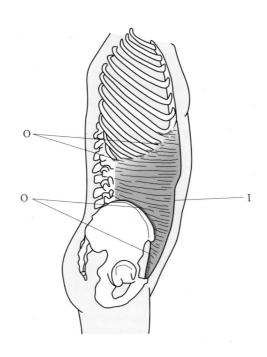

원어 (original word)	Latin : transverus-lying across 　　　　abdomen-belly
기시부 (origin)	제7~12번 늑골의 전외측과 장골능, 흉요추근막
정지부 (insertion)	중앙의 백선
작용 (action)	내장을 압축
지배신경 (nerve)	늑간신경 T7, T8, T9, T10, T11, T12

　복횡근은 가장 깊게 위치한 복근이며 복부에 위치한 장기와 기관을 감싸는 막으로, 횡격막의 근막, 장골근막, 골반벽 근막, 서혜인대의 외측 1/3, 흉요추 근막에서 넓게 연결되어 복부의 중앙 복직근초(rectus sheath : 복횡근의 내면을 덮는 얇은 막으로, 복직근을 앞뒤 2겹으로 감싼다. 복막과는 소량의 지방 조직으로 격리되어 있다.)를 통하여 백선(linea alba)을 향해 수평으로 부착된다.

　복횡근은 내 · 외복사근의 작용을 돕고 요추부를 안정화시키며, 뼈의 기능을 대신해 복부와 내장 기관의 위치와 형태를 고정한다. 또한 복부 내압을 증가시키고 호흡을 보조하며 외상으로부터 내장을 보호하는 역할을 한다. 이 근육을 일명 '코르셋 근육(corset muscle)'이라고도 하는데, 복부의 내장을 압축하여 허리를 잘록하게 만들고 상대적으로 엉덩이가 올라가게 만들기 때문이다.

	협동근	길항근
복횡근	복직근, 내 · 외복사근, 다열근, 대 · 소둔근	요장늑근, 늑골사이근

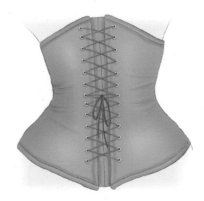

⬆ 코르셋 근육 / corset muscle
복횡근은 명치에서 골반까지 척추를 중심으로 원통으로
연결되어 배를 감싸며 복부를 압축하는 기능을 한다. 따
라서 이 근육이 잘 발달되어 있으면 코르셋을 입은 것과
같은 효과가 나타난다.

복횡근이 약화되면 내장의 무게를 견디지 못해 배가 앞으로 튀어나오고 중력의 영향을 받아 아래로 처지
면서 대장과 소장을 압박하여 연동 운동을 방해한다. 이는 소화물의 대사를 방해함으로써 장부의 운동력이
떨어져 장막간에 지방이 쌓이는 원인이 된다.

복횡근은 복부 내에서 공간의 크기를 결정하기 때문에 불필요한 체지방이 늘수록 혈액과 림프 순환을 방해
해 내장 질환을 일으킨다. 또, 직접적인 압박으로 직장이나 방광을 수축시켜 변비와 빈뇨 현상을 발생시킨다.

복횡근은 체간에서 일어나는 모든 동작을 수행할 때 빠르게 수축하며, 다른 근육보다 먼저 수축하는 특
징을 가지고 있다.

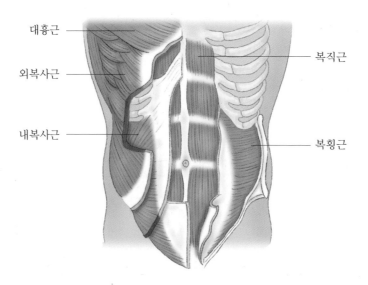

⬆ 복근의 근섬유 방향
복횡근은 복직근 밑에 위치한다. 복직근과 복사근은 근섬유
방향이 세로로 놓여 있는 반면 복횡근은 가로로 놓여 있다.

증상
- 음식을 먹어도 포만감이 쉽게 오지 않는다.
- 설사나 변비, 빈뇨 증상을 호소한다.
- 항문, 요도의 괄약근이 약해진다.
- 질 근육이 약화되어 불감증이 유발된다.
- 조금만 움직여도 호흡이 가쁜 장애를 느낀다.
- 내장 기능이 저하된다.
- 소화 불량을 호소한다.
- 손발이 차고 냉증이 발생한다.
- 복부에 냉증을 호소한다.
- 생리통, 생리량 과다, 생리 불순이 나타난다.
- 요실금 현상이 나타난다.
- 허리 통증을 호소한다.

요인
- 복부가 압박되어 내장 질환을 일으키는 원인이 된다.
- 위장, 소장, 대장을 압박하여 소화 기능을 저하시킨다.
- 전립선과 요도를 압박하여 정력 감퇴와 소변 장애를 일으킨다.
- 방광을 압박하여 빈뇨와 요실금을 일으킨다.
- 대장을 압박하여 연동 운동을 감퇴시켜 변비를 일으킨다.
- 배가 나오면 척추가 휘어 요통의 원인이 된다.
- 복부의 림프 순환을 방해하여 전신으로 부종 현상이 나타난다.
- 체온을 떨어뜨려 손발에 냉증을 발생시킨다.
- 호흡 기능의 저하로 신진대사를 방해한다.
- 출산에 의한 근력 약화가 발생한다.
- 복부 비만을 가속화시켜 성인병의 원인이 된다.

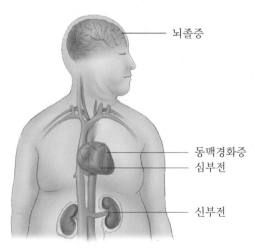

뇌졸중
동맥경화증
심부전
신부전

⬆ 비만으로 오는 병변

근 기능 테스트

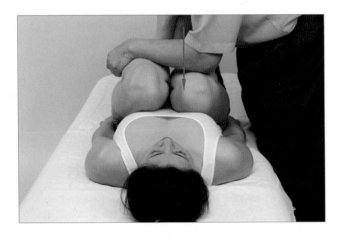

← 복횡근 압통 및 근 기능 테스트-1
피술자는 양 고관절과 무릎을 최대한 굴곡하고, 시술자는 피술자의 무릎을 체간 방향으로 눌러 굴곡 상태를 돕는다. 복부가 수축되어 피술자는 호흡 장애가 나타나고, 복횡근에 강한 수축과 이완이 빠르게 진행됨으로써 근력과 유발되는 통증의 정도를 측정할 수 있다.

← 복횡근 압통 및 근 기능 테스트-2
환자는 짐볼에 허리를 위치하고, 양손은 자신의 후두에서 서로 맞잡으며, 양다리는 적당한 간격으로 벌려 몸의 중심을 잡고 눕는다. 이어 허리를 최대한 뒤로 신전하여 1~2분 동안 그 상태를 유지하면 복부가 신장되어 호흡으로 인해 복횡근에 강한 수축과 이완이 일어난다.

시술 테크닉

↑ 복횡근 셀프 스트레칭-1
환자는 고관절과 무릎을 90도 굴곡하고 엎드린다. 이어 호흡을 통해 복근을 최대한 수축하고 정점에서 몇 초 동안 그 상태를 유지한다. 다시 반대로 최대한 이완하여 몇 초 동안 유지한다. 호흡은 날숨과 들숨을 통해 복횡근을 스트레칭한다.

↑ 복횡근 셀프 스트레칭-2

환자는 양발을 15cm 정도 폭으로 벌리고, 벽면에서 약간의 거리를 두고 위치하며, 무릎을 약간 구부린 상태에서 골반과 허리 그리고 등과 후두를 벽에 최대한 밀착한다. 이어 들숨을 통해 복근을 최대한 수축하며 벽면에 강하게 밀착하여 복횡근을 스트레칭한다.

↑ 복횡근 셀프 스트레칭-3

환자는 얼굴을 아래로 향하게 누워 고관절과 견관절을 최대로 과신전하여 양손이 자신의 양 발목을 신체의 후면에서 잡고, 복부를 최대한 신장한다. 천천히 깊고 강한 호흡을 통해 복횡근을 이완한다.

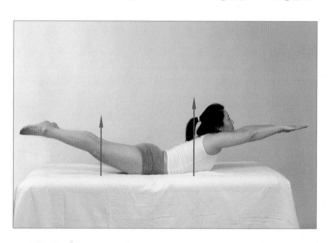

← 복횡근 근력강화 운동

환자는 양팔과 양발을 모으고 곧게 편다. 이어 복부와 골반만을 지면에 부착하고 허리를 신전하여 양팔과 양발이 지면에서 떨어지도록 위로 들어 올린다. 정점에 도달하면 몇 초 동안 유지한 채 깊은 호흡을 실행한다.

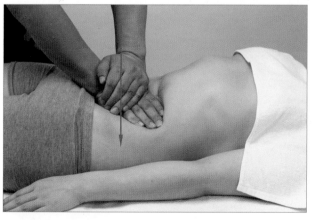
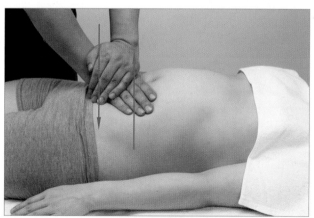

↑ 복횡근 마사지-1

시술자는 수장을 겹장하여 피술자의 배꼽과 치골 사이에 위치하고 서서히 직하방으로 압력을 적용한다. 이때 피술자는 날숨 상태로 압을 자연스럽게 받아들이고 다시 서서히 들숨을 쉬며 저항한다. 이때 시술자는 피술자의 복부가 이완되지 않도록 함께 저항한다.

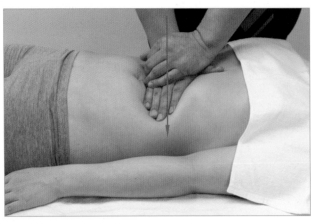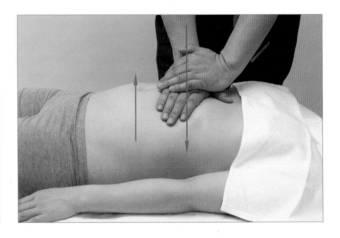

⬆ 복횡근 마사지-2

시술자는 수장을 겹장하여 피술자의 흉골 검상돌기와 배꼽 사이 중앙에 위치하고 서서히 직하방으로 압력을 적용한다. 이때 피술자는 날숨 상태로 압을 자연스럽게 받아들이고, 이어 서서히 들숨을 쉬어 복압을 높인다. 시술자는 압을 유지하며 이에 저항한다.

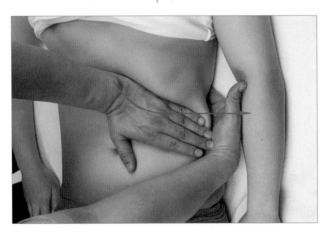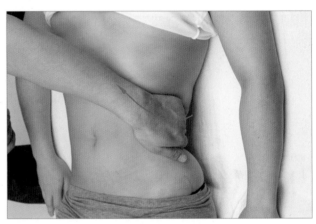

⬆ 복횡근 마사지-3

시술자는 수장을 피술자의 늑골하연을 따라 심부압으로 밀착시키며 강하게 슬라이딩한다. 이때 피술자는 날숨 상태로 압을 자연스럽게 받아들이고 늑골 하단까지 압이 도달되면, 시술자는 배부에 있는 복횡근을 강하게 조이며 당겨 올린다.

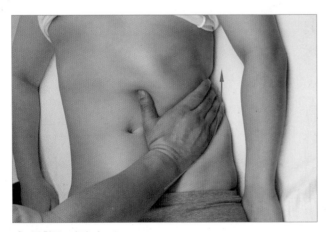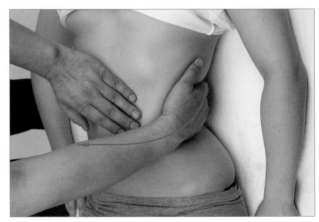

⬆ 복횡근 마사지-4

시술자는 수장으로 피술자의 장골과 복근의 접합 부위를 따라 심부압으로 밀착하며 강하게 슬라이딩한다. 이때 피술자는 날숨 상태로 압을 자연스럽게 받아들이고, 이어 시술자는 배부에 있는 복횡근을 강하게 조이며 당겨 올린다.

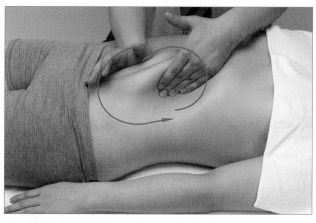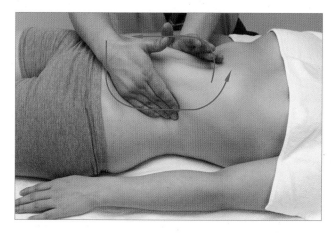

⬆ 복횡근 마사지-5

시술자는 양손을 이용하여 피술자의 날숨과 들숨이 이루어지는 동안, 복근 상태에 따라 강약을 조절한 압으로 리듬감 있게 페트리사지를 적용한다.

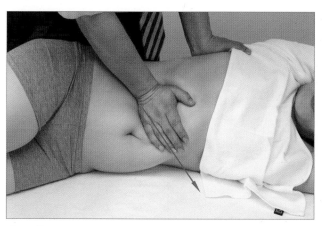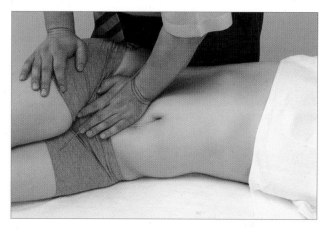

⬆ 복횡근 마사지-6

피술자는 측와위로 누워 고관절을 굴곡해 복근을 이완한다. 시술자는 수장을 이용해 피술자의 장골선과 늑골선을 따라 복근의 접합 부위를 심부압으로 밀착하여 강하게 슬라이딩한다. 피술자의 날숨과 들숨이 이루어지는 동안 강약을 조절하며 압을 적용한다.

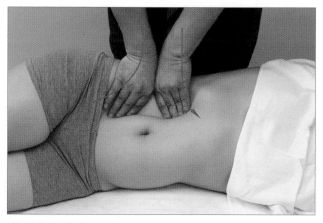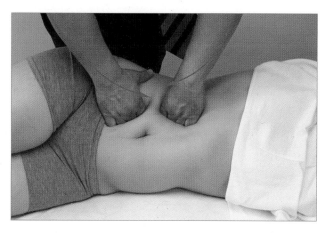

⬆ 복횡근 마사지-7

시술자는 손가락 끝을 모아 요추 근막부에서 각각 장골능과 늑골하연을 따라 심부압으로 슬라이딩한다. 또 너클을 이용해 장골능과 늑골하연에서 복부 중앙으로 심부압을 주며 슬라이딩한다. 이 시술은 피술자가 날숨 시 압을 적용한다.

치료 관점

복횡근은 복부 근육을 이루는 근육근 중에서 가장 아래에 위치해 있어, 이를 이완시키는 방법으로 직접적인 수기요법과 함께 호흡을 유도해 복벽에 장력을 발생시켜 근막을 이완시키는 보디워크를 적용하는 것이 매우 효과적이다. 이를 위해서는 복식 호흡이 매우 권장할 만하지만 이는 피술자 자신이 스스로 해결해야 할 문제이므로 피술자는 복부를 수축시켜 최대한 복벽을 신장시킬 수 있도록 한다.

복횡근은 웃거나 울고 기침할 때 복부에서 긴장감이 느껴지고 경련이 일어나므로 육안으로 볼 수는 없지만 촉진이 가능한 근육이다. 따라서 많이 웃거나 복부에 진동을 주는 기구를 사용하는 것도 근육을 이완하는 데 효과적인 방법이 될 수 있다.

특히 복횡근이 약화되면 복부 비만을 가져와 질환의 근원이 될 뿐만 아니라, 미용면에서도 자신감을 잃게 하여 삶의 질을 떨어뜨리므로 주기적인 유산소 운동과 복부에 긴장감이 쌓이지 않도록 꾸준한 마사지를 실행하도록 한다.

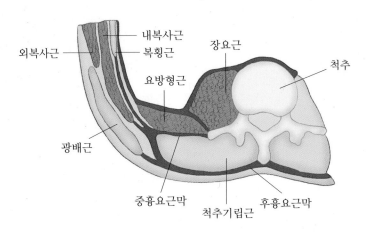

⬆ **복벽의 구조**
복벽은 3겹으로 이루어져 있다. 복횡근은 가장 내측에 위치해 있어
내장과 복근을 구분하며 다양한 생리 기능을 돕는다.

추체근 pyramidalis m.

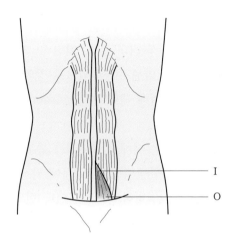

원어 (original word)	Latin : pyramidalis-pyramid shape
기시부 (origin)	치골상지
정지부 (insertion)	배꼽과 치골상지의 백선
작용 (action)	복부내장 압박, 백선을 긴장시킨다.
지배신경 (nerve)	늑하신경

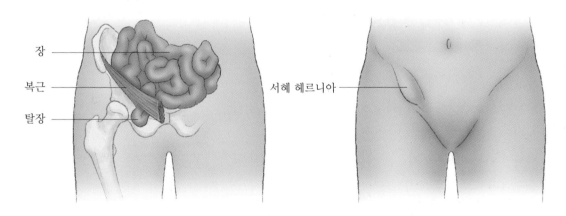

장
복근
탈장

서혜 헤르니아

↑ 서혜 헤르니아 현상

일반적으로 환자를 안정시킨 상태에서 부풀어 오른 부분을 가볍게 문질러 주면
원래 상태로 감소되는 경우가 많지만, 자각 증세가 나타나고 원래대로 잘 되돌아
가지 않거나 재발이 반복되면 병원 치료를 실행하여야 한다.

	협동근	길항근
추체근	복직근, 장요근	흉최장근

추체근은 삼각형의 아주 작은 크기로 특이하게도 인간의 1/4 정도는 이 근육이 없는 경우도 있다. 배꼽과 치골의 중간 부위 백선으로부터 치골능의 복직근을 향해 부착되며, 백선의 기능과 작용을 지지한다. 백선은 전복벽에서 복직근 사이의 정중선에 위치한 건성의 선이며, 3개 복근 건막의 교차 섬유로 이루어져 있어 복근의 다양한 운동 기능을 돕는데 추체근이 연결되어 있어 영향을 받는다.

추체근은 복직근과 함께 전복근을 형성하여 복벽을 형성하고, 복부 내장을 보호하며, 복압을 높여 호흡, 기침, 구토, 배뇨 및 배변에 관여한다. 허리의 굴곡, 회전 및 외측으로 구부리는 측굴 작용을 한다.

추체근이 위치한 부위에 복벽의 구성이 약해지면 복압으로 장의 일부가 복막에 싸인 채 복벽의 약한 부분으로 밀려 나오는 경우가 있다. 이것을 서혜 헤르니아(inguinal hernia)라고 하며, 마치 풍선을 불면 약한 쪽으로 밀려 나오는 현상과 같다.

헤르니아를 일으키는 종류는 다양하지만, 서혜 헤르니아는 복부에서 나타나는 탈장을 말한다. 추체근이 약화되면 복벽이 밀려 헤르니아 현상이 유발될 수 있기 때문에 일정 부분 상관 관계에 있다. 추체근이 경직되거나 헤르니아 현상이 발생하면 방광을 압박하고 요실금이나 빈뇨 현상을 일으키며 요도 괄약근에 기능 부전이 발생해 다양한 증상의 원인이 되기도 한다.

증상
- 하복통을 호소하고, 장 기능이 약화된다.
- 복부나 허리 운동 시 통증이 나타난다.
- 마라톤과 같이 호흡을 강하게 반복적으로 실시할 때 통증을 호소한다.
- 복부에 가스가 많이 차고 가스 배출을 자주 한다.
- 생리통이 심하게 나타난다.
- 상체를 앞으로 구부리면 통증이 감소된다.
- 방광 괄약근의 기능을 저하시키며, 빈뇨와 요실금 증상이 나타난다.
- 성 기능의 장애를 일으킨다.

요인
- 복부 내 탈장이 원인이 된다.
- 과도한 복부 운동 또는 반대로 기능 저하가 원인이 된다.
- 허리를 자주 구부렸다 펴는 작업이 원인이 된다.
- 방광염이나 배뇨근의 기능 이상의 영향을 받기도 한다.
- 충수염 수술로 인한 후유증에도 영향을 받는다.
- 복직근이나 장요근, 복사근의 기능 저하 또는 외상의 영향을 받는다.

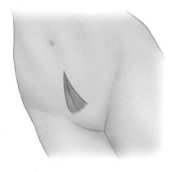

◀ **백선의 긴장으로 통증 유발**
복직근에 긴장이 일어나면 흉곽을 아래로 당기고, 치골은 위로 당겨 백선에 강한 수축이 반복된다. 이는 추체근에 영향을 주고 하복부에 통증을 일으키는 원인이 되며, 골반을 후방으로 후만곡시킨다.

압통점과 방사통

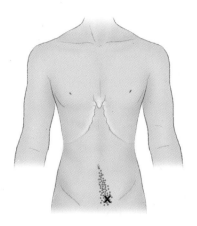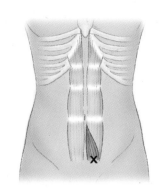

↑ 추체근의 압통점과 방사통
치골 접합부와 치골과 배꼽 사이에서 압통과 방사통이 나타난다.

근 기능 테스트

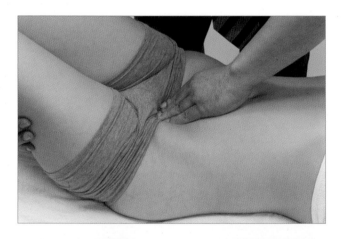

← 추체근 압통 및 근 기능 테스트-1
피술자는 앙와위로 누워 고관절은 45도, 무릎은 90도로 굴곡하여 복부를 최대한 이완한다. 시술자는 피술자의 하복부, 즉 배꼽과 치골 사이에서 치골에 가까운 쪽으로 손가락 끝을 모아 압력을 가한다. 이때 피술자는 깊은 복식 호흡을 통해 아랫배에 압력을 주고 서서히 이완하기를 반복한다. 유의할 것은 시술자가 처음 압력을 줄 때는 하복부를 최대한 수축시킨 상태에서 실시하고, 들숨을 통해 복부가 이완되더라도 압을 줄이지 말고 그대로 압을 유지하며 저항한다. 근력과 통증의 정도를 측정한다.

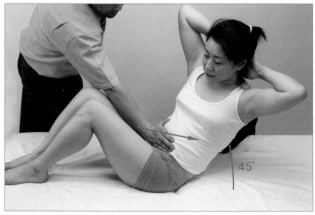

← 추체근 압통 및 근 기능 테스트-2
피술자는 앙와위 자세에서 고관절은 45도, 무릎은 90도로 굴곡하며, 양손은 자신의 후두에서 맞잡고 눕는다. 복근의 힘을 이용, 윗몸 일으키기를 실시하여 지면에서 45도 각도가 되는 정점에서 상체를 고정한다. 이어 시술자는 피술자의 복부를 서서히 누르고 피술자는 이에 저항한다.

시술 테크닉

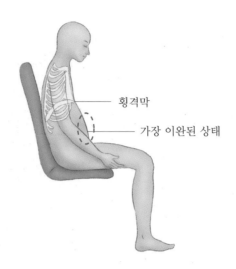

횡격막

가장 이완된 상태

↟ 추체근 셀프 스트레칭
환자는 의자에 앉아 상체를 앞으로 약간 굴곡하여 복부의 긴장을
최소화하고 안정된 상태를 유지한다. 이어 천천히 호흡을 내뿜어
하복부를 최대한 수축하며 정점에서 호흡을 참고 하복부의 복압을
극대화한다. 다시 반대로 서서히 호흡을 들이마시며 이완한다.

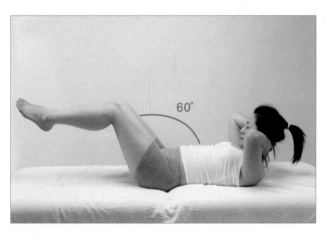

60°

⇐ 추체근 근력강화 운동
환자는 얼굴을 위로 하고 누워 고관절은 60도, 무릎은 90도로 굴
곡하고, 양손은 자신의 후두에서 맞잡는다. 하복부의 근력으로 자
세를 고정하고 들숨과 날숨을 서서히 그리고 길게 실행한다. 하복
부에 내압이 집중할 수 있도록 유의한다.

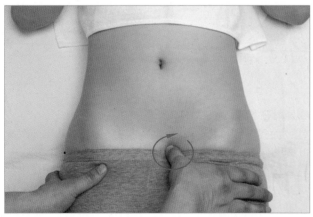

⇐ 추체근 압통점 이완
시술자는 무지를 이용하여 피술자의 압통점을 서클을 그리며 강자
극하여 압통을 이완한다.

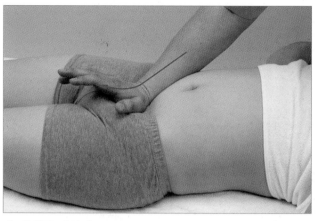 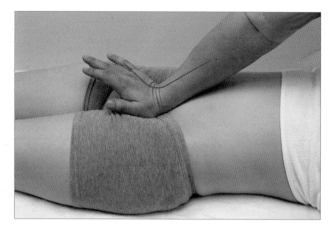

⬆ 추체근 마사지-1

시술자는 손바닥의 중수골(metacarpals)을 세워 피술자의 배꼽하연 추체근의 정지면에서 치골 방향으로 깊고 부드러운 압으로 서서히 슬라이딩하며, 이어 좌우 다른 각도에서도 실시한다.

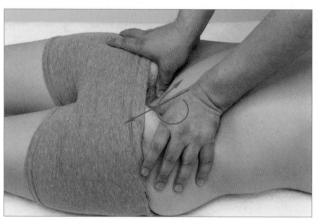 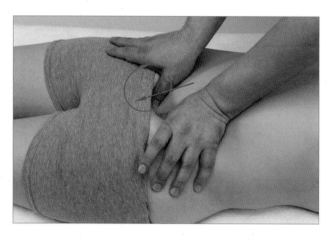

⬆ 추체근 마사지-2

시술자는 무지를 이용하여 추체근의 정지면에서 치골 방향으로 깊게 압을 적용하며, 동시에 서클을 그리며 근섬유를 이완한다. 이어 좌우 다른 각도에서도 실시한다.

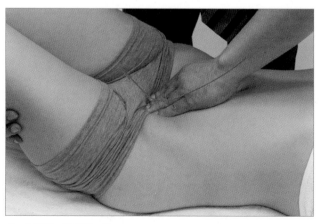 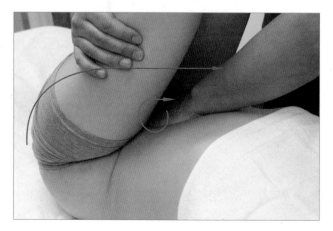

⬆ 추체근 마사지-3

시술자는 손가락 끝을 모아 추체근의 정지면에서 치골 방향으로 밀어 넣고 피술자의 양 고관절을 45도 굴곡시킨다. 이어 고관절을 최대한 굴곡하고 동시에 추체근의 기시면으로 파고 들어간 손가락 끝으로 서클을 그리며 다이내믹하게 이완한다.

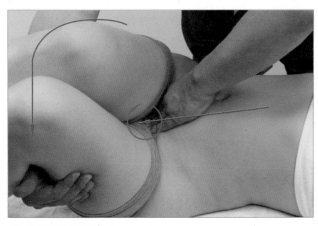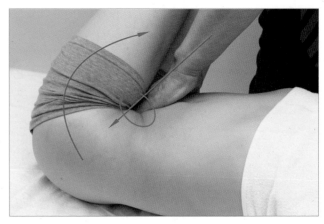

⬆ 추체근 마사지-4

시술자는 손가락 끝을 모아 추체근의 정지면에서 치골 방향으로 밀어 넣고, 피술자의 골반을 축으로 좌우로 회전을 줌과 동시에 다이내믹한 서클을 그리며 추체근을 이완한다.

치료 관점

추체근은 방광 질환에 있어서 꼭 치료해야 하는 근육으로 복압성 요실금이나 빈뇨 증세를 호전시키는 데 매우 중요하다. 근육은 상대적으로 작지만 하복부에 불쾌한 통증을 유발해 항상 허리를 굴곡하고 있어야 하며, 이로 인해 다른 근육에도 영향을 끼치게 된다. 또한 치골을 후방 전위시킴으로써 골반을 비대칭으로 만들어 연계통을 일으키는 원인이 된다.

복부를 늘 따뜻하게 하고, 평소 꾸준한 반신욕과 부드러운 마사지가 도움이 되며, 불수의근(involuntary muscle)과 괄약근을 자극하는 바이러스성 질환에 걸리지 않도록 유의한다.

횡격막 diaphragm m.

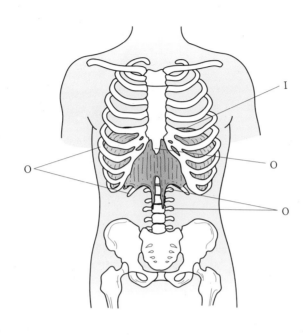

원어 (original word)	Greek : diaphragma-a partition
기시부 (origin)	요추1–3번 늑골7–12번 늑골연골 흉골의 검상돌기
정지부 (insertion)	중앙 힘줄
작용 (action)	흉곽을 늘림(신전, 회전, 측굴)
지배신경 (nerve)	횡격막신경

횡격막은 널힘줄(건막/aponeurosis)과 근육으로 구성되어 있다. 흉강(thoracic cavity)과 복부강 (abdominal cavity)을 구분하여 호흡 기관과 소화 기관 사이에 막을 형성함으로써 상체에 심한 충격이 가해져도 두 기관이 서로 충돌되는 것을 막아 주고, 말을 할 때마다 공기를 펌핑해 주는 엔진 역할을 하며, 호흡 작용을 일으켜 신진대사를 돕는 중요한 역할을 한다.

호흡에 주가 되는 폐(lung)는 자체 근육이 없어 스스로 작동하지 못하지만 탄력 섬유(elastic fibre)가 풍부하게 분포되어 외부 압력에 의해 움직일 수 있는 구조로 되어 있다. 이 때문에 흉강이 확장되면 그 안에 수용된 폐는 부풀면서 공기를 흡수하고, 반대로 흉강이 축소되면 폐 속의 공기가 밖으로 밀려나가 호흡 운동을 할 수 있는 것이다.

	협동근 또는 동측	길항근 또는 반측
횡격막	늑간근, 복직근, 복횡근, 복사근, 흉횡근, 늑하근, 대흉근, 하후거근, 사각근, 흉쇄유돌근, 골반저근	늑간근, 횡격막, 복직근, 복횡근, 복사근, 흉횡근, 늑하근, 대흉근, 하후거근, 골반저근

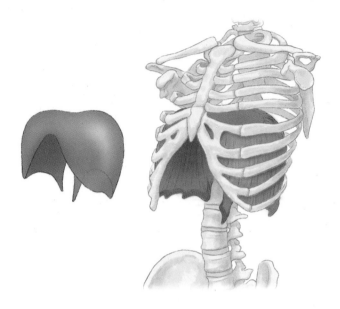

⬆ 횡격막의 생김새

횡격막은 돔(dome) 형태의 근육으로 호흡을 통한 개구에 의해 작용하며
대동맥, 대정맥, 식도, 신경, 장요근, 요방형근이 지나간다.

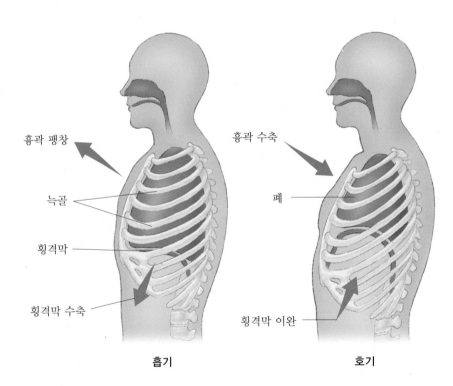

흉곽 팽창

흉곽 수축

늑골

폐

횡격막

횡격막 수축

횡격막 이완

흡기

호기

⬆ 횡격막 운동

일반적으로 횡격막이 아래로 내려가면 폐의 용적이 늘어나고(흡기),
위로 올라가면 폐의 용적이 줄어들어(호기) 호흡 작용이 일어난다.

흉강은 흉골과 척추 사이를 늑골이 앞뒤로 활처럼 휘어서 연결하는 공간이며, 늑간은 늑간근으로 연결되어 있어 늑골과 횡격막의 작용이 이 흉곽을 수축과 이완을 반복시킴으로써 호흡 운동을 일으키게 된다.

횡격막은 보통 때에는 위쪽으로 부풀어 있는 돔(dome) 모양을 하고 있으며, 횡격막의 수축에 의해 돔의 융기부가 아래로 처지면 평평한 모습으로 바뀐다.

횡격막이 하강하면 늑골을 위쪽과 측면으로 밀어 흉강이 넓어지고 내장을 압축하여 복부가 앞으로 볼록하게 밀려나온다. 반대로 횡격막이 상승하면 늑골을 아래로 당겨 흉강은 좁아지고 배가 복벽으로 당겨져 홀쭉하게 된다.

호흡의 종류를 보면 주로 외측 늑간근의 수축, 이완으로 일어나는 호흡을 '흉식 호흡'이라고 하는데, 이 호흡은 여성에게 뚜렷하게 나타난다. 또 횡격막의 수축, 이완으로 일어나는 호흡을 '복식 호흡'이라고 하며 남성에게 뚜렷하게 나타난다.

구 분	흡기(평상)	흡기(강제)	호기(평상)	호기(강제)
흉식 호흡	횡격막 수축(하강) 외측 늑간근 수축(확장)	사각근, 흉쇄유돌근	횡격막 이완(상승) 외측 늑간근 이완	복근 수축 내측 늑간근 수축
복식 호흡	횡격막 수축(하강) 복근 이완(확장) 골반저근 이완(하강)	–	횡격막 이완(상승) 복근 수축	횡격막 수축(상승) 골반저근 수축(상승)

흉식 호흡은 늑간근의 작동으로 흉곽을 조절하여 폐를 부풀려 공기를 들이마시는 방법으로, 흉곽이 커지지 않아 많은 양의 공기를 흡기할 수 없기 때문에 짧은 호흡을 빠르게 하게 된다.

복식 호흡(횡격막 호흡)은 횡격막을 상하로 크게 움직여 폐의 면적을 넓게 부풀려서 흡기하는 방법으로, 공기 흡입량은 많지만 느린 호흡을 하게 된다.

증상
- 횡격막 신경의 마비로 횡격막 운동 장애가 나타난다.
- 선천적 횡격막 탈장 증세가 나타난다.
- 혈압이 저하된다.
- 만성적인 피로가 느껴진다.
- 딸꾹질(역행 호흡 현상)이 나온다.
- 외상성 횡격막 헤르니아(외상) 증상이 나타난다.
- 횡격막이 마비(수술 후유증)된다.

요인
- 외상으로 인해 횡격막이 손상된다.
- 추위와 이산화탄소 과잉으로 역행 호흡이 이루어진다.
- 호흡기 질환이 원인이 된다.
- 운동 부족 또는 과도한 운동이 원인이다.
- 늑골 상해가 원인이 된다.

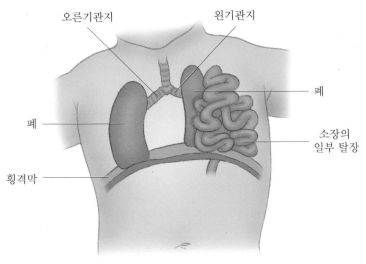

오른기관지   왼기관지

폐

폐

소장의
일부 탈장

횡격막

← **선천적 횡격막 탈장 /diaphragmatic hernia**
횡격막 탈장이란 선천적으로 횡격막 부위의 발생 과정
이상으로 위장 등의 일부분이 횡격막 위쪽 흉부로 올라
가는 현상을 말한다. 약 1000명당 1명 꼴로 출생하는 편
이며 체중 3kg 이상의 남자 만삭아에서 잘 발생한다.

시술 테크닉

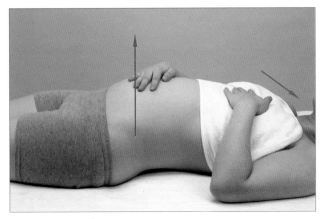
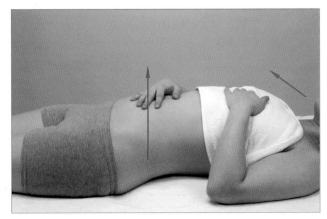

⬆ **횡격막 스트레칭-1**
환자는 서서히 길고 깊은 들숨을 통해 복근을 움직여 복압을 최대한 높이고, 정점에서 호흡을 최대한 참는다. 이어 복부가 내려가지 않
도록 복압을 유지하며 서서히 길고 깊은 날숨을 호흡한다.

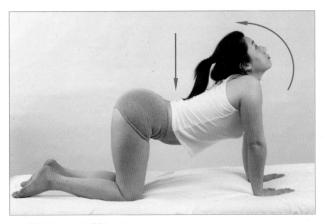

⬆ **횡격막 스트레칭-2**
환자는 허리를 서서히 지면으로 내리고 동시에 고개는 같은 속도로 들어 올리며 날숨으로 정점에서 최대한 호흡을 참고 저항한다. 이어
허리를 지면에서 올리며 동시에 고개는 같은 속도로 내려 자신의 양팔 사이로 넣고 들숨에서 최대한 호흡을 참고 저항한다.

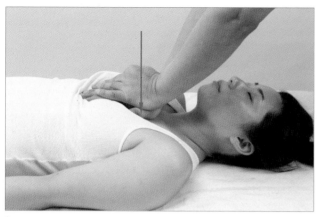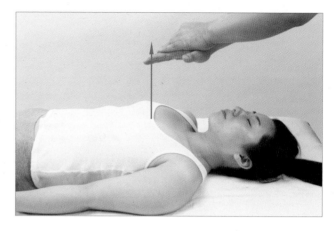

⬆ **횡격막 스트레칭-3**

시술자는 피술자의 흉골에 손바닥을 겹장하고 서서히 직하방으로 정점까지 누른다. 이때 피술자의 호흡은 날숨 상태에 있다. 이어 날숨 상태에서 손을 갑자기 떼어 흉곽이 빠르게 팽창하도록 함으로써 역행 호흡을 일으켜 횡격막을 원래 상태로 되돌린다.

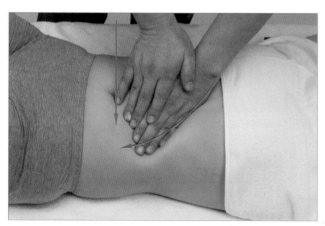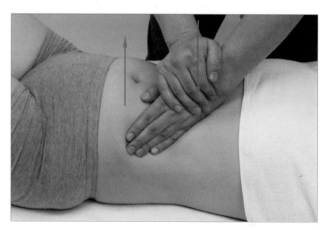

⬆ **횡격막 마사지-1**

피술자는 고관절을 굴곡하고 복부를 이완하고 눕는다. 시술자는 수장을 겹장하고 늑골하연을 따라 검상돌기에서 늑하연으로 깊은 압을 적용하여 슬라이딩한다. 이때 피술자는 정점까지 날숨과 들숨을 서서히 지속하지만, 시술자는 호흡에 상관없이 압력을 줄이지 않으며 진행한다.

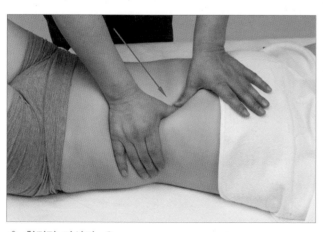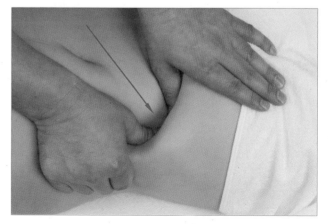

⬆ **횡격막 마사지-2**

시술자는 무지를 겹장하고 늑골하연의 심부 근막으로 서서히 깊은 압을 적용한다. 검상돌기에서 늑하연으로 적당한 간격을 두고 골고루 적용하며, 이때도 피술자는 정점까지 날숨과 들숨을 서서히 지속하고 시술자는 호흡에 상관없이 압력을 유지하며 진행한다.

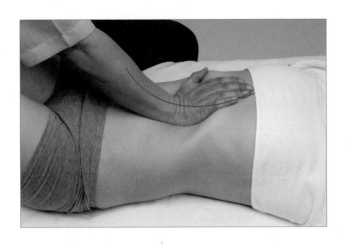

← **횡격막 마사지-3**
시술자는 피술자의 호흡을 유도하여 완전한 날숨 상태에서 수장으로 피술자의 검상돌기 하연을 밀고 들어가 고정한다. 이어 피술자는 서서히 들숨을 실시하고 시술자는 그 압에 저항함으로써 횡격막에 강한 장력을 발생시킨다.

치료 관점

　　횡격막의 손상은 보통 흉복부의 관통상이나 둔상으로 인한 횡격막 파열이 가장 심각하고, 갑자기 추운 곳에 노출되거나, 이산화탄소 등을 흡입하게 되어 역행 호흡이 발생되는 것이 일반적이라고 할 수 있다. 마음의 긴장을 줄이고, 길고 가는 호흡으로 횡격막을 이완하고 다시 정점에서 호흡을 참음으로써 장력을 발생시켜 횡격막을 강화하는 방법이 치료의 핵심이다. 이 근육은 피술자 스스로가 먼저 횡격막을 강화하는 노력을 하는 것이 보다 효율적인 예방 및 치료법이라고 할 수 있다.

광배근 latissimus dorsi m.

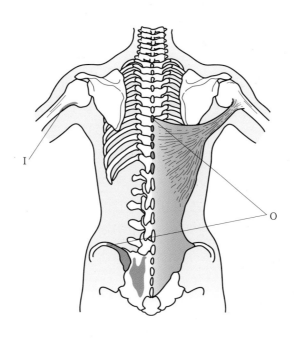

원어 (original word)	Latin : latus-broad 　　　　 dorsum-back
기시부 (origin)	흉추6-요추5번의 극돌기, 요추근막, 장골능, 천골
정지부 (insertion)	상완골의 결절간구의 내측연
작용 (action)	어깨(신전, 내전, 내회전, 하강)
지배신경 (nerve)	흉배신경 C6, C7, C8

　광배근은 중흉추부에서 골반에 이르기까지 신체에서 가장 넓고 최천층에 위치한 근육이다. 팔을 올리면 겨드랑이 하연 대원근 주위에서 가장 잘 보이고, 척추 근육과 늑골의 형태를 뚜렷하게 만든다. 그리고 근육 전체 윤곽을 등에서 바라보면 골반에서 겨드랑이 방향으로 V자 형으로 분포되어 있어 수영 선수의 몸매처럼 잘 발달되면 역삼각형의 이상적인 체형이 된다. 자맥질을 하면서 수영할 때 주로 사용되어 일명 '수영 선수 근육(swimmer's muscle)' 이라 불린다.

　광배근의 이상은 흉추부에서 통증을 일으키는 주된 원인 중 하나지만 근육의 톤이 비교적 느슨한 편으로 일상생활에는 동통을 잘 모르다가 손을 위로 또는 앞으로 들면 발현되어 그때서야 광배근을 의심하는 경우가 많다.

	협동근	길항근
광배근	대흉근, 대둔근, 후삼각근, 상완삼두근 장두, 견갑하근, 전삼각근, 대원근	사각근, 상부승모근, 소흉근

등을 형성하는 근육은 크게 승모근과 광배근으로 구분할 수 있는데, 이 두 근육은 운동 기능과 병증에서는 확연한 차이점을 가지고 있다. 기능에 있어서 우선 승모근은 두개골과 상관되어 있으며, 광배근은 골반에 기초한다는 점에서 차이가 있다. 이러한 기전은 승모근이 주로 단축성 경직에 의해 통증을 유발시킨다면, 광배근은 너무 활동이 많아 반대로 이완성에 의해 통증을 유발시키는 경우가 많다는 점이다. 이는 광배근이 상완에서 흉배부를 감싸고 골반으로 연결되기 때문에 어떤 형태든 운동량이 많을 수밖에 없는 해부학적 구조 때문이다.

광배근은 등을 전체적으로 덮고 있어 늑골에 영향을 미치고, 골반에서는 대둔근과 경첩되어 있어 하지에 영향을 줌으로써 이들과의 상관관계에 따라 매우 다양한 증상이 만들어진다. 특히 척추를 지지하는 기립근, 요방형근, 하후거근에 영향을 주어 허리 통증을 일으키고, 견갑골을 하방으로 당기는 힘이 약해지면 상부승모근과 견갑거근에 긴장을 일으켜 어깨 통증을 일으키는 원인이 된다.

또, 광배근을 지배하는 신경은 경추를 통해 나오므로 이때 목 근육이 경직되면 광배근과는 직접적인 관련이 없어도 영향을 받게 되는데, 가장 큰 원인으로 사각근(scalenus)의 경직을 꼽는다. 이 근육은 골반의 요추근막을 통해 천골, 장골능, 하부 6개의 흉추와 요추 전체의 극돌기에서 시작하여 상완골의 결절간구로 꼬여 들어가 대원근과 함께 부착된다. 주된 작용은 상완을 어깨에서 강하게 신전시키고, 몸쪽으로 내전 및 내회전을 보조한다.

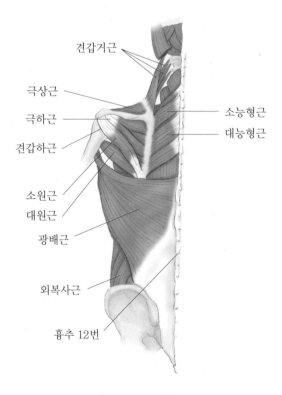

견갑거근
극상근
극하근
견갑하근
소원근
대원근
광배근
외복사근
흉추 12번
소능형근
대능형근

⬆ 배면근육의 구조

광배근은 다음과 같은 증상의 원인이 된다.

❶ 견갑관절에서 아탈구를 일으킨다.

광배근에 강한 수축이 빈번하게 일어나면 견관절(glenohumeral joint)은 장력을 견디지 못해 아탈구(subluxation) 상태를 초래한다.

❷ 일명 '오십견'이 발생한다.

광배근의 경직은 어깨의 가동 범위를 제한시켜 회전근개(rotator cuff) 근육의 기능 저하를 초래한다.

❸ 겨드랑이 림프절에 영향을 준다.

광배근의 정지부(insertion)는 상완골에서 액와를 지나가므로 장력이 발생하면 액와 림프절(axillary nodes)을 압박한다.

❹ 흉추 후만을 가져온다.

광배근이 약해지면 이완성 긴장 상태가 만성화되어 척추를 지지하는 다른 근력에도 영향을 주어 장력의 약화를 초래한다.

❺ 호흡 장애를 초래한다.

흡기 시 흉곽이 확장되려면 척추가 신전되어야 하는데, 광배근의 약화로 부하가 발생되어 늑골 상승을 저해한다.

❻ 요추 측만을 가져온다.

광배근의 한측이 만성적으로 수축하면 허리가 동측으로 측굴되는 현상이 발생한다.

❼ 골반의 변형을 일으킨다.

과도한 상완 사용으로 부하가 골반의 한측으로만 만성적으로 전달되면 골반의 비대칭이 가속화된다.

❽ 요통을 호소한다.

광배근은 허리 근력에 중요한 역할을 한다. 따라서 보행 시 상완의 움직임에 따라 보상 작용에 의한 허리 회전이 일어나는데, 이때 걸리는 부하가 한측으로만 집중되면 이상이 발생된다.

❾ 골반통을 호소한다.

상완과 몸통의 끊임없는 장력은 광배근의 뿌리에 해당되는 골반에 직접적으로 영향을 주어 요추와 천장 관절(sacroiliac joint)에 손상을 준다.

❿ 비뇨 생식기에 영향을 준다.

광배근의 기시부(origin)는 천골에 고정되어 있어 음부신경(pudendal nerve)을 압박하면 회음의 피부 및 음낭, 항문 주위로 신경 장애를 일으킨다.

증상
- 골반 통증과 무게감이 느껴지고, 아래로 내려앉는 느낌이 든다.
- 견갑골 하각과 흉부 사이로 쑤시는 통증이 나타난다.
- 견관절통을 호소하며 피곤함이 느껴진다.
- 측하부 늑골로 통증이 나타난다.
- 주관절 내측으로 통증이 방사된다(골프 엘보 증후군).
- 어깨 후부와 상완, 전완, 내측 손가락으로 통증이 띠를 이루며 방사된다.
- 등 한가운데서 둔탁한 통증이 지속적으로 발현된다.
- 보행 시나 서 있을 때 팔을 허리에 짚는 습관이 생긴다.
- 하부 요통의 원인이 된다.
- 흉추 후만과 측만이 나타난다.

요인
- 팔을 반복적으로 전상방을 향해 뻗어 힘을 쓰는 행위가 원인이다.
- 철봉에 매달리거나 나무에 오르는 행위가 원인이 된다.
- 줄다리기와 같이 과도하게 당기는 행위가 원인이 된다.
- 어깨가 올라가고 등이 굽은 불안한 자세를 반복하면 통증의 원인이 된다.
- 무거운 물건을 머리 위에서 운반하는 행위는 통증을 유발시킨다.
- 밭일이나 정원일을 하는 행위가 원인이 된다.
- 수영과 같이 팔을 강하게 내전하는 행위가 통증의 원인이 된다.
- 목발을 오랫동안 짚는 행위가 원인으로 작용한다.
- 허리 측굴과 회전으로 무거운 물건을 운반하고, 골프 스윙처럼 과도하게 근력을 사용하는 행위가 원인이다.

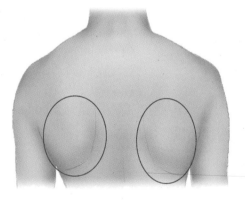

⬆ **견갑골의 비대칭**
광배근의 약화는 흉추 후만과 측만을
일으키는 원인이 된다.

◀ 과격한 허리 운동
한측으로 과도하게 허리를 회전시키는
반복적인 동작은 광배근을 손상시키
며, 장력을 견디지 못해 하흉추부 늑골
골절을 유발하기도 한다.

압통점과 방사통

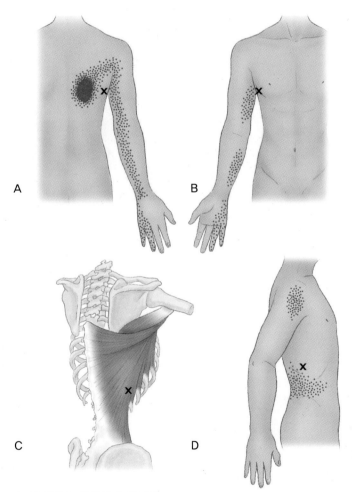

↑ 광배근의 압통점과 방사통
A - 견갑골의 하각과 중흉추부로 강하게 압통이 발현되며, 어깨 후면에
  서 상완과 전완, 손목의 배면을 따라 네 번째와 다섯 번째 손가락
  으로 띠를 이루며 통증이 방사된다.
B/D - 상완과 전완의 내측연을 따라 요천추로 방사된다.

근 기능 테스트

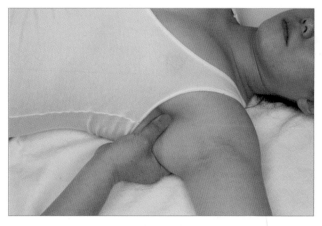

← 광배근 압통 테스트
피술자는 앙와위로 환측의 견관절을 90도로 외전하고 눕는다. 시술자는 대원근이 부착되는 견갑골의 중간 부위 정도 외측연을 따라 무지와 집게손가락으로 압을 적용하여 광배근의 통증 정도를 평가한다.

↑ 삼두근 검사 / triceps brachii test
환자는 어깨를 외전하여 동측의 귀로 상완을 붙인다. 사진에서 환자의 왼쪽 어깨는 양성으로 통증과 동작 제한이 나타나는 것을 볼 수 있다. 대원근의 근력 검사와 같다.

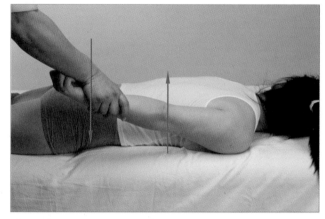

↑ 광배근의 압통 및 근 기능 테스트
피술자는 복와위 자세에서 손바닥이 위로 오도록 전완을 회내전시키며, 어깨는 과신전한 상태로 눕는다. 시술자는 피술자의 전완을 잡고 서서히 아래로 누르며 동시에 피술자는 이에 저항한다. 이때 나타나는 근력과 통증의 정도를 평가한다.

시술 테크닉

← 광배근 셀프 스트레칭-1 / in-doorway stretch
환자는 견관절을 외전하고, 주관절은 신전하여 벽에 자신의 견갑골 외측연을 최대한 밀착한다. 이때 하체도 벽으로부터 일정 거리를 떨어지게 하여 견갑골의 외측연이 밀착되도록 한다.

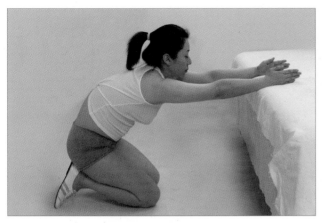 

↑ 광배근 셀프 스트레칭-2

환자는 지면에 양무릎을 고정하고 앉아 양팔을 어깨 넓이만큼 벌리며, 손목이 닿는 위치의 적당한 높이에서 손목을 세워서 거상시킨다.
이어 자신의 상체를 최대한 굴곡시켜 머리가 양팔 사이로 내려가도록 한다.

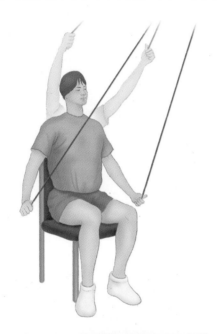

← 광배근 근력강화 운동

환자는 적당한 장력의 밴드를 이용하여 높은 곳에서 낮은 곳으로
서서히 당기고 다시 이완하기를 반복하며 광배근을 강화시킨다.
위의 동작을 몇 회 반복하여 적용한다.

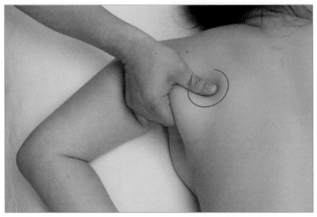

← 광배근 압통점 이완

피술자는 복와위로 환측의 견관절을 약간 외전하고 눕는다. 시술
자는 피술자의 광배근 압통점 부위를 집게손가락으로 감싸고 강약
이 배합된 압으로 리드미컬하게 페트리사지를 적용한다.

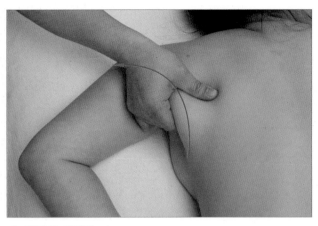
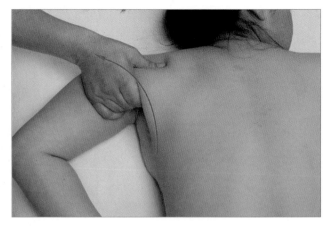

↑ 광배근 마사지-1

시술자는 견갑골의 외측연에서 상완골의 결절간구의 내측연 방향으로 광배근을 강하게 말아 잡고 조이며 당겨 이완한다.

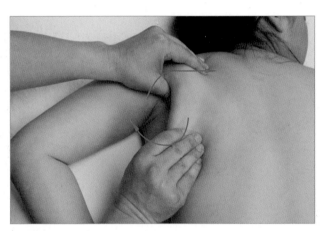
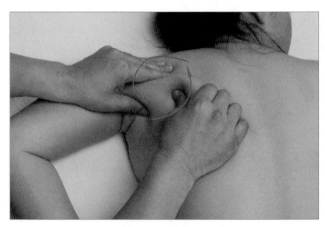

↑ 광배근 마사지-2

시술자는 견갑골의 외측연과 상완골의 결절간구의 내측연을 양손을 이용하여 강약이 배합된 압으로 다이내믹한 페트리사지를 적용한다.

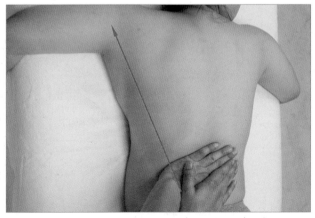
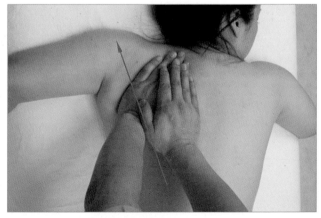

↑ 광배근 마사지-3

시술자는 수장을 겹장하여 요추부의 외측에서 상완골의 후면으로 강하고 넓은 압을 적용하여 슬라이딩한다.

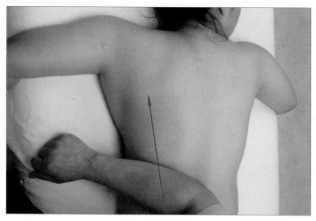

↑ 광배근 마사지-4

시술자는 팔꿈치를 이용하여 장골능과 요추부의 접합 부위에 강한 압을 적용하고, 견갑골 내측연까지 같은 압으로 슬라이딩한다.

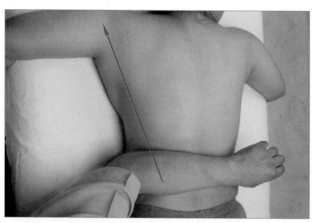
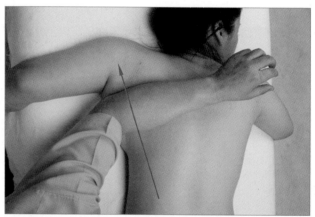

↑ 광배근 마사지-5

시술자는 전완을 이용하여 장골능에서 상완골의 결절간구 방향으로 넓고 부드러운 압을 적용하여 슬라이딩한다.

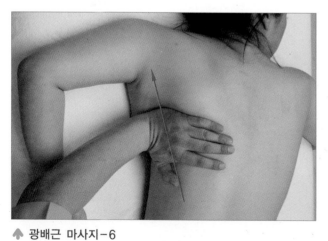
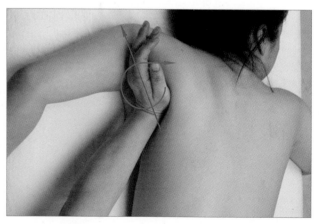

↑ 광배근 마사지-6

시술자는 수장을 이용하여 늑골 외측연을 따라 견갑골 내측연으로 강한 압을 적용하여 슬라이딩한다. 이어 수장을 세워 견갑골 하연을 심부압으로 적용하고, 이어 상완이 만나는 접합 부위에서는 서클을 그리며 다이내믹한 압을 적용한다.

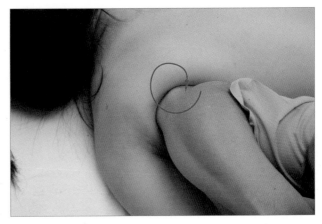

↑ 광배근 마사지-7

시술자는 팔꿈치를 이용하여 견갑골 내측연을 따라 강한 압으로 슬라이딩한다. 이어 견갑골과 상완이 만나는 접합 부위에서는 강한 압으로 서클을 적용한다.

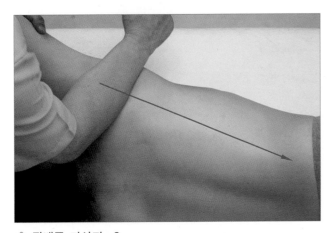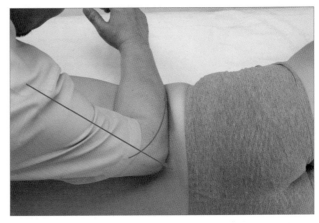

↑ 광배근 마사지-8

시술자는 전완을 이용하여 상완의 후연에서 장골능 방향으로 넓고 무게 있는 압을 적용하며 슬라이딩한다. 이어 요추근막과 장골능이 만나는 접합 부위에서는 전완 전체로 강하게 압을 적용하며 서서히 복부 방향으로 밀착하여 슬라이딩한다.

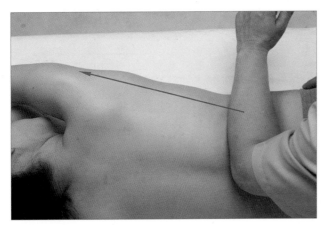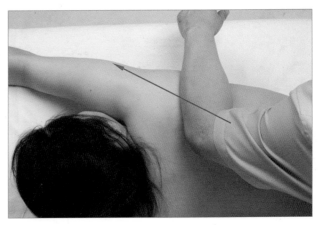

↑ 광배근 마사지-9

시술자는 전완을 이용하여 장골능에서 상완골 후연 방향으로 넓고 무게 있는 압을 적용하며 슬라이딩한다.

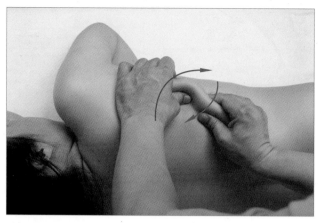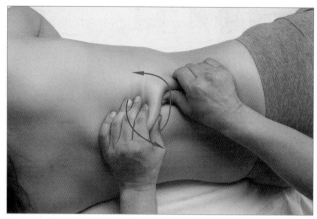

⬆ 광배근 마사지-10

시술자는 양손으로 광배근 전반에 걸쳐 강약이 배합된 압으로 다이내믹한 페트리사지를 적용한다.

치료 관점

　　기본적으로 광배근은 중배부 통증을 일으키는 가장 큰 주범이다. 이 근육에 이상이 생기면 주변 근육에 다양한 각도로 영향을 미치며 또한 반대로 주변 근육으로부터 영향을 받기도 한다. 예를 들면 요추의 기능을 저하시키고, 하지로 보상 작용을 일으켜 비정상적인 근력을 유발하며, 위로는 견갑골의 고정을 방해함으로써 목과 어깨로 통증과 운동 제한을 일으킨다.

　　반대로 상완과 견갑골의 심한 비대칭과 골반과 족관절의 심한 변위는 결국 만성적인 광배근 손상으로 이어지고, 다시 영향을 받는 순환을 거듭하게 된다.

　　치료 시 광배근을 이완할 때는 우선 복근과 골반의 근육을 충분히 풀어 주어야 하며, 팔굽혀펴기나 평행봉 운동 등을 통해 근력 강화를 주기적으로 실시하도록 한다.

요방형근 quadratus lumborum m.

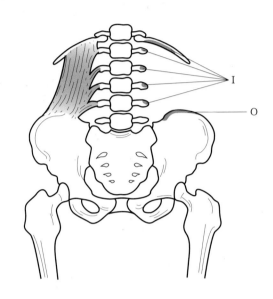

원어 (original word)	Latin : quadratus-four sided lumbus-loins
기시부 (origin)	장골능의 후면
정지부 (insertion)	늑골 12번과 요추1-4번의 횡돌기
작용 (action)	요추(과신전) 몸통(측굴) 대퇴부(상승)
지배신경 (nerve)	전지신경 T12, L1, L2, L3, L4

요방형근은 다음과 같이 세 개의 근섬유로 이루어져 있다.

첫째는 12번 늑골의 내측에서 장골능 후면의 정점으로 수직 방향

둘째는 12번 늑골의 내측에서 요추 횡돌기로 사선 방향

셋째는 요추의 횡돌기 끝에서 장골능으로 사선 방향

이러한 배열은 허리의 신전과 측굴 운동 그리고 요추와 호흡 시 늑골의 움직임을 안정시킬 수 있는 구조이다. 따라서 허리를 중심으로 상하를 각각 또는 협동으로 움직이는 신체 구조상 체중을 감당하는 큰 역할을 한다.

요방형근의 모양은 단단한 사각형의 형태로 심층(deep)과 표층(superficial)으로 구별되고, 척추기립근 아래에 위치해 있으며, 상체에서 승모근과 더불어 힙을 들어 올리는 기능을 수행한다. 특징은 압통점이 표

	협동근	길항근
요방형근	내·외복사근, 장요근, 척추기립근, 복직근, 회전근, 광배근, 다열근, 후하거근	내·외복사근, 장요근, 척추기립근, 복직근, 회전근, 광배근, 다열근, 후하거근

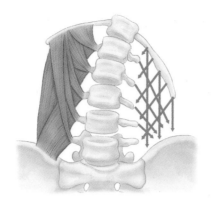

↑ 요방형근의 섬유 방향

층과 심층부로 나뉘어 총 4군데이며, 위치에 따라 방사통의 부위도 다르다. 특히 심층부에 압통점으로 인해 통증이 발생하면 견디기 어려울 정도의 통증이 나타나 자세를 다양하게 바꾸어도 좀처럼 통증이 경감되지 않고, 가만히 있거나 수면 중에도 통증이 나타나 심리적인 후유증까지 발생하여 생활에 짜증과 불편을 초래한다. 이와 같은 이유는 손상된 조직이 혈관을 눌러 국소부의 혈액 순환에 장애를 주고, 이로 인해 떨어진 체온이 근육을 더욱 경직시키는 악순환을 반복하기 때문이다.

요방형근은 상체와 하체에서 일어나는 충격을 요추에서 안정시키고, 측굴을 제동하는 매우 중요한 기능을 수행한다. 기립 또는 보행과 운동 시 몸의 균형을 유지하여 직립 활동을 하는 인간에게는 매우 중요하지만 한편으로 요통을 일으키는 주범이 될 수밖에 없다.

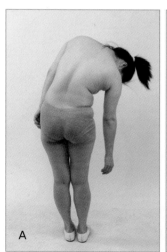

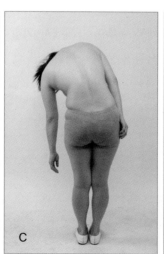
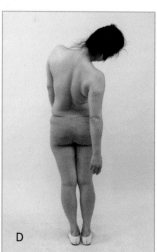

↑ 요방형근의 운동과 제동력

A – 직립 상태에서 상체가 우측으로 회전하면 왼측의 요방형근에 길항근(antagonist)이 작용하여 넘어지지 않도록 몸의 중심을 유지한다.

B – 상체를 측굴하면 우측의 요방형근에 등장성(isotonic) 운동이 일어나며, 동시에 좌측에서는 길항 작용이 일어나 몸의 중심을 유지한다.

C – 상체의 좌측이 굴곡하면 양측의 요방형근에 길항 작용이 일어나 몸의 중심을 유지한다.

D – 상체의 우측이 과신전하면 우측 요방형근에 등장성 운동이 일어나고, 동시에 반대의 좌측에서는 길항 작용이 일어나 몸의 중심을 유지한다.

증상	
	• 안정 시에도 지속적으로 심한 심부 통증을 느낀다.
	• 어떤 동작을 취할 때 순간적으로 허리에서 뜨끔한 통증을 느끼게 된다.
	• 아픈 허리에 손을 대고 움직이는 것이 습관이 된다.
	• 자세와 움직임의 변형에 상관없이 통증이 난다.
	• 보행 시 오히려 통증이 감소되는 느낌이 든다.
	• 야간에 통증이 심해져 수면 장애를 일으킨다.
	• 체중을 가하거나 요추를 고정하는 동작, 즉 앉거나 설 때 통증이 극심하다.
	• 허리를 움직이면 칼로 베는 듯한 날카로운 통증이 나타난다.
	• 허리 아래 천골 부위와 엉덩이 부위에 집중적으로 통증이 방사되는 특징을 보인다.
	• 계단을 오르기가 힘들다.
	• 기침 또는 재채기를 하면 통증이 격화된다.
	• 서혜부, 음낭 부위, 좌골신경 지배 부위로 방사통이 나타난다.
	• 엉덩이가 무겁고 다리에 경련이 자주 발생한다.
	• 하지와 발로 타는 듯한(burning sensation) 통증이 나타난다.
	• 만성 환자의 경우는 활동력이 떨어지고 우울증 증세를 보인다.
	• 호흡 시 통증이 더 유발되어 호흡이 짧아지는 경향이 나타난다.
	• 상체를 관찰하면 척추가 심하게 휘어 있으며 한쪽 허리는 근육이 불룩하게 올라와 있다.
	• 복부와 둔부의 근육이 단단하게 경직되어 있다.
	• 허리를 구부려서 옆으로 튼 상태에서 의자에서 갑자기 일어날 때 통증이 발생한다.
	• 물건을 들 때 상체를 구부린 자세에서 외상이 발생한다.
	• 요통의 가장 흔한 원인 중 하나이다.
	• 요방형근의 압통점은 신장이 있는 지점(늑골하연 11, 12번)에 있어 방사통이 신장까지 전이되기도 한다.
	• 요추 심층부 횡돌기 부위의 압통점에서 주로 압통이 발생되어 방사된다.

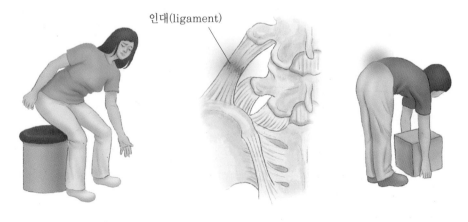

인대(ligament)

▲ 불안한 자세로 인해 발생하는 외상

요인
- 한쪽 골반이 너무 작거나 클 때 통증이 유발된다.
- 사고로 팔 길이의 차이가 클 때 통증이 나타난다.
- 불량하게 오랫동안 책상에 앉아 있는 자세가 요인이 된다.
- 과도하게 몸을 비트는 운동(골프, 테니스 등)이 요인으로 작용한다.
- 복근이 비정상적으로 약화되면 통증이 나타난다.
- 좌골신경통으로 인해 연계통이 발생한다.
- 추위에 오랫동안 노출되었을 때 통증이 나타난다.
- 장시간 운전 시 통증의 원인이 된다.
- 하지 길이의 불일치 또는 과도한 척추 측만증이 원인이 된다.

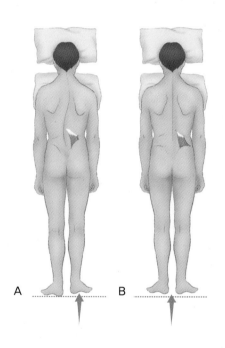

⬅ **요방형근의 변형-1**
A-심한 척추측만과 요방형근의 단축 그리고 하지 길이의 불이치를 보이고 있다.
B-요방형근을 교정하여 척추가 곧게 되고 하지 길이가 같아진 모습을 보이고 있다.

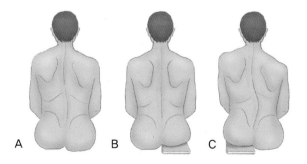

⬅ **요방형근의 변형-2**
A-일반적인 척추 측만과 요방형근이 변형된 모습
B-신전된 좌골의 높이를 조절하여 요방형근과 측만이 교정된 모습
C-단측된 좌골이 더 올라가 측만이 확대되고, 요방형근의 비대칭이 심화된 모습

압통점과 방사통

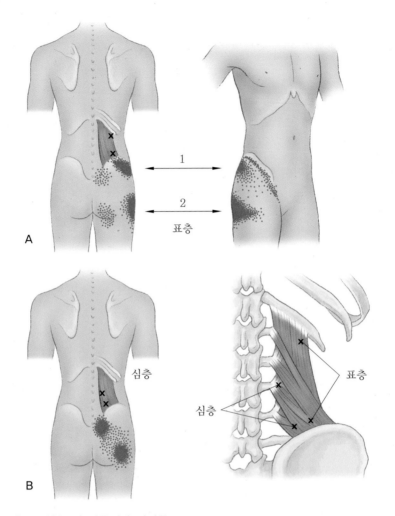

⬆ 요방형근의 압통점과 방사통
A(표층) – 장골능, 하복부와 서혜부의 외측상방, 대전자부, 상부 대퇴부 외측으로 방사된다.
B(심층) – 천장관절, 양측의 상부천골부와 하둔부로 방사된다.

근 기능 테스트

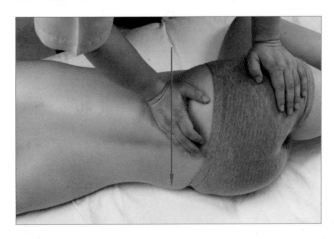

⬅ 요방형근 압통 테스트
시술자는 수장을 세워 장골능과 상부천골부에 분포된 압통점을 눌러 통증의 정도와 방사를 확인한다.

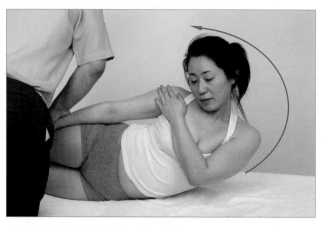

↑ 요방형근 압통 및 근 기능 테스트-1

시술자는 피술자의 하지에 체중을 실어 피술자가 측굴 시 하지가 거상되지 못하도록 고정한다. 피술자는 허리의 회전력 없이 요방형근의 근력만을 이용하여 측굴함으로써 근력과 통증의 정도를 평가한다.

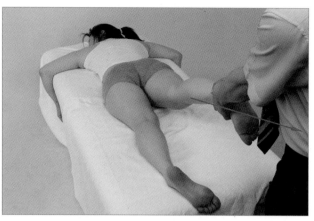

↑ 요방형근 압통 및 근 기능 테스트-2

피술자는 얼굴을 아래로 향하게 눕는다. 시술자는 피술자의 환측 하지를 약간 신전과 외전시킨 상태로 시술자 방향으로 서서히 당기고, 피술자는 대퇴골을 고정하여 저항하며 근력과 통증의 정도를 평가한다.

시술 테크닉

◀ 요방형근 셀프 스트레칭-1

환자는 앉아 환측의 고관절(왼쪽)을 최대한 외회전하고 무릎은 굴곡하며, 반대측 대퇴는 외전해서 곧게 편다. 수건을 발에 걸어 양손으로 서서히 당겨 주며 환측의 요방형근을 스트레칭한다. 몇 회 반복하고 서서히 횟수를 늘려 나간다.

◀ 요방형근 셀프 스트레칭-2

환자는 양손으로 서서히 발목을 당겨 허리를 굴곡하여 요방형근을 스트레칭하고, 다시 반대로 신전하고 이완하기를 반복한다.

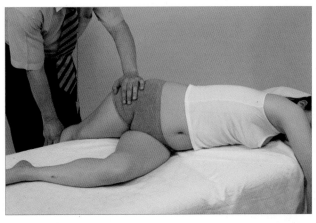

◀ 요방형근 스트레칭

피술자는 지면의 다리는 굴곡하고, 환측의 다리는 곧게 펴서 침대 밖으로 신전한다. 시술자는 골반을 고정한 채 하퇴 측면에서 서서히 직하방으로 누른다. 이때 엉덩이(장골)는 몸의 중심이 되어 지렛대 역할을 함으로써 허리에 강한 스트레칭이 일어난다.

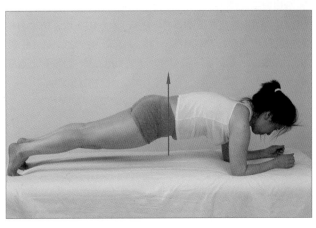

◀ 요방형근 근력강화 운동-1

환자는 팔굽혀 펴기와 같은 자세로 팔꿈치를 굴곡하여 상체를 허리 힘만으로 지지하고 오래 버티기를 실시한다. 무리하지 않도록 유의하고 점점 횟수를 늘려 반복하여 적용한다.

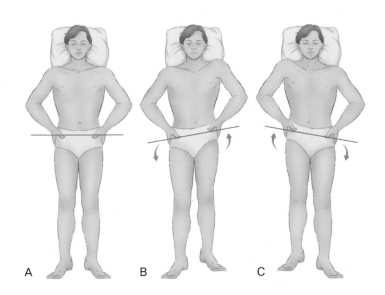

▲ 요방형근 근력강화 운동-2 / hip-hike exercise

A-환자는 앙와위로 누워 두 다리를 곧게 펴고 양손으로 각각의 골반 측면을 잡는다.
B-골반의 좌측을 요방형근의 근력만으로 당겨 올린다.
C-반대로 우측을 요방형근의 근력만으로 당겨 올린다.
무리하지 않게 몇 회 반복하여 적용한다.

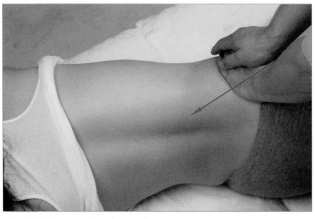

⬆ 요방형근 마사지-1

피술자는 약간 측방으로 누워 환측의 요방형근을 오픈한다. 시술자는 수장을 겹장하고 장골능 후면에서 요추 1번의 극돌기 방향으로 강한 압을 적용하며 슬라이딩한다.

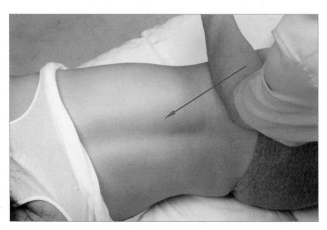
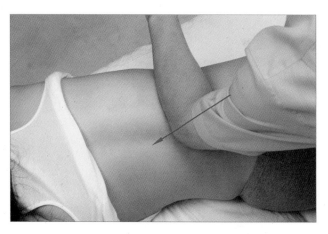

⬆ 요방형근 마사지-2

시술자는 전완을 이용하여 장골능 후면에서 요추 1번의 극돌기 방향으로 강한 압을 적용하며 슬라이딩한다.

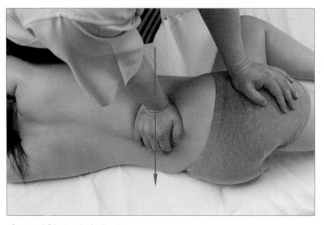
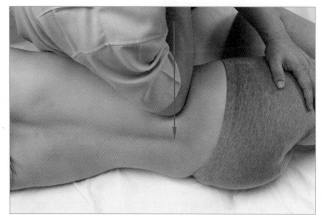

⬆ 요방형근 마사지-3

시술자는 수장을 요방형근의 측면에 고정하고 직하방으로 서서히 깊은 압을 적용한다.

⬆ 요방형근 마사지-4

시술자는 팔꿈치를 요방형근과 장골의 접합 부위 측면에 고정하고 직하방으로 강한 압을 적용한다.

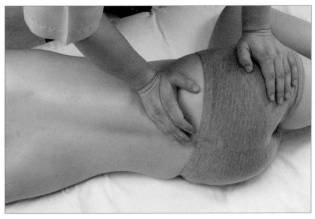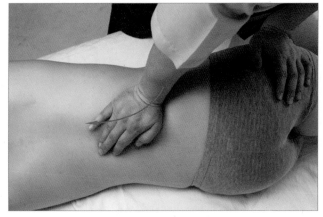

⬆ 요방형근 마사지-5

시술자는 수장을 이용하여 장골능 후면을 따라 외측에서 내측으로 강하게 슬라이딩한다. 이어 장골능에서 마지막 늑골과 횡돌기 방향으로도 강하게 슬라이딩한다.

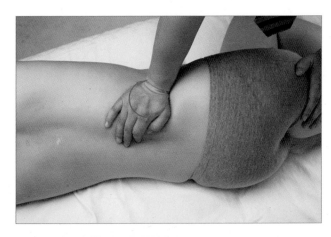

⬅ 요방형근 마사지-6

시술자는 수장을 이용하여 장골능 후면에서 요방형근 측면에 직하방으로 압을 적용하며, 동시에 강하고 리드미컬한 서클을 그린다.

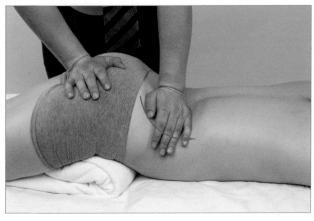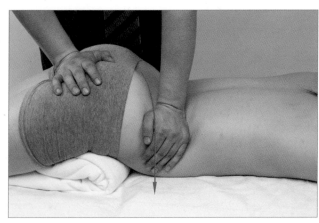

⬆ 요방형근 마사지-7

피술자는 골반 밑에 보조물을 끼워 넣어 골반과 요추 부위를 이완한다. 시술자는 수장을 이용하여 장골능 후면에서 요방형근의 정지부 방향으로 강한 압을 적용하며 슬라이딩한다. 이어 장골능과 요방형근의 접합 부위에도 강한 압을 적용하며 슬라이딩한다.

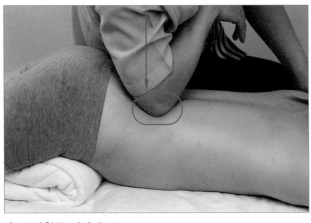

⬆ 요방형근 마사지-8

시술자는 팔꿈치를 이용하여 장골능 후면에서 요방형근의 접합 부위에 직하방으로 강한 압을 적용하며 동시에 서클을 그린다. 이어 요방형근의 측부에도 직하방으로 강하게 슬라이딩한다.

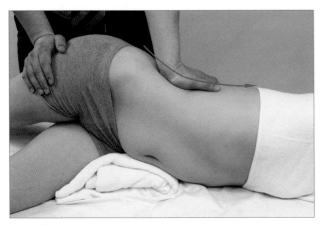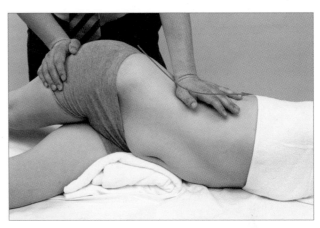

⬆ 요방형근 마사지-9

피술자는 측와위로 눕고, 골반 밑에 보조물을 끼워 넣어 골반의 측면을 오픈한다. 시술자는 수장을 이용하여 장골능 후면에서 요방형근의 근섬유를 따라 강한 압으로 슬라이딩한다.

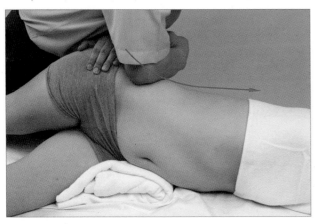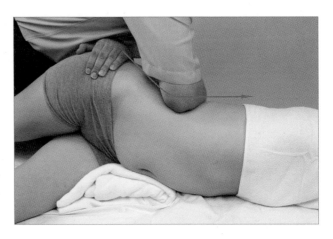

⬆ 요방형근 마사지-10

시술자는 전완을 이용하여 장골능 후면에서 요방형근의 근섬유를 따라 강한 압으로 슬라이딩한다.

치료 관점

일반적으로 골프와 같이 허리 회전 운동을 갑자기 실시한 경우 요방형근이 손상되는 경우가 많다. 또한 요방형근은 장골에서 12번 늑골로 연결되어 있어 강한 회전은 늑골에 손상을 입히는 원인이 된다. 경미한 늑골 손상은 안정을 취하면 낫지만 그렇지 않은 경우에는 병원 치료에 우선해야 한다.

요방형근을 마사지함과 동시에 장요근, 요부의 척추주위근, 둔부근, 이상근과 다른 심부 외회전근, 복직근과 추체근도 평가해야 한다.

요방형근에 통증이 유발되는 것은 대부분 외상 및 불안정한 자세 그리고 급작스러운 운동 등이 가장 큰 원인이므로 운동 전에는 반드시 스트레칭으로 근육의 탄성을 유지하며, 오랫동안 앉아서 일을 해야 한다면 중간 중간 허리를 이완하고 펴 주는 체조를 생활화하도록 한다.

단순한 근육통은 절대 안정을 통해 회복할 수 있다. 급성기에는 절대 안정을 취하면서 환부에 적당한 간격으로 냉찜질을 적용하고, 근 기능 회복 테이핑(kinesiology taping)을 적용함으로써 혈액과 림프 순환을 돕는다.

척추기립근 erector spinae m.

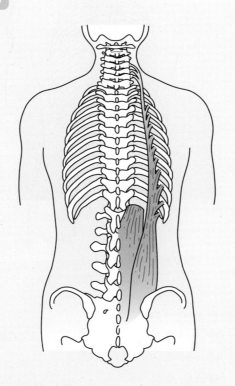

원어 (original word)	Latin : ilium–flank costae–rib
기시부 (origin)	장골의 후면 천추 늑골의 후면
정지부 (insertion)	늑골의 후면 경추 4–경추 6번의 횡돌기
작용 (action)	척추(신전, 회전, 측굴)
지배신경 (nerve)	척수신경

　장늑근은 요장늑근, 흉장늑근, 경장늑근을 포함하고 있다. 형태는 장골과 천골의 공통건으로부터 두개골 방향으로 연결되며, 척추기립근의 외측관으로 늑골을 감싸며 근육 기둥을 형성한다.

　주로 흉추의 중간 부위에서 발생되는 압통은 상부로 향해 어깨에서 흉부 전면으로 방사되고, 흉추의 아래 부위에서 발생되는 압통은 견갑골을 지나 복부와 요추부, 골반에까지 방사되기도 한다. 주로 경추, 흉추, 요추에 걸쳐 신전(extension), 측굴(lateral flexion), 회전(rotation) 기능을 한다.

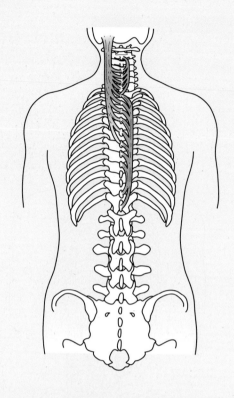

원어 (original word)	Latin : spinatus-spine
기시부 (origin)	경추 4-흉추 12의 극돌기
정지부 (insertion)	경추 2-흉추 8의 극돌기와 후두골
작용 (action)	척추(신전, 회전, 측굴)
지배신경 (nerve)	척수신경

극근은 흉극근, 경극근, 두극근을 포함하고 있다. 두극근은 척추기립근의 내측관으로 상위 80%의 척추를 두개골과 연결하며, 척추를 껴안고 있는 모양을 하고 있다.

극근은 주위 근육과 겹쳐 있어 표층에서 구별이 잘 되지 않는다. 주로 목의 신전(extension), 측굴 (lateral flexion), 회전(rotation) 기능을 한다.

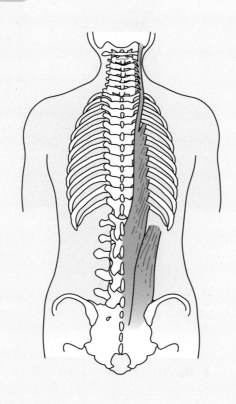

원어 (original word)	Latin : longus-long
기시부 (origin)	천추 흉추1-요추5의 극돌기 경추4-흉추12번의 횡돌기
정지부 (insertion)	관자뼈 유양돌기 경추2-흉추12번의 횡돌기
작용 (action)	척추(신전, 회전, 측굴)
지배신경 (nerve)	척수신경

　최장근은 흉최장근, 경최장근, 두최장근을 포함하고 있다. 이 근육은 척추기립근 중에서 가장 크고 강한 근육으로 허리를 굴곡할 때 속도와 각도를 제어하고 조절하는 중요한 역할을 담당한다. 공통건에서 시작하여 두측으로 경추골의 횡돌기로 펼쳐져 연결되어 있다.

　하부 흉추부에 있는 압통점에 의한 통증은 둔부 아래로 방사되고, 상부 요추부의 압통점에 의한 통증은 요추부로 방사된다. 주로 경추, 흉추, 요추에 걸쳐 신전(extension), 측굴(lateral flexion), 회전(rotation) 기능을 한다.

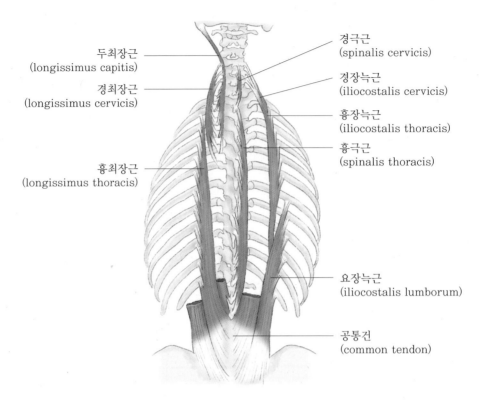

두최장근
(longissimus capitis)

경최장근
(longissimus cervicis)

흉최장근
(longissimus thoracis)

경극근
(spinalis cervicis)

경장늑근
(iliocostalis cervicis)

흉장늑근
(iliocostalis thoracis)

흉극근
(spinalis thoracis)

요장늑근
(iliocostalis lumborum)

공통건
(common tendon)

⬆ 척추기립근을 이루는 3개의 근육

척추기립근은 근육이 비교적 길게 생겨 '장배근' 이라고도 하며, 척추를 신전시켜 똑바로 기립할 수 있도록 하기 때문에 척추 기립근이라는 명칭이 붙게 되었다. 이 근육은 척추와 흉곽을 바로 세울 수 있도록 하여 자세의 균형을 유지하는 기능을 한다. 이 때문에 척추의 중력과 전후 좌우 움직임에 따라 달라지는 동작을 즉각 수용하여 대항함으로써 인간의 직립이 가능해진다. 따라서 척추기립근군에 포함된 근육 중 일부에서라도 기능이 상실되면 몸통이나 팔의 움직임에 제한이 오고, 더 심해질 경우에는 몸을 움직일 수 없는 마비현상이 일어나게 되는 것이다.

척추기립근의 대부분은 척추 후면에 위치하고 여러 근육들과 중복되어 있으며, 크기와 길이가 매우 다양하다. 분포에 있어서는 극돌기를 중심으로 평행하게 양측으로 배열되어 있는 구조이며, 크게 내·외방으로 유선을 그리며 골반에서 목으로 연결되고, 직방으로 허리 부위에서 상위 척추골로 연결되는 근육군으로 형성되어 있다. 근육의 크기는 극돌기를 중심으로 손바닥 정도의 넓이이며, 대부분은 척추 후면에서 위치와 깊이에 따라 흉요근막(posterior layer)의 표층과 배부의 중간층 및 심층에 있다.

척추기립근은 3개의 근육인 장늑근, 극근, 그리고 최장근을 지칭하며, 이 근육은 모두 천골과 장골 그리고 요추 돌기 부위의 표층에 위치한 넓고 두꺼운 공통건(common tendon)에 부착되어 있어, 여기서부터 수직으로 두개골을 향해 뻗어 나와 신체 골격을 지지하는 근육의 기둥 역할을 한다. 그리고 척추를 신전하고 하방으로 당기는 작용을 한다.

척추기립근의 기능 저하나 이상은 복벽에 분포된 근육군과 함께 척추에 압력을 가하는 일차적 원인을 제공하게 되어 요통과 다양한 신경계 질환, 심부통을 일으키게 한다. 또, 척추를 휘게 하여 측만과 후만을 일

근 육		종 류	기 타
표층 (super- ficial)	척추기립근 (erector spinae)	요장늑근(iliocostalis lumborum)	• 측방굴곡 작용 • 두측 및 외측 방향
		흉장늑근(iliocostalis thoracis)	• 수직 방향
		경장늑근(iliocostalis cervicis)	• 두측 및 내측 방향
		흉극근(spinalis thoracis)	• 수직 방향
		경극근(spinalis cervicis)	• 수직 방향
		두극근(spinalis capitis)	• 수직 방향
		흉최장근(longissimus thoracis)	• 가장 잘 발달된 근육 • 수직 방향
		경최장근(longissimus cervicis)	• 두측 및 내측 방향
		두최장근(longissimus capitis)	• 두측 및 외측 방향
		판상근(splenius) *관점에 따라 포함되기도 함	• 두측 및 외측 방향
중간층 (inter- mediate)	횡돌기 극근군 (intermediate muscles)	흉반극근(semispinalis thoracis)	• 두측 및 내측 방향 • 6~8개의 척추골간 접경 부위를 가로지름
		경반극근(semispinalis cervicis)	• 두측 및 내측 방향
		두반극근(semispinalis capitis)	• 수직 방향
		다열근(multifidus)	• 두측 및 내측 방향 • 2~4개의 척추골간 접경 부위를 가로지름
		단회선근(rotator brevis)	• 두측 및 내측 방향 • 단회전근(2개의 척추골간 접경 부위를 가로지름) • 흉추에서 가장 잘 발달되어 있음
		장회선근(rotator longus)	• 수평 방향 진행 • 장회전근(1개의 척추골간 접경 부위를 가로지름) • 흉추에서 가장 잘 발달되어 있음
심층 (deep)	단분절근군 (short segmental group of muscles)	극간근(interspinales)	• 수직 방향 진행 • 1개의 척추골간 접경 부위를 가로지르는 두 근육
		횡돌기간근(intertransverse)	• 경추에서 잘 발달되어 있음 • 극간인대와 섞임

으키며, 골반의 전방 경사를 유발시켜 요추전만 현상을 일으킨다.

척추기립근이 양측으로 수축되면 체간과 경부 그리고 두부에 강한 신전 운동을 일으키고, 일측으로 수축되면 외측으로 굴곡 운동을 일으킨다.

허리를 굴곡 시에는 복근의 근력에 대항하여 각도와 제어 기능을 함으로써 몸이 앞으로 넘어지지 않도록 하며, 측면으로 굴곡 시에는 반측의 척추기립근과 대항하여 역시 몸이 한쪽으로 너무 기울어지지 않도록 균형을 잡는다.

	협동근	길항근
척추기립근	후하거근, 요방형근	복직근, 복사근

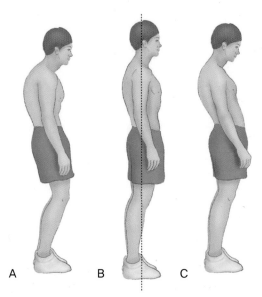

⬆ 척추기립근의 다양한 변형

A-요추 부위의 근력이 약해지면 하지의 무릎은 중심을 잡기 위해 구부러지고, 상체는
　후만을 가져온다. 또 머리는 무게의 균형을 잡기 위해 시선이 앞으로 당겨지는 거
　북목 현상을 나타낸다.

B-신체의 중심선이 곧게 된 상태로 척추기립근의 기능이 양호하다는 것을 나타낸다.

C-복부와 척추기립근의 약화로 인해 허리 부위가 기울고 상체는 둥근 어깨가 되며,
　시선이 앞으로 당겨지는 거북목 현상을 나타낸다.

증상

- 주로 등배로 통증이 다발적으로 유발된다.
- 엉덩이와 복부까지 통증이 방사되기도 한다.
- 척추 운동을 제한하여 동작에 장애를 가져온다.
- 기립상태에서 허리를 굴곡하는 자세를 취하면 심한 통증이 나타나고, 운동성이 제한된다.
- 제1번 요추부에 압통이 발현되면 의자에서 앉았다 일어날 때 더욱 심한 통증이 유발된다.
- 계단을 오르기가 힘들다.
- 이리저리 자세를 바꾸어도 통증이 감소되지 않으며 통증의 원인이 뼈에 있다고 생각하게 된다.
- 처음에는 통증이 일측에만 오지만 심해지면 양측으로 함께 나타난다.
- 세면할 때와 같이 몸을 앞으로 빼고 얼굴을 들기가 힘들다.

요인

- 근육이 수축되어 있는 상태가 지속되면 통증을 일으킨다.
- 근육이 피로하거나 추위에 오랫동안 노출되어 있을 때 통증이 나타난다.
- 하지 길이의 불일치가 통증의 원인으로 작용한다.
- 장시간 움직이지 않은 경우도 통증 유발의 원인이 된다.
- 복부 비만, 심장 질환이 통증을 일으키는 요인으로 작용한다.
- 흉통 증후군이 통증의 원인이 된다.
- 기상 후 바로 허리를 굴곡하고 세면하는 경우 통증의 원인이 된다.

압통점과 방사통

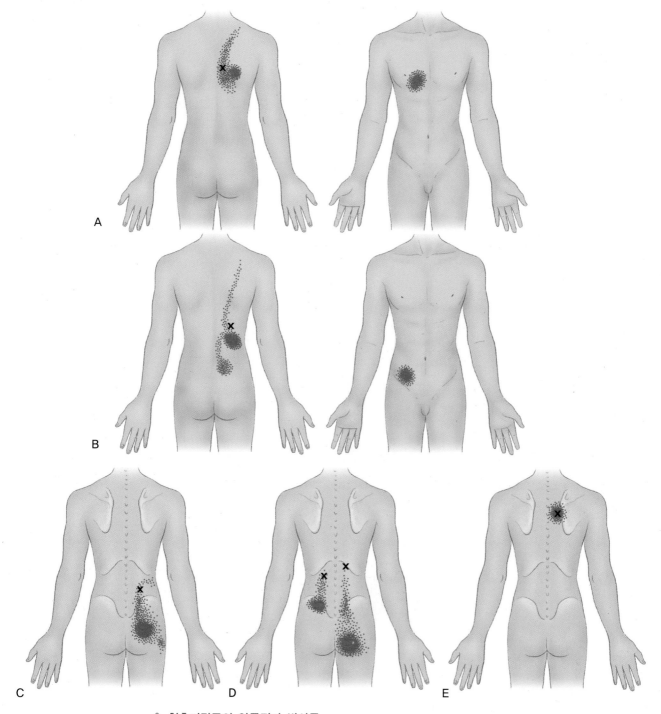

⬆ 척추기립근의 압통점과 방사통

A – 중흉추부의 장늑근 : 견갑골 내측과 흉부 전면으로 방사된다.

B – 하흉추부의 장늑근 : 견갑골 중앙을 관통하고 요추부와 하복부로 방사된다.

C – 상요추부의 장늑근 : 요추 부위에서 발통하여 중둔근으로 강한 통증이 방사된다.

D – 흉최장근의 하부흉추부 : 하부흉추부에서 발통하여 둔부 아래로 방사된다.

　　흉최장근의 상부요추부 : 요추부 전반에 통증이 방사된다.

E – 압통점 전반에 국소적인 통증이 방사된다.

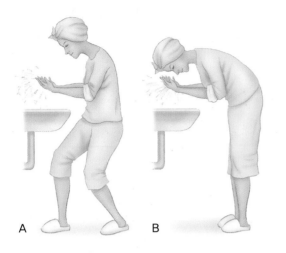

◀ 척추기립근의 염좌 활성화 요인
A-바른 자세: 직립 상태에서 다리를 각각 벌리고 무릎을 구부려 상체의 무게를 분산한다.
B-나쁜 자세: 하지가 직립된 상태는 상체의 무게가 허리로 과도하게 집중되어 장력을 견디지 못한 요추부의 근육과 건, 인대 등 연부 조직에서 미세 파열 또는 염증을 일으키는 원인이 된다.

근 기능 테스트

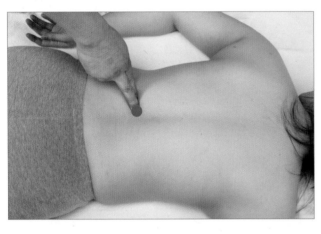

◀ 척추기립근 압통 테스트
시술자는 인지와 중지를 모아 상요추부의 압통점을 눌러 통증의 정도와 방사를 확인한다.

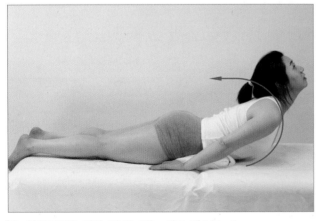

▲ 척추기립근 압통 및 근 기능 셀프 테스트-1
환자는 복와위로 상지와 하지를 곧게 신전하고 누워 하체를 고정하고, 허리의 근력만을 이용하여 상체를 들어 올려 근력과 통증의 정도를 평가한다. 시술자가 환자의 대퇴부 후면을 눌러 하체가 고정되도록 돕는다.

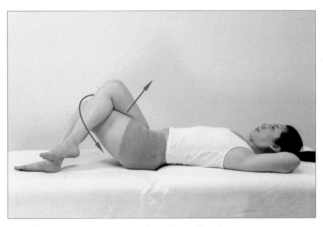

▲ 척추기립근 압통 및 근 기능 셀프 테스트-2
환자는 자신의 머리 뒤쪽으로 양팔을 모으고, 환측의 다리를 아래에 위치하며 굴곡한다. 그리고 반측의 다리를 환측의 대퇴 위에 올린다. 환측의 다리 힘을 이용하여 외측으로 당기고 반측 다리는 움직이지 않도록 감싸 저항하며 근력과 통증의 정도를 평가한다.

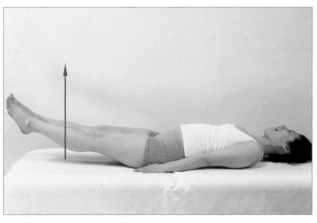 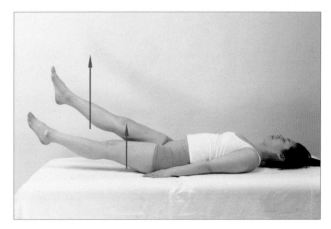

⬆ 척추기립근 압통 및 근 기능 셀프 테스트-3

환자는 두 다리를 모아 동시에 서서히 지면에서 들어 올리고, 그 상태를 유지한 채 좌우 다리를 번갈아 한쪽씩 더 높게 들어 올린다. 모든 다리가 지면에 닿지 않은 상태로 실시하며, 이때 나타나는 근력과 통증의 정도를 평가한다.

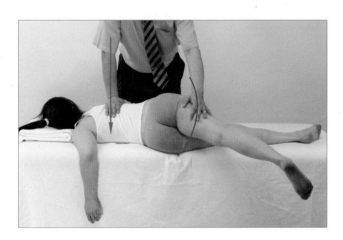

⬅ 척추기립근 압통 및 근 기능 테스트

피술자는 환측이 위로 가도록 측와위로 눕는다. 양팔을 90도로 외전하고 환측의 다리는 곧게 펴서 고관절을 최대한 과신전한다. 시술자는 피술자의 어깨를 고정하고, 한손은 피술자의 대퇴에 위치하여 서서히 골반을 후면으로 밀어 척추를 트위스팅한다.

시술 테크닉

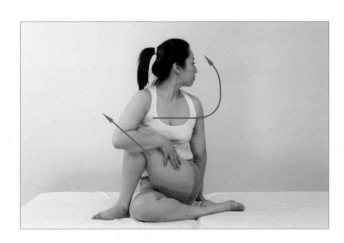

⬅ 척추기립근 셀프 스트레칭-1

환자는 가부좌 자세로 앉는다. 허리 근력을 이용하여 환측 방향으로 서서히 회전한다. 이때 골반과 다리가 따라 회전되지 않도록 팔로 감싸 고정하며, 이때 나타나는 근력과 통증의 정도를 평가한다.

↑ 척추기립근 셀프 스트레칭-2

환자는 척추기립근을 곧게 세우고 앉는다. 양손을 두개골 상부에
위치하고 서서히 목을 굴곡하며, 이때 상체가 함께 굴곡되지 않도
록 한다. 목과 상체에서 강한 스트레칭이 일어나도록 하며, 이때
나타나는 근력과 통증의 정도를 평가한다.

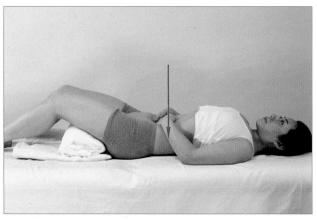

↑ 척추기립근 셀프 스트레칭-3

환자는 대퇴 후면에 보조물을 삽입하여 허리를 지면에 밀착하고
눕는다. 서서히 들숨과 날숨을 반복하고, 이어 날숨 시 양손으로
복부를 압박하여 정점에서 호흡을 참고 척추를 신장한다. 몇 회
반복하여 적용한다.

↑ 척추기립근 근력강화 운동

짐볼을 이용하여 척추기립근의 근력강화를 위한 다양한 운동을 실시한다.
허리 힘만으로 상체를 지지하고 오래 버티기를 실시한다. 무리하지 않도
록 유의하고 점점 횟수를 늘려 반복하여 적용한다.

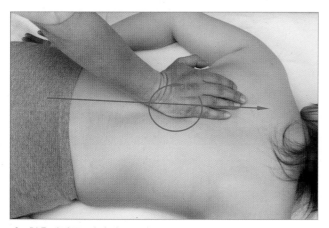

⬆ 척추기립근 마사지-1

피술자는 복와위로 누워 기립근을 오픈한다. 시술자는 수장을 이용하여 기립근을 따라 서클을 그리며 강한 프릭션(friction)으로 압통점을 이완한다. 골반과 허리의 접합 부위에서 머리 방향으로 진행한다.

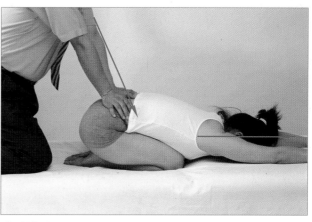

⬆ 척추기립근 마사지-2

피술자는 무릎을 꿇고 앉아 허리를 최대한 굴곡하고 양팔도 머리 위로 최대한 굴곡한다. 시술자는 장골 부위에 양손을 위치하고 위에서 아래로 직하방으로 서서히 눌러 골반과 요추 부위의 공통건을 신장시킨다. 이어 요추 부위에도 같은 방법으로 한 번 더 적용한다.

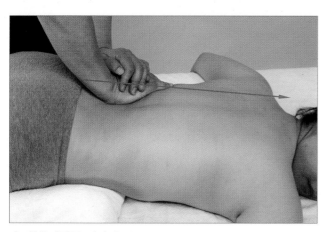

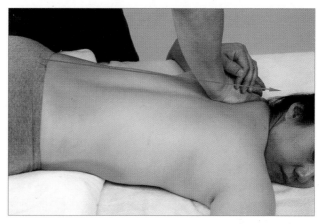

⬆ 척추기립근 마사지-3

시술자는 양손을 겹장하고 장골 부위에서 기립근을 따라 경부 방향으로 강하게 슬라이딩한다.

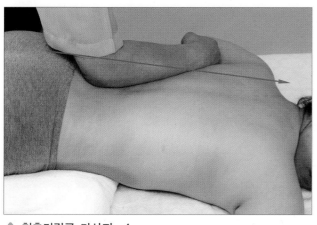

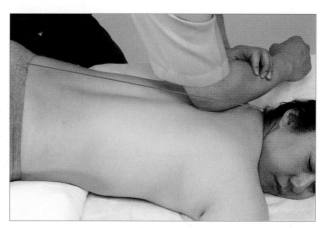

⬆ 척추기립근 마사지-4

시술자는 전완을 이용하여 넓은 압으로 기립근 전반에 걸쳐 강하게 슬라이딩한다.

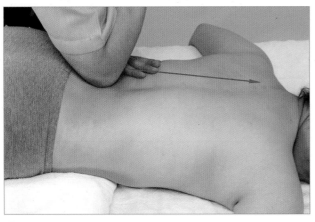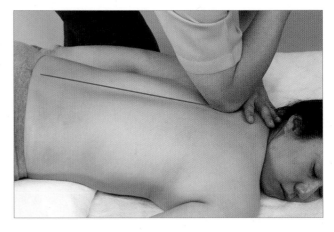

⬆ 척추기립근 마사지-5

시술자는 팔꿈치를 세우고 이 팔꿈치를 다른 손으로 감싸 극돌기와 부딪치지 않도록 유의하며 강하고 세심한 압으로 극돌기와 횡돌기 사이를 따라 슬라이딩한다.

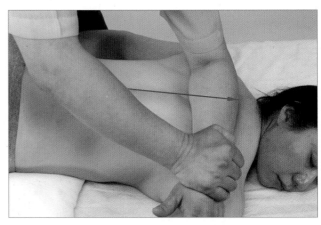

⬆ 척추기립근 마사지-6

시술자는 전완 전체를 이용하여 양측 기립근을 동시에 직하방으로 누르며 슬라이딩하여 척추 관절을 스트레칭하면서 동시에 기립근을 이완한다.

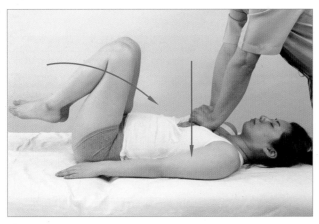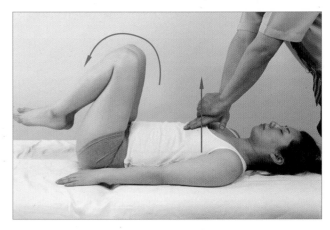

⬆ 척추기립근 마사지-7

시술자는 흉골에 수장을 겹장하고 서서히 직하방으로 누르면, 피술자는 동시에 날숨과 함께 양 고관절을 굴곡하여 압을 받아들인다. 이어 반대로 시술자가 압을 풀면 피술자는 들숨을 쉬며 고관절을 신전한다. 이 테크닉은 흉추후만이 심할 경우 등배에 강한 압을 적용하면 척추에 무리를 줄 수 있으므로 반대로 흉골을 압박하여 늑골을 통해 척추로 압을 전달하여 기립근을 이완하는 방법이다.

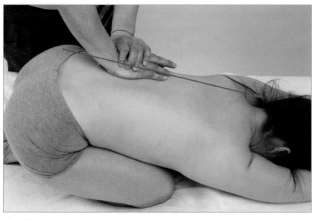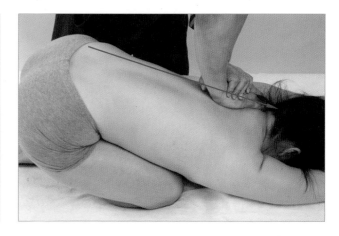

⬆ 척추기립근 마사지 - 8

피술자는 무릎과 허리 그리고 양 어깨를 최대한 굴곡하고 엎드린다. 시술자는 양손을 겹장하고 골반에서 경부 방향으로 강하게 슬라이딩한다. 장골과 천골기립근의 기시부에 강한 장력이 발생하여 스트레칭과 근막 이완의 효과를 함께 얻는다.

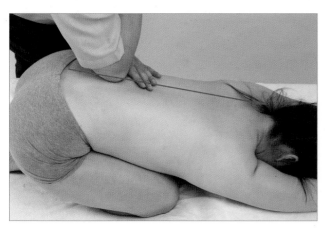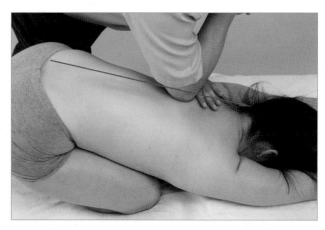

⬆ 척추기립근 마사지 - 9

시술자는 팔꿈치를 이용하여 골반에서 경부 방향으로 극돌기와 횡돌기 사이의 기립근을 강하게 슬라이딩한다. 이때 다른 손으로 팔꿈치를 감싸 진행 중 팔꿈치가 미끄러져 극돌기를 압박하지 않도록 유의한다.

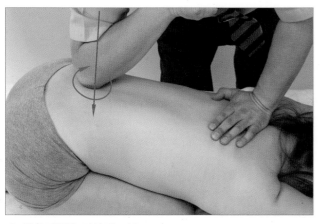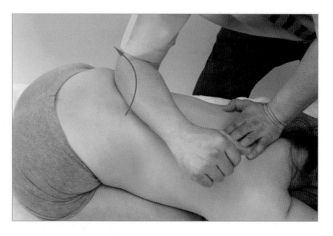

⬆ 척추기립근 마사지 - 10

시술자는 팔꿈치로 천골과 장골 그리고 요추가 만나는 접합 부위에 직하방으로 압을 적용하며 동시에 서클을 그린다. 이어 그 압을 그대로 유지하며 장골능을 따라 기립근의 기시부를 강하게 슬라이딩한다.

치료 관점

척추는 인체의 기둥으로, 신체를 지지하는 안정성과 움직임에 적응하는 유연성을 동시에 갖고 있다. 이러한 척추가 운동 기능학적으로 유지할 수 있도록 주도적 역할을 하는 근육이 바로 척추기립근이다. 따라서 이 근육은 다른 근육에 비해 피로와 긴장 상태가 항상 지속되고, 외상의 위험에 노출되어 있어 일상을 통해 적절한 마사지와 보디워크를 꾸준히 실시해야 하는 중요성을 갖고 있다.

인간의 해부학적 자세에는 견갑대와 골반대를 기준으로 두 개의 삼각형 구조를 이루고 있으며, 척추기립근을 중심으로 다양한 근육들이 삼각형 구조에 따라 운동 기능을 한다. 만약 움직임이 한정되거나 일부로만 정체된다면 삼각형 구조에 변형이 오게 되어 양측에 근력 차이가 나고 근육량이 달라지며 크기 또한 변형되어 척추가 휘게 된다.

척추의 변형으로 오는 증상으로는 척추측만증, 척추후만증, 척추전만증이 있으며, 원인은 척추와 관련된 질병 자체에도 있지만 척추를 싸고 있는 다른 근육의 비정상적인 비대 혹은 감소에 의해서도 발생한다.

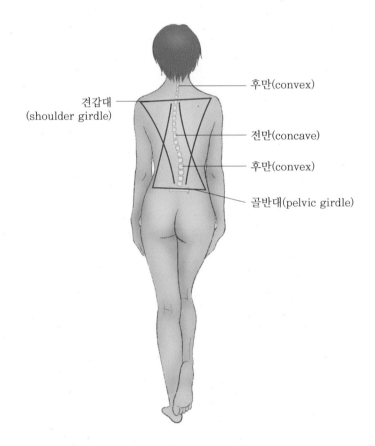

⬆ **자세 변화에 의한 척추기립근의 변형**
한쪽 방향으로 체중을 지지하고 오랫동안 긴장성 수축 상태가 지속되면 신체는 균형을 유지하기 위해 양측 근력에 차이가 나고 결국 척추가 휘는 결과가 만들어진다.

A 척추측만증 (scoliosis)	B 척추후만증 (kyphosis)	C 척추전만증 (lordosis)

⬆ 척추 만곡에 따른 변형

A-척추가 일직선으로 똑바르지 않고 좌우 한쪽으로 10도 이상 휘어진 상태로,
   척추 모양이 양쪽 어깨 높이에 따라 다르며, 척추 균형이 한쪽으로 치우친
   형태이다.

B-정상인의 척추는 측면에서 볼 때 S자형을 띠는 반면, 척추후만증 환자는 흉
   추가 더욱 후만된 형태이다.

C-요추 부위의 척추가 정상 척추보다 복부 쪽으로 더 들어간 형태이다.

위와 같은 척추 변형을 예방하기 위해서는 주기적인 운동과 가벼운 체조 그리고 마사지를 통해 골격근이 경직되지 않도록 이완하고 근육의 톤을 부드럽게 유지하여 순환 구조가 정체되지 않도록 한다. 급성기에는 절대 안정 속에서 환부에 적당한 간격으로 냉찜질을 적용하고, 근 기능 회복 테이핑(kinesiology taping)을 적용하여 혈액과 림프 순환을 돕는다.

04

하 지 부

장요근, 대둔근, 중둔근, 소둔근, 대퇴근막장근, 이상근, 치골근,
대내전근, 장·단내전근, 대퇴직근, 중간광근, 내측광근,
외측광근, 대퇴이두근, 반막양근, 반건양근, 봉공근, 박근,
전경골근, 비복근, 가자미근

장요근 iliopsoas m.

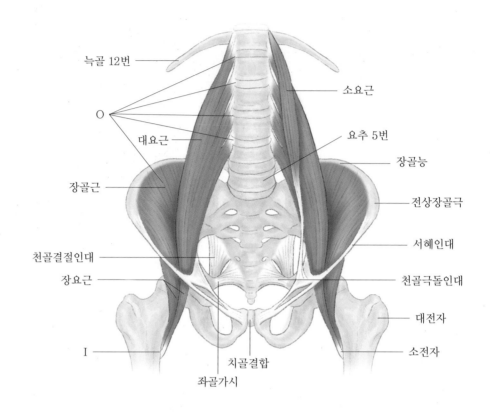

능골 12번
소요근
O
대요근
요추 5번
장골능
장골근
전상장골극
서혜인대
천골결절인대
장요근
천골극돌인대
대전자
I
소전자
치골결합
좌골가시

원어 (original word)	Greek : psoa-the muscles of the loins Latin : major-larger 　　　　　 minor-smaller 　　　　　 ilium-flank, groin
기시부 (origin)	대요근 : 흉추 12~요추 5번의 추체와 횡돌기 소요근 : 흉추 12, 요추 1~2번 추체 전·외측 장골근 : 장골와 내측면 상부 2/3
정지부 (insertion)	대요근 : 대퇴골 소전자의 내측 소요근 : 치골상지의 치골선 장골근 : 대요근건과 결합, 소전자 앞
작용 (action)	고관절 (굴곡, 외회전, 외전)
지배신경 (nerve)	대요근 : 척수신경 L2, L3, L4 소요근 : L1 장골근 : 대퇴신경 L2, L3

	협동근	길항근
장요근	대퇴직근, 치골근, 봉공근, 대퇴근막장근, 박근, 내전근	대둔근, 슬곡근

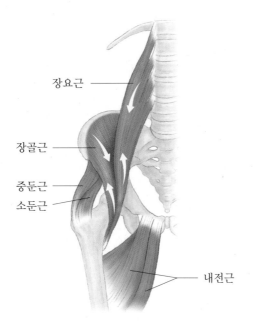

↑ 장요근의 운동 방향

요추와 골반을 아래로 전방 굴곡하고 고관절은 위로
당겨 굴곡시키며, 동시에 대퇴를 외회전시킨다.

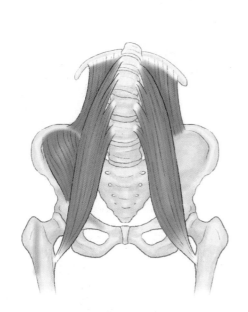

↑ 한측 장요근이 단축된 상태

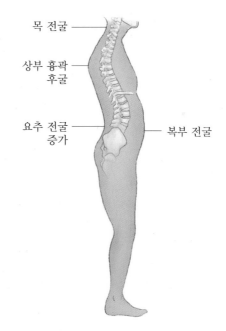

↑ 비대칭적인 장요근의 단축으로 오는 자세의 변화

장요근은 요방형근과 함께 유기적인 역할을 한다. 만약
요방형근에 의해 요추전만이 가속화되면 장요근에 이완
성 긴장이 일어나며, 이때 머리는 전방으로 기울고, 견
갑골과 등 부위는 후만을 가중시키며, 고관절과 무릎을
바로 펴지 못하게 된다.

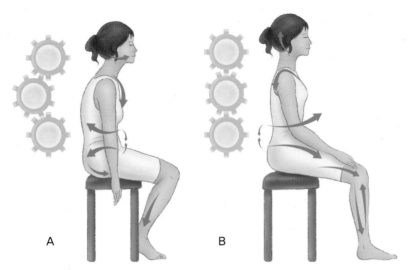

⬆ 자세에 따른 장요근의 변화

A-팔걸이가 없는 의자에 오랫동안 앉아 있으면 팔의 중력으로 흉곽이 아래로, 골반은
　위로 당겨지면서 장요근이 단축되고 허리에 장력이 발생하게 된다. 또한 몸의 부하
　를 줄이기 위해 얼굴을 앞으로 당기고 다리는 뒤로 당겨 앉게 된다.
B-대퇴에 팔을 올려놓고 허리를 펴고 앉으면 장요근의 단축을 최소화할 수 있다.

　　장요근은 대요근(psoas major), 소요근(psoas minor), 장골근(iliacus)의 3개 근섬유가 뱃속 깊숙한 곳
에서 합쳐 이루어져 있다. 신체의 앞면에서는 복직근 그리고 뒷면에서는 요방형근, 심부의 다열근과 함께
요추를 안정시키고, 골반의 균형을 유지하는 중요한 역할을 한다.

　　장요근은 요추 앞쪽에서 시작하여 상체와 하체를 이어 주며, 고관절 앞쪽을 가로질러 대퇴골의 전내측 소
전자로 부착된다. 주 기능은 가장 힘 있게 고관절을 상방으로 굴곡시키고, 대퇴의 외회전과 몸통의 굴곡을
돕는 것이다. 특히 보행 시에는 요추 전방을 지지하고, 직립 또는 앉은 상태에서는 요추의 신전을 보조함으
로써 몸의 중심을 잡는 구심점 역할을 한다.

　　장요근은 요방형근과 협동하여 요추를 안정시키지만, 길항 작용을 하는 대둔근과 슬괵근에 비해 근력이
현저하게 떨어지면 골반의 후방 경사를 가속화시켜 요통을 일으키는 원인이 된다. 그리고 장요근이 단축되
면 고관절을 굴곡시키는 힘이 약해져 복근과 슬괵근의 영향으로 척추와 골반에 변형이 나타나는 굽은등 자
세(sway-back posture) 또는 편평등 자세(flat-back posture)가 되고, 한측으로만 단축이 심화되면 엉덩
이를 뒤로 빼고 대퇴를 약간 벌려 걷는 요근 보행(psoatic gait)을 하게 된다.

　　장요근을 긴장시키는 원인은 다양한데, 고관절을 심하게 굴곡시키거나 그 반대 행위도 모두 원인에 해당
된다. 예를 들면 만성적으로 오랫동안 의자에 앉아서 일을 하거나 쪼그리고 있는 행위, 등산과 같이 보폭을
넓게 벌리고 다리를 올리는 행위, 한곳에 직립된 상태로 서 있는 행위 모두 장요근을 긴장시킨다.

　　이 근육에 단축이 발생하면 늑골은 아래로, 골반은 위로 당겨진다. 그리고 보상 작용으로 얼굴은 앞으로
나오고 다리는 굴곡되는 기형적인 체형이 만들어진다. 그냥 서 있기만 해도 요추의 전만이 증가되어 자신도
모르게 다리를 앞으로 내밀고 무릎을 구부린 채 구부정한 자세를 취하게 된다. 증상으로는 복부에서는 횡격
막과 내장기를 압박하고 하지에서는 대퇴신경을 눌러 신경폐색증이 나타난다.

고관절의 반복적인 운동을 너무 강하게 작용하면 장요근에 부하와 마찰로 복부를 압박하여 내장기관과 허리, 골반의 통증을 호소하며, 하지신경을 압박하여 대퇴 전면과 서혜부, 음낭, 음순에 지각 이상과 통증을 일으킨다.

증상
- 심한 요통과 함께 척추를 중심으로 피부 변색이 나타난다.
- 대퇴 앞면과 서혜부로 통증이 발현된다.
- 요추 관절 기능 장애가 나타난다.
- 아침에 일어날 때 통증이 극심해진다.
- 의자에 앉았다 일어설 때 힘들다.
- 변비 환자는 배변 시 통증이 발현된다.
- 다리를 구부리고 있는 자세가 편하고 통증이 경감된다.
- 장골근이 긴장하면 청소년기에 골반 성장에 지장을 줄 수 있다(여학생 유의).
- 키가 줄어든다.
- 굽은등 자세 (sway-back posture) 또는 편평등 자세(flat-back posture)가 나타난다.
- 우측 복부에 통증이 발현되어 충수염으로 오진되기도 한다.

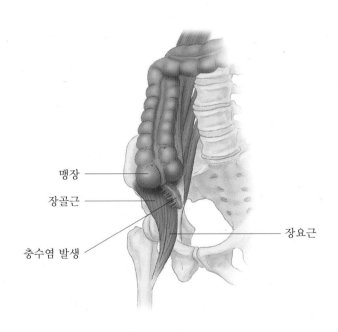

맹장
장골근
충수염 발생
장요근

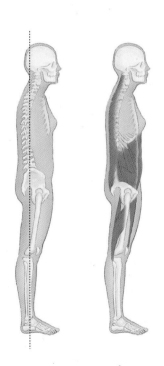

⬆ **충수염 / appendicitis**
맹장 선단에 붙은 충수에 일어나는 염증으로 흔히 맹장염이라고 한다. 통증이 발현되는 부위가 장요근이 있는 위치와 같아 오진되는 경우가 많다.

⬆ **편평등 자세 / flat-back posture**
골반이 후방 경사되고 흉추 하부와 요추가 일직선으로 된 자세이다. 장요근의 약화와 이완된 상태에서 반대로 슬곡근의 강화와 단축으로 인해 발생된다. 이 자세는 요통 질환을 호소하기보다는 고관절을 굴곡하는 기능이 저하되는 증상을 더 호소한다.

요인 • 장시간 쪼그리고 앉거나 가부좌 자세를 취하는 동작이 원인이다.

• 웅크린 자세로 수면을 취하면 통증을 일으키는 원인이 된다.

• 임신으로 인해 요통이 더 심해진다.

• 대퇴직근과 대둔근, 슬괵근의 영향으로 연관통이 발생한다.

• 척추 질환 또는 일명 요추 디스크 환자에게 많이 일어난다.

• 오랫동안 하이힐을 신는 행위가 증상의 요인으로 작용한다.

• 과격한 운동(스키, 자전거, 축구 등)이 원인으로 작용한다.

• 복부 비만이 원인이 된다.

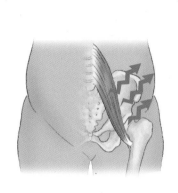

◀ **내장기 압박**
복근이 약해지면 체간을 굴곡하는 데 장요근이 힘이 많이 들므로 내장기로 압박이 발생하여 혈행이 원활하지 않게 되며 복통을 유발하게 된다.

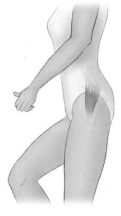

이완   수축

◀ **장요근의 수축과 이완**
장요근은 가장 강한 힘으로 고관절을 위로 들어 올리는 굴곡 기능을 한다. 오랫동안 걷기, 달리기, 자전거 타기 등은 장요근의 단축과 이완을 반복하게 하므로 장력을 견디지 못한 부위로 염좌가 생성되어 주변으로 극심한 통증을 발생시킨다.

압통점과 방사통

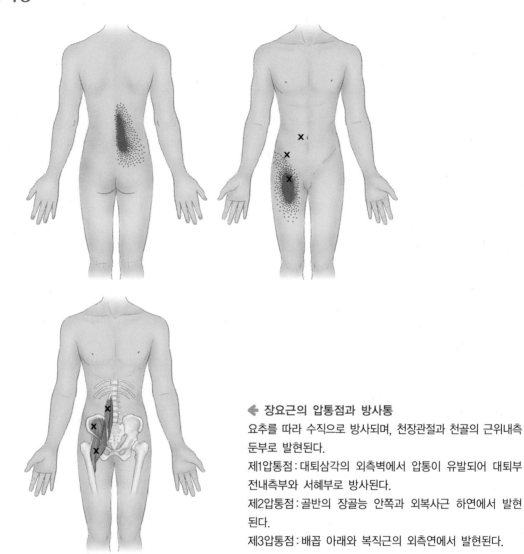

◀ 장요근의 압통점과 방사통
요추를 따라 수직으로 방사되며, 천장관절과 천골의 근위내측
둔부로 발현된다.
제1압통점 : 대퇴삼각의 외측벽에서 압통이 유발되어 대퇴부
전내측부와 서혜부로 방사된다.
제2압통점 : 골반의 장골능 안쪽과 외복사근 하연에서 발현
된다.
제3압통점 : 배꼽 아래와 복직근의 외측연에서 발현된다.

근 기능 테스트

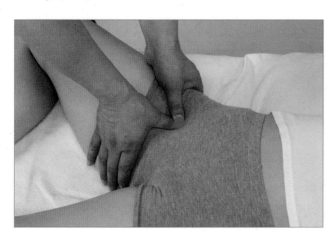

◀ 장요근 압통 테스트
피술자는 앙와위로 환측의 고관절을 45도 외전하고 무릎은 굴곡
하며 눕는다. 시술자는 무지를 겹장하고 압통점에 압을 적용하여
통증의 정도를 평가한다.

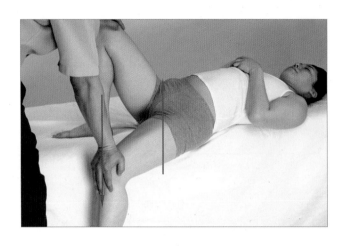

장요근 압통 및 근 기능 테스트
피술자는 반측의 고관절과 무릎을 굴곡하고, 환측의 고관절은 곧게 펴서 종아리를 침대 밖으로 떨어뜨린다. 이어 피술자는 환측의 다리를 서서히 굴곡하며 들어 올리고, 시술자는 이에 저항한다. 이때 나타나는 근력과 통증의 정도를 평가한다.

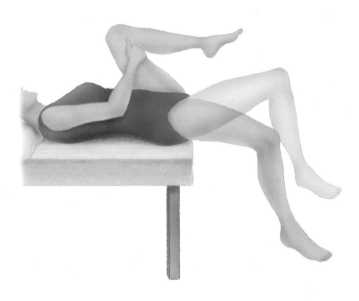

고관절 신전 가동범위 검사 / hip extension ROM
환자는 자신의 반측 고관절을 최대한 굴곡하여 가슴에 오게 하고 골반은 지면에 밀착한다. 이어 환측의 다리는 서서히 이완하여 침대 밖으로 떨어뜨린다. 신장되는 각도로 고관절의 가동 범위를 확인하여 장요근의 단축과 이완 정도를 측정한다. 참고로 10도 정도의 고관절 신전은 정상이므로 그 이상과 이하의 각도로 이상 유무를 평가한다.

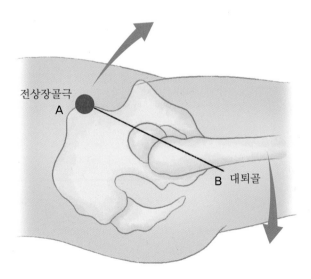

전상장골극

A

B 대퇴골

장골 전굴 / ilium forward tilt
피술자는 앙와위로 양다리를 곧게 펴고 눕는다. 시술자는 양측의 (A) 전상장골극(ASIS)의 높이와 (B) 대퇴골의 위치를 각각 세심하게 관찰하여 비대칭의 정도를 확인한다. 장요근이 단축되면 전상장골극이 위로 튀어나와 전굴된 모습이 나타나고, 대퇴골은 지면에 완전하게 밀착되지 않으며, 요추 부위에는 만곡도가 증가하여 심한 전만이 나타난다.

시술 테크닉

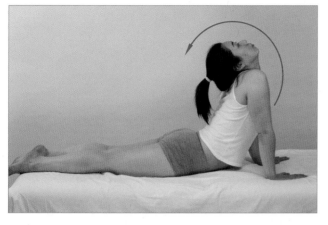

← 장요근 셀프 스트레칭-1

환자는 두 다리와 골반을 지면에 밀착하여 고정하고, 양손으로 지면에서 서서히 상체를 들어 올린다. 이때 허리가 최대한 신전되도록 고개도 함께 신전하고, 몇 초 동안 정점에서 자세를 유지한다. 다시 반대로 서서히 이완하며 위 동작을 반복하여 적용한다.

← 장요근 셀프 스트레칭-2

환자는 양 고관절을 약간 벌리고 서서히 허리를 뒤로 신전하여 양손이 발꿈치에 닿도록 한다. 이때 허리가 최대한 신전되도록 고개도 함께 신전하며 몇 초 동안 정점에서 자세를 유지하고 다시 반대로 서서히 이완하기를 반복한다.

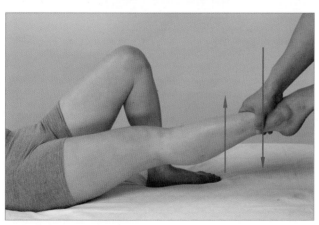

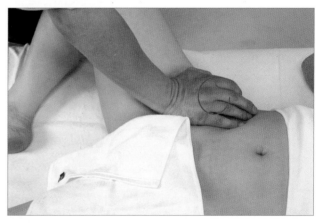

↑ 장요근 근력강화 운동

환자는 앙와위로 누워 반측 다리의 고관절과 무릎을 굴곡하여 골반을 고정하고, 환측 다리는 곧게 펴 지면에서 15도 정도 들어 올린다. 이어 시술자는 서서히 발목을 아래로 내리고 피술자는 이에 저항한다.

↑ 장요근 압통점 이완

시술자는 수장을 이용하여 장요근 압통점을 서클을 그리면서 강자극하며 압통을 이완한다.

 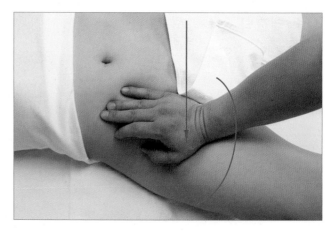

⬆ 장요근 마사지-1

시술자는 피술자의 환측 다리를 최대한 굴곡하고 배꼽에서 고관절까지 적당히 3등분하여 그 중 한 부위에 수장으로 고정한다. 이어 압이 그대로 유지된 상태에서 다리를 서서히 신전시킨다. 장요근에 강한 스트레칭과 등척성 운동이 일어난다.

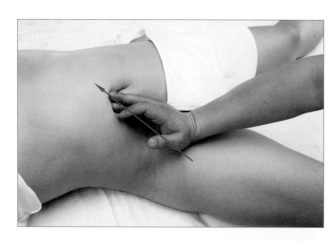

⬅ 장요근 마사지-2

시술자는 수장을 세워 대퇴골 소전자의 내측에서 배꼽 방향으로 근섬유를 따라 서서히 깊은 압으로 슬라이딩한다.

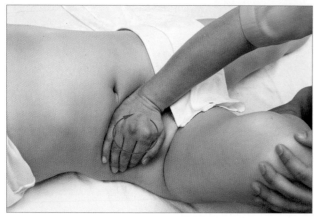 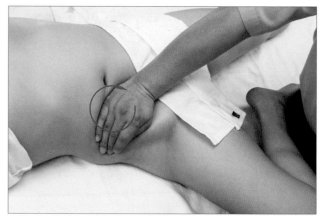

⬆ 장요근 마사지-3

시술자는 피술자의 환측 다리를 최대한 굴곡하고 흉추 12번과 요추 5번 사이에 수장을 이용하여 강약이 배합된 압으로 서클을 그린다. 이어 환측 다리를 신전시킨 상태에서 강약이 배합된 압으로 서클을 그리며 이완한다. 복압으로 통증이 발생할 수 있으므로 복근을 충분히 이완한 후 적용하도록 한다.

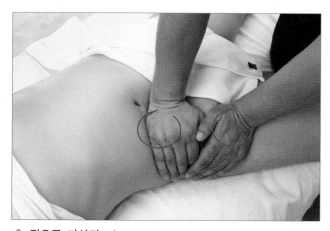

▲ 장요근 마사지-4

시술자는 피술자의 환측 다리를 신전시킨 상태에서 흉추 12~요추 5번 사이와 대퇴골 소전자의 내측에 양 수장을 고정하고 동시에 강약이 배합된 압으로 서클을 그리며 이완한다.

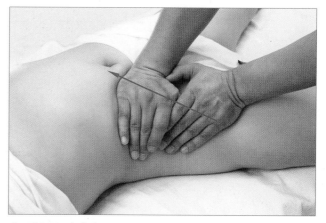

▲ 장요근 마사지-5

시술자는 피술자의 환측 다리를 신전시킨 상태에서 대퇴골 소전자의 내측에서 흉추 12번 방향으로 깊은 압을 적용하며 슬라이딩한다.

치료 관점

장요근은 고관절을 조절하는 굴곡근이지만 심부에 위치해 있어 고관절통이나 허리와 골반 통증을 호소하더라도 치료 시 간과되는 경우가 많다. 또한 알고 있다고 하더라도 서혜부의 민감한 피부와 복부 내장기의 장애물로 인해 직접적인 압을 구사하기도 쉽지 않다. 따라서 효과적인 보디워크는 스트레칭과 압통을 직접 이완하는 국소 치료법이 대안이 된다.

장요근의 압통을 이완하기에 앞서 우선 충분한 복부 마사지와 스트레칭을 선행하여 치료 시 불필요한 통증을 겪지 않도록 하고, 엉덩이 관련 근육군(둔근, 치골근, 대퇴근막장근)과 대퇴 근육군(슬괵근, 대퇴직근), 척추 근육군(흉요추기립근, 요방형근)을 반드시 함께 이완하여 치료 효과를 극대화한다.

신체의 중심 역할을 하는 몸통과 골반 근육들이 약하거나 빨리 피로하게 되면 전신으로 피로감이 확대되고 체형의 변화를 가중시켜 증상을 더욱 악화시키므로 장요근에 긴장이 발생하지 않도록 유의한다.

대둔근 gluteus maximus m.

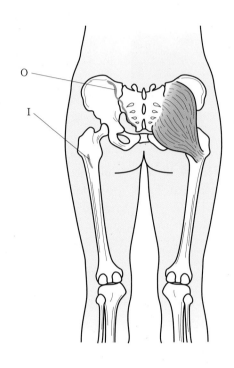

원어 (original word)	Latin : maximus-greatest Greek : gloutos-greatest
기시부 (origin)	장골외측면(후상부) 천골과 미골(후면)
정지부 (insertion)	대퇴골의 둔결절 장경인대
작용 (action)	대퇴 (신전, 외회전, 외전,내전)
지배신경 (nerve)	둔부신경 L5, S1, S2

대둔근은 장골의 가장 후방 부분과 미골연과 천추 결절인대의 후방에서 시작하여 대퇴골의 둔결절 3/4의 건막과 대퇴근막장근으로 삽입된다. 이 근육은 약 1인치 이상 되는 두꺼운 피하 조직으로 좌골과 심층 근육 전체를 덮고 있다.

대둔근은 좌우로 둥글게 융기된 모양으로 크기는 엉덩이 절반을 차지하며, 그 밑에 있는 중둔근은 대둔근에 의해 거의 감싸여 측면에서 일부만 보이고, 소둔근은 완전히 덮여 외관에서는 드러나지 않는다.

	협동근	길항근
대둔근	광배근, 슬괵근, 중둔근, 소둔근, 이상근	대퇴직근, 장요근

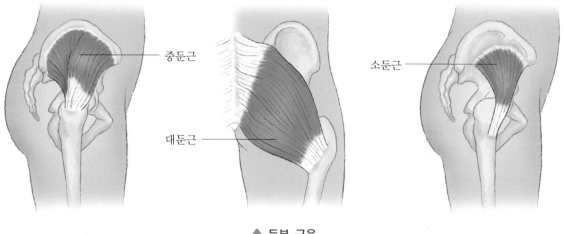

↑ 둔부 근육

중둔근

대둔근

소둔근

대둔근은 가장 강한 엉덩이의 신전근(extension)이며 신체에서 가장 강한 근육이다. 다리와 골반 그리고 척추를 뒤로 당기는 작용으로 하체를 고정시키고, 정지부가 장경인대(iliotibial band)로 연결되어 무릎 또한 안정되게 고정시켜 직립 자세가 가능하도록 한다.

대둔근은 특히 발레나 피겨 스케이팅과 같이 점프 시 한쪽 다리만으로 착지를 요하는 운동을 할 때 넘어지지 않도록 균형을 잡아 주는 중요한 역할을 담당한다. 또, 대둔근과 길항되는 장요근과의 협동으로 작용, 반작용의 상호 기능을 통해 두 발로 중심을 잡아 보행이 가능하도록 해 준다.

둔부의 통증은 반복적으로 오래 걷거나 또는 오래 앉아 있거나 다리를 꼬고 앉는 자세 등으로 인해 골반에 압력이 가해져 발생한다. 주로 허리 부위와 꼬리뼈 등에서 통증이 발현되지만 좌골신경통 증상과 유사한 하지 방사통도 일으킨다.

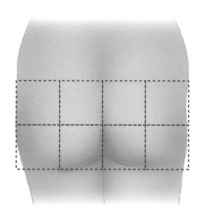

↑ 엉덩이의 비대칭
근육량이 비대칭을 이루면 바른 자세를 유지하기
어렵고, 근력의 비정상을 가중시켜 위로는 요방형
근과 척추에 불균형을 초래하며, 하지로는 발바닥
아치의 균형을 깨뜨려 활동에 지장을 준다.

또한, 어떤 이유에서든 엉덩이 근육이 비대칭으로 형성되었다면 그것도 통증을 일으키는 원인의 일부가 된다. 비대칭은 불량한 자세를 만들고, 불량한 자세는 이완이나 수축성 긴장을 초래해 근육의 탄력과 근력을 저하시켜 결국은 혈관과 신경을 압박하기 때문이다.

대둔근이 경직되면 골반 후면에 경사가 일어나 허리에 영향을 주어 일자 허리를 형성한다. 일자 허리는 다리 후면의 단축을 가속화시켜 다리가 저리고 붓는 증상을 일으킨다. 다리를 곧게 펴면 단축된 다리에 이완성 긴장이 심해지므로 무의식적으로 무릎을 바로 펴지 못하고, 보행 시 넘어지지 않으려고 척추와 어깨를 앞으로 전만시켜 몸의 균형을 유지하려고 하므로 구부정하게 걷게 된다. 이러한 기전에서 알 수 있듯이 대둔근에 이상이 오면 경련이 허벅지 후면으로 오는 경우가 발생하는데, 이때의 원인을 다른 증상들과 혼돈하여 대둔근을 소외하는 경향이 생기므로 감별에 유의한다.

⬆ 일자허리
대둔근의 경직은 일자 허리를 만들고 결국 보상기전에 의해 보행 시 구부정한 자세로 걷게 한다.

증상
- 보행 시 또는 허리를 숙이고 경사진 면을 오를 때 통증이 더욱 심하다.
- 운전할 때와 같이 오래 앉아 있으면 통증이 더욱 심해진다.
- 오래 앉아 있으면 엉덩이의 피부 감각이 없어진다.
- 허리와 꼬리뼈(미골통/coccygodynia) 부위에서 통증이 발생한다.
- 밤에 통증으로 인해 바로 누워 자기가 힘들어진다.
- 구부린 자세에서 몸을 일으킬 때 통증이 심하게 나타난다.
- 허리를 숙이고 의자에 앉을 때 특히 심하게 통증이 나타난다.
- 둔부하연 주름이 있는 부위에서 통증이 나타난다.
- 좌골신경통과 같은 비슷한 증상인 하지 방사통이 나타난다.

요인
- 오랫동안 불안정하게 앉아 있는 자세가 원인이 된다.
- 뒷주머니에 자극성 있는 물건을 넣어 활동 시 압박을 받아 통증을 유발한다.
- 엉덩방아와 같이 둔부에 직접적인 외상이 원인이 된다.
- 엉덩이에 약물주사를 자주 맞은 경우 원인이 된다.
- 넘어질 때와 같이 몸의 중심을 잡으려고 하지에 과도한 힘을 주었을 때 통증이 유발된다.
- 둔부 근육의 비대칭이 원인이다.
- 한쪽 엄지발가락이 짧을 경우 통증이 생긴다.

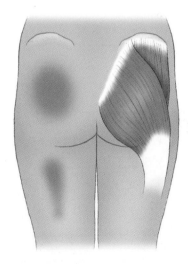

⬆ **대둔근증후군(gluteus maximus syndrome)**
둔부에 심한 국소적인 통증이 나타나며, 허벅지 후면에서도 띠를 이루는 연관통이 나타난다.

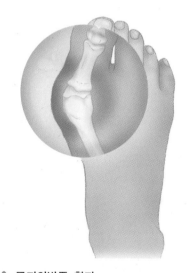

⬆ **무지외반증 환자**
한쪽 발에 심한 무지외반증이 있거나 엄지발가락이 현저하게 짧을 경우, 보행 시 엄지발가락으로 방향을 전환하거나 몸무게를 직접 받기가 힘들어진다. 결국 반측의 발에 의존하며 보행을 할 수밖에 없어 몸의 중심을 잡는 기능을 하는 대둔근에 직접적으로 영향을 주게 된다.

압통점과 방사통

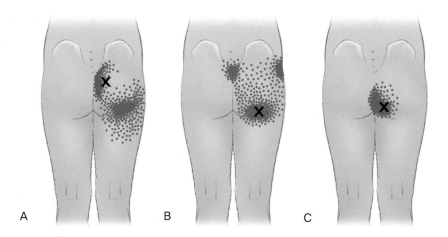

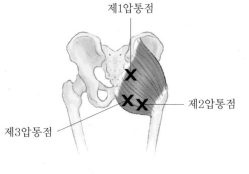

제1압통점

제2압통점

제3압통점

⬆ 대둔근의 압통점과 방사통
A – 제1압통점 : 천장관절 부위와 둔부주름 부위로 방사된다.
B – 제2압통점 : 둔부 하부와 둔부를 감싼 전체로 방사된다.
C – 제3압통점 : 미골 부위로 방사된다.

근 기능 테스트

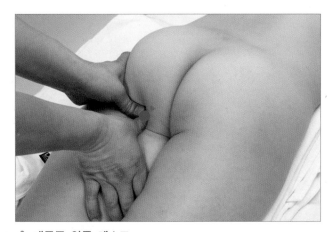

⬆ 대둔근 압통 테스트
시술자는 무지를 겹장하여 압통점을 자극함으로써 통증의 정도
와 방사를 확인한다.

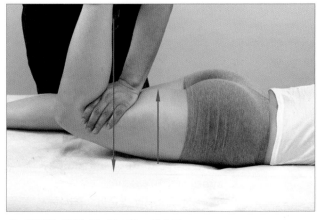

⬆ 대둔근 압통 및 근 기능 테스트
피술자는 복와위로 누워 환측의 무릎을 90도로 굴곡하고 다리 힘
만을 이용하여 고관절을 과신전한다. 시술자는 손을 허벅지 후면
에 올려놓고 서서히 아래로 내리고, 피술자는 이에 저항함으로써
근력과 통증의 정도를 평가한다.

⬆ 대둔근 압통 및 근 기능 셀프 테스트

환자는 바로 선 자세에서 상체만 굴곡과 신전 운동을 반복한다. 이때 나타나는 대둔근의 근력과 통증의 정도를 평가한다.

시술 테크닉

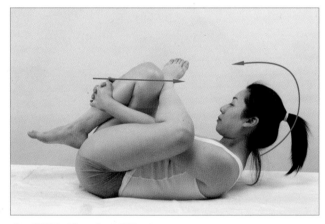

⬆ 대둔근 셀프 스트레칭-1

환자는 앙와위로 누워 양 고관절과 무릎을 굴곡하고 환측의 다리를 반측 무릎 위에 올려놓는다. 양손은 반측 무릎 아래를 감싸고 가슴을 향해 서서히 잡아당겨 환측의 골반 기저부에 강한 스트레칭이 일어나도록 한다. 다시 다리 위치를 바꿔 같은 방법을 적용한다.

⬆ 대둔근 셀프 스트레칭-2

환자는 왼쪽 무릎을 양손으로 감싸고 자신의 가슴 방향으로 서서히 잡아당겨 왼쪽 대둔근에 강한 스트레칭이 일어나도록 한다. 다시 다리 위치를 바꿔 같은 방법으로 몇 회 반복하여 적용한다.

⬅ 대둔근 셀프 스트레칭-3

환자는 복와위로 누워 양손을 바닥에 고정한 채 팔 힘만으로 상체를 일으키면 대둔근에 긴장성 수축이 강하게 일어난다. 이때 골반과 하지 전체는 지면에서 떨어지지 않도록 고정되어 있어야 한다. 이를 몇 회 반복하여 실행한다.

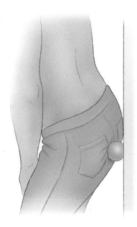

⬆ 대둔근 셀프 마사지

환자는 직립 상태에서 환측을 벽면에 붙이고 벽과 엉덩이 사이에 작고 단단한 볼을 끼운다. 상하좌우로 골반을 움직여 볼을 이용해 대둔근을 마사지한다.

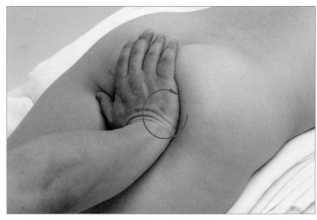

⬆ 대둔근 압통점 이완

피술자는 골반 아래에 보조물을 끼워 넣어 골반과 대퇴를 이완하고 눕는다. 시술자는 수장을 이용하여 피술자의 압통점에 서클을 그리며 강자극하여 압통을 이완한다.

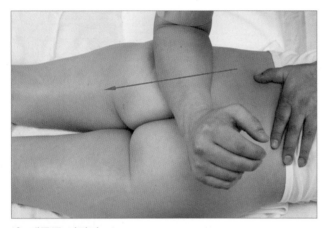

⬆ 대둔근 마사지-1

시술자는 전완을 이용하여 피술자의 대둔근을 넓고 강하게 압박하며 허리에서 하지 방향으로 슬라이딩한다.

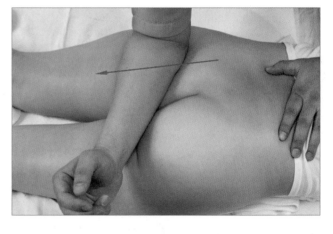

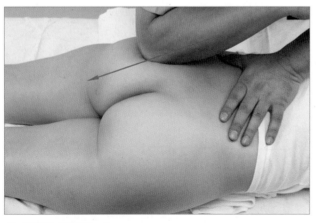

⬆ 대둔근 마사지-2

시술자는 팔꿈치를 이용하여 깊고 강한 압으로 대둔근 전반에 걸쳐 적당하게 분지로 나누어 슬라이딩한다.

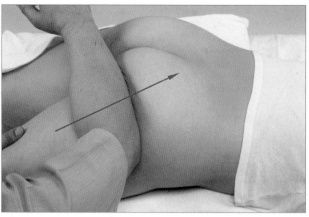

⬆ 대둔근 마사지−3
시술자는 전완을 이용하여 대퇴골의 둔결절에서 장골 외측면을 따라 넓고 강한 압으로 슬라이딩한다.

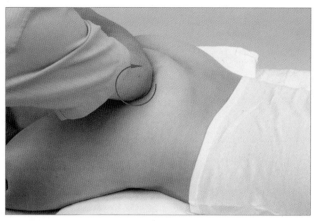

⬆ 대둔근 마사지−4
시술자는 팔꿈치를 이용하여 대둔근 전반에 걸쳐 강약이 배합된 압으로 서클을 그리며 다이내믹하게 이완한다.

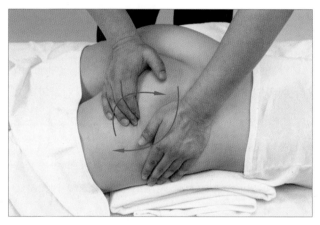

⬆ 대둔근 마사지−5
시술자는 양 수장을 이용하여 강약이 배합된 압으로 대둔근을 조이며 당겨 페트리사지를 적용한다.

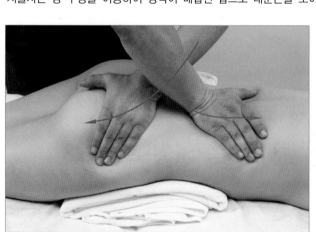

⬆ 대둔근 마사지−6
피술자는 골반 아래에 보조물을 끼워 넣어 골반과 허리를 자연스럽게 이완한다. 이어 시술자는 양 수장을 크로스하여 피술자의 대둔근과 허리를 각각 반대 방향으로 강하게 밀어 신전시킨다 (myofascial technique).

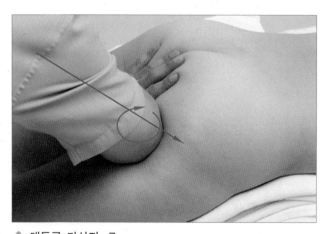

⬆ 대둔근 마사지−7
시술자는 팔꿈치를 이용하여 좌골결절 부위를 강하게 서클을 그리며 이완한다.

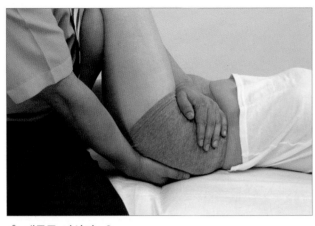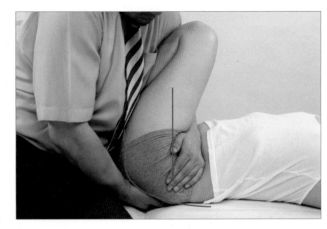

⬆ 대둔근 마사지-8

피술자는 환측의 고관절을 90도로 굴곡하고 무릎은 최대한 굴곡하면, 시술자는 양손으로 위아래로 골반을 감싸 고정한다. 이어 굴곡된 다리를 몸으로 밀어 고관절을 더욱 굴곡시키며 전상장골극(ASIS) 부위는 직하방으로 누름과 동시에 대둔근을 감싸며 당긴다.

치료 관점

허리 통증이나 골반통, 다리 저림, 발바닥 통증과 같이 원인을 알 수 없는 증상이 나타날 때는 대둔근을 반드시 마사지해야 한다. 이유는 대둔근은 단축되거나 이완되어도 문제를 일으키는 주범으로 인간의 신체 구조상 어쩔 수 없는 요건에 있기 때문이다.

대둔근이 경직되면 그 아래에 위치한 이상근이 압박되고, 다시 그 아래를 지나는 신경을 누르는 연쇄 반응이 나타나 좌골신경통과 같은 골반통을 유발한다. 또, 상체와 하체를 연결하는 허리와 골반의 연결 부위는 직립 활동을 하는 인간에게 있어 어떤 식이든 상해를 주는데, 하지 길이와 척추의 비정상적인 대칭이 증상을 일으키는 대표적인 요인이다.

둔근도 시간에 따라 점점 퇴화하는데, 근력이 떨어지면서 근육량이 소실되고 근육의 탄성이 적어져 도톰하고 둥근 하트 모양에서 뻣뻣한 일자의 납작한 모양으로 바뀐다. 그러므로 미용 관점에서라도 평소 꾸준한 운동과 마사지로 관리 유지가 되어야 한다.

급성기에는 절대안정 속에서 환부에 적당한 간격으로 냉찜질을 적용하고, 근 기능 회복 테이핑(kinesiology taping)을 적용하여 혈액과 림프 순환을 돕는다.

중둔근 gluteus medius m.

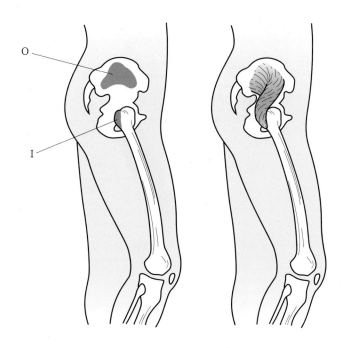

원어 (original word)	Latin : medius–middle Greek : gloutos–buttock
기시부 (origin)	장골외측면, 중앙부
정지부 (insertion)	대전자의 후상각과 외측면
작용 (action)	대퇴(외전, 굴곡, 내회전, 신전, 외회전)
지배신경 (nerve)	둔부신경 L4, L5, S1

　중둔근은 대둔근의 심층에 위치해 부채꼴로 전·중·후부 섬유로 나누어져 있고, 대전자로 근접하면서 거의 직각을 형성한다. 이 근육은 장골능 외측과 표층 그리고 신체의 앞면 골반부에 있는 전상장골극(ASIS) 부위로부터 대전자의 외측 후상각 속으로 삽입되며, 대둔근과 대퇴부의 건과 만나 강한 건막을 이룬다. 크기는 표층에 있는 대둔근의 절반 정도이며, 중둔근 아래 심층에 위치한 소둔근에 비해서는 2배로 크다.

　기능은 섬유의 위치에 따라 작용이 각각 다르다. 전방 섬유는 고관절을 굴곡(flexion)과 내회전(internal rotation)하고, 중부 섬유는 외전(abduction)을 하며, 후방 섬유는 신전(extension)과 외회전(external rotation)을 한다.

	협동근	길항근
중둔근	소둔근, 대둔근, 대퇴근막장근, 봉공근, 이상근, 장요근	내전근, 박근

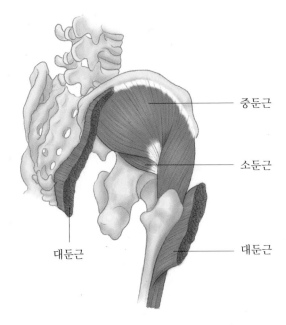

↑ 둔근의 구성

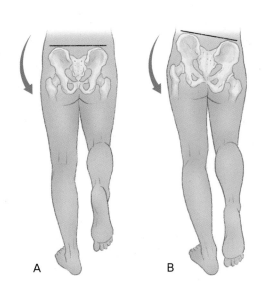

A   B

↑ 중둔근의 활성화 요인
A-고관절을 안정시켜 바른 보행이 이루어진다.
B-중둔근과 소둔근의 약화는 고관절을 고정시키지
　못해 골반과 체간이 심하게 기울어 불안정한 보행
　을 하게 된다.

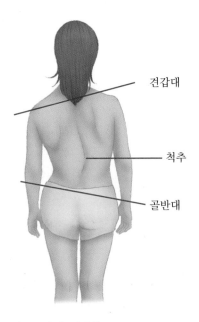

↑ 골반의 비대칭 구조
골반의 비대칭이 만성화되면 척추측만증
(scoliosis)을 일으킨다.

대둔근에서 강한 고관절의 외회전과 신전이 일어나면 중둔근은 소둔근과 함께 고관절을 안정시켜 골반이 수평으로 유지되도록 한다. 이러한 역할로 인해 보행 시 또는 한 발로 몸을 지탱하는 동작에서 몸의 균형을 잡는 데 도움을 주어 넘어지지 않고 직립할 수 있는 것이다.

　　둔부 근육의 약화는 골반을 안정시키지 못해 척추를 휘게 만들며 이로 인해 요통을 야기시킨다. 또한 척추를 감싸고 있는 근육에도 비대칭이 일어나 견갑대(shoulder girdle)의 수평이 무너지고 어깨를 경사지게 함으로써 장력이 목으로 전달되어 경부 통증과 두통을 일으키는 원인을 초래한다.

　　중둔근의 대부분은 대둔근에 의해 덮여 있고, 압통점도 덮여 있기 때문에 다른 근육의 병변에 의해 통증이 유발되는 경우가 많으며, 통증 부위도 비슷하게 나타난다. 이와 같은 이유로 요통이나 골반통을 호소하는 환자들에게 다발성 통증의 하나로 인식되어 관련 근육들과 함께 치료하는 것이 일반적이다. 좀 더 정밀한 치료를 요할 때는 근력 검사나 걸음걸이 상태를 파악해 중둔근이 1차적 요소인지 확인하여 맞춤 치료를 실시한다.

증상

- 보행 시 통증이 심하게 나타난다.
- 허리, 둔부 및 대퇴의 외측과 후면으로 통증이나 감각 이상이 나타난다.
- 장시간 보행 시 경부 통증과 두통이 나타난다.
- 옆으로(환측으로) 누우면 압통점을 압박하고, 반대로 누우면 오히려 중둔근이 늘어나 압박하여 제대로 잠을 이룰 수 없다.
- 임산부나 복부 비만인에게 고관절 통증이 많이 나타난다.
- 앉아 있거나 서 있을 때에도 통증이 나타난다.
- 소파와 같은 의자에 엉덩이를 밀어 넣고 앉으면 통증이 더욱 심하게 나타난다.
- 중둔근이 약화되면 엉덩이를 좌우로 흔들며 걷게 된다.
- O형 다리 또는 X형 다리 환자에게 많이 나타난다.

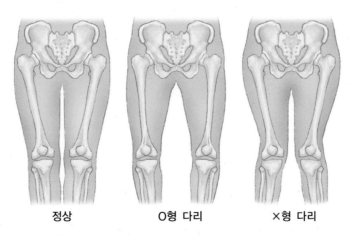

정상　　　　　　O형 다리　　　　　　X형 다리

⬆ **고관절 구조**
O형이나 X형 다리는 고관절 주변 근육과 소·중둔근을 직접적으로 압박함으로써 수축 또는 이완성 단축을 일으켜 혈액과 림프 순환을 방해하고 신경을 압박하는 원인이 되며, 또한 활동을 위축시켜 골반과 복부, 허리, 다리 등에서 통증과 비만을 일으킨다.

요인
- 장시간 앉아 있거나 서 있을 때 증상이 나타난다.
- 운동을 갑자기 무리하게 했을 때 나타난다.
- 굽이 높은 신발을 오랫동안 신고 활동하면 통증의 원인이 된다.
- 엄지발가락이 짧고 상대적으로 제2발가락이 길 경우(morton's foot) 통증이 나타난다.

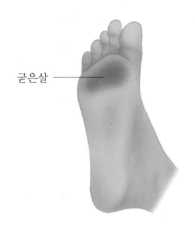

굳은살

← 몰톤스 발 구조

보행 시 엄지발가락은 방향을 제시하고 하중을 먼저 받지만 제2종족골이 길면 엄지발가락 기능이 상쇄되어 불가피하게 걸음걸이의 변형이 일어난다. 이는 비골근과 내측광근 그리고 중둔근에 영향을 주어 발목과 무릎, 허리에 통증을 유발시키고 걷는 동작에 제한을 일으킨다.

- 몸을 조이는 거들과 같은 속옷을 장시간 입고 활동하면 통증을 유발한다.
- 불안정하게 앉아 있거나 다리를 꼬고 앉으면 통증이 나타난다.
- 과격한 성행위가 요인이 된다.
- 뒷주머니에 물건을 넣고 다니는 행동이 원인이 된다.
- 골반과 하지 길이의 비대칭이 원인으로 작용한다.
- 임신으로 인한 복부 비만이 원인이 된다.
- 엉덩이에 근육 주사를 자주 맞는 환자에게 통증이 나타난다.
- 경사진 면을 오랫동안 걷거나 앉아 있을 때 통증이 생긴다.
- 서서 바지나 양말을 신는 것처럼 한쪽 다리를 들고 중심을 잡으며 움직이는 동작이 원인이다.

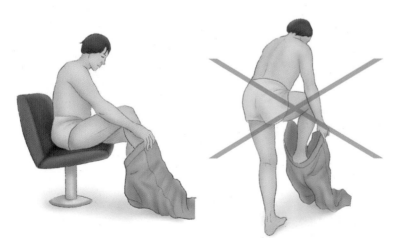

A 바른 자세   B 나쁜 자세

← 중둔근의 활성화 요인
A – 바른 자세
B – 지지하는 다리의 중둔근 부위가 갑자기 압박되어 통증과 경련이 발생한다.

압통점과 방사통

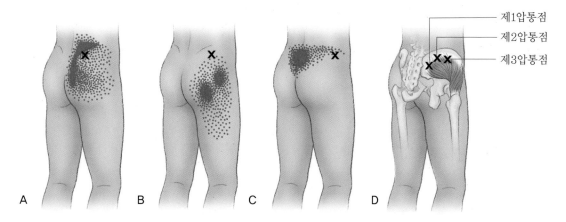

제1압통점
제2압통점
제3압통점

⬆ 중둔근의 압통점과 방사통
A-제1압통점 : 장골능 후부, 천장 관절, 천골위, 둔부로 방사된다.
B-제2압통점 : 외측둔부 중앙, 상부 대퇴 후면과 외측으로 방사된다.
C-제3압통점 : 장골선의 요추 하부, 천골위로 방사된다.

근 기능 테스트

⬅ 중둔근 압통 테스트
시술자는 손가락 끝으로 압통점을 눌러 통증의 정도와 방사를 확인한다.

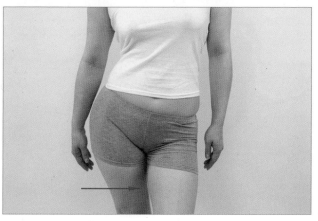

⬅ 트랜들랜버그 징후 / trendelenburg sign
고관절 외전근의 약화를 보여 주는 징후로, 직립 자세에서 한쪽 다리를 지면에서 떼면 신체의 하중이 손상된 다리로 몰려 고관절이 내전되는 현상을 말한다.

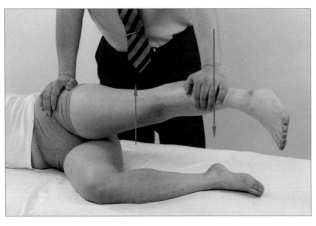

중둔근 압통 및 근 기능 테스트
피술자는 환측을 위로 하고 측와위로 눕는다. 지면의 다리는 고관절과 무릎을 굴곡하여 안정감을 유지하고, 환측의 다리는 곧게 펴 신전한 상태로 지면에서 골반 넓이만큼 거상한다. 시술자는 하퇴를 서서히 직하방으로 내리고 피술자는 이에 저항한다.

중둔근 압통 및 근 기능 셀프 테스트
환자는 양 어깨를 90도로 외전하고, 다리는 적당한 폭으로 양측에 각각 착지 지점을 설정한 후 좌우로 번갈아 가며 빠르게 중심 이동 운동을 실시한다. 이때 상체는 같은 상태를 유지하면서 중둔근의 균형감과 근력 그리고 통증의 정도를 평가한다.

시술 테크닉

중둔근 셀프 스트레칭
환자는 지면보다 높은 보조물 위에 올라가 한쪽 다리로 중심을 잡고, 다른 한쪽은 허공에 들고 있어 중둔근을 수축시킨다. 이어 허공에 위치한 다리가 지면에 닿지 않은 선에서 골반의 근력을 이용하여 서서히 아래로 내리고 다시 올리기를 반복한다.

중둔근 근력강화 운동-1

환자는 한쪽 다리만 지면에 고정시키고 동시에 반측의 다리는 무릎을 굴곡하여 지면에 닿지 않도록 한다. 한쪽 다리 힘만을 이용하여 몸의 중심을 잡으며 서서히 앉는 자세를 취하고 반대로 서서히 일어선다. 발과 발목, 종아리가 안정되며 중둔근에 근력이 강화된다.

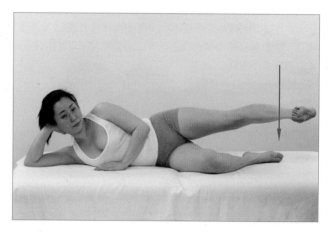

중둔근 근력강화 운동-2

환자는 측와위로 눕고, 지면의 다리는 무릎을 굴곡하여 몸의 균형을 유지하고 팔은 머리를 안정시킨다. 근력을 강화시킬 환측의 다리는 곧게 신전한 상태로 서서히 위를 향해 외전 운동을 한다.

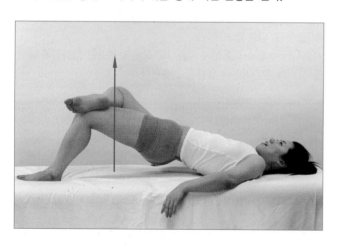

중둔근 근력강화 운동-3

환자는 무릎을 90도로 굴곡하고, 반측의 고관절은 외회전하여 대퇴부에 올려놓는다. 허리의 힘을 이용하여 서서히 골반을 들어 올리고 이때의 호흡은 들숨 상태로 정점에 도달하면 몇 초 동안 자세를 유지한다. 다시 같은 속도로 골반을 내리고 이때의 호흡은 날숨 상태이다.

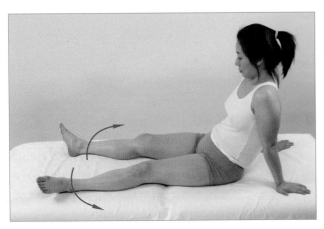 

⬆ 중둔근 바이브레이션

환자는 앉은 자세에서 다리를 적당하게 벌리고 무릎을 곧게 신전한다. 몸의 중심을 잡기 위해 두 손은 적당한 간격으로 지면에 고정한다. 두 발을 동시에 좌우로 회전하여 고관절에 내·외회전 운동을 빠르게 적용한다. 중둔근에 진동이 일어나 근육이 이완된다. 2~3분 정도 계속 적용한다.

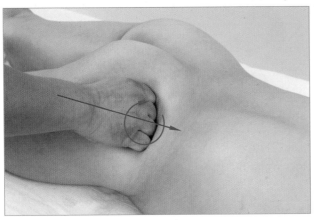

⬆ 중둔근 압통점 이완-1

시술자는 너클을 이용하여 피술자의 압통점 모두를 한번에 같은 압으로 서클을 그리며 강자극한다.

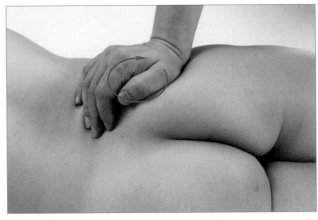

⬆ 중둔근 압통점 이완-2

시술자는 수장을 이용하여 피술자의 장골에 분포된 압통점에 서클을 그리며 강자극하여 압통을 이완한다.

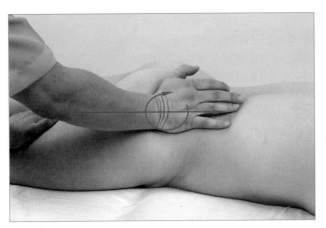 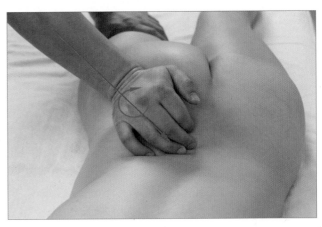

⬆ 중둔근 마사지-1

피술자는 복와위로 눕는다. 시술자는 수장을 이용하여 피술자의 중둔근 장골외측면과 중앙부에 강한 압으로 서클을 그리며 이완한다.

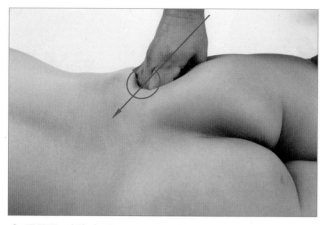 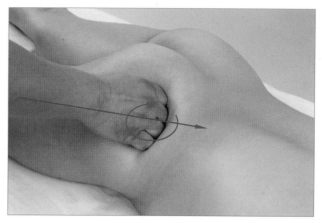

⬆ 중둔근 마사지-2

시술자는 너클을 이용하여 피술자의 중둔근 장골외측면과 중앙부에 강한 압박을 주고 동시에 서클을 그리며 세심하게 이완한다.

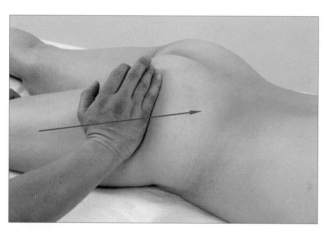 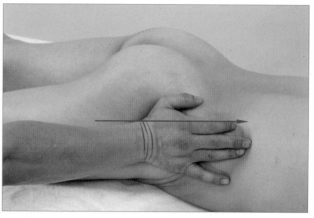

⬆ 중둔근 마사지-3

시술자는 수장을 이용하여 중둔근 대전자의 후상각과 외측면에서 장골외측면과 중앙부 방향으로 강한 압을 적용하며 슬라이딩한다.

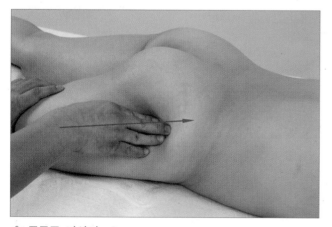 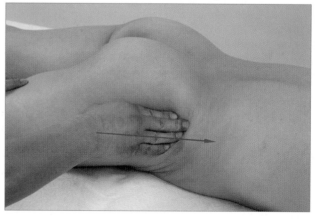

⬆ 중둔근 마사지-4

시술자는 손가락 끝을 모아 중둔근 대전자의 후상각과 외측면에서 장골외측면과 중앙부 방향으로 근막을 세심하게 이완하며 슬라이딩한다.

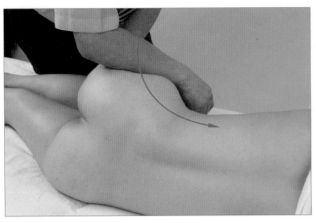 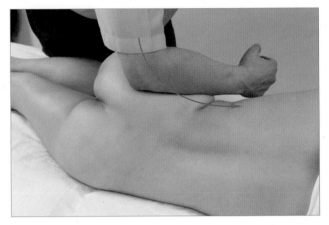

⬆ 중둔근 마사지-5

피술자는 측와위로 눕는다. 시술자는 전완을 이용하여 대전자의 후상각과 외측면에서 장골능 방향으로 넓고 강한 압으로 슬라이딩한다.

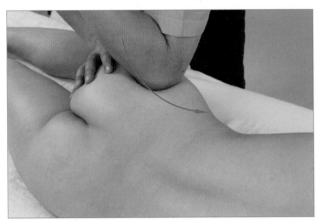 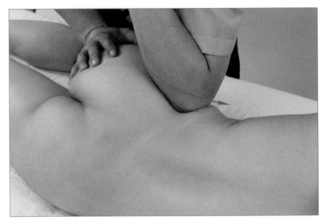

⬆ 중둔근 마사지-6

시술자는 팔꿈치를 이용하여 대전자의 후상각과 외측면에서 장골 외측면 방향으로 강하고 깊은 압을 적용하며 슬라이딩한다.

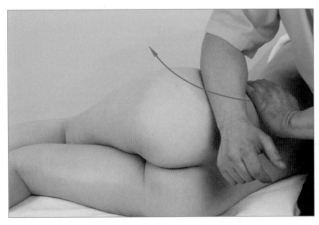 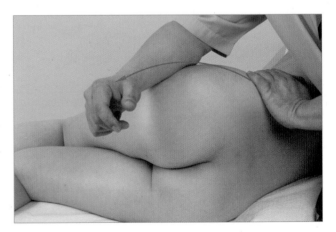

⬆ 중둔근 마사지-7

시술자는 전완을 이용하여 중둔근의 장골능에서 대전자의 후상각과 외측면으로 넓고 강한 압을 적용하며 슬라이딩한다.

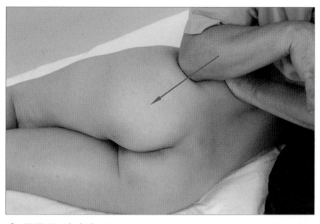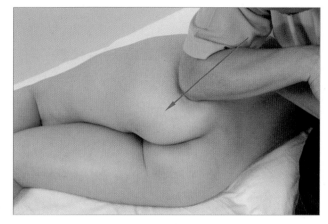

⬆ 중둔근 마사지-8

시술자는 팔꿈치를 이용하여 중둔근의 장골능에서 천장관절 내측을 따라 하연으로 깊고 강한 압을 적용하며 슬라이딩한다.

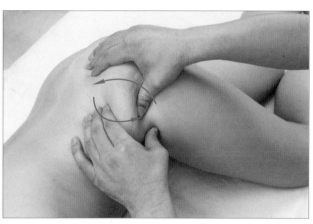

⬆ 중둔근 마사지-9

시술자는 양손으로 피술자의 중둔근을 강약이 배합된 압으로 조이고 당겨 다이내믹하게 페트리사지를 적용한다.

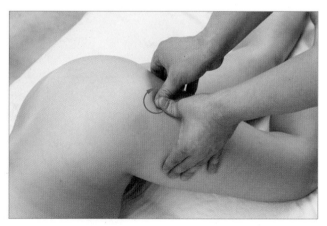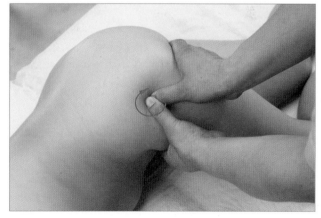

⬆ 중둔근 마사지-10

시술자는 양 무지를 겹장하여 대전자의 후상각 부위를 강한 압으로 촘촘하게 서클을 그리며 이완한다.

치료 관점

　중둔근은 대둔근과 같이 통증의 양상이 고관절과 대퇴 그리고 천장관절 부위에서 주로 발현되지만, 심부에 위치한 소둔근을 압박할 경우 좌골신경통 증상과 비슷한 하지 통증, 즉 허벅지에서 발등에까지 띠를 이루며 나타나는 경우가 많다. 따라서 중둔근 검사 시 소둔근의 기능 이상도 함께 검사하도록 한다.

　일상생활에서 자신도 모르게 중둔근을 혹사하는 경우가 많다. 예를 들면 여성의 경우 하이힐을 자주 신으면 보폭과 활동에 제한을 받아 대둔근과 장요근의 기능이 약해지는데, 이것은 몸의 중심을 고정하는 중·소둔근의 역할을 제한하여 근력의 약화를 가속화시킬 수 있기 때문이다.

　또, 고관절의 가동 범위가 축소되면 근육량은 감소하고 지방은 늘어나 골반이 측면으로 커지는 외측 비만이 발생한다. 외측 비만은 미용상 보기 싫을 뿐만 아니라, 무릎과 발목에도 영향을 주어 관절에까지 손상을 입히므로 각별한 주의가 필요하다.

　급성기에는 절대 안정 속에서 환부에 적당한 간격으로 냉찜질을 적용하고, 근 기능 회복 테이핑(kinesiology taping)을 적용하여 혈액과 림프 순환을 돕는다.

소둔근 gluteus minimus m.

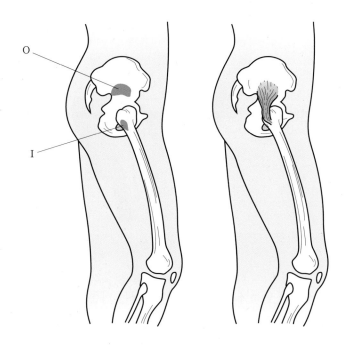

원어 (original word)	Latin : minimum–least Greek : gloutos–buttock
기시부 (origin)	장골 외측면 하부
정지부 (insertion)	대전자의 전면의 최상부
작용 (action)	대퇴(외전, 내회전, 외회전), 골반(안정)
지배신경 (nerve)	둔부신경 L4, L5, S1

    소둔근은 전방과 하방 둔부선 사이에 있는 장골 외측면 아래에서 시작하여 대전자의 전방 상부와 이상근의 부착부 깊은 곳으로 연결된다. 이 근육은 중둔근에 덮여 있으며, 크기는 중둔근의 절반 정도이고, 대전자의 하부건을 향하여 부채꼴로 배열되어 있다.

    소둔근은 중둔근과 협동근(synergist)으로 대퇴를 외전시키고, 보행 시 후방 섬유를 통하여 대퇴의 외회전 작용과 전방 섬유를 통하여 내회전 작용을 수행하며 골반을 튼튼하게 고정시키는 기능을 한다.

    소둔근은 고관절의 움직임에 직접적인 자극을 가장 많이 받기 때문에 다른 근육에 비해 손상이 많아 좌골신경통을 유발하는 인자로 주목된다. 통증과 저림 증상은 둔부에서 발목까지 띠를 이루며 방사되고, 심할 경우 보행에 제한을 줄 만큼 다리를 절게 만들어, 일명 요추 추간판 탈출증(일명 디스크 환자) 증세와 비슷하지만, 차이점은 앉아 있는 것보다 서 있는 것이 더 힘들고 고관절 부위의 통증이 두드러지는 특징을 보인다.

	협동근	길항근
소둔근	중둔근, 대퇴근막장근	내전근, 박근, 치골근, 이상근

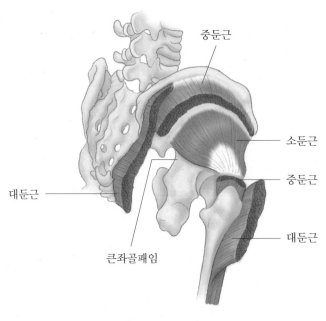

↑ 둔근의 구성

압통점은 일반적으로 소둔근 단독에 의해 유발되기보다는 다른 근육, 즉 요방형근, 이상근, 중둔근, 장요근, 슬괵근, 외측광근 등의 기능 이상과 함께 나타나며, 그 중에서도 이상근과 중둔근이 가장 큰 활성화 요인이라 할 수 있다. 미용면에서도 소둔근은 중둔근과 함께 엉덩이를 균형 잡힌 모양으로 만드는 데 중요한 역할을 한다.

증상
- 보행 시 고관절의 통증으로 다리를 절게 된다.
- 측면으로 누우면 통증이 심하게 나타난다.
- 앉았다 일어설 때 특히 통증이 심하다.
- 엉덩이 전체 또는 아래 외측 부위에서 통증이 나타난다.
- 후면과 외측 대퇴부 그리고 무릎에서 통증이 나타난다.
- 종아리 외측에서 통증이 나타난다.

요인
- X형 다리일 경우 증상의 요인이 된다.
- 천장관절(SI joint) 이상증후군 환자에게 많이 발생한다.
- 비만 환자에게 많이 발생한다.
- 굽이 높은 신발을 자주 신고 다니면 통증의 원인이 된다.
- 다리를 꼬고 앉는 자세가 요인으로 작용한다.
- 평발이나 몰턴스 발(morton's foot)과 같이 발의 비정상 상태가 원인이다.
- 갑자기 과격한 하지 운동을 했을 때 통증이 유발된다.
- 엉덩이에 주사를 주기적으로 맞는 경우 통증을 일으킨다.
- 반복적으로 오랫동안 서 있을 때 원인이 된다.

- 바지 뒷주머니에 물건을 넣고 다니면 통증을 유발시킨다.
- 하지 길이의 현격한 차이가 통증의 원인이 된다.
- 골반의 비대칭이 통증의 원인이다.
- 엉덩이와 허리를 구부리고 앉는 자세가 원인으로 작용한다.
- 허리 및 고관절 수술 실패로 인한 후유증이 원인이 된다.

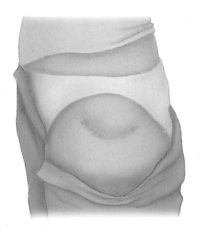

⬆ 수술 후유증에 의한 통증

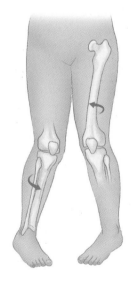

⬆ X형 다리

X형 다리는 고관절을 내측으로 회전시켜 소둔근에 이완성
긴장을 일으킨다. 이로 인해 무릎 관절도 내측으로 회전되
어 지면의 충격과 상체의 무게를 안정되게 받지 못함으로써
무릎 관절이 손상되고 하지 전체로 근력을 약화시키는 원인
이 된다.

압통점과 방사통

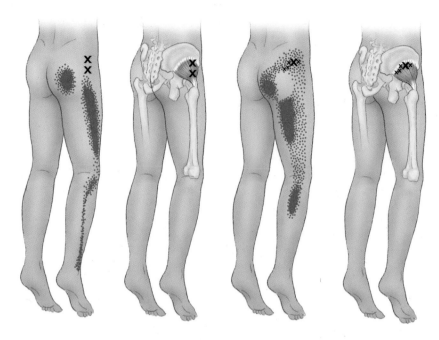

⬆ 소둔근의 압통점과 방사통
소둔근 전방 방사통 : 둔부의 하방 외측, 외측 대퇴부와 무릎, 비골근 부위로 방사된다.
소둔근 후방 방사통 : 둔부 전체, 대퇴 및 종아리 후면, 무릎 후면으로 방사된다.

근 기능 테스트

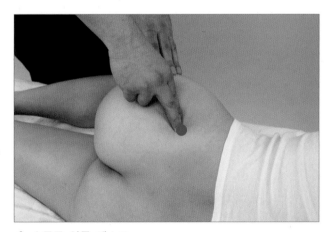

⬆ 소둔근 압통 테스트
시술자는 인지와 중지손가락 끝으로 압통점을 눌러 통증의 정도와
방사를 확인한다.

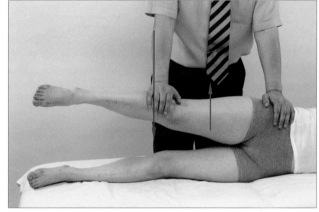

⬆ 소둔근 압통 및 근 기능 테스트
피술자는 다리를 곧게 신전하고 환측의 다리는 신전된 상태에서 서
서히 고관절을 외전하며 들어 올린다. 시술자는 피술자의 장골 측
면을 고정하고, 피술자의 무릎 외측에서 서서히 아래로 눌러 내전
시키면 피술자는 이에 저항한다. 근력과 통증의 정도를 평가한다.

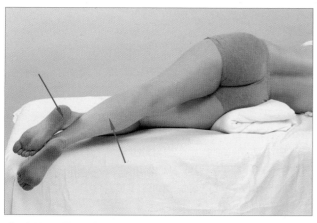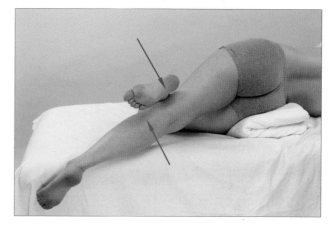

⬆ 소둔근 압통 및 근 기능 셀프 테스트-1

환자는 측와위로 눕고 골반 밑에 보조물을 끼워 소둔근을 신장시킨다. 이어 지면에 있는 발로 상부에 있는 하퇴를 뒤로 신전시키고 동시에 곧게 편 상위측의 다리는 이에 저항하며 굴곡한다. 소둔근에 강한 장력이 발생된다.

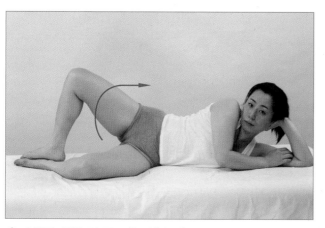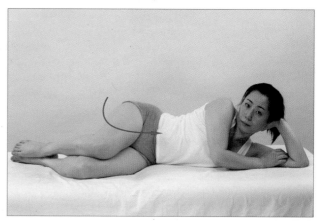

⬆ 소둔근 압통 및 근 기능 셀프 테스트-2

환자는 환측의 다리를 위로 향하게 측와위로 눕고, 양 다리의 고관절을 15도, 무릎은 90도로 굴곡한다. 고관절의 근력만을 이용하여 위에 있는 환측의 다리를 서서히 외회전하고 다시 내회전하기를 반복한다. 이때 양 발꿈치는 중심구로 지면에서 떨어져서는 안 된다.

시술 테크닉

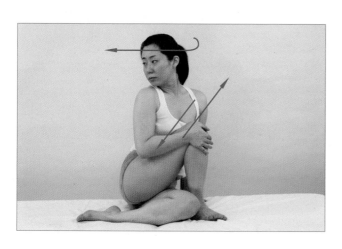

⬅ 소둔근 셀프 스트레칭-1

환자는 가부좌로 앉은 상태에서 팔과 손으로 환측 대퇴와 무릎을 감싼다. 이어 팔힘을 이용하여 서서히 자신의 가슴으로 최대한 더 당기며, 동시에 대퇴는 이에 저항한다. 이때 머리는 반대로 회전시켜 상체에서 저항이 함께 일어나도록 한다.

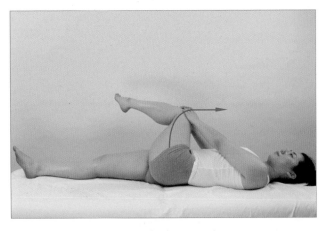

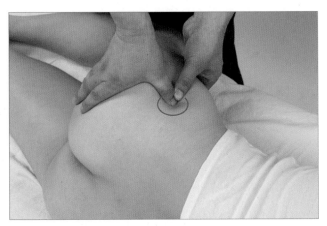

소둔근 셀프 스트레칭-2

환자는 앙와위로 누워 환측의 고관절을 100도 정도 굴곡하고 무릎은 90도로 굴곡하며, 반측의 다리는 곧게 신전한다. 양손을 이용하여 환측의 무릎을 감싸 신체의 내측으로 서서히 당겨 고관절을 최대한 내회전한다. 이때 머리와 등배는 같은 각도로 지면에 고정되어 있어야 한다.

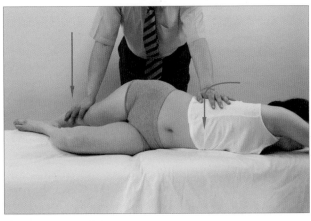

소둔근 스트레칭

피술자는 침대 모서리와 가깝게 환측이 위로 가도록 측와위로 눕고, 양 어깨를 머리 위로 향하도록 신전하며, 다리는 고관절과 무릎을 90도로 굴곡하여 몸을 안정시킨다. 시술자는 등배를 고정하고, 대퇴 외측부를 아래로 눌러 소둔근에 강한 신장을 일으킨다.

소둔근 압통점 이완

시술자는 무지를 겹장하고 강한 압으로 서클을 그리며 소둔근의 압통점을 이완한다.

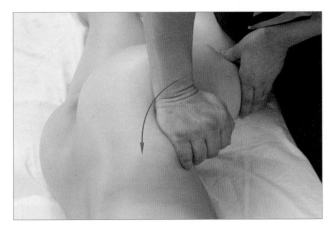

소둔근 마사지-1

피술자는 환측을 위로 하고 측와위로 눕는다. 시술자는 수장을 이용하여 대전자 상부에서 장골능의 외측면을 따라 강한 압으로 슬라이딩한다.

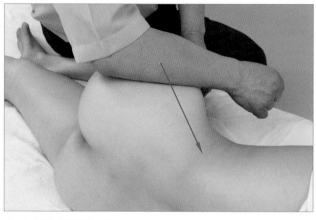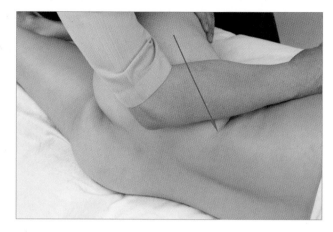

🔺 소둔근 마사지-2

시술자는 전완을 이용하여 넓고 강한 압으로 대전자 상부에서 장골능 방향으로 슬라이딩한다. 중둔근과 경첩되므로 마음속의 상상으로 압을 결정하여 소둔근을 이완한다.

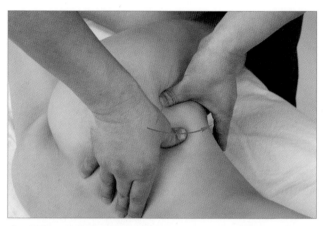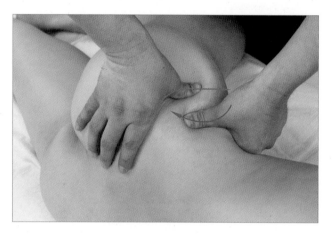

🔺 소둔근 마사지-3

시술자는 양 무지를 이용하여 심부압으로 소둔근을 세밀하게 페트리사지한다.

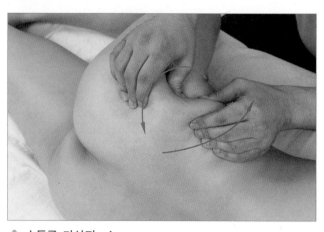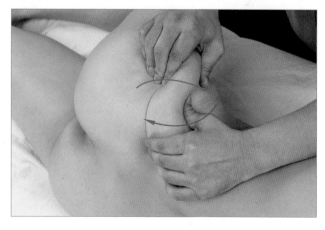

🔺 소둔근 마사지-4

시술자는 양 손가락을 이용하여 강한 압으로 조이며 당겨 소둔근을 페트리사지한다. 중둔근과 경첩되므로 마음속의 상상으로 압을 결정하여 적용한다.

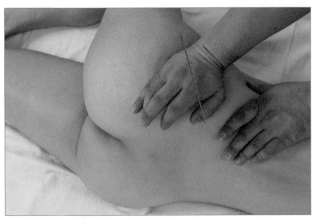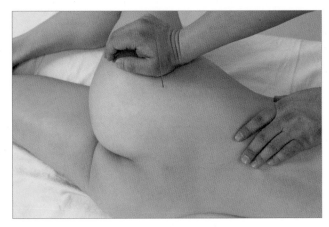

↟ 소둔근 마사지-5
시술자는 수장을 이용하여 장골능 외부측에서 대전자의 전면 방향으로 강한 압을 적용하며 슬라이딩한다.

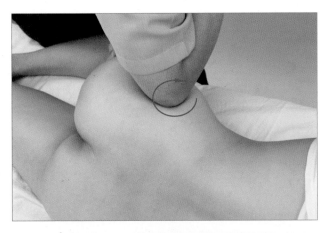

↞ 소둔근 마사지-6
시술자는 팔꿈치를 이용하여 소둔근 전반에 촘촘하게 서클을 그리며 심부압을 적용한다.

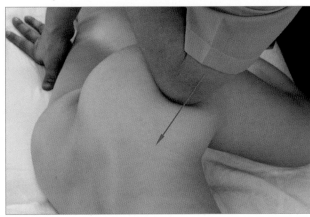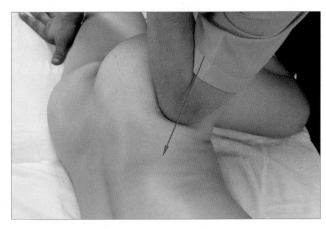

↟ 소둔근 마사지-7
시술자는 팔꿈치를 이용하여 대전자의 전면 상부에서 장골 외측면 방향으로 심부압을 적용하며 슬라이딩한다.

치료 관점

소둔근은 골반과 고관절 그리고 요추를 안정시키는 근육으로, 요추와 골반 하지에서 이상 현상이 나타나면 이 근육은 물론 요방형근과 중둔근, 대퇴근막장근을 함께 검사하고 치료하도록 한다.

마사지할 때 이 근육은 골반의 가장 하부에 위치해 있어 압의 정도를 잘 설정해야 하며 어느 정도 이완이 이루어졌다고 생각되면 스트레칭을 통해 심부근막에 강자극이 전달되도록 한다. 그리고 중둔근과 대둔근에 대한 긴장을 이완하고 강화하는 치료법도 함께 병행한다.

소둔근 후부의 압통점에 압박이 발생하면 좌골신경통 증상과 비슷하여 이 병과 혼돈되는 경우가 많고, 방사통이 일어나는 부위는 천장관절 증후군과 고관절통 환자, 허리디스크 환자와도 매우 유사하다. 따라서 골반의 근육군을 먼저 확인하여 중둔근에 의한 압통이 원인인지, 고관절에 이상이 있는지 검사가 선행되어야 한다. 일단 소둔근에 이상이 발생하면 주변 근육에도 영향을 주어 새로운 압통점이 생성되므로 소둔근만의 치료로 끝나서는 안 되고 관련 근육군에 대한 압통도 풀어 주어야 한다. 예를 들면 장단비골근이 위치한 족외부 부위에서 통증이 발현하기 때문이다.

대퇴근막장근 tensor fasciae latae m. / TFL

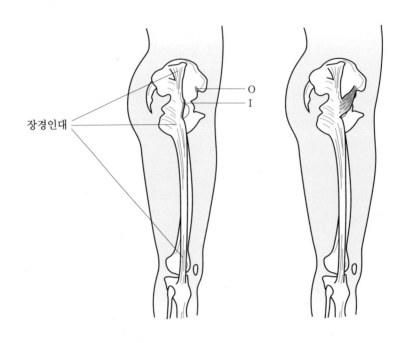

장경인대

O
I

장경인대

원어 (original word)	Latin : tensor–stretching 　　　　fascia–band 　　　　lata–broad
기시부 (origin)	장골능 전방부
정지부 (insertion)	장경인대
작용 (action)	대퇴(외전, 굴곡, 내회전)
지배신경 (nerve)	둔부신경 L4, L5, S1

　　대퇴근막장근은 전상장골극과 중둔근의 건막에서 시작하여 장경인대와 슬개골 심부근막 아래를 거쳐 경골로 삽입되며, 하부건을 구성하는 두꺼운 섬유인대는 대퇴부의 외피근막으로, 대퇴근막은 대둔근 건과 결합하여 중둔근을 지나 장골능으로 이어진다. 이 근육은 짧고 두꺼우며 대퇴부의 상부 외측에 위치해 후방의 중둔근과 나란히 배열되어 있고 기능 시 중둔근과 완압을 함께 형성한다.

　　일반적으로 근육은 뼈에 연결되지만 대퇴근막장근은 단단한 섬유성 지지대인 장경환(iliotibial tract)으로 붙으며 장경인대를 형성하는 것이 특이하다. 주 기능은 대둔근과 함께 장경인대(iliotibial band)의 역할을 조절하고, 장경인대와 결합하여 심부 근막을 수축시킴으로써 고관절의 굴곡과 외전, 내회전을 하며 보행

	협동근	길항근
대퇴근막장근 · 장경인대	장요근, 중둔근, 소둔근, 대퇴직근, 치골근, 봉공근	이상근, 대둔근, 슬곡근, 내전근, 박근

시 체중을 딛고 바로 설 수 있도록 골반을 안정시키는 역할이다.

장경인대는 중둔근과 대퇴근막장근의 힘줄이 합쳐진 것으로, 장골능으로부터 대퇴와 경골의 외측으로 배열되어 심부에서 대퇴근막을 형성한다.

보폭을 크게 빨리 걷거나 달리거나 노면이 울퉁불퉁한 곳을 오래 걸으면 대퇴근막장근에 손상이 일어나 고관절의 전외측에서 힘이 없는 듯 공허한 느낌이 들고 통증이 발생한다. 또, 장경인대가 삽입되는 경골 외측에 위치한 비골신경까지도 압박하면 하지를 마비시킬 위험이 있다. 무릎 외측 통증을 일으키는 원인 중 하나인 장경인대마찰 증후군과 장경인대염을 일으키는 원인이 된다.

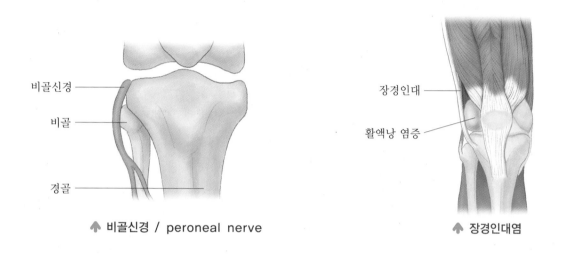

비골신경
비골
경골

⬆ 비골신경 / peroneal nerve

장경인대
활액낭 염증

⬆ 장경인대염

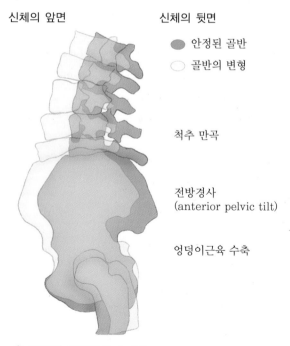

신체의 앞면   신체의 뒷면

● 안정된 골반
○ 골반의 변형

척추 만곡

전방경사
(anterior pelvic tilt)

엉덩이근육 수축

⬆ 골반의 전방경사 / AT
대퇴근막장근이 수축되면 골반이 전방으로 기울고 이로 인해
장경인대가 신장되어 무릎 외측을 압박한다.

대퇴근막장근은 중둔근과 소둔근의 기능과 비슷하지만 체중을 지탱하지 않은 상태에서는 하지의 외전 운동에 관여하지 않으며, 보행 시는 고관절 외전근과 중둔근, 대둔근과 함께 골반을 고정하여 지면에 닿지 않는 다리로 몸통이 기울어지는 것을 방지한다. 따라서 대퇴근막장근과 장경인대에 긴장이 발생하면 근력이 약화되어 환측의 골반에서 전방경사(AT/anterior tilt)가 일어나고 다리의 비대칭이 심화되며 이로 인해 걷거나 한발로 체중을 지지할 때 대퇴근막장근과 둔부 근육에서 심한 압통을 일으킨다.

대퇴근막장근의 이상은 천장관절(SI joint)에도 다양한 증상을 일으키고, 서혜부와 무릎으로까지 통증을 방사시킨다. 그리고 대퇴근막장근과 장경인대에 긴장이 발생하면 양쪽 골반과 다리로 오는 경우도 있으나 한쪽에서만 나타나는 특징을 보이기도 한다.

증상
- 통증으로 빠르게 걸을 수가 없다.
- 고관절에서 심부 통증이 발생한다.
- 고관절을 90도 이상 굴곡하지 못하고 오래 앉아 있기가 힘들다.
- 사다리를 오르는 것같이 올라가는 동작에서 통증이 심화된다(heel strike).
- 달리기, 전력 질주, 경사진 면 오르기 등에서 통증이 심화된다.
- 대퇴부의 외측으로 방사통이 나타나며 무릎까지 확산되기도 한다.
- 환측을 아래로 하거나 반대로 위로 하여도 수면 시 통증을 일으킨다.
- 고관절염으로 오해하기 쉽다.
- 골반이 전방으로 경사진 상태로 서 있게 되고, 반대로 허리는 심하게 전만된 상태가 된다.

요인
- 가부좌로 오래 앉아 있을 경우 대퇴근막장근에 긴장을 초래한다.
- 어떤 이유든 중둔근이 약해지면 가장 크게 영향을 받는다.
- X형 다리(안짱다리)인 환자의 경우 근육이 손상을 받는다.
- 장시간 근육이 짧아진 상태로 움직이지 않고 있을 때 원인이 된다.
- 발가락이 외반되었거나 평발 또는 몰턴스 발(morton's foot)일 경우 원인이 된다.
- 주로 배구와 같이 과도한 점프의 반복으로 손상이 일어난다.
- 보폭을 넓히는 스케이트, 스키, 승마 운동은 골반 양측으로 긴장을 발생시킨다.
- 경사진 길, 자갈길, 모래사장을 달릴 때 손상을 입는다.

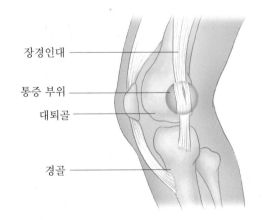

장경인대
통증 부위
대퇴골
경골

◀ **장경인대증후군**
장경인대는 무릎이 30도 정도 구부러진 상태에서 대퇴골 외상과(lateral epicondyle)와 가장 마찰이 많이 일어나 달리기와 같은 강한 압박을 반복하면 근육이 손상된다.

압통점과 방사통

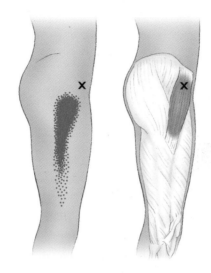

⬆ 대퇴근막장근의 압통점과 방사통
고관절 부위와 허벅지 외측, 심할 경우 무릎 외측에서 발생한다.

근 기능 테스트

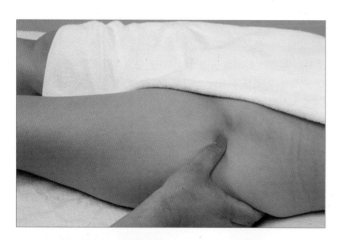

⬅ 대퇴근막장근 압통 테스트
피술자는 앙와위로 환측의 다리를 약간 외전하고 눕는다. 시술자는 무지로 장골능 전방부에 위치한 압통점에 압을 적용하여 나타나는 통증의 정도를 평가한다.

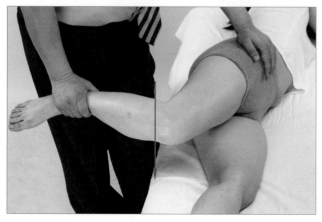

⬅ 오벌스 테스트 / Ober's test
피술자는 환측을 위로 하고 측와위로 눕는다. 바닥의 다리는 곧게 신전하고, 환측의 고관절은 15도 외전과 함께 무릎은 90도 굴곡한다. 이때 시술자는 피술자의 다리를 거상하고 있다가 놓으면 피술자의 다리가 바닥으로 떨어지면서 내전되는데, 이때 내전이 자연스러우면 대퇴근막장근이 양호한 상태이나 그렇지 못하면 통증과 함께 내전의 기능이 제한받는다.

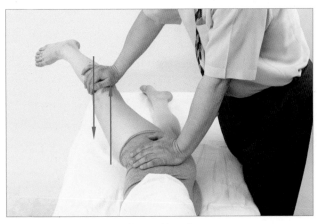

↟ 대퇴근막장근 압통 및 근 기능 테스트-1

피술자는 환측을 위로 하고 측와위로 누워 환측의 다리를 곧게 펴서 45도 정도 외전한다. 시술자의 왼손은 피술자의 대퇴근막장근을 고정시키고 오른손은 외측 무릎을 서서히 누르며 내전시킨다. 동시에 피술자는 이에 저항하며 근력과 통증의 정도를 평가한다.

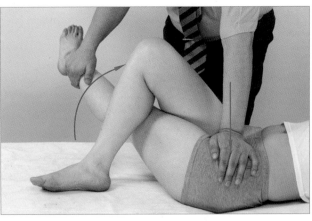

↟ 대퇴근막장근 압통 및 근 기능 테스트-2

피술자는 다리를 곧게 펴고 반측의 다리는 고관절과 무릎을 굴곡하여 환측의 무릎 위에 가로질러 올려놓는다. 시술자는 환측 전상장골극을 고정하고, 동시에 발목 외측을 잡아 서서히 당겨 내회전시켜 본다. 대퇴근막장근에 강한 신장으로 통증과 근력을 평가한다.

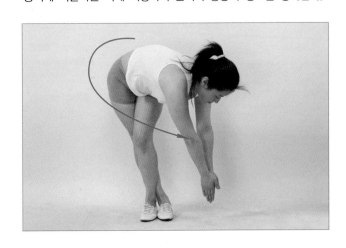

◁ 대퇴근막장근 압통 및 근 기능 셀프 테스트

환자는 환측의 다리를 곧게 펴서 뒤로 하고 반측의 다리를 내전하여 환측을 가로질러 직립 상태를 유지한다. 양손을 모으고 지면을 향해 서서히 허리를 굴곡하며 회전한다. 환측의 대퇴근막장근에서 강한 신장이 일어나며 통증과 근력의 정도를 평가할 수 있다.

시술 테크닉

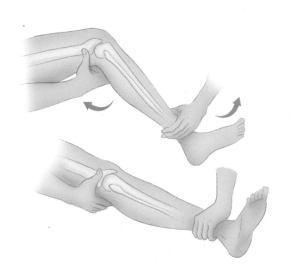

◁ 장경인대 스트레칭-1

대퇴근막장근과 장경인대가 수축되면 슬개골이 외측으로 당겨져 경골과 대퇴골이 똑바로 맞물리지 않아 보행 시 무릎 관절에 영향을 준다. 시술자는 피술자의 대퇴골과 슬개골 부위를 손아귀로 조이며 서서히 내회전시키고 동시에 무릎을 서서히 신전시켜 경직된 관절을 이완시킨다.

◀ 장경인대 스트레칭-2

환자는 환측의 무릎을 최대한 굴곡하여 엎드린 자세를 취함과 동시에 고관절을 최대한 내측으로 회전하고, 반측의 다리는 곧게 편다. 양손은 지면에 닿고 시선은 아래로 향하며 상체는 서서히 지면을 향해 숙임으로써 대퇴근막장근과 장경인대에 강한 신장이 일어나도록 한다.

⬆ 대퇴근막장근 · 장경인대 스트레칭-1

환자는 환측의 다리를 곧게 펴서 반측 다리를 가로질러 최대한 내전한다. 이어 골반을 환측 방향으로 움직여 외측 골반과 다리를 스트레칭한다.

⬆ 대퇴근막장근 · 장경인대 스트레칭-2

환자는 앉아 반측의 다리는 곧게 펴고 환측의 다리는 내회전하여 반측의 다리 외측에 위치한다. 시선은 정면을 보고 환측의 무릎을 감싸 내전을 가속화하고 동시에 환측의 다리는 이에 저항하며 스트레칭한다.

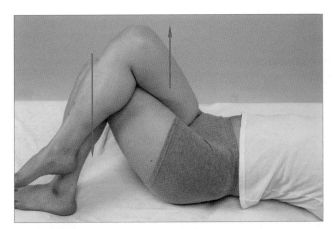

⬆ 대퇴근막장근 · 장경인대 스트레칭-3

환자는 누워 양 고관절을 구부리고 반측의 다리를 환측 위에 올려놓는다. 이어 반측의 다리 힘을 이용하여 내측으로 당기고 환측은 이에 저항한다. 이때 몸통은 지면에 밀착하여 움직이지 않도록 하고 골반을 축으로만 사용하며 실시한다.

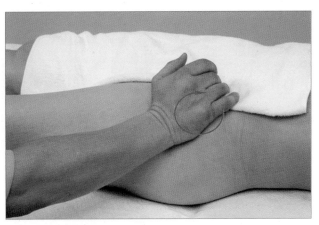

⬆ 대퇴근막장근 압통점 이완

시술자는 수장을 이용하여 피술자의 압통점에 서클을 그리며 강자극하여 압통을 이완한다.

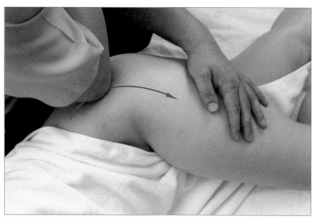 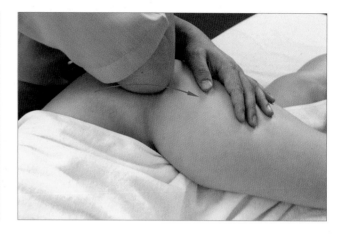

⬆ 대퇴근막장근 마사지-1

피술자는 환측을 위로 하고 측와위로 눕는다. 시술자는 팔꿈치를 이용하여 대퇴근막장근의 내·외측 건막을 따라 강한 압으로 슬라이딩 한다.

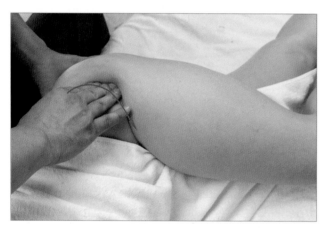 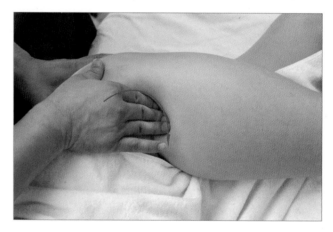

⬆ 대퇴근막장근 마사지-2

시술자는 손가락 끝을 모아 대퇴근막장근의 내·외측 근섬유를 세심하게 이완하며 슬라이딩한다.

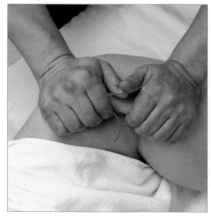 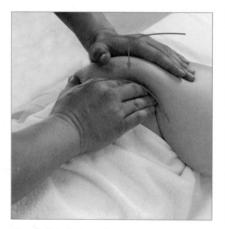

⬆ 대퇴근막장근 마사지-3

시술자는 양손으로 대퇴근막장근을 서서히 그리고 강하게 조이고, 다시 이완하기를 반복하며 페트리사지를 적용한다.

⬆ 대퇴근막장근 마사지-4

시술자는 손가락 끝을 모아 대퇴근막장근의 내측 근섬유를 심부압으로 강하게 밀며 슬라이딩하고, 동시에 다른 손은 근막을 후연에서 조이며 당겨 시술이 효과적으로 이루어지도록 협동한다.

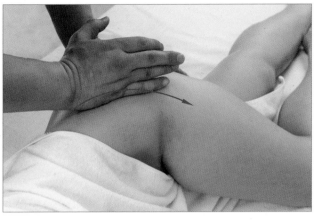 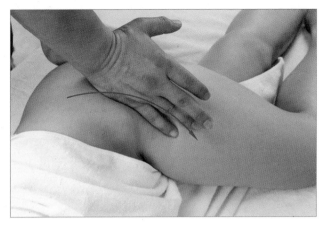

⬆ 대퇴근막장근 마사지-5

시술자는 수장을 세워 대퇴근막장근의 외측 근섬유를 심부압으로 강하게 슬라이딩한다.

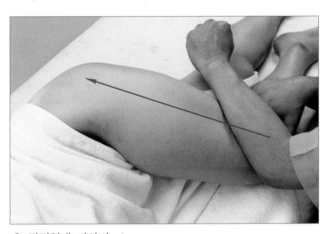 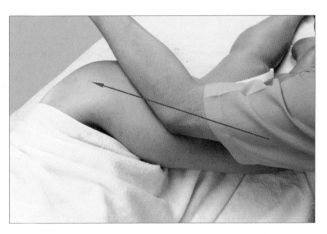

⬆ 장경인대 마사지-1

피술자는 환측을 위로 하고 측와위로 눕는다. 시술자는 전완을 이용하여 장경인대를 중심으로 부드럽고 넓은 압으로 무릎에서 골반 방향으로 슬라이딩한다.

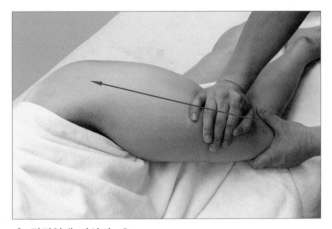 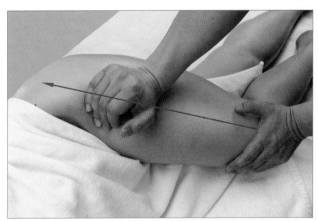

⬆ 장경인대 마사지-2

시술자는 수장의 모서리를 이용하여 장경인대를 따라 세심하고 깊은 압으로 무릎에서 골반 방향으로 슬라이딩한다.

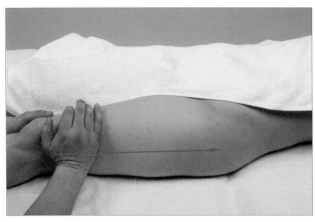 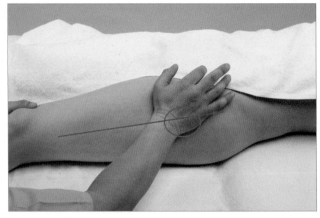

↑ 장경인대 마사지-3

피술자는 앙와위로 눕는다. 시술자는 수장의 모서리를 이용하여 장경인대를 따라 서클을 그리며 세심하고 깊은 압으로 무릎에서 골반 방향으로 슬라이딩한다.

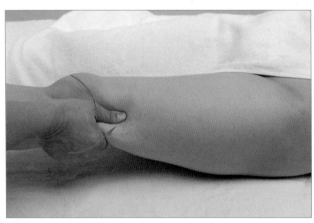 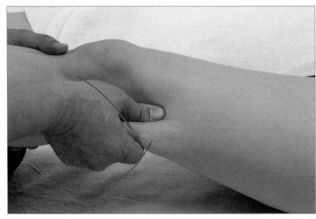

↑ 장경인대 마사지-4

시술자는 장경인대와 슬개골 심부근막 아래 하부건을 구성하는 두꺼운 근섬유를 강약이 배합된 압으로 다이내믹하게 페트리사지한다.

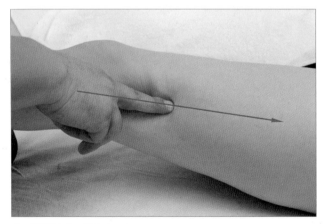 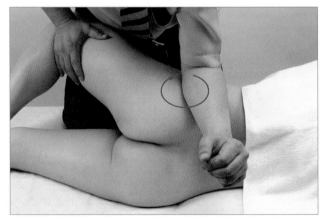

↑ 장경인대 마사지-5

시술자는 인지와 중지 손가락 끝을 모아 장경인대와 대퇴부의 외측근막 접합 부위를 따라 심부압으로 세심하게 이완한다.

↑ 장경인대 마사지-6

피술자는 측와위로 눕고 환측의 다리는 외전하여 대퇴근막장근과 장경인대의 접합 부위를 이완한다. 시술자는 전완으로 이 부위를 강약이 배합된 압으로 서클을 그리며 이완한다.

치료 관점

　일반적으로 고관절 부위에서 무릎 아래까지 나타나는 통증의 원인은 매우 다양하다. 그런데 대퇴근막장근과 장경인대의 기능 저하가 원인이 될 수 있다는 점을 간과하는 경우가 많다. 무리하게 오랫동안 보폭을 크게 벌리고 뛰거나 한쪽 다리만으로 지지하는 운동을 하면 고관절과 무릎 인대의 유연성이 점차 떨어지고, 이로 인해 무릎 관절에 부하가 걸려 손상을 입는다. 특히 장경인대와 대퇴근막장근의 약화는 관절을 고정하는 힘이 없어 일차적인 원인 제공자가 된다. 그럼에도 장경인대는 무릎의 외측에서 대퇴골과 경골을 고정하는 기능도 하므로 달리기와 같은 동작은 인대가 지속적으로 대퇴골의 돌출된 뼈를 스쳐 손상을 받을 수밖에 없으며, 나아가 골막을 압박하여 관절낭에 염증을 일으키는 원인으로 발전된다.

　또, 장경인대를 구성하는 중둔근과 대퇴근막장근은 골반의 수평을 유지하는 역할을 하기 때문에 근력이 떨어지면 수평을 유지할 수 없어 골반이 한쪽으로 몰리는 현상이 나타나 고관절과 무릎에 강한 압박을 가하게 된다. 따라서 하지 통증과 관절 이상을 호소하면 대퇴근막장근과 장경인대 그리고 대둔근과 중둔근, 소둔근을 함께 치료해야 한다.

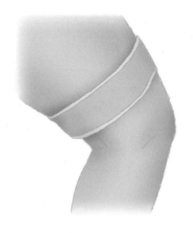

◀ 고정 벨트
장경인대가 단축되면 슬개골이 외측으로 당겨져 무릎 통증이 생기므로 이를 방지하기 위해 벨트를 착용한다. 보행 시나 일상에서 움직임이 많을 경우에만 한시적으로 적용하여 연부 조직에 과도한 압박을 주지 않도록 유의한다.

이상근 piriformis m.

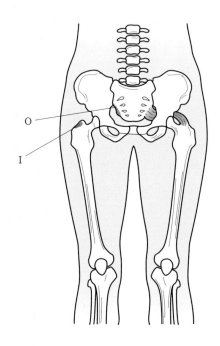

원어 (original word)	Latin : pirum–pear forma–shape
기시부 (origin)	천골의 전면
정지부 (insertion)	대전자
작용 (action)	힙(외전, 외회전, 신전)
지배신경 (nerve)	천골신경 L4, L5, S1, S2

이상근은 천골의 골반근에서 시작하여 대퇴골의 대전자로 연결되는 심부 근육으로, 가느다란 피라미드 모양을 하고 있으나 외부로는 형태가 드러나지 않아 육안으로 확인할 수 없다. 주 기능은 외전근이고 대퇴 골두를 관절와에 안정시켜 고관절의 탈구를 방지하는 고정근 역할로서 몸무게를 지탱할 수 있도록 하며 어느 정도 신전 기능도 담당한다.

특징은 모든 외회전근(lateral rotation) 중에서 가장 큰 근육이어서 무리한 반복적인 사용은 근육을 비대하게 하여 상대적으로 근육의 길이가 짧아져 고관절이 외측 방향으로 돌아가 보행 시 팔자걸음으로 나타난다. 이는 내폐쇄근(obturator internus m.)과 치골근(pectineal m.)까지 영향을 주어 통증의 범위가 확대되는 결과를 만든다.

	협동근	길항근
이상근	봉공근, 후소둔근, 후중둔근, 장요근, 대둔근	반건상근, 반막상근, 치골근, 대퇴근막장근, 소둔근, 중둔근

또, 좌골신경(sciatic nerve)의 일부 또는 전체는 이 근육의 상하 또는 사이를 가르고 통과하므로 이상근의 변형에 따라 좌골신경이 압박되어 통증이 유발되는 불가분의 구조로 형성되어 있다. 따라서 골반과 고관절의 움직임이 많은 발레리나 체조 선수 등에서 이상근 증후군(piriformis syndrome)이라는 형태로 통증을 호소하게 된다.

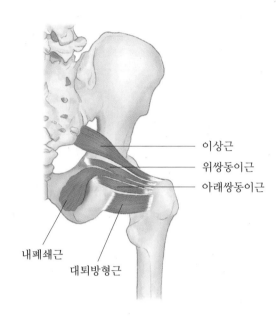

이상근
위쌍동이근
아래쌍동이근
내폐쇄근
대퇴방형근

↑ 이상근의 해부학

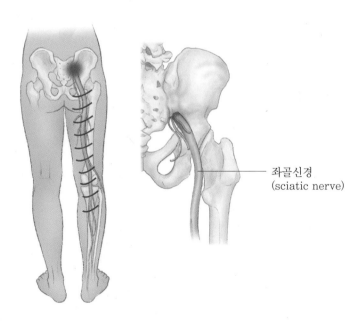

좌골신경
(sciatic nerve)

↑ 이상근의 압박으로 발생한 좌골신경통

증상
- 엉덩이 깊숙한 부위에서 통증이 일어나며, 특히 앉거나 계단을 오를 때 극심해진다.
- 엉덩이 깊숙한 부위에서 다리 쪽으로 띠를 형성하며 내려가는 날카로운 통증이 느껴진다.
- 무릎 아래 통증을 가끔 호소하는 경우가 있다.
- 고관절의 외회전 기능을 일상화하면 이상근이 단축된다.
- 성교 불쾌증(여성)이 유발된다.
- 근 기능의 경직으로 음부신경을 압박하면 회음부와 서혜부에 통증과 성 기능 장애를 가져온다.
- 발의 감각 기능이 저하되고 걷는 행위에 장애를 준다.
- 하지의 무력감을 유발한다.
- 앉은 자세에서 외전 근력 검사 시 통증과 근력 약화 현상이 나타난다.
- 근력이 약화되거나 반대로 너무 강직할 경우 증상이 나타난다.
- 고관절을 90도 굴곡시키고 저항 외전하면 통증이 유발된다.

요인
- 점액낭염, 관절염, 대퇴골두 무혈성 괴사, 디스크 등이 원인이 된다.
- 허리를 구부려 무거운 물건을 드는 동작에서 몸을 비틀 때 증상이 나타난다.
- 허리 손상 시 이상근과 연계되어 손상을 가져온다.
- 외상으로 인해 요추와 천추에 손상이 있을 때 통증이 유발된다.
- 요통도 원인이 될 수 있다.
- 천장관절의 기능 이상이 통증의 요인이 된다.
- 과도한 운동이 원인이 될 수 있다.
- 불안정한 자세, 고관절의 굴곡, 내전, 내회전 상태(다리를 꼬고 앉은 자세)의 반복은 통증을 유발한다.
- 엉덩방아와 같은 급작스런 과도한 외상이 통증을 유발한다.
- 골반의 변형이나 고관절의 기능 이상은 이상근의 경직과 단축에 영향을 준다.
- 과다전만증(hyperlordosis)이 원인으로 작용한다.

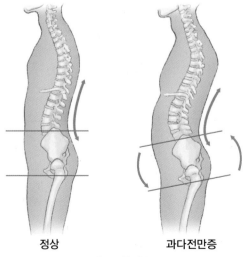

정상   과다전만증

⬆ 요추만곡

압통점과 방사통

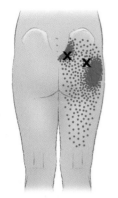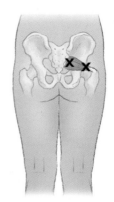

⬆ 이상근의 압통점과 방사통
천장관절, 고관절 후면, 후대퇴부의 근위부 2/3로 통증이 유발된다.

근 기능 테스트

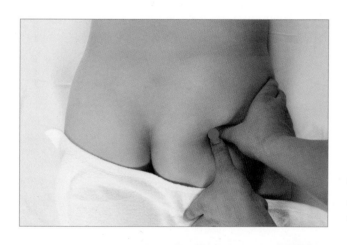

⬅ 이상근 압통 테스트
시술자는 양 무지를 겹장하여 대둔근 아래 심부에 위치한 압통점에 강한 압을 적용하여 통증의 정도를 평가한다.

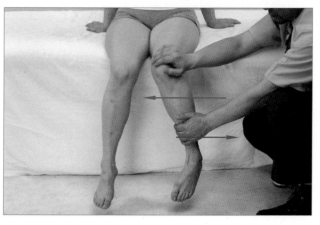

⬅ 이상근 압통 및 근 기능 테스트-1
피술자는 침대 끝에 앉아 고관절과 무릎을 90도 굴곡한다. 시술자는 무릎을 고정하고, 다른 손은 피술자의 발목 내측을 잡아 시술자 방향으로 서서히 당겨 고관절을 내회전시킨다. 동시에 피술자는 이에 저항하며 외회전한다.

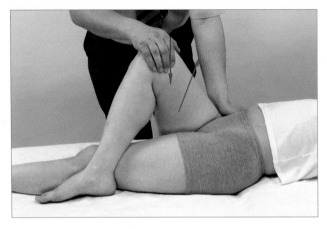

◀ 이상근 압통 및 근 기능 테스트-2

피술자는 누워 환측의 고관절을 60도 이하로 굴곡하고, 다시 무릎을 90도로 굴곡하여 반대편 대퇴부에 위치한다. 시술자는 피술자의 전상장골극에 위치하여 고정하고, 대퇴를 서서히 외회전시키며, 동시에 피술자는 이에 저항하며 내회전한다.

◀ 이상근 압통 및 근 기능 셀프 테스트

환자는 앉아 환측의 고관절을 최대한 굴곡하고, 무릎은 90도로 굴곡하여 반대편 대퇴부에 위치한다. 그리고 왼손을 이용하여 환측 무릎을 감싸며 몸은 환측 방향으로 회전한다. 환자는 무릎을 서서히 당기고 동시에 환측 대퇴는 이에 저항하며 외전한다.

시술 테크닉

▲ 이상근 셀프 스트레칭-1

환자는 누워 환측의 고관절을 최대한 굴곡하여 반대측 대퇴부에 올려놓고, 동시에 두 다리를 자신의 방향으로 끌어 당긴다. 이상근을 신장하고 다시 반대로 이완하기를 몇 회 반복한다.

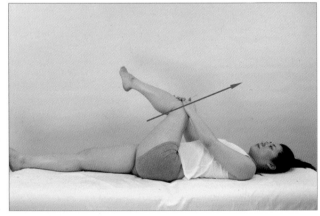

▲ 이상근 셀프 스트레칭-2

환자는 환측의 고관절과 무릎을 굴곡하고 다시 내회전한다. 양손으로 무릎을 잡고 가슴 방향으로 대각선으로 당겨 이상근을 스트레칭한다.

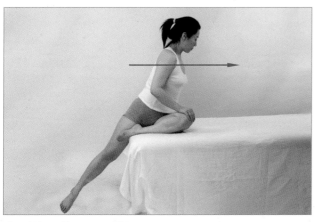 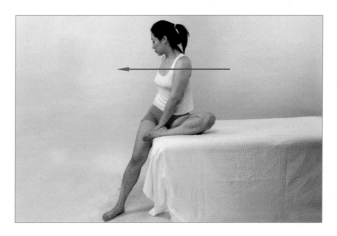

↑ 이상근 셀프 스트레칭-3

환자는 침대에 환측 엉덩이를 올려놓고 고관절과 무릎을 최대한 굴곡한다. 이어 몸의 중심을 좌우로 번갈아 이동하여 이상근을 스트레칭한다.

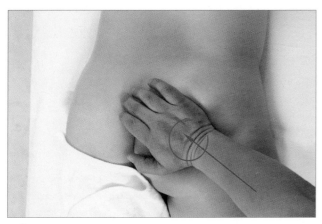

↑ 이상근 압통점 이완

시술자는 수장을 이용하여 고관절에서 천골 방향으로 강한 압을 적용하고, 동시에 서클을 그리며 압통을 이완한다.

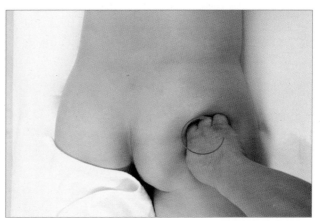

↑ 이상근 마사지-1

시술자는 너클을 이용하여 고관절에서 천장관절 사이로 배열된 이상근에 강한 압으로 서클을 그리며 이완한다. 이상근은 대둔근 아래 심부에 위치해 있으므로 압을 강하게 적용하도록 한다.

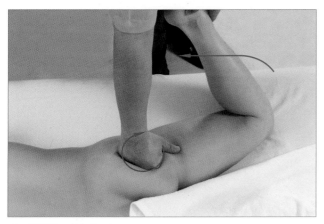 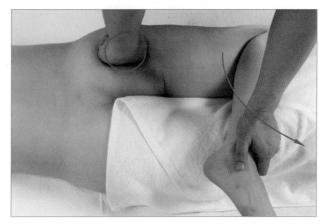

↑ 이상근 마사지-2

시술자는 고관절과 천골의 전면에 너클을 위치하고 심부압으로 서클을 그리면서 동시에 피술자의 다리를 내회전하며 리드미컬한 압을 적용한다. 이 시술은 이상근에 수축과 이완을 반복하며 심부압까지 더해져 보다 효율적인 이완이 이루어진다.

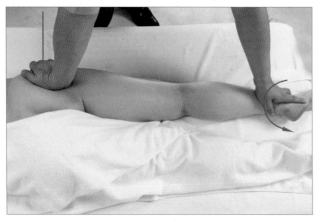 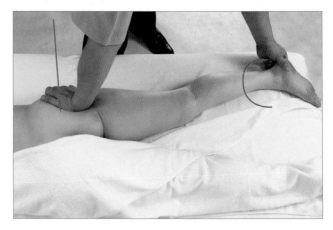

⬆ 이상근 마사지-3

시술자는 고관절의 대전자를 직하방으로 눌러 고정하고, 동시에 발목을 잡아 서서히 내·외회전시킨다. 고관절에 강한 장력이 전달되어 이상근의 근막이 강하게 스트레칭된다.

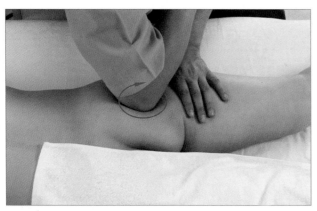 

⬆ 이상근 마사지-4

시술자는 팔꿈치를 이용하여 천골과 고관절의 대전자 사이에 위치하고 강약을 배합한 압으로 서클을 그리며 이상근을 이완한다. 이때 피술자의 다리는 외전 또는 내회전시킨 상태로 실시하여 이상근에 보다 강한 압이 전달되도록 한다.

⬆ 이상근 마사지-5

시술자는 수장을 이용하여 고관절에서 천골 방향으로 넓고 강한 압을 적용하며 서서히 슬라이딩한다.

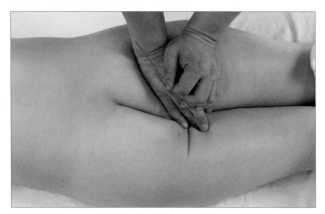 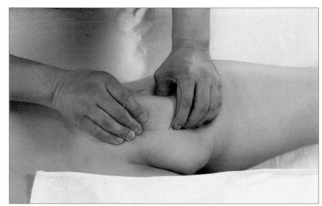

⬆ 이상근 마사지-6

시술자는 수장을 세워 천골의 외측면을 따라 강하게 슬라이딩한다. 이상근을 측면에서 강하게 압박함으로써 근섬유가 세밀하게 스트레칭된다.

⬆ 이상근 마사지-7

시술자는 양손으로 이상근의 근섬유를 조여 당기고 밀고를 다이내믹하게 반복하며 페트리사지를 적용한다. 이상근은 심부에 위치해 있어 마음속의 상상으로 압의 강도를 결정하여 실시한다.

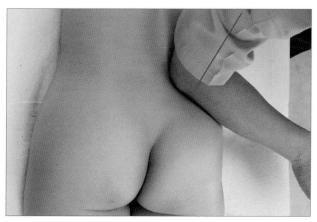

↑ 이상근 마사지-8

시술자는 팔꿈치를 이용하여 피술자의 장골과 요방형근의 접합 부위를 강하게 이완하여 요통으로 인한 전위를 예방하고 방사통을 제거한다.

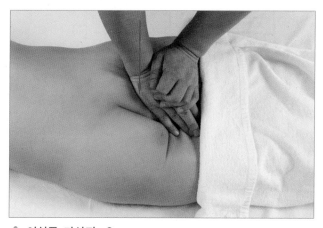

↑ 이상근 마사지-9

피술자의 천장관절 부위에 부드럽고 강한 압을 번갈아 적용하여 천장관절의 유동성을 확대하고 경직을 이완한다.

← 이상근 셀프 마사지

환자는 누워 양측의 고관절을 60도 이내로 굴곡하고, 무릎을 다시 90도로 굴곡한다. 환측의 이상근 부위에 작은 공을 넣고, 공을 중심으로 골반을 움직여 골반의 무게를 이용해 이상근을 마사지한다.

치료 관점

이상근에 문제가 있다면 직·간접적으로 이상근의 경직을 유발하는 다른 근육군에 대해 정확하게 평가하고, 이와 함께 충분한 마사지를 실시해야 한다. 이상근에 통증을 일으키는 가장 큰 원인은 대부분 외상 및 불안정한 자세가 가장 크므로 운동 전에는 반드시 스트레칭을 하여 근육의 탄성을 유지하며, 일상생활 특히 성생활과 같이 이상근을 과도하게 외전시키거나 무리한 고관절을 이용한 운동, 장시간 한쪽 다리만을 사용하는 운전과 같이 불안정한 자세를 반복하면 이 근육에 대해 정기적이고 꾸준한 관심이 필요하다.

평소에는 중둔근을 강화하는 운동과 근 기능 회복 테이핑(kinesiology taping)을 함께 적용함으로써 혈액과 림프 순환을 돕고, 하지 길이가 너무 차이나면 신발에 깔창을 이용하여 보행 시 충격을 완화시키는 것이 좋다.

이상근 증후군에 영향을 미치는 근육군

둔부 근육	중둔근, 소둔근
외회전 근육	위·아래쌍동이근, 대퇴방형근, 내폐쇄근, 외폐쇄근
허리 근육	요방형근

치골근 pectineus m.

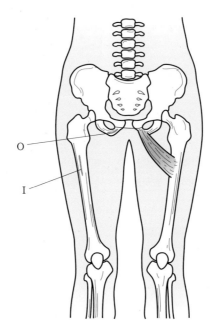

원어 (original word)	Latin : pecten-comb
기시부 (origin)	치골결절의 외측 상지
정지부 (insertion)	대퇴골의 내후면의 치골근선
작용 (action)	대퇴(내전, 굴곡)
지배신경 (nerve)	대퇴신경 L2, L3, L4

　　치골근은 대퇴내전근(장·단내전근, 대내전근, 박근, 치골근) 중 일부이며, 내전의 시작을 초기화하는 근육으로 서혜부의 대퇴삼각(femoral triangle)에서 대퇴동맥(femoral artery)과 대퇴정맥 사이에 위치해 있고, 그 옆으로 나열된 장요근(iliopsoas)과 비슷한 작용을 한다.

　　이 근육은 사각형의 편평근으로 매우 작으며 대퇴직근과 봉공근에 덮여 있고, 대퇴내측근 위 서혜부 깊숙이 위치해 있어 다리를 옆으로 벌려 외전시켰을 때 가장 잘 만져진다.

　　치골근은 치골결절의 외측 치골능에서 시작하여 대퇴골의 내후면의 치골근선으로 부착된다. 기능은 천골에 부착된 이상근과는 상호 길항하고, 장요근과 내전근, 박근과는 협동하여 치골결합의 변위에 관여하며, 대퇴골의 내전(adduction)과 굴곡(flexion)을 수행한다. 특히 대퇴부의 굴곡에서는 강한 내전을 먼저 일으키기 때문에 다리를 꼬고 앉는 자세 시 장요근과 함께 주도적인 역할을 한다.

	협동근	길항근
치골근	대내전근, 장·단내전근, 박근, 장요근	중둔근, 소둔근, 대퇴근막장근, 슬괵근, 대둔근

치골근은 다른 내전근에 비해 고관절의 외전을 제한하여 특히 앉아 있는 자세에서 이완성 긴장이 높아지고, 반대로 내전의 주체이기 때문에 다리를 만성적으로 오므리고 있으면 서혜부의 혈액과 림프 순환을 압박하여 하지 부종과 비만을 초래하고, 무릎 내측으로 통증을 일으키는 주범이 된다.

증상으로는 서혜부 안쪽으로 깊숙이 쑤시는 통증이 나타나고, 여성의 경우는 요통과 함께 자궁 및 비뇨생식기 질환이 만성화되는 경우가 있으며 남성은 조루, 발기부전의 증세를 보인다.

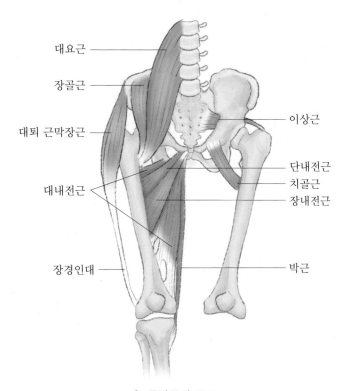

↑ 골반근의 구조

증상
- 대퇴내측에서 통증 및 지각 이상이 나타난다.
- 서혜부 통증이 지속적으로 나타난다.
- 앉는 자세를 바로 취하기가 힘들다.
- 보폭을 크게 하고 걷기가 힘들다.
- 발을 헛딛을 때 통증이 더욱 심화된다.
- 다리를 옆으로 벌리는 동작은 크게 제한되지 않지만 통증은 발현된다.
- 체중을 지지하지 못해 바로 서 있기가 힘들다.
- 통증으로 다리를 절며 보행한다.

요인
- 낙상 또는 미끄러지거나 발을 헛딛는 사고가 요인이 된다.
- 과도한 성적 행위가 원인이 될 수 있다.
- 하지 길이의 극심한 비대칭이 통증을 유발한다.
- 오랫동안 앉아서 일을 하는 행위(jackknife position)가 통증의 원인이 된다.
- 다리를 꼬고 앉는 자세가 원인으로 작용한다.
- 과다 체중은 하지에 중력을 가중시켜 원인이 된다.
- 치골염(osteitis pubis) 환자에게 통증이 나타난다.
- 폐쇄신경 손상(obturator nerve entrapment) 환자에게 통증이 나타난다.
- 서혜부와 하지 림프 부종 환자에게 통증이 나타난다.
- 고관절염이나 질환이 통증의 원인이 된다.
- 승마, 자전거, 체조, 축구와 같이 외전이 강하게 작용하는 운동이 통증의 원인이 된다.

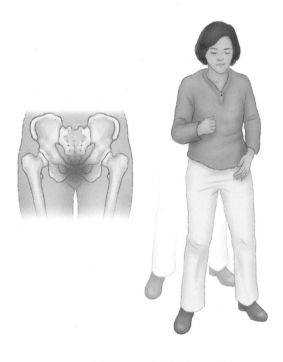

◀ **외반 보행**
치골 중앙부의 통증이 복부나 대퇴 내측, 서혜부 내측으로 방사되어 다리를 끌거나 바깥쪽으로 벌리며 걷게 된다.

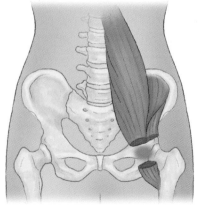

◀ **고관절염 / coxitis**
고관절의 염증으로는 화농성, 결핵성, 매독성 등과 같은 세균에 의한 것과 외상성, 변형성, 류머티즘성에 의한 것이 있다. 대체로 고관절의 통증, 종창 및 운동 제한이 따르며 일어서고 걷는 데 장애를 받는다. 일반적으로 가벼운 굴곡, 외전 상태가 편해서 다리를 벌리는 자세를 취하게 된다.

압통점과 방사통

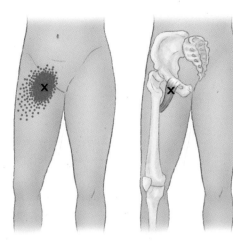

↑ 치골근의 압통점과 방사통
서혜인대 원위부와 대퇴전내측에서 강한 압통이 발현되며, 그 주변으로 방사통을 형성한다.

근 기능 테스트

◀ 치골근 압통 테스트
피술자는 얼굴을 위로 하고 환측의 고관절을 45도 외전하고 눕는다. 그리고 허리와 대퇴후면으로 보조물을 삽입하여 서혜부를 충분히 오픈한다. 시술자는 무지를 이용하여 서혜인대(inguinal ligament)와 치골 결절로 이어지는 선상에서 내측 1/3 지점에 위치한 압통점에 압을 적용하여 통증의 정도를 평가한다.

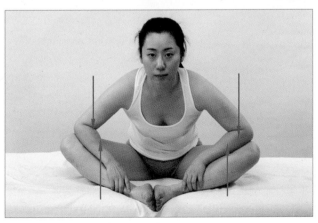

◀ 치골근 압통 및 근 기능 테스트
피술자는 고관절을 외회전하고 무릎은 굴곡하여 양발이 서로 닿도록 하고 앉는다. 이어 양 팔꿈치를 자신의 양 대퇴 원위부에 각각 올려놓고 서서히 아래로 내리며, 동시에 대퇴부는 이에 저항한다. 이때 나타나는 근력과 통증의 정도를 평가한다.

시술 테크닉

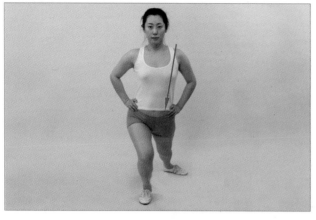

치골근 셀프 스트레칭

환자는 환측의 다리를 뒤로 최대한 신전하고, 반측의 다리는 앞으로 굴곡하며, 양손은 장골 위에 가볍게 올려놓고 선다. 이어 상체를 곧게 세운 상태로 허리를 움직여 서서히 체간을 앞으로 당겨 치골근에 강한 스트레칭을 일으킨다.

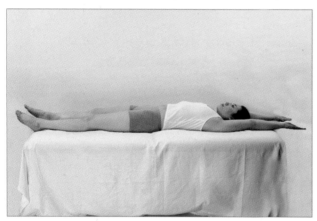

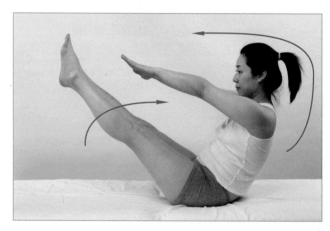

치골근 근력강화 운동

환자는 신체의 후면이 지면에 닿도록 두 다리를 곧게 펴고 양팔은 최대한 신전하고 눕는다. 이어 두 다리를 들어 올려 고관절을 최대한 굴곡하고, 동시에 상체를 일으켜 양손을 발을 향해 곧게 뻗는다(jackknife position).

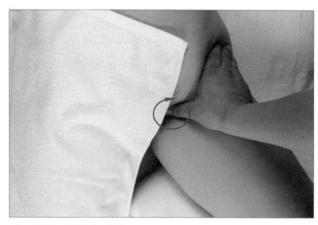

치골근 압통점 이완

시술자는 무지를 이용하여 치골 결절의 외측 상지에 분포된 압통점에 강약이 배합된 다이내믹한 압으로 압통을 이완한다.

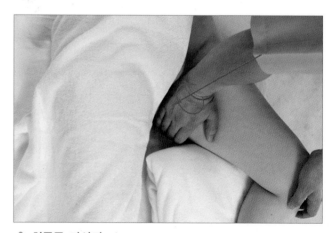

치골근 마사지-1

시술자는 수장을 치골근에 위치하고 직하방으로 강한 압을 적용하며 동시에 서클을 그리며 이완한다. 피술자의 대퇴 밑에 보조물을 끼워 넣으면 치골근이 자연스럽게 이완되어 압을 받아들이는 데 효과적이다.

 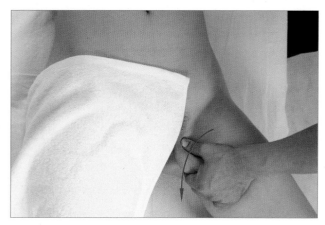

치골근 마사지-2
시술자는 손아귀로 치골근을 조여 잡고 강약을 배합한 압으로 리드미컬하게 페트리사지를 적용한다.

치골근 마사지-3
시술자는 수장으로 대퇴골의 내후면에서 치골 결절 방향으로 강한 압을 적용하며 슬라이딩하고, 정점에서 강약이 배합된 압으로 서클을 그린다.

치료 관점

　　치골근은 서혜부에 위치해 있어 압을 적용할 때 매우 유의해야 한다. 대퇴삼각에 분포된 신경과 대퇴 혈관을 압박할 수 있으며, 림프관과 결절에 손상을 줄 수 있기 때문이다. 따라서 평소 가벼운 스트레칭을 반복하는 것이 좋으며, 또한 수기 요법 시 불필요한 통증이 유발되지 않도록 강약이 조절된 세심한 터치가 필요하다.

　　치골근은 잘못된 자세와 무리한 하지 운동의 영향을 받으며 근육의 크기에 비해 강한 힘을 발휘하지만 주변의 다른 근육의 영향을 많이 받는다. 따라서 치골근에 문제가 있다면 직접적인 치료에 앞서 우선 주변 근육군, 특히 내전근과 장요근을 먼저 치료하면 근본적인 효과를 얻을 수 있다.

대내전근 adductor magnus m.

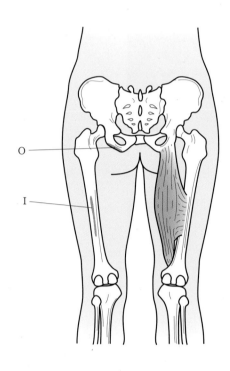

원어 (original word)	Latin : adductus-brought toward magnum-large
기시부 (origin)	좌골결절 치골하지
정지부 (insertion)	대퇴골조선의 내측순, 내측상과
작용 (action)	대퇴(내전, 내회전, 굴곡)
지배신경 (nerve)	폐쇄신경 및 좌골신경 L2, L3, L4, L5, S1, S2, S3

　　대내전근은 대퇴내전군(장·단내전근, 대내전근, 박근, 치골근) 중 일부로 가장 크고, 가장 심부에 위치한 근육이다. 대퇴내전군은 힘의 비중이 더 크게 작용하는 대퇴외전군에 대항해 길항근의 역할을 하며, 동시에 대퇴를 회전시켜 가동 범위를 조절하고, 외전근과의 조화와 균형을 통해 하지를 안정시킨다.

　　대내전근은 상부, 중부, 하부 섬유로 구성된다. 내전근의 거의가 폐쇄신경의 지배를 받는 데 비해 대내전근의 후부 섬유는 유일하게 좌골신경의 지배를 받아 슬괵근(hamstring)에 영향을 주기도 하고 받기도 하는 밀접한 관계를 갖는다.

	협동근	길항근
대내전근	장·단내전근, 박근, 장요근	중둔근, 소둔근, 대퇴근막장근, 슬괵근, 대둔근, 장요근

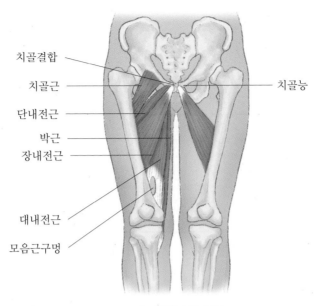

치골결합
치골근
단내전근
박근
장내전근
대내전근
모음근구멍
치골능

⬆ 내전근의 구조

　대내전근의 무릎 뒤 모음근구멍(adductor hiatus)으로 정맥, 동맥, 신경이 빠져나가므로 이 부위의 경직은 혈액 순환을 감소시키고 맥동의 감소를 불러일으키는 원인이 되며, 슬괵근과 함께 좌골신경통을 일으키는 원인도 된다.

　대내전근은 폐쇄공의 내측에서부터 부채꼴로 넓게 펼쳐지고, 대퇴골의 내측면에서는 말편자형(모음근구멍)으로 공간을 형성하며, 좌골결절의 치골하지에서 시작해 대퇴골조선의 내측순과 일부는 내측상과로 부착된다. 대내전근은 대퇴를 내전하고, 근상부는 대퇴를 굴곡 및 내회전을 보조하며, 근하부에서는 대퇴의 신전과 약간의 외회전을 보조하는 역할을 한다. 이 근육은 계단을 오를 때는 중간광근과 함께 작용하지만 내려갈 때는 거의 작용하지 않는다. 따라서 이 근육에 손상이 일어나면 계단을 오르기가 힘들어 옆으로 올라가는 자세를 취하게 된다.

　보행의 단계에서는 초기 유각기(early swing phase)에는 하지를 몸의 중심선으로 이동시켜 다리를 안으로 모아 주는 기능을 하며, 걷거나 달릴 때는 발가락을 들어 주는(toe-off) 장내전근의 작용에 이어서 발뒤꿈치 닿기(heel strike)를 돕는다. 또, 직립의 마지막 상태에서는 장내전근과 함께 대퇴의 외전력을 억제하고 몸무게의 이동을 조절하고 안정되게 유지한다.

　증상으로는 대퇴 전·내측면 서혜부에서 무릎 내측으로 나타나며, 특히 골반 내에서 뚜렷하게 지적할 수는 없지만 안쪽 깊숙한 부위에서 심하게 나타난다. 성교 시 통증을 호소하는 경우도 많으며, 거들이나 조이는 옷 등으로 인해 음부대퇴신경(genitofemoral nerve)을 압박함으로써 유발되거나, 다리를 오므리고 생활하는 습관에 의해서도 통증이 나타난다.

　통증이 골반 내에서 강하게 발현되므로 비뇨 생식기 질환으로 오진되는 경우가 많으며, 치골 결합의 국소적인 압통이 양측성으로 나타나는 경향을 보인다. 주로 대퇴의 외전과 신전 작용 시 통증이 발현되는데 고관절을 외전시키면 치골 부위가 당기고 아픈 증상이 나타난다. 대체적으로 남성은 이완성 긴장에 의해, 그리고 여성은 단축성 긴장에 의해 통증이 발현된다.

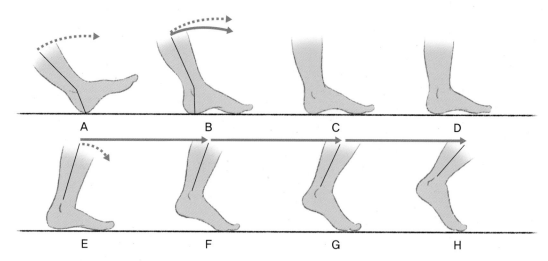

↑ 보행의 단계 구분

A-발뒤꿈치 닿기(heel strike)：앞으로 나간 다리의 발뒤꿈치가 지면에 닿는다.
B-발바닥 닿기(foot flat)：발뒤꿈치 닿기 후 곧 일어나는 동작으로 발바닥이 지면에 완전히 닿는다.
C/D-중간 입각기(mid stance)：체중이 완전히 지지하는 다리로 옮겨간다.
E-가속기(acceleration)：뒤쪽에 있는 같은 쪽의 발이 지면을 떠나서 중간 유각기까지 계속되며,
　　또한 유각하는 다리가 체중 중심선까지 움직인다.
F-중간 유각기(mid swing)：유각하는 다리가 체중 중심선을 지나간다.
G/H-발가락 들기(toe off)：뒤쪽에 있는 발의 발가락이 지면으로부터 떨어진다.

증상
- 골반 내 통증을 호소한다.
- 성교 시 통증이 더욱 심하게 발현된다.
- 대퇴내측과 서혜부로 통증이 나타난다.
- 질과 방광, 직장을 포함한 내장기 통증을 호소한다.
- 생리 시 통증이 더욱 심하게 발현된다.
- 계단을 오르기가 힘들다.
- 서혜부에 림프 부종을 일으킨다.
- 다리를 곧게 펴고 눕기가 힘들다.
- 활동 시 통증이 심해지고 휴식 시에 감소되는 경향을 보인다.

요인
- 보폭을 크게 하고 장시간 걷는 행위가 통증의 원인이 된다.
- 음부대퇴신경을 압박하여 폐색 증상이 나타난다.
- 고관절염이나 질환이 통증을 유발시킨다.
- 자전거나 승마, 스키와 같이 고관절을 외전시키는 과격한 운동이 원인이다.
- 오랫동안 앉아서 일을 하는 행위(jackknife position)가 원인으로 작용한다.
- 다리를 꼬고 앉는 자세가 원인이 된다.

압통점과 방사통

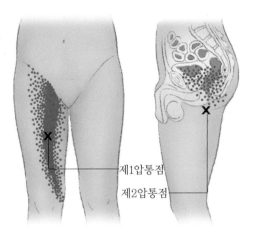
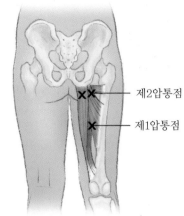

◀ 대내전근의 압통점과 방사통

제1압통점 : 서혜부와 대퇴의 전내측으로 통증이 발현된다.

제2압통점 : 질, 직장 등 골반 내에서 통증이 발현된다.

근 기능 테스트

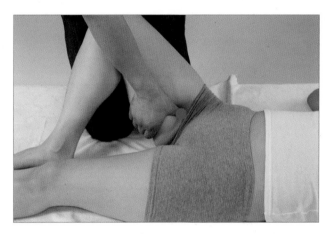

↑ 대내전근 압통 테스트

피술자는 앙와위로 환측의 고관절을 45도 외전, 무릎은 45도 굴곡하고 눕는다. 시술자는 무지를 이용하여 대퇴의 전내측에 위치한 압통점(제1압통점)과 대퇴부 내측 좌골과부(ischiocondylar part)와 중간부 사이(middle part)에 위치한 상부 압통점(제2압통점)에 압을 적용하여 통증의 정도를 평가한다.

◀ 대내전근 압통 및 근 기능 셀프 테스트

환자는 고관절을 외회전하고 무릎은 굴곡하여 종아리가 서로 X자가 되도록 앉는다. 이어 양손을 자신의 양 대퇴 원위부에 각각 위치하고 서서히 아래로 내리며 동시에 대퇴부에서는 이에 저항한다. 이때 나타나는 근력과 통증의 정도를 평가한다.

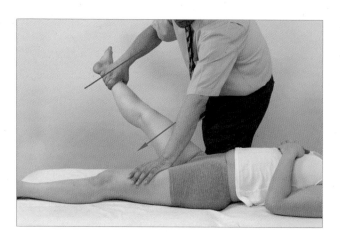

← 대내전근 압통 및 근 기능 테스트

피술자는 환측 고관절을 45도 굴곡하고, 45도 외전 상태에서 시술자는 발목을 잡아 지지한다. 이어 반측의 대퇴를 고정한 후 환측의 다리를 몸 방향으로 서서히 외전시키며 동시에 피술자는 이에 저항한다. 이때 나타나는 근력과 통증의 정도를 평가한다.

시술 테크닉

↑ 대내전근 셀프 스트레칭-1

환자는 고관절과 무릎을 90도 굴곡하고, 양발의 간격을 벌려 엉덩이만 지면에 닿도록 하며, 양손으로 자신의 내측 발을 감싸고 앉는다. 이어 서서히 상체를 앞으로 구부려 대내전근에 강한 스트레칭이 일어나도록 한다.

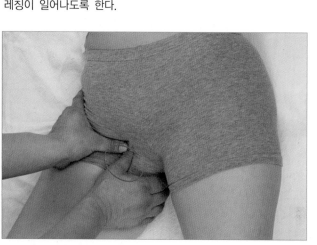

↑ 대내전근 셀프 스트레칭-2

환자의 반측은 고관절과 무릎을 굴곡하여 몸의 중심을 유지하고 환측의 다리는 옆으로 곧게 뻗는다. 이때 몸의 중심이 반측으로 기울어야 환측 대내전근에 강한 스트레칭이 일어난다. 이어 반대로 몸의 중심을 이동하고 다리 위치를 바꾼다.

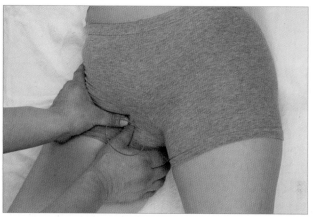

← 대내전근 압통점 이완

시술자는 무지를 겹장하여 좌골결절과 치골하지에 분포된 압통점을 강약이 배합된 압으로 이완한다.

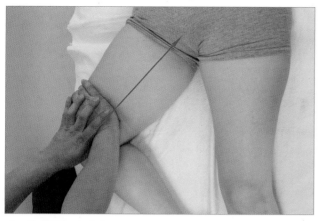 

↑ 대내전근 마사지-1

피술자는 고관절 45도 외전, 무릎 45도 굴곡하여 대내전근을 오픈하고 앙와위로 눕는다. 시술자는 수장을 겹장하여 대퇴골조선 내측순에서 좌골결절 방향으로 강한 압을 적용하여 슬라이딩한다.

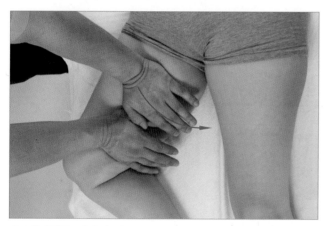 

↑ 대내전근 마사지-2

시술자는 양손의 수장을 대내전근 전체에 위치하여 대퇴골조선의 내측에서 대퇴 후연 방향으로 강한 압을 적용하여 슬라이딩한다.

↑ 대내전근 마사지-3

시술자는 양 무지를 적당한 간격으로 위치하고 대퇴골조선의 내측을 심부압을 적용하면서 서클을 그리며 이완한다. 대내전근 전체에 적당한 간격을 두고 실시한다.

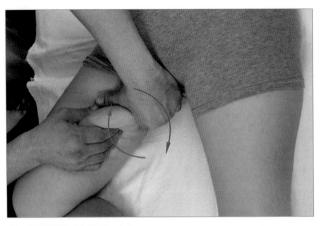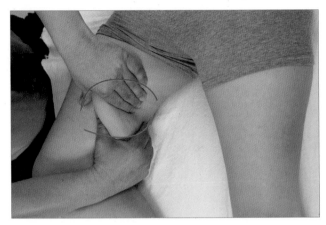

⬆ 대내전근 마사지-4
시술자는 양손을 이용하여 대내전근 전체를 강약이 배합된 압으로 조이며 당겨 다이내믹한 페트리사지를 적용한다.

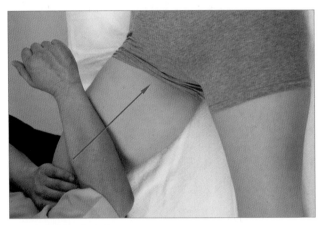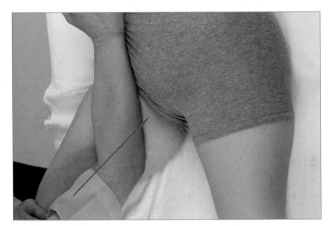

⬆ 대내전근 마사지-5
시술자는 전완을 이용하여 넓고 강한 압으로 슬라이딩한다.

치료 관점

　대내전근은 대퇴의 전·내측면에서 통증이 일어나 서혜부와 골반 내로 방사되는 특징을 가지고 있다. 골반 내 통증은 마치 치골, 질, 직장, 방광에 이상이 있는 것과 같은 증세를 보이기도 한다. 또한 슬괵근에 영향을 주기도 하므로 좌골신경통 증세가 나타나기도 한다. 과도한 내전 운동으로 인한 과부하로 통증이 발생되므로 안정을 유지하고 근막을 이완하는 꾸준한 마사지가 필요하다.

장·단내전근 adductor longus and brevis m.

장내전근 (adductor longus m.) · 단내전근 (adductor brevis m.)

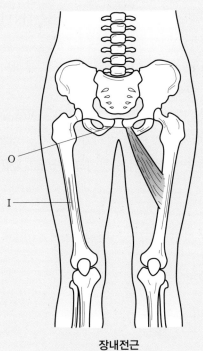

장내전근

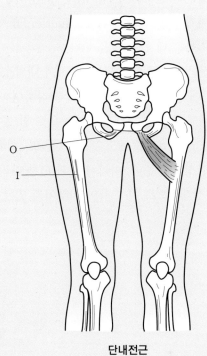

단내전근

장내전근

원어 (original word)	Latin : adductus-brought toward longus-long
기시부 (origin)	치골연골결합 외측면
정지부 (insertion)	대퇴골조선 중간
작용 (action)	대퇴(내전, 내회전, 굴곡)
지배신경 (nerve)	폐쇄신경 L2, L3, L4

단내전근

원어 (original word)	Latin : adductus-brought toward brevis-brief
기시부 (origin)	치골의 하지
정지부 (insertion)	대퇴골조선 근위부
작용 (action)	대퇴(내전, 내회전, 굴곡)
지배신경 (nerve)	폐쇄신경 L2, L3, L4

대퇴내전근(장·단내전근, 대내전근, 박근, 치골근)은 박근(gracilis)을 제외하고는 모두 치골의 근위부에서 시작하여 대퇴의 조선으로 연결되는 근 모양을 하고 있으며, 고관절을 몸 안쪽으로 당겨 다리를 모으는 내전(adduction)의 기능을 주도한다.

장내전근은 대퇴삼각(femoral triangle)의 내연을 구성하고 서혜부 내면 바로 아래에 위치해 있으며, 근 수축 시 육안 확인과 함께 촉진이 가능하다. 단내전근은 내전근 중에서는 유일한 심근으로 치골근과 장내전근보다 아래에 위치해 있으며 육안으로 확인할 수 없고 촉진이 불가능하다. 이들은 모두 보행 시 한쪽 발이 지면에 완전히 밀착된 후 떨어지는 순간 다른 발로 체중을 이동시킴과 동시에 반대쪽 발을 향해 몸의 중심선을 넘어가게 함으로써 외전(abduction)을 억제하여 똑바른 걸음을 유지하도록 돕는다. 이는 보행의 안정성을 유지하는 데 큰 역할을 한다.

장내전근은 좌골결절에서 시작하여 대퇴골조선(linea aspera of femur) 중앙으로 부착되고, 단내전근은 장내전근에 덮인 채 치골하지에서 시작하여 대퇴골조선 근위부로 부착된다.

내전근의 주 기능은 대퇴를 내측으로 힘 있게 오므리는 내전의 비중이 크지만 내회전(internal rotation)과 굴곡(flexion) 운동에도 관계한다. 또, 대퇴를 골반 안쪽으로 당겨 다리가 벌어지는 것을 예방함으로써 골반에 안정감을 준다. 따라서 심한 O형 다리는 이 근육군이 약화되는 것이고, 반대로 X형 다리는 외전근에 비해 상대적으로 근 수축이 이루어져 있는 것이다.

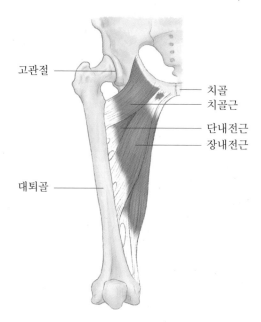

↑ 장·단내전근의 구조

	협동근	길항근
장·단내전근	대내전근, 박근, 치골근	중둔근, 소둔근, 대퇴근막장근, 슬곽근, 대둔근, 장요근

증상은 서혜부 깊숙한 부위로부터 대퇴를 거쳐 무릎과 경골을 따라 나타나며, 움직이지 않으면 통증이 나타나지 않으나 활발한 활동 시에 과부하로 인해 통증이 발현된다는 특징이 있다. 그러나 증상이 점점 심해지면 가벼운 보행 시에도 통증이 나타난다.

특히 하체를 고정한 채 상체를 강하고 빠르게 회전시키는 운동은 고관절을 심하게 비틀리게 만들고, 무거운 물건을 들면 대퇴 내측으로 장력을 발생시켜 근섬유의 손상을 일으킨다. 이 근육에 기능 이상이나 과도한 부하가 발생되면 내전 기능이 떨어져 서혜부의 림프 부종(lymphoedema)과 대퇴 비만을 일으킨다.

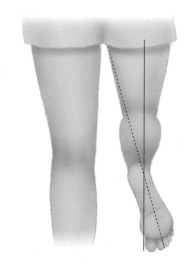

◀ 외전 억제
체중의 이동과 더불어 반대쪽 발을 향해 중심선을 넘어 이동하게 될 때 장내전근과 대내전근이 외전을 억제하여 체중의 이동을 조절하고 안정성을 증가시킨다.

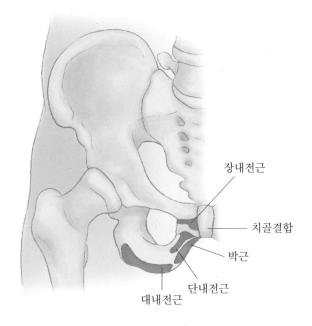

장내전근

치골결합

박근

단내전근

대내전근

◀ 치골에 부착된 내전근의 구조
치골 결합에는 복부와 서혜부에서 연결된 근육들이 부착하는 부위로 운동하는 동안 아주 강한 수축이 일어난다. 특히 내전근에 수축과 경련이 과도하게 반복되어 일어나면, 치골을 양쪽에서 끌어 당겨 중간 결합부가 벌어지며 연골에 염증을 일으킨다. 또 치골 전면 중앙부로 심한 통증과 함께 서혜부와 허벅지 사이로 방사통을 일으킨다. 더 나아가 만성화되면 골반의 변형도 초래한다.

증상
- 서혜부 깊은 부위로 통증을 호소한다.
- 휴식을 취할 때에는 심하지 않으나 활동 시에 통증을 느낀다.
- 대퇴부를 벌리는 동작, 즉 외전이 제한된다.
- 대퇴를 오므리는 동작과 무릎을 굽히는 동작에 제한이 나타난다.
- 무릎 통증과 경직 현상이 나타난다.
- 고관절을 비틀면 통증이 유발된다.
- 경골 골막에 부종이 나타난다.
- 경골이 약해진다.
- 장내전근 염좌가 생긴다.
- 장내전근 건염이 생긴다.
- 치골염 증상이 나타난다.
- 발등에 시린 증상이 나타난다.
- 대퇴를 내측으로 당겨 다리가 휜다.

요인
- 스키나 승마, 요가, 축구을 하다가 다리를 갑자기 벌리는 동작이 원인이다.
- 장시간 오르막길을 달려 오르거나 반대로 내려오는 행위가 통증을 유발한다.
- 미끄러워 넘어질 때 다리가 벌어지면서 통증이 나타난다.
- 고관절염 및 수술 후유증으로 증상이 나타난다.
- 과도한 성행위가 원인이 된다.
- 무거운 물건을 드는 행위가 원인이 된다.
- 미니스커트 착용으로 다리를 모으는 긴장 상태가 원인이다.
- 다리를 꼬고 앉는 행위가 원인으로 작용한다.
- 장시간 앉은 자세를 유지하면 통증이 유발된다.

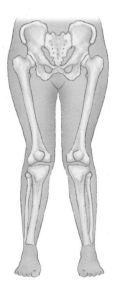

◀ X형 다리
대퇴의 내전근에 강한 긴장 상태가 만성화되면 다리를 안으로 몰려 X형 다리가 형성된다.

압통점과 방사통

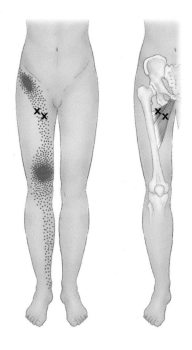

◀ 장 · 단내전근의 압통점과 방사통
서혜부 깊숙한 부위와 대퇴 상부의 전내측근,
무릎의 상부 내측과 경골까지 방사된다.

근 기능 테스트

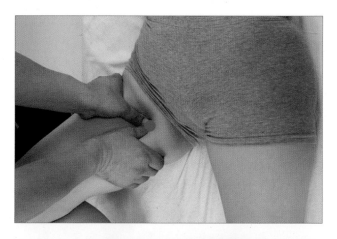

◀ 장내전근 압통 테스트
피술자는 앙와위로 환측의 고관절을 45도 굴곡과 외회전, 무릎은
90도 굴곡하고 눕는다. 시술자는 무지를 겹장하고 집게하여 봉공
근 내측에 위치한 장내전근의 압통점에 압을 적용하여 통증의 정
도를 평가한다.

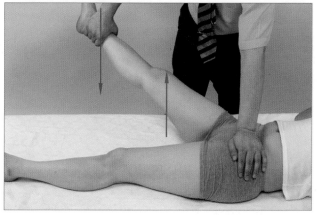

◀ 장 · 단내전근 압통 및 근 기능 테스트
피술자는 환측 고관절을 45도 굴곡과 외회전 상태를 유지하고, 시
술자는 발목을 잡아 지지한다. 이어 골반을 고정한 후 환측의 다
리를 서서히 하방으로 내리며 동시에 피술자는 이에 저항한다.
장 · 단내전근은 치골근보다 대퇴부의 외전이 심하게 제한되는 차
이점이 있다.

시술 테크닉

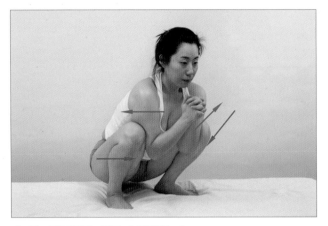

↑ 장 · 단내전근 셀프 스트레칭-1
환자는 고관절을 15도 외전한 채 엉덩이가 지면에 닿지 않게 앉아
양손을 깍지 끼고 상완이 무릎 사이에 위치하도록 한다. 이어 서
서히 대퇴를 내측으로 당겨 다리를 오므리고 동시에 상완은 이에
저항한다.

↑ 장 · 단내전근 셀프 스트레칭-2
환자는 팔꿈치와 무릎을 지면에 고정하고 상체를 들어 복와위 자
세를 취한다. 이때 팔꿈치는 모아 내전하고 무릎은 적당한 간격으
로 벌린다. 이어 서서히 대퇴내전근의 근력만으로 고관절을 내측
으로 당겨 다리를 오므린다. 다시 원래 상태로 이완하고 이를 반
복하여 적용한다.

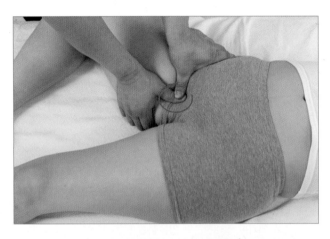

← 단내전근 압통점 이완
시술자는 무지를 겹장하여 치골하지에 위치한 단내전근 압통점을
강약이 배합된 압으로 다이내믹하게 이완한다.

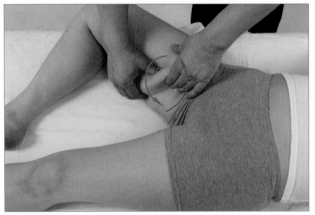

↑ 장 · 단내전근 마사지-1
시술자는 양손을 이용하여 장단내전근 전체를 강약이 배합된 압으로 조이며 당겨 다이내믹한 페트리사지를 적용한다.

 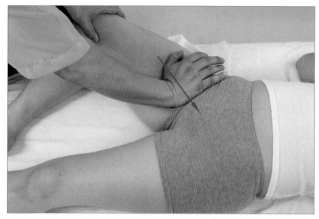

⬆ 장 · 단내전근 마사지-2
시술자는 수장을 이용하여 대퇴골조선 근위부에서 치골하지 방향으로 강한 압을 적용하여 슬라이딩한다.

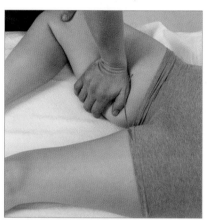  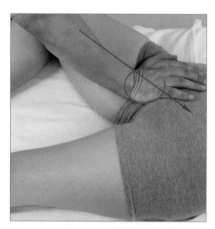

⬆ 장 · 단내전근 마사지-3
시술자는 수장을 이용하여 대퇴골조선 근위부에서 대퇴 후연과 치골하지 방향으로 강한 압으로 슬라이딩한다.

⬆ 장 · 단내전근 마사지-4
시술자는 수장을 이용하여 장 · 단내전근 전체에 직하방으로 압을 주며 치골하지 방향으로 슬라이딩하고, 정점에서 강약이 배합된 압으로 리드미컬하게 서클을 그린다.

치료 관점

　　장 · 단내전근의 특징적인 이상 증후는 움직임이 있을 때에 고관절이 틀어지면서 통증이 주로 발현된다는 점과, 치골결절로부터 강한 내전을 일으켜서 그에 대한 장력을 견디지 못하면 골반의 변형에 관여한다는 점이다. 예를 들어, 에어로빅이나 축구와 같이 급격한 고관절 운동을 무리하게 하면 치골 결합 부위가 당겨져 통증이 나타나는데, 이는 내전근이 치골에 부착되어 직접적인 영향을 받기 때문이다.

　　또, 일상생활 속에서는 여성의 경우 다리를 오므리는 습관으로 치골 부위에 단축성 긴장이 일어나고, 반대로 골반에 비해 상대적으로 대퇴가 굵은 남성의 경우 다리를 벌리게 되어 이완성 긴장 상태를 초래한다. 또, 내전근을 조절하는 폐쇄신경을 압박하거나 대퇴내측의 음부대퇴신경에 폐색이 일어나면 통증과 따끔거림, 감각 이상 증상이 서혜부와 대퇴의 내측면을 따라 무릎까지 나타난다.

대퇴직근 rectus femoris m.

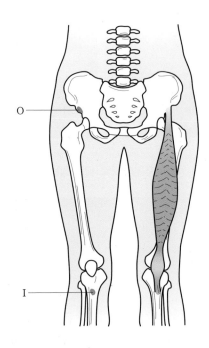

원어 (original word)	Latin : rectus-straight femoralis-pertaining to the femur
기시부 (origin)	장골 전하장골극(AIIS)
정지부 (insertion)	슬개골의 근위연
작용 (action)	대퇴(굴곡), 무릎(신전)
지배신경 (nerve)	대퇴신경 L2, L3, L4

　　허벅지 앞면을 구성하는 대퇴사두근(quadriceps femoris)은 인체에서 가장 크고 강한 근육군으로, 대퇴직근, 내측광근, 중간광근, 외측광근을 포함해 4개의 근육으로 이루어져 있다. 대퇴직근은 중간광근(vastus intermedius) 바로 위에 위치해 있으며, 대퇴사두근 그룹에서 유일하게 2개의 관절(엉덩이와 무릎)을 교차한다. 다른 근육과는 달리 2개의 동작, 즉 고관절의 굴곡과 무릎을 곧게 펴는 신전의 기능을 한다.

　　대퇴직근은 장골의 전하장골극(AIIS)에서 시작하여 대퇴부의 앞면과 슬개골을 감싸고, 다른 3개의 근육과 합해져 강한 힘줄을 형성하며 경골 상단의 앞면으로 부착된다. 이 힘줄(tendon)들은 슬개골을 감싸며, 슬개골과 경골 사이에 있는 슬개인대와 함께 무릎을 안정시키고 관절의 가동 범위를 제한시킨다.

	협동근	길항근
대퇴직근	장요근, 중간광근, 내측광근, 외측광근, 대퇴근막장근, 내전근	대둔근, 슬곡근, 대내전근, 비복근, 박근, 봉공근

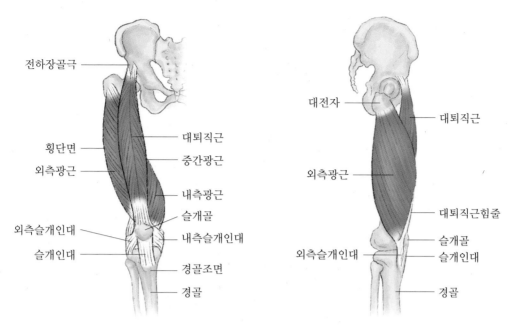

전하장골극

대퇴직근
중간광근
내측광근
슬개골
내측슬개인대
경골조면
경골

횡단면
외측광근
외측슬개인대
슬개인대

대전자

대퇴직근

외측광근

대퇴직근힘줄

슬개골
슬개인대

외측슬개인대

경골

⬆ **대퇴사두근의 구성**

대퇴직근에 압통이 발생하면 무릎 전면으로 방사통이 발생하고 대퇴의 기능을 저하시킨다. 주 원인은 대퇴사두근의 과사용으로 대퇴사두근 자체의 근육 간 마찰로 인한 손상과 길항작용을 하는 슬괵근(hamstring) 그룹과의 부조화로 인해 주로 발생된다. 이들은 모두 슬개골(patella)을 중심으로 대퇴부와 종아리의 힘을 조절함과 동시에 상하 마찰에 직접적인 영향을 받기 때문이다.

대퇴직근에 이상이 발생하면 무릎 관절 심부에서 통증이 격렬하게 나타난다. 특히 앉았다 일어설 때 자신도 모르게 무릎을 짚고 일어서야 할 정도이며, 이 때문에 계단과 같이 반복된 경사를 오르거나 내려갈 때 다리 힘이 자신의 체중을 감당하지 못해 하지가 흔들거리는 느낌을 받는다.

낮보다는 밤에, 오르막보다는 내리막에 무릎 앞면에서 불편과 통증을 더 호소하고 이를 방치하면 고관절과 무릎관절을 바로 펴지 못하고 구부정하게 걷게 되며, 몸의 중심을 유지하기 위해 골반이 전굴되는 기형적인 체형 변화가 나타난다.

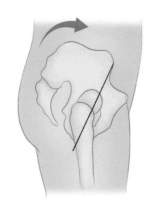

⬅ **골반의 변형**
대퇴직근에 단축이 오면 골반과 무릎을 서로 당겨
곧바로 서지 못하고 구부정한 자세를 취한다.

증상
- 무릎 속에서 심한 통증이 나타난다.
- 계단과 같이 내리막에서 통증과 근력 약화 현상이 나타난다.
- 무릎에 힘이 빠져 자기도 모르게 주저앉는다.
- 가만히 있거나 걸을 때에도 슬관절 통증을 느낀다.
- 무릎 전면에 통증이 나타나며 움직이지 않는 수면 시에도 발현된다.
- 통증은 발생하지만 무릎 가동에는 제한이 나타나지 않는다.
- 요추에 만곡 현상이 나타난다.
- 무릎 반사 반응이 느리게 나타난다.

요인
- 착지 동작 시 무릎을 가볍게 구부려 충격을 완화하는 행동의 반복이 원인이 된다.
- 공을 찰 때 헛발질과 같은 과격한 무릎 충격으로 발생한다.
- 오랫동안 무릎을 꿇고 앉아 있는 행위가 증상을 일으킨다.
- 하이힐과 같은 굽 높은 신발을 신고 걸으면 통증이 유발된다.
- 계단에서 발을 헛딛을 경우 통증의 원인이 된다.
- 외상이 요인으로 작용한다.
- 의자에 오래 앉아 있는 직업군에서 발생한다.
- 무릎인대의 만성 통증이 근 기능을 약화시킨다.
- 스키와 같이 무릎을 굴곡하고 근력을 필요로 하는 운동이 원인이 된다.
- 체형이 상체가 하체보다 크면 하지 운동에 무리를 준다.

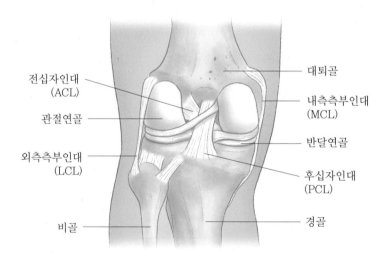

⬆ **무릎관절인대(후면에서 본 왼쪽 무릎)**
전십자인대 : anterior cruciate ligament (ACL)
후십자인대 : posterior cruciate ligament (PCL)
관절연골 : articular cartilage
반달연골 : meniscus
외측측부인대 : lateral collateral ligament (LCL)
내측측부인대 : medial collateral ligament (MCL)

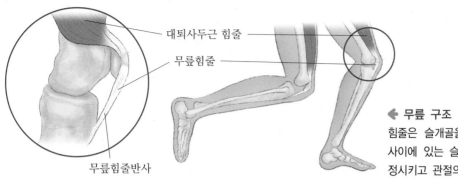

대퇴사두근 힘줄

무릎힘줄

무릎힘줄반사

무릎 구조

힘줄은 슬개골을 감싸며, 슬개골과 경골 사이에 있는 슬개인대와 함께 무릎을 안정시키고 관절의 가동 범위를 제한한다.

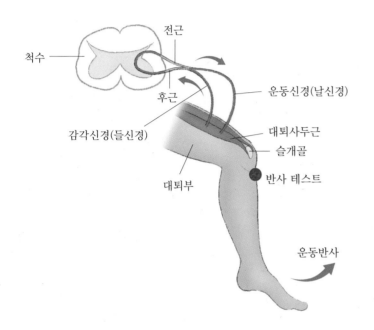

척수

전근

후근

감각신경(들신경)

대퇴부

운동신경(날신경)

대퇴사두근

슬개골

반사 테스트

운동반사

무릎힘줄반사

슬개인대(patellar ligament)는 대퇴신경의 지배를 받으므로 무릎힘줄반사(patellar tendon reflex) 테스트 시 이 부위를 자극한다.

• 척수에 출입하는 척수신경은 전외측구를 통과하는 것을 전근(ventral root), 후외측구를 통과하는 것을 후근(dorsal root)이라 한다.
• 운동신경(날신경) : 중추 신경에서 말초의 효과기로 보내는 신경
• 감각신경(들신경) : 말초에서 얻은 정보를 신경계에 전하는 신경)

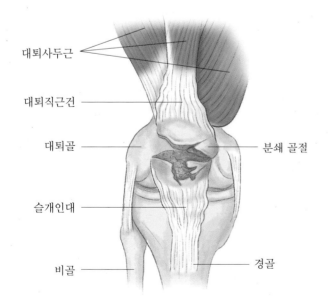

대퇴사두근

대퇴직근건

대퇴골

슬개인대

비골

분쇄 골절

경골

분쇄 골절

대퇴사두근과 특히 대퇴직근의 과도한 신전은 무릎에 강한 마찰을 일으켜 건의 파열과 슬개골의 분쇄를 가져온다.

압통점과 방사통

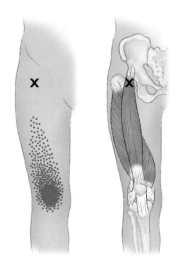

◀ 대퇴직근의 압통점과 방사통
전하장골극 부위와 무릎 전면, 전대퇴부에서
통증이 발현된다.

근 기능 테스트

◀ 대퇴직근 압통 테스트
피술자는 다리를 약간 외전하여 눕는다. 시술자는 무지로 압통점
에 압을 적용하여 슬개골을 감싸며 나타나는 통증의 정도를 평가
한다. 유의할 것은 슬개골의 상연에서 표층으로 압통이 발생할 수
있는데, 이는 외측광근(vastus lateralis)의 심부에서 발생된 압통
이므로 각각 촉진하여 원인을 정확하게 구별한다.

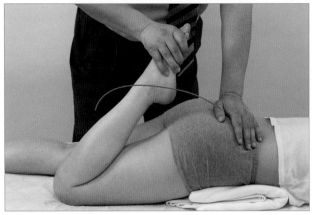

◀ 엘리스 테스트(Ely's test)
대퇴직근의 단축을 검사하는 방법으로 대퇴직근에 의한 골반의 변
화를 검사한다. 피술자는 복와위로 눕고 환측의 다리를 굴곡하고
동측의 엉덩이에 발이 닿도록 한다. 이때 골반이 들려 전방 회전
되는지 살펴본다. 골반과 함께 대퇴부가 외전하면 대퇴근막장근
(tensor fasciae latae)의 단축도 함께 일어나고 있다는 점에 유
의한다.

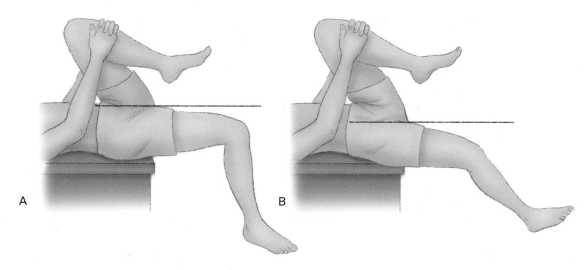

🔺 대퇴직근 압통 및 근 기능 셀프 테스트

A-환측의 다리는 고관절을 펴고 무릎을 90도로 굴곡한다. 반측의 다리는 고관절과
   슬관절을 최대한 굴곡하여 가슴으로 당기면 환측의 요추전만이 감소되어 요추가
   평평해진다. 이때 골반에서 회전이 일어나는지 관찰한다. 환측의 골반과 무릎에
   변화가 없다면 정상이다.

B-위의 상황에서 환측의 대퇴부가 수평면보다 아래로 처지면 장요근의 이완을 의
   미하며, 무릎이 굽혀지지 않으면 장요근, 대퇴직근의 단축을 의미한다. 이로 인해
   골반에 영향을 주어 발이 외측으로 회전되는 비정상을 보인다.

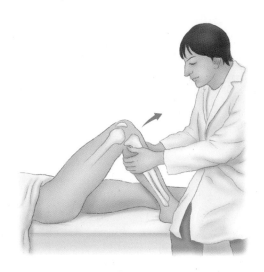

🔺 전십자인대 테스트 / anterior drawer test

피술자는 앙와위로 환측의 무릎을 90도 굴곡하고 눕는다. 시술자는 양손으로
하퇴의 근위부를 감싸고 손가락은 내외측의 슬근(hamstring)의 정지부에, 양
무지는 내외측 관절선에 닿도록 하여 시술자 방향으로 서서히 당긴다. 이때
경골이 대퇴골 밑에서 전방으로 미끄러지면 전십자인대의 단열을 의심할 수
있다. 다만 약간 밀려 나오더라도 반측과 같은 정도면 정상이다. 심부 통증과
슬관절의 근력이 약해지는 원인이 인대에 있을 수 있지만, 대퇴직근의 근 기
능 약화 현상과도 비슷하므로 반드시 확인하도록 한다.

시술 테크닉

⬆ 대퇴직근 셀프 스트레칭

환자는 반측의 다리는 고관절과 슬관절을 90도 굴곡하여 몸의 중심을 잡고, 환측의 다리는 고관절을 최대한 신전하고 무릎이 지면에 닿도록 한다. 양손은 가슴 앞에서 모으고 서서히 허리를 신전함과 동시에 서서히 양팔을 쭉 뻗어 머리 뒤로 최대한 굴곡한다. 다리의 위치를 서로 바꿔 몇 회 반복하고 서서히 횟수를 늘려 나간다.

◀ 대퇴직근 스트레칭-1

피술자는 반측의 다리는 고관절과 슬관절을 적당한 각도로 굴곡하여 몸의 중심을 잡고, 환측의 다리는 고관절을 최대한 신전하여 침대 밖으로 떨어뜨린다. 시술자는 서서히 피술자의 무릎이 더 굴곡되도록 당기고, 동시에 피술자는 무릎을 펴며 이에 저항한다.

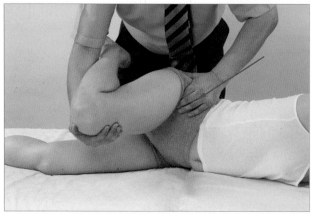 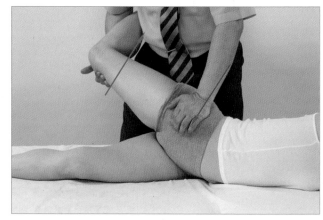

⬆ 대퇴직근 스트레칭-2

피술자는 측와위로 눕고 환측의 다리는 고관절과 슬관절을 굴곡한다. 시술자는 오른손으로 피술자의 무릎을 감싸고, 왼손으로 대퇴직근의 기시부인 장골을 압박한다. 이어 피술자의 다리를 뒤로 최대한 신전시킴과 동시에 압박 부위에 압은 그대로 유지한다.

 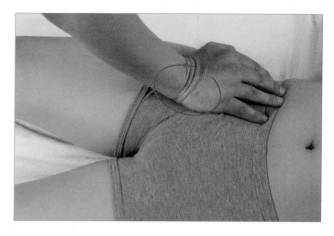

⬆ 대퇴직근 압통점 이완

시술자는 무지를 겹장하고 강약이 배합된 압으로 서클을 그리며 대퇴직근의 압통점을 자극하여 이완한다. 이어 수장을 이용하여 전체적으로 넓고 강한 압으로 서클을 그리며 압통점을 이완한다.

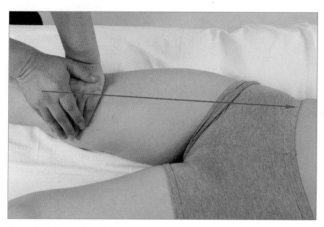 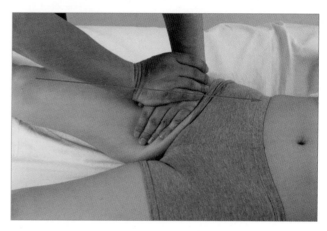

⬆ 대퇴직근 마사지-1

시술자는 수장을 겹장하고 슬개골 상연에서 전하장골극(AIIS) 방향으로 강한 압을 적용하여 슬라이딩한다. 이때 손은 둥글게 말아 대퇴직근을 감싸 조여 직하방으로 눌러 생기는 불필요한 통증을 일으키지 않는다.

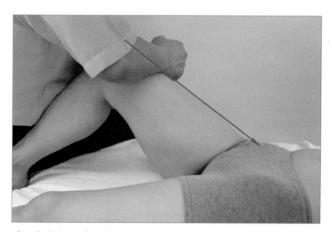 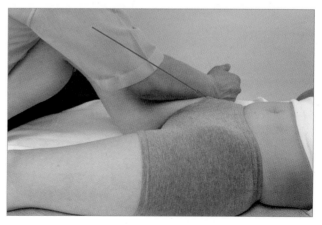

⬆ 대퇴직근 마사지-2

피술자는 환측의 무릎을 굴곡하여 대퇴근막을 신장시키고 앙와위로 눕는다. 시술자는 전완을 이용하여 대퇴직근의 내측면을 따라 강한 압으로 슬라이딩한다. 이때 압은 외측 방향으로 무게중심을 둔다.

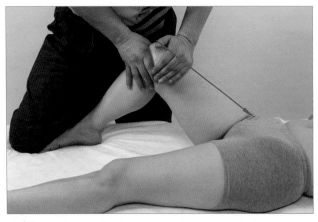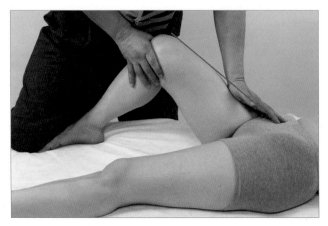

⬆ 대퇴직근 마사지 - 3

시술자는 수장을 이용하여 대퇴직근의 중앙면을 따라 강한 압으로 슬라이딩한다.

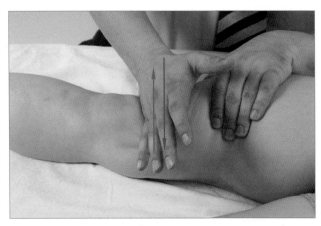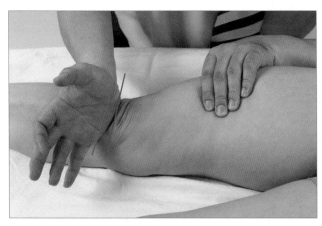

⬆ 대퇴직근 마사지 - 4

시술자는 수장을 세워 슬개골의 상연과 하연을 썰듯(chopping) 강약이 배합된 압으로 슬개골의 건막을 이완한다.

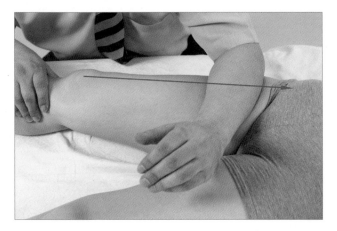

⬆ 대퇴직근 마사지 - 5

피술자는 환측의 다리를 곧게 펴서 대퇴직근을 이완시키고 앙와위로 눕는다. 시술자는 전완을 이용하여 넓고 강한 압으로 슬개골에서 장골의 전하장골극(AIIS) 방향으로 슬라이딩한다.

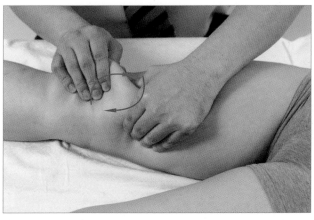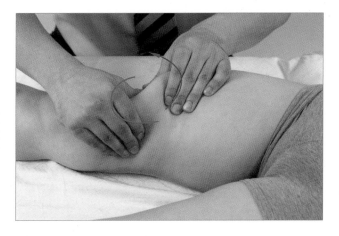

⬆ 대퇴직근 마사지-6

피술자는 환측의 다리를 곧게 펴서 대퇴직근을 이완시키고 눕는다. 시술자는 양손으로 대퇴근막을 섬세하게 조이며 당겨 페트리사지를 적용한다. 이때 대퇴직근과 중간광근은 같은 위치에 있으므로 마음속의 상상을 통해 정확하게 적용될 수 있도록 유의한다.

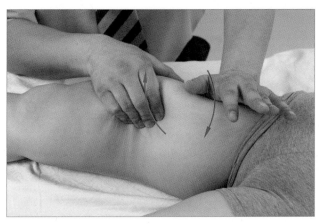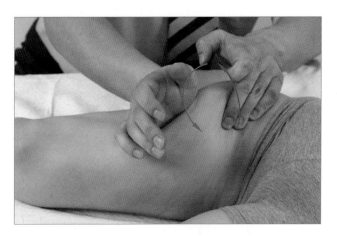

⬆ 대퇴직근 마사지-7

시술자는 손가락과 수장을 이용하여 전체적으로 넓고 섬세한 압으로 대퇴근막을 조이며 당겨 페트리사지를 적용한다.

치료 관점

깊게 쪼그리고 앉아 오랫동안 활동하면 대퇴직근에 압통을 유발시켜 다리 근력이 약화되고, 무릎의 연골 손상을 가중시키는 원인이 된다. 이는 다리가 휘고 허리가 굽는 구부정한 자세를 만든다.

대퇴직근은 허벅지에서 슬개골을 감싸며 경골과 연결되어 있어 무릎을 굽힌 채 움직이지 않고 생활하면 장력이 발생해 근력과 힘줄이 약화되는 필연적인 원인이 된다. 또한, 마라톤과 같이 무릎을 지나치게 오랫 동안 사용하면 대퇴사두근이 과긴장하고 대퇴사두근의 건이 슬개골에 반복적인 마찰을 일으켜 슬개골에 압력을 주어 뼈를 조각낸다. 이때도 마찬가지로 대퇴직근에 가장 많은 장력이 발생되어 상해를 가중시킨다.

중간광근 vastus intermedius m.

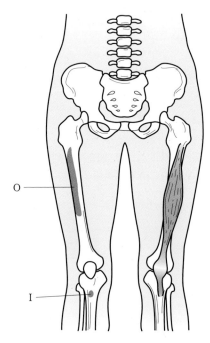

원어 (original word)	Latin : vastus–immense 　　　 inter–internal 　　　 medius–middle
기시부 (origin)	대퇴골 전면
정지부 (insertion)	슬개골의 근위연
작용 (action)	무릎(신전)
지배신경 (nerve)	대퇴신경 L2, L3, L4

　　허벅지 앞면을 구성하는 대퇴사두근(quadriceps femoris)은 인체에서 가장 크고 강한 근육군으로, 대퇴직근, 내측광근, 중간광근, 외측광근을 포함해 4개의 근육으로 이루어져 있다. 중간광근은 이 중에서 가장 표층에 위치한 대퇴직근(rectus femoris) 바로 밑에, 즉 장요근(psoas major)과 비슷한 위치인 대퇴사두근의 중간 부분에 놓여 있으며, 무릎을 강하게 신전하는 기능을 한다. 이 근육은 대퇴골의 전면과 외측면에서 시작하여 다른 3개의 근육과 합해져 강한 힘줄을 형성하고, 슬개골의 하연 경골조면(tibia tuberosity)으로 부착된다.

	협동근	길항근
중간광근	장요근, 내측광근, 대퇴직근, 외측광근, 대퇴근막장근, 내전근	슬괵근, 슬와근, 비복근, 박근, 봉공근

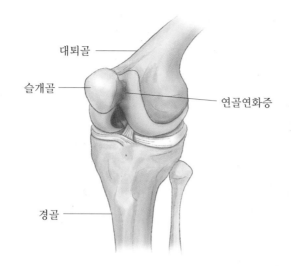

🔺 슬개골 연골연화증 / chondromalacia patella
연골연화증은 무릎에서 슬개골 뒤의 관절연골이 약해져 퇴행성
질환을 일으켜 발생한다. 원인은 반복적인 근육 마찰에 의한
외상, 무릎의 균형 기능 상실 등에 있으며, 대퇴사두근의 기능
저하와 인대 손상과 연관되어 있다.

중간광근에 압통이 발생하면 허벅지 중간 부위와 그 주변 전외측에서 통증이 나타나며, 다른 대퇴부의 활동에 의해서도 통증이 함께 발현된다. 또, 휴식 시에도 통증이 나타날 수도 있으며, 무릎을 굽혀 걸음을 옮기기가 힘들어지고 특히 계단을 올라갈 때 심한 증상을 호소하는 특징을 보인다. 그러므로 이 근육에 문제가 발생하면 골반을 함께 들어 발을 옮기는 기형적으로 걸음을 걷는다.

중간광근도 무릎에 영향을 주고 받는 위치에 있으므로 어떤 이유든 무릎에 굴곡 장애가 일어나면 이 근육에도 단축이 함께 일어날 수밖에 없다. 무릎에서 특히 슬개골을 중심으로 통증이 심하게 나타나고, 붓고 피부색이 붉게 발진되는 현상이 나타나면 원인을 대개 대퇴사두근에 두는데, 이유는 증상이 무릎을 구부리거나 펴는 동작에 있어서는 대퇴 후면에 있는 슬굑근(hamstring)과 함께 주관하지만 특히 중간광근이 무릎을 덮고 직접적으로 슬개골을 압박하기 때문이다.

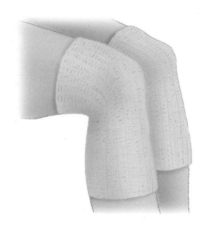

🔺 무릎 보호대 착용
무릎 손상이 있을 시 보호대를 착용하여 관절의
비정상적인 변형을 예방하고, 관절의 가동을 유
지하면서 동시에 치료 효과를 돕는다.

증상
- 차렷 자세와 같이 상체를 세우고 무릎을 바로 세우기가 힘들다.
- 의자에서 일어날 때 무릎을 바로 펴지 못해 절룩거린다.
- 무릎을 고정하는 힘이 없는 느낌이 든다(buckling knee syndrome).
- 계단을 오를 때 무릎을 곧게 펼 수가 없다.
- 움직일 때 무릎 통증이 발현되고 안정 시에는 통증이 줄어든다.
- 압통은 대퇴부의 중간 부위에서 가장 심하게 나타나며 전면으로 방사된다.
- 슬개골 속과 후면에서 당기는 듯한 통증을 호소한다.
- 슬관절 굴곡에 제한이 나타난다.

요인
- 계단을 헛딛을 경우 통증의 원인이 된다.
- 의자에 오랜 시간 앉아 있는 경우 통증을 일으키는 원인이 된다.
- 쪼그리고 앉아 작업하는 경우 통증의 원인이 된다.
- 외상이 통증을 일으키는 원인으로 작용한다.
- 과도한 운동(오래 달리기, 스키 등)이 통증의 원인이다.
- 슬개골 연골 연화증에 의해 발생한다.
- 대퇴사두근 자체의 근막염과 경직에 의해 발생한다.
- 십자인대 파열이 원인이 된다.

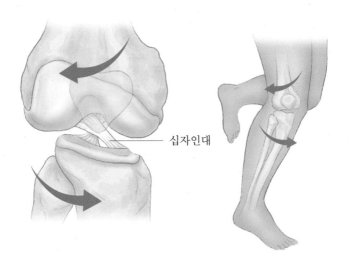

십자인대

↑ 십자인대 손상
빠르게 방향을 바꾸는 동작에서 다리는 지면을 고정하고 상체에서만
회전이 일어날 때 무릎에 부하가 걸려 주로 발생한다. 전십자인대 파
열은 무릎인대 중 가장 많이 부상을 입는 부위이며, 후십자인대는 전
십자인대보다 크고 두껍고 강하지만 일단 외상이 일어나면 전십자인
대보다 치유가 더 힘들다.

압통점과 방사통

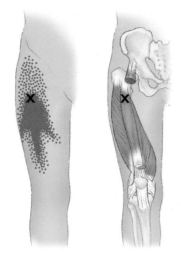

대퇴직근을 제거한 모습

◀ 중간광근의 압통점과 방사통
중간광근은 대퇴직근 하연에 위치해 있다. 무릎 전면으로
통증이 발현되며, 중간 부위가 가장 심하나 경우에 따라
원위부(무릎쪽)에서 발생하기도 한다.

근 기능 테스트

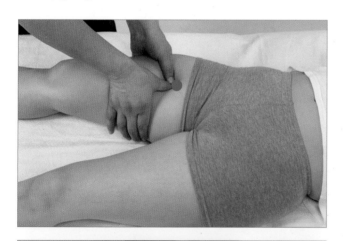

◀ 중간광근 압통 테스트
피술자는 다리를 곧게 펴고 앙와위로 눕는다. 중간광근은 대퇴직
근 아래에 위치해 있어 직접 압통을 촉진하기가 쉽지 않다. 따라
서 시술자는 손가락 끝에 감각을 집중시켜 근막을 가르듯 서서히
깊게 심부압을 적용하며 통증의 정도를 평가한다.

◀ 후십자인대 테스트-1 / buckling test-1
무릎을 지지하는 힘이 무력하게 느껴지면 후십자인대(posterior
cruciate ligament / PCL) 이상 여부를 테스트하여 본다. 피술
자는 앙와위로 누워 다리를 곧게 편다. 시술자는 왼손으로 피술자
의 무릎 위를 고정하며 아래로 누르고, 오른손은 반대로 발목을
잡아 위로 당긴다. 이때 무릎 후연에서 나타나는 통증과 저항하는
근력의 정도를 파악한다.

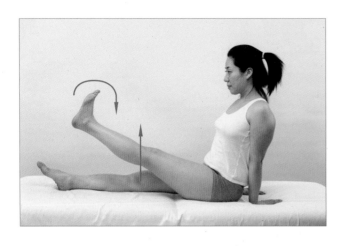

◀ 후십자인대 테스트-2 / buckling test-2
환자는 고관절을 90도로 굴곡하고 앉아 다리는 곧게 펴고, 환측의 다리를 지면에서 약 15도 정도 거상한다. 이어 발목을 최대한 배굴시켜 발가락이 자신의 방향으로 당겨지도록 수축시킨다. 무릎 후연에서 강한 스트레칭이 일어난다. 인대의 상태에 따라 통증과 근력의 정도를 파악한다.

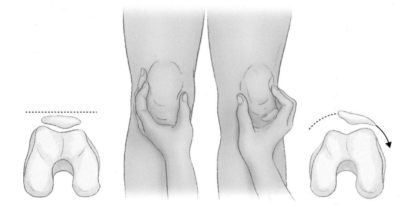

◀ 슬개골 가동 범위 테스트
피술자는 앙와위로 누워 다리를 곧게 편다. 시술자는 피술자의 양측 슬개골을 누르면서 좌우로 움직이면 소리가 나고 피술자는 통증을 느낀다. 가동 범위를 비교하고 촉진을 통해 슬개골 주변에 부종과 피부색의 차이를 관찰한다.

시술 테크닉

⬆ 중간광근 압통 테스트
환자는 환측의 무릎을 최대한 굴곡하여 엉덩이 방향으로 당기고, 반측은 반대로 가슴 방향으로 당기면 엉덩이 방향으로 굴곡된 다리의 전대퇴에서 강한 신장이 일어나는데, 이때 통증과 근력의 정도를 파악한다.

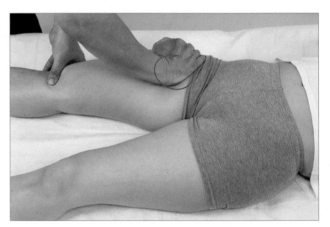

⬆ 중간광근 압통점 이완
시술자는 수장을 이용하여 강한 서클을 그리며 중간광근의 압통점을 자극하여 이완한다.

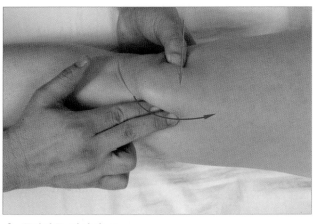
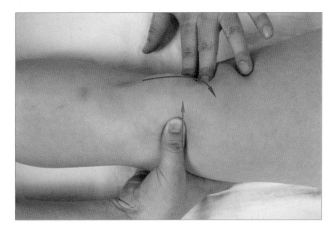

↑ 중간광근 마사지-1

피술자는 무릎을 이완한 상태로 곧게 펴고 눕는다. 시술자는 외측에서 내측 방향으로 슬개골을 밀고, 반측에서는 인지와 중지 손가락 끝을 모아 슬개골 밑을 강하게 파고들며 슬라이딩한다. 이어 같은 방법을 반대에서도 실시한다.

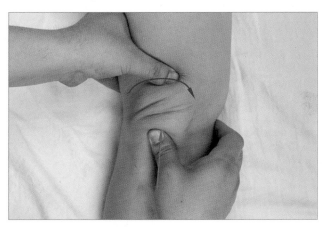
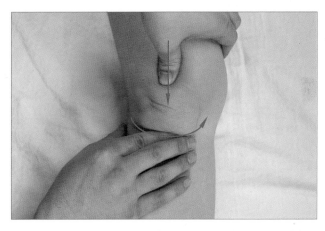

↑ 중간광근 마사지-2

시술자는 하부에서 상부 방향으로 슬개골을 밀고, 반측에서는 무지로 슬개골 밑을 강하게 파고들며 슬라이딩한다. 이어 같은 방법을 반대에서도 실시한다.

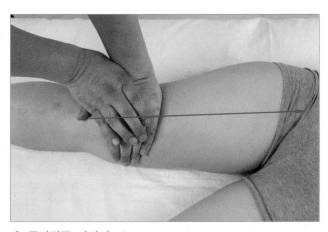
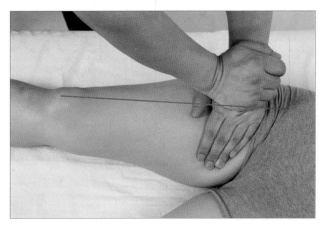

↑ 중간광근 마사지-3

시술자는 수장을 겹장하고 슬개골 상부에서 대퇴골의 전면을 따라 강한 압으로 슬라이딩한다. 중간광근은 대퇴직근 밑에 위치해 있으므로 마음속의 상상으로 보다 강한 심부압을 적용하도록 한다.

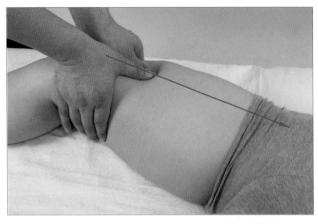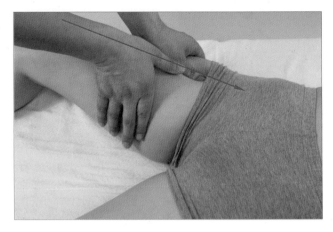

⬆ 중간광근 마사지-4

피술자는 환측의 고관절을 45도 외전하고 무릎도 45도 굴곡하고 앙와위로 눕는다. 시술자는 무지를 겹장하고 슬개골 상부에서 대퇴골의 내측면을 따라 심부압으로 강한 슬라이딩을 하며, 중간광근의 근섬유를 세밀하게 이완한다.

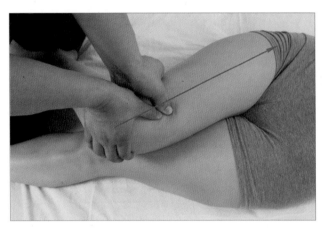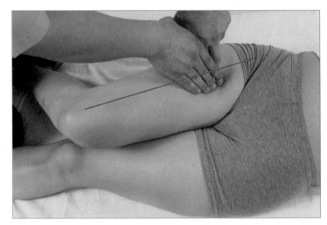

⬆ 중간광근 마사지-5

피술자는 환측의 고관절을 내전하여 대퇴골의 외측을 오픈한다. 시술자는 무지를 겹장하거나 손가락 끝을 모아 슬개골 상부에서 대퇴골 외측면을 따라서 세심하게 심부압을 적용하며 강한 압으로 슬라이딩한다.

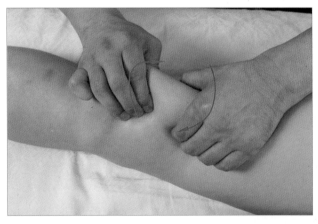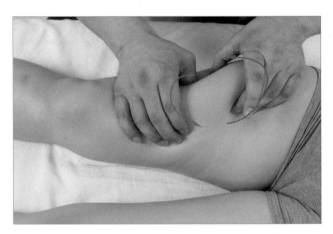

⬆ 중간광근 마사지-6

시술자는 양손으로 심부에 위치한 중간광근을 강하게 조이며 페트리사지를 적용한다.

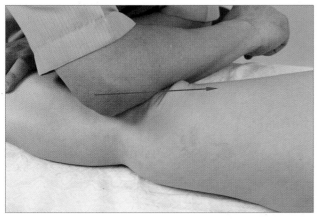

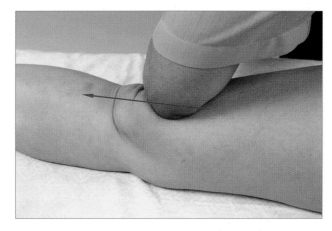

↑ 중간광근 마사지-7

시술자는 전완을 슬개골 하연 경골조면에서 슬개골을 지나 중간광근의 근섬유를 따라 밀착하며 위아래로 부드럽게 밀어 슬개골을 둘러싼 건막을 이완한다. 너무 강하게 압을 적용하면 슬개골이 탈출할 수 있으므로 주의한다.

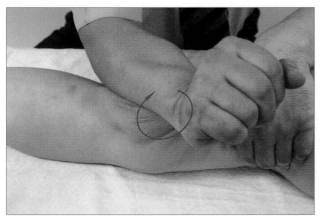

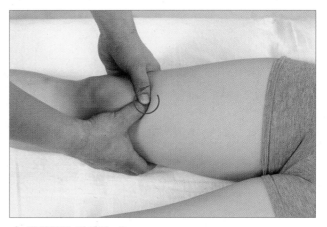

↑ 중간광근 마사지-8

시술자는 전완을 슬개골 전체에 밀착시켜 부드러운 서클을 그리며 슬개골과 중간광근의 근막을 이완한다.

↑ 중간광근 마사지-9

시술자는 무지를 겹장하여 슬개골을 덮고 있는 힘줄을 세심하게 서클을 그리며 이완한다.

치료 관점

　쪼그려 뛰기 운동을 하고 나면 대퇴부에 굉장한 피로를 느끼게 되는데, 대퇴사두근 중에서 중간광근에 장력이 가장 많이 발생하여 나타나는 현상이라 할 수 있다. 중간광근은 무릎의 신전에 있어 가장 지력을 발휘하는 근육이다. 예를 들면 낚시를 할 때 원거리에서 물고기를 들어 올리는 손잡이 쪽이 중간광근에 해당한다. 따라서 무릎을 구부린 채 운동을 하면 장력을 최고조로 받는 근육이 중간광근이다.

　또, 등산과 같이 과도한 대퇴 운동은 중간광근을 덮고 있는 대퇴직근에 의해 근육에 마찰이 심해져 염증이 발생할 수 있으므로, 이 근육을 배려하는 안정과 휴식이 절대로 필요하다. 치료에는 마사지와 스트레칭, 등척성 운동이 필요한데, 이때 심부에 압이 제대로 전달되는지 유의하며 실시한다.

내측광근 vastus medialis m.

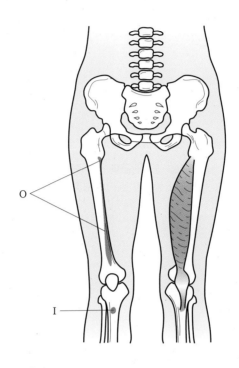

원어 (original word)	Latin : vastus-immense medius-meddle
기시부 (origin)	대퇴골후내측면
정지부 (insertion)	슬개골의 근위연
작용 (action)	무릎(신전)
지배신경 (nerve)	대퇴신경 L2, L3, L4

  허벅지 앞면을 구성하는 대퇴사두근(quadriceps femoris)은 인체에서 가장 크고 강한 근육군으로, 대퇴직근, 내측광근, 중간광근, 외측광근을 포함해 4개의 근육으로 이루어져 있다.

  내측광근은 대퇴골 후면 내측에서 시작하여 슬개골을 덮고 경골조면에 부착되며, 대퇴부 내측에 위치한 대내전근(adductor magnus m.)과 원위부의 사내측광근(vastus medialis oblique/ VMO)과 밀접한 관계를 갖는다. 무릎 관절을 곧게 펴는 신전 작용을 하며 동시에 슬개골을 내측 상방으로 당기고, 신전 시 대퇴사두근 중 내측광근은 슬개골 바로 내측 상연에 있는 사내측광근의 영향을 받아 마지막 각도에서 더 중요한 역할을 한다.

	협동근	길항근
내측광근	장요근, 치골근, 대퇴근막장근, 내전근	슬괵근, 비복근, 슬와근, 박근, 봉공근, 대둔근

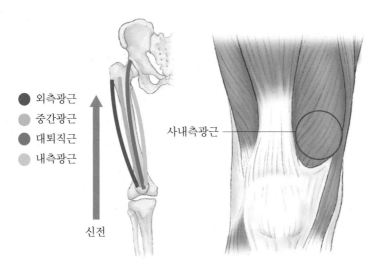

외측광근
중간광근
대퇴직근
내측광근

신전

⬆ 대퇴사두근과 슬개골의 구성

사내측광근(VMO)은 내측광근의 일부로 아주 작은 근육이다. 허벅지 내측 슬개골 위에 있으며, 다리와 슬개골 사이를 사선으로 연결하고, 슬개골을 상부로 당기는 비중에서 25%를 차지한다. 그리고 나머지 대퇴 근육들이 75%의 역할을 나누어 수행한다. 사내측광근은 대퇴사두근의 사용에 따라 가장 빨리 확대되고 반대로 사용하지 않으면 가장 빨리 위축되는 특징이 있으며, 넓게 분포되고 얇은 근막으로 형성되어 있다. 이 근육이 강하면 무릎 관련 질환을 예방할 수가 있다.

사내측광근

슬개골을 위로 당기는 내측광근의 신전 기능은 대퇴근막장근(TFL)과 장경인대(iliotibial band)와의 상관 관계로 예속되어 있다. 대퇴근막장근이 너무 강하면 내측광근이 약해지고, 둘 다 약하면 무릎을 휘게 하여 무릎 손상과 변형을 일으킨다.

또한 내측광근 단독으로 약해지면 슬개골이 무릎 외측으로 당겨지는 아탈구(patellar subluxation)가 일어나 무릎대퇴 신드롬(patello-femoral syndrome)이 발생한다. 주로 골반이 폭으로 넓고 허리가 잘록한 여자에게 많이 나타나며 과도한 하지 운동의 영향을 받기도 한다.

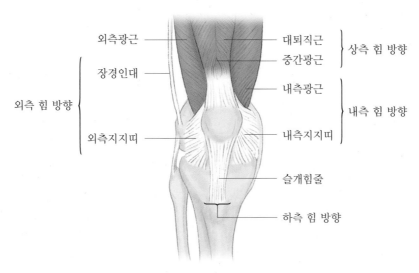

외측광근
장경인대
외측 힘 방향
외측지지띠

대퇴직근
중간광근
상측 힘 방향
내측광근
내측 힘 방향
내측지지띠
슬개힘줄
하측 힘 방향

⬆ 슬개골의 가동 방향

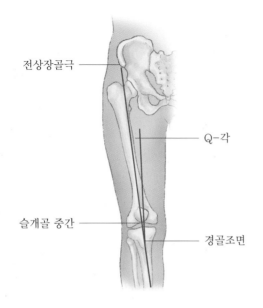

전상장골극

Q-각

슬개골 중간

경골조면

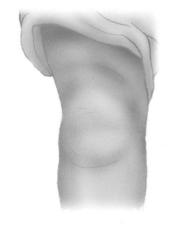

◀ Q-각 측정

슬개골 중간에서 경골조면을 수직으로 연결한 선과 전상장골극
(ASIS)에서 슬개골 중간을 연결한 선이 이루는 각을 Q-각이라
한다. 일반적으로 남자는 12도, 여자는 15도 정도를 형성한다. 하
중을 지탱하는 경골이 내회전하면 Q-각은 감소하고 하지를 외회
전하면 Q-각은 증가한다.

위와 같은 현상은 내측광근이 외측광근보다 근력이 약하기 때문에 생기는 근본적인 원인으로 증상이 나
타남에도 불구하고 그대로 방치하면 X형 다리가 되기 쉽고, 무릎에 힘이 빠져 갑자기 주저앉는 경우가 발생
한다.

내측광근의 약화로 내측무릎지지띠(medial patellar retinaculum)가 손상되면 슬개골의 좌우 움직임이
제한되고, 무릎이 움직일 때마다 슬개골 주변에서 소리가 나며, 무릎을 굴곡할 때마다 무릎 내측부에 통증
이 발생하여 계단 등을 내려가는 동작이 힘들어진다.

슬개골의 탈구(dislocation) 또는 아탈구(subluxation) 현상은 여성에게 흔하게 일어나며, 넓은 골반의
크기에 따른 Q-각의 증가 때문으로 추측하고 있다. 이러한 구조는 슬개골을 외측힘 방향으로 증가시키는
요인이 되며, 내측광근이 약화되어도 이와 같은 현상이 일어난다. 슬개골이 아탈구되어도 스스로 슬개골이
정위치를 찾게 되지만, 탈구된 상태에서는 독립적으로 원상으로 돌아가지 못한다. 그리고 한번 발생한 탈구
는 정상적인 위치로 돌아가기 힘들어지며 만성적인 통증과 부종 현상이 나타난다.

↑ 무릎 부종

증상
- 계단을 오르내리기 힘들다.
- 관절의 가동 범위에 제한이 나타난다.
- 슬개골의 내측에서 심부통을 느낀다.
- 무릎에 힘이 빠져 자기도 모르게 주저앉는다.
- 무릎 통증으로 보행이 힘들어 절룩거린다.
- 대퇴부의 전면에서 통증이 발현된다.
- 무릎을 똑바로 펴기가 힘들어 구부정하게 선다.
- 무릎 내측에 부종과 발열, 피부의 변색이 나타난다.
- 무릎과 허벅지가 시린 증상이 나타난다.
- 슬관절염으로 오해하기 쉽다.
- 슬개골의 탈구 또는 아탈구를 초래한다.
- X형 다리가 된다.

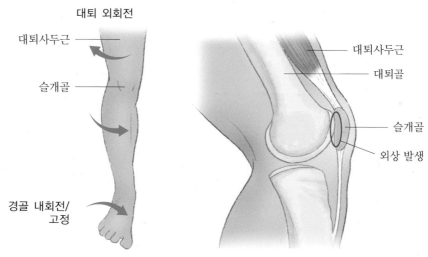

↑ 슬개골 탈구
발이 지면에 고정되고 무릎이 굴곡된 상태 또는 경골이 내회전된 상태에서 고관절과
대퇴부에 급격한 외회전이 일어나면 슬개골의 탈구 또는 아탈구 현상이 발생된다.

요인
- 외상에 의해 통증이 발생한다.
- 쪼그리고 오래 앉아 있거나 의자에 오래 앉아 있으면 통증이 생긴다.
- 근육 자체의 약화로 발생한다.
- 무릎 인대의 손상으로 발생한다.
- 계단을 헛딛는 경우 근육 손상을 입게 된다.
- 울퉁불퉁한 길을 걸으면 슬관절이 내회전되는 느낌이 들며, 내측광근에 부하가 발생한다.
- 대퇴직근과 대퇴근막장근의 약화로 통증이 발생한다.
- 무거운 물건을 들고 고관절을 회전하여 몸을 돌리면 통증이 생긴다.

압통점과 방사통

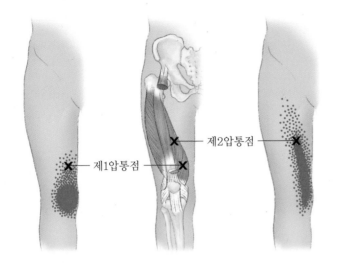

제2압통점

제1압통점

◀ **내측광근의 압통점과 방사통**
제1압통점 – 원위부 대퇴부와 무릎의 전내측에서
발현된다.
제2압통점 – 무릎의 전면부로 방사된다.

근 기능 테스트

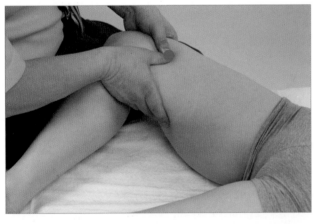

◀ **내측광근 압통 테스트**
피술자는 앙와위로 누워 환측의 고관절을 45도 굴곡과 외전을 하
고 무릎은 90도로 굴곡한다. 시술자는 무지를 겹장하여 압통점을
눌러 이때 나타나는 통증의 정도를 평가한다.

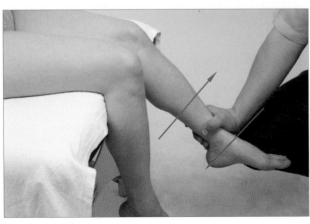

◀ **내측광근 근 기능 테스트**
피술자는 침대에 대퇴의 후연을 완전히 부착하고 앉아 환측의 무
릎을 30도로 굴곡한다. 이어 피술자는 무릎을 신전시키면, 시술자
는 이에 저항한다. 이때 나타나는 근력과 통증의 정도를 평가한다.

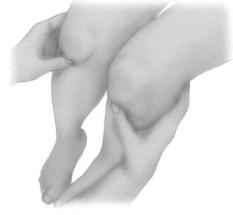

◆ 슬개골 높낮이 테스트
내측광근이 약해지면 슬개골의 위치가
비대칭으로 나타난다.

시술 테크닉

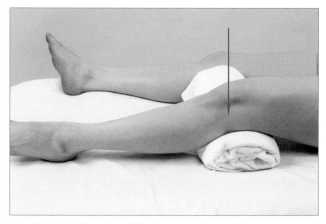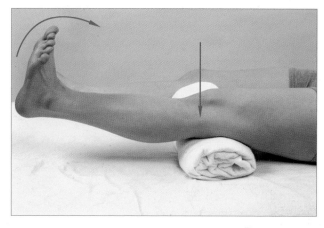

↑ 내측광근 셀프 스트레칭-1
환자는 무릎 밑에 보조물을 끼워 놓고 무릎을 최대한 직하방으로 누른다. 이때 발꿈치와 골반이 지면에서 떨어지지 않도록 유의한다. 이어 직하방으로 누름과 동시에 발목을 배굴하여 무릎을 최대한 신전한다. 정점에서 몇 초 동안 압을 그대로 유지한다.

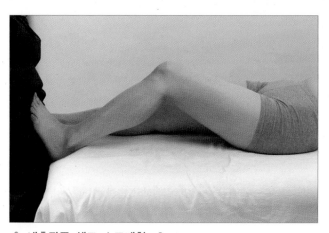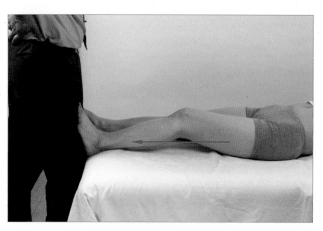

↑ 내측광근 셀프 스트레칭-2
피술자는 환측의 무릎을 굴곡하고 앙와위로 누워 서서히 무릎을 신전하며, 시술자는 이에 저항한다. 이때 피술자의 골반이 뒤로 밀리지 않도록 유의한다. 몇 회를 반복하고 서서히 횟수를 늘려 나간다.

🔺 내측광근 근력강화 운동

환자는 앉아서 양 무릎 사이에 보조물을 끼워 놓고, 서서히 조이면서 무릎을 펴는 동작을 실시한다. 내전근과 내측광근을 효율적으로 강화시킬 수가 있다. 몇 회 반복하고 서서히 횟수를 늘려 나간다.

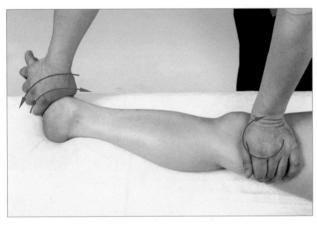

🔺 내측광근 압통점 이완

시술자는 수장을 이용하여 강한 서클을 그리며 내측광근의 압통점을 자극하여 이완한다. 이때 피술자의 발을 내번과 외번을 번갈아 실시함으로써 이완의 효과를 높인다.

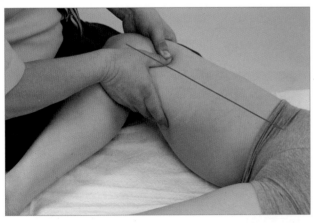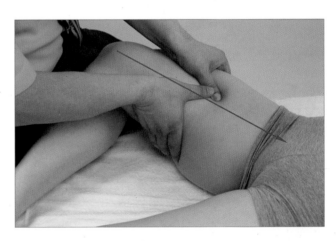

🔺 내측광근 마사지−1

피술자는 환측의 고관절을 45도 외전하고 무릎도 45도 굴곡하고 앙와위로 눕는다. 시술자는 무지를 겹장하고 슬개골 내측 상부에서 대퇴골의 내측면을 따라서 심부압으로 강하게 슬라이딩하며 내측광근의 근섬유를 세밀하게 이완한다.

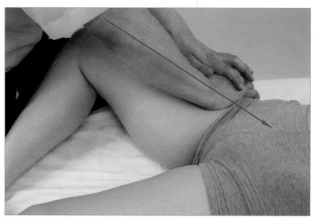

⬆ 내측광근 마사지-2

시술자는 수장을 겹장하고 슬개골 내측 상부에서 대퇴골의 내측면을 따라 강한 압으로 슬라이딩한다.

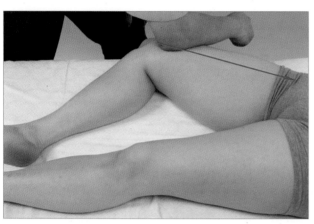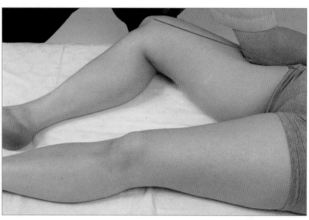

⬆ 내측광근 마사지-3

시술자는 전완을 이용하여 넓고 강한 압으로 슬개골 내측 상부에서 대퇴골의 내측면을 따라 슬라이딩한다.

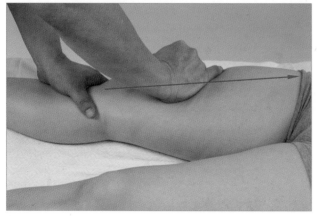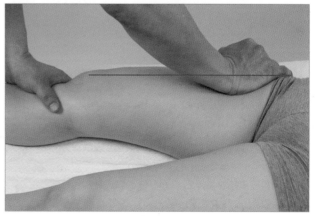

⬆ 내측광근 마사지-4

시술자는 수장을 이용하여 대퇴의 내측에서 외측 방향으로 압을 주며 슬개골에서 대퇴골 후내측면으로 강하게 슬라이딩한다.

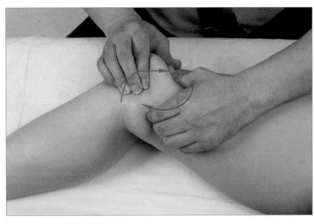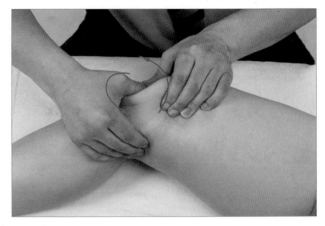

⬆ 내측광근 마사지-5
시술자는 양손으로 대퇴부 내측에 있는 사내측광근을 강약이 배합된 압으로 리드미컬하게 페트리사지한다.

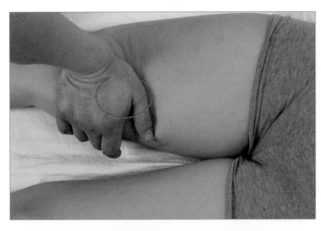

⬅ 내측광근 마사지-6
시술자는 수장을 이용하여 직하방으로 압을 주고, 동시에 강약이 배합된 압으로 서클을 그리며 사내측광근을 마사지한다.

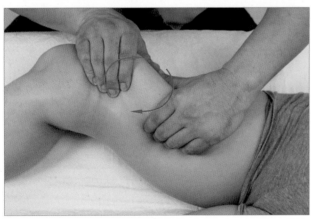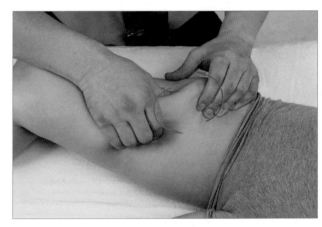

⬆ 내측광근 마사지-7
시술자는 양손으로 내측광근 근섬유를 강약이 배합된 압으로 조이며 당겨 페트리사지를 적용한다.

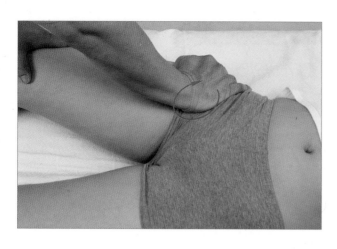

◀ 내측광근 마사지-8
시술자는 수장을 이용하여 대퇴골 후내측면에 직하방으로 압을 줌
과 동시에 리드미컬하게 서클을 적용하며 마사지한다.

치료 관점

　　내측광근은 외측광근과 함께 슬개골의 균형, 즉 좌우의 움직임에 관여하므로 양측의 근력이 한쪽으로 약
화 또는 강화되지 않도록 유지하는 것이 매우 중요하다. 통증에 비해 슬관절의 굴곡에는 크게 제한이 나타
나지 않지만 근력이 약해지면 허벅지 내측으로 혈액 순환 장애를 일으켜 근력이 만져지지 않을 정도로 위축
되는 특징이 있다.

　　내측광근에 영향을 주는 근육으로는 나머지 대퇴 근육과 내전근, 대퇴근막장근 그리고 허벅지 후면에 있
는 슬괵근이 있다.

　　슬관절에 퇴행성 질환이 시작되면 X형, O형 다리가 되기 쉬운데, 이때도 내측광근의 근력이 함께 떨어지
지 않도록 해야 하며, 무릎에 부하가 많이 걸리는 무리한 운동이나 잘못된 자세를 피하고, 꾸준히 균형 잡힌
운동과 마사지를 병행하도록 한다.

외측광근 vastus lateralis m.

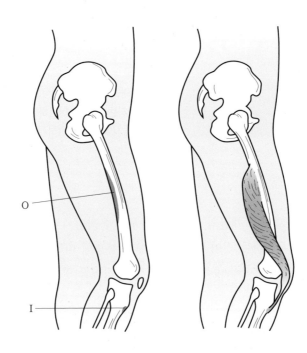

원어 (original word)	Latin : vastus-immense lateralis-toward the side
기시부 (origin)	대퇴골후면의 외측
정지부 (insertion)	슬개골의 근위연
작용 (action)	무릎(신전)
지배신경 (nerve)	대퇴신경 L2, L3, L4

    허벅지 앞면을 구성하는 대퇴사두근(quadriceps femoris)은 인체에서 가장 크고 강한 근육군으로, 대퇴직근, 내측광근, 중간광근, 외측광근을 포함해 4개의 근육으로 이루어져 있으며, 대퇴사두근 중에서 가장 부피가 큰 근육이다.

    외측광근은 대퇴골의 후면 외측에서 시작하여 슬개인대의 측면을 거쳐 슬개골 아래 경골조면으로 나머지 대퇴의 세 근육과 합쳐져 부착된다. 무릎 관절을 펴는 신전 기능을 하며, 내측광근과 함께 슬개골이 슬관절에서 이탈되지 않도록 하는 중요한 역할을 하고 특히, 슬개골을 외측상방으로 당김으로써 대퇴근막장근, 대둔근, 중둔근, 소둔근과 함께 무릎관절의 안정성에 중요한 기여를 한다.

    성장기에는 외측광근의 근력이 증가되어 슬개골을 외측으로 당겨 무릎의 연골 연화증을 유발시키기도 하

	협동근	길항근
외측광근	대퇴근막장근, 장요근, 치골근	대둔근, 슬괵근, 비복근, 슬와근, 박근, 봉공근

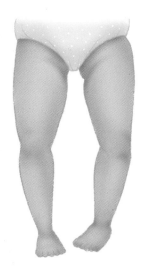

← O형 다리

2세까지는 무릎이 내반슬로 O형 다리가 되고 4세 전후로 X형 다리로 바뀌며 이후 다시 정상을 찾기 시작한다. 그러나 유전적 요인 또는 생활 습관, 병증 등으로 정상으로 돌아오지 못한 채 성인이 되면 퇴행 변화를 겪으면서 관절염을 앓게 된다.

지만 시간이 지나면서 호전된다. 그러나 만약 근 기능의 이상으로 호전되지 않으면 근육과 골격의 불균형이 심화되어 골반이 외전되고, 대퇴와 슬개인대의 각도가 점점 더 벌어져 O형 다리가 되고 만다. 이는 중력과 장력의 영향을 받으며, 시간에 지남에 따라 40대 이후에는 퇴행성 관절염을 일으키는 원인이 된다.

외측광근의 주 증상은 슬개골을 고정시켜 무릎을 뻣뻣하게 만들어, 뻗정다리와 같이 다리를 지면에 끌며 걷고, 관절 내의 비정상적인 압력으로 무릎을 구부리거나 펴기 힘들어진다. 통증은 무릎을 약간 구부리면 근육이 늘어나지 않아 감소되는 느낌이 있으나, 전반적으로 대퇴 외측부에서 강하게 나타난다.

외측광근은 대퇴이두근(biceps femoris)과 내측광근(vastus medialis), 대내전근(adductor magnus)과 협동으로 작용하는데 외측광근에 이상이 생기면 O형 다리로 변하고, 내측광근에 이상이 생기면 X형 다리로 변하게 된다. 또, 대퇴근막장근과 장경인대와는 서로 인접하여 일정 역할을 함께 함으로써 이들 근육에 유착이 생기거나 비대해져 압박을 주면 장력이 발생하여 무릎의 안정성에 나쁜 영향을 준다.

외측광근의 압통점은 지근에서 서로 평행하게 분포되어 있으며, 또한 심부층에 있다. 장경인대로 인해 촉진은 어려우나 대퇴골을 향해 압을 적용하면 압통이 심하게 발현된다.

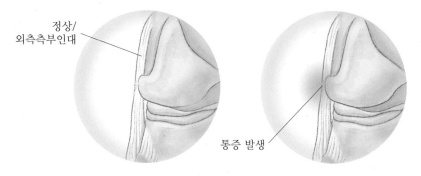

정상/
외측측부인대

통증 발생

↑ 통증 유발

장경인대와 외측광근 인대가 단축되면 슬관절을 압박하여 슬개골의 외측 회전을 제한하고 통증을 유발한다.

증상
- 계단을 오르내리기가 어렵다.
- 특히 내리막길을 걷기가 힘들다.
- 외측 슬관절통이 일어난다.
- 수면 중 옆으로 누우면 잠이 깰 정도로 심한 통증이 나타난다.
- 슬개골이 고정되어 다리를 끌며 걷게 된다.
- 걸을 때 통증이 주로 대퇴부의 외측을 따라 발현된다.
- 앉았다 일어설 때 슬개골이 잠겨 무릎을 움직일 수 없다.
- 앉았다 일어설 때 몸의 하중을 덜기 위해 상체를 앞으로 숙인다.
- 다리가 무거운 느낌이 든다.
- 무릎에 힘이 빠져 주저앉는다.
- 시린 느낌이 든다.
- 쪼그리고 앉아 있으면 슬개골 뒤쪽이 삐걱거리는 느낌과 무릎이 강직된 느낌이 든다.
- O형 다리를 보인다.
- 무릎을 굽혔다 폈다 할 때 통증이 나타나는 특징을 보인다.

요인
- 과도한 다이어트나 영양 부족으로 인해 발생한다.
- 외상으로 인해 발생한다.
- 계단을 헛딛는 경우로 발생한다.
- 스키나 승마와 같은 과도한 운동이 원인이 된다.
- 관절염이 원인이 된다.
- 의자에 오래 앉아 있거나 쪼그리고 앉아 있는 직업군에서 주로 발생한다.
- 비만이나 상체가 하체보다 심하게 큰 경우 발생한다.
- 걸음걸이 또는 자세 불량으로 인해 발생한다.

◀ **무릎 손상**
스키는 무릎 관절에 과도한 하중을 주어 Q-각을 확대시켜 무릎 손상의 원인이 된다.

압통점과 방사통

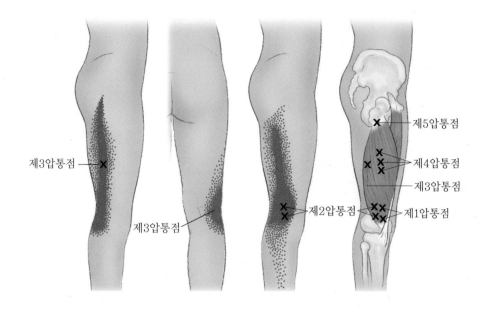

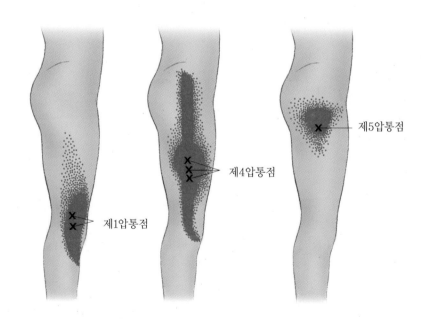

⬆ 외측광근의 압통점과 방사통

제1압통점: 슬개골의 외측연과 대퇴부의 외측부로 방사된다.

제2압통점: 슬개골의 외측부, 대퇴부의 외측부, 하퇴의 외측부로 방사된다.

제3압통점: 대퇴부의 후외측부 전체, 슬와부의 외측 1/2로 방사된다.

제4압통점: 장골에서 슬개골로 대퇴부 외측 전체에서 방사된다.

제5압통점: 압통점 부위에 국소적으로 발현된다.

근 기능 테스트

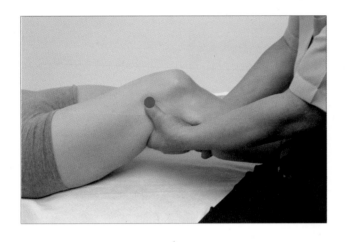

◀ 외측광근 제1압통점 테스트
피술자는 환측의 고관절을 약간 굴곡하고 외전하여 앙와위로 눕는다. 시술자는 무지를 이용하여 압통점을 눌러 보아 나타나는 통증의 정도를 평가한다. 같은 방법을 외측광근 압통점 전체로 모두 적용하여 본다.

▲ 외측광근 근 기능 셀프 테스트-1
환자는 의자 끝에 엉덩이를 걸치고 앉아 환측의 다리를 서서히 신전하고, 다시 같은 속도로 굴곡해 본다. 무릎 외측으로 통증이 나타나고 무릎이 잠기는 현상이 나타나는지 관찰하며 근력과 통증의 정도를 평가한다.

▲ 외측광근 근 기능 셀프 테스트-2
환자는 옆으로 환측의 다리가 위로 올라오도록 측와위로 눕는다. 환자는 서서히 다리를 외전하여 최대한 벌린다. 다시 같은 속도로 내전하며 원위치한다. 이때 무릎 외측에서 발생하는 근력과 통증의 정도를 평가한다.

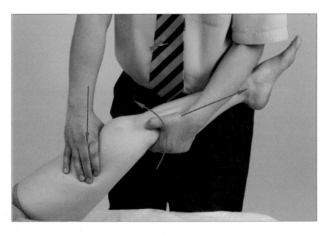

◀ 외측광근 근 기능 테스트
피술자는 앙와위로 눕는다. 시술자의 오른손은 피술자의 대퇴부에 위치하고 아래로 누르며, 동시에 왼손은 하퇴를 잡아 시술자의 몸 방향으로 당기면서 외측으로 회전을 준다. 슬관절이 스트레칭되면서 그 압력이 외측광근에 전달된다. 이때 통증의 정도를 평가한다.

시술 테크닉

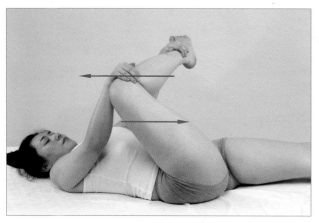

↑ 외측광근 셀프 스트레칭-1
환자는 앙와위로 누워 고관절과 무릎을 각각 90도로 굴곡하여 다리를 외회전한다. 자신의 대퇴 근력을 이용하여 대퇴를 서서히 아래로 밀고, 동시에 하퇴는 자신의 몸 방향으로 당긴다. 몇 회 반복하고 서서히 횟수를 늘려 나간다.

↑ 외측광근 셀프 스트레칭-2
환자는 짐볼을 사이에 두고 벽에 기대선다. 상체는 바로세우고 고관절과 무릎만을 굴곡하여 서서히 앉았다 다시 일어서기를 반복한다. 이때 무릎의 각도는 90도 이하로 내려가지 않도록 한다. 몇 회 반복하고 서서히 횟수를 늘려 나간다.

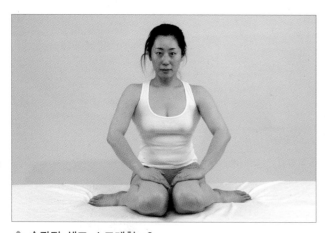

↑ 슬관절 셀프 스트레칭-3
환자의 다리가 O형 다리이면 양측 고관절을 내회전하여 두 무릎이 지면에 닿도록 앉아 내측 슬개골을 스트레칭한다. 또 X형 다리이면 양측 고관절을 외회전하여 가부좌로 앉아 외측 슬개골을 스트레칭한다. 처음에는 시행하기 어렵지만 서서히 횟수를 늘려 나간다.

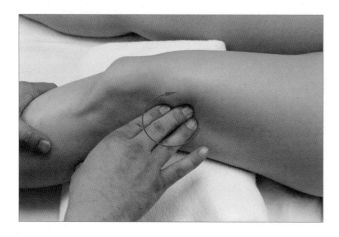

← 외측광근 압통점 이완
시술자는 손가락 끝을 모아 강약이 배합된 압으로 서클을 그리며 외측광근의 압통점을 이완한다. 이때 피술자의 무릎 후연에 적당한 높이의 보조물을 끼워 넣어 외측광근을 이완시킨 상태로 실시한다.

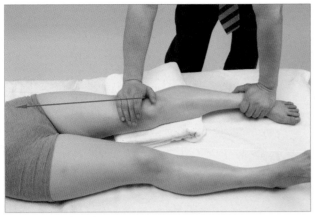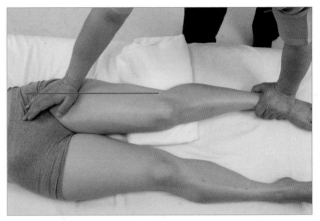

⬆ 외측광근 마사지-1

시술자는 수장을 이용하여 슬개골 외측 상부에서 대퇴골후면의 외측면을 따라 강한 압으로 슬라이딩한다.

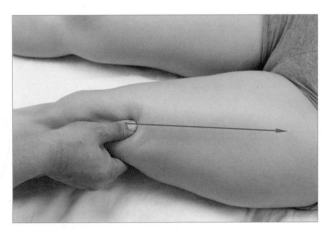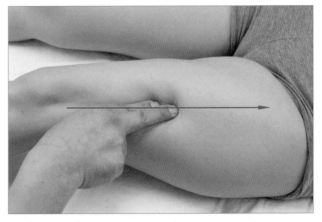

⬆ 외측광근 마사지-2

시술자는 무지 또는 손가락 끝을 모아 대퇴직근과 외측광근의 접합부인 근육결/힘살(belly)을 따라 강한 심부압으로 근막을 이완하며 슬라이딩한다.

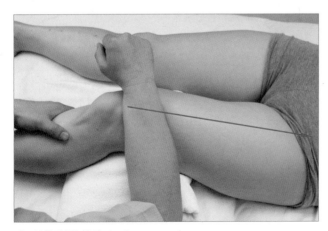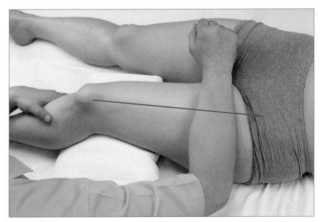

⬆ 외측광근 마사지-3

시술자는 전완을 이용하여 외측광근 전체를 감싸며 넓고 강한 압으로 슬개골의 외측연에서 대퇴골의 후연 방향으로 슬라이딩한다. 이때 피술자의 무릎 아래에는 보조물을 끼워 넣어 근육이 이완된 상태로 진행한다.

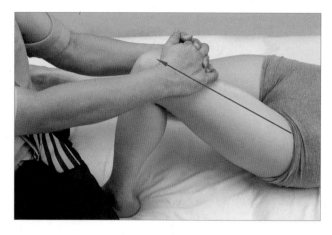

↑ 외측광근 마사지-4

피술자는 환측의 다리를 굴곡하고 시술자는 자신의 대퇴로 발을 고정시킨다. 이어 시술자는 양손으로 피술자의 내측광근과 외측광근 그리고 대퇴직근 모두를 강한 압으로 조이며 당겨 슬라이딩한다.

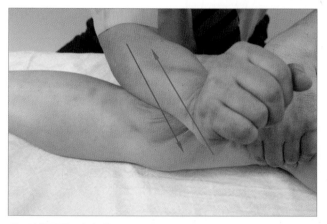
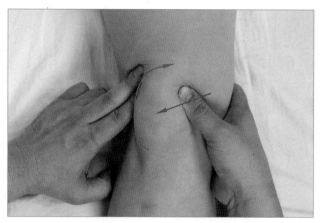

↑ 외측광근 마사지-5

시술자는 전완을 이용하여 피술자의 슬개골을 밀착하여 외측에서 내측으로, 다시 내측에서 외측으로 압박을 가하며 슬개건을 이완한다. 무리한 압을 적용하여 슬개골이 아탈구되지 않도록 유의한다.

↑ 외측광근 마사지-6

시술자는 피술자의 슬개골을 내측에서 외측으로 밀어 외측 슬개골 하연을 오픈하고 인지와 중지를 모아 심부압으로 강하게 슬라이딩한다.

치료 관점

외측광근은 압통점이 서로 가깝게 복수로 분포되어 있고 장경인대의 단단한 근막으로 덮여 있어, 마사지를 적용함에 있어서 세심하고 집중적인 압이 필요하다. 또한 대퇴근막장근(TFL-iliotibial band)과 함께 마사지함으로써 내측광근과의 비대칭이 일어나지 않도록 유의한다.

전체적으로는 대퇴사두근 모두를 함께 마사지하는 것이 중요하며, 이는 슬개연골을 보호하고 무릎 관절의 기능을 정상화하는 데 큰 역할을 하기 때문이다. 마지막으로 슬개골의 외측부를 마사지할 때는 슬개골을 아래와 내측 방향으로 밀어내 슬개외측을 오픈한 후 무지를 이용한 프릭션(friction)으로 촘촘하게 적용한다.

대퇴이두근 biceps femoris m.

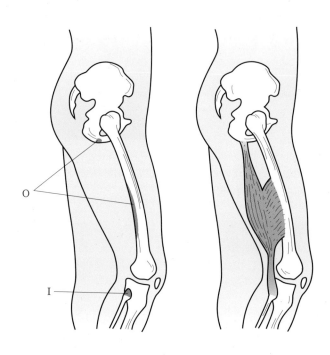

원어 (original word)	Latin : bi-twice caput-head femoralis-pertaining to the femur
기시부 (origin)	장두 : 좌골결절의 후면부 단두 : 대퇴골의 외측
정지부 (insertion)	비골두
작용 (action)	대퇴(신전) 무릎(굴곡)
지배신경 (nerve)	경골신경 L5, S1, S2, S3

　　허벅지 뒷면을 구성하는 슬괵근(hamstrings)은 외측에 대퇴이두근(biceps femoris), 내측에 반막양근 (semimembranosus), 반건양근(semitendinosus)과 함께 3개의 세부 근육으로 이루어져 있으며, 대퇴이두근의 단두근을 제외하고 모두 좌골결절에서 불완전하게 분리된 건 모양을 형성하고 있다. 그리고 슬괵근이 수축되면 그 힘이 동시에 양측 무릎 관절로 전달되어 하지의 체중을 분배하지만 또한 기능적으로는 한 측만으로도 선별적 가동이 가능하다.

	협동근	길항근
대퇴이두근	슬괵근, 대둔근, 중둔근, 소둔근, 대내전근, 박근, 비복근, 슬와근	장요근, 대퇴근막장근, 대퇴사두근, 봉공근, 치골근

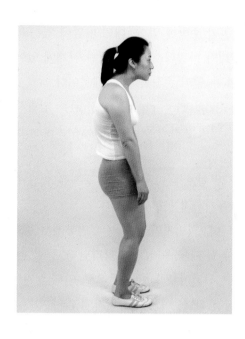

← 체형의 변형
슬괵근의 관점에서 이 근육의 경직은
상체의 여러 근육에 영향을 미쳐 체형
의 변형을 일으키는 원인이 된다.

대퇴이두근은 허벅지 뒤편의 안쪽에서 바깥쪽으로 중앙을 가로질러 허벅지 양쪽을 차지하며, 이 중 장두는 좌골결절(ischial tuberosity)에서 그리고 단두는 대퇴골조선(linea aspera) 외측에서부터 시작하여 비골두(fibular head)와 경골후면, 하퇴근막으로 부착된다.

대퇴이두근은 골반의 후방경사를 일으켜 상체의 직립을 유지하고 보행을 작동하는 중요한 역할을 한다. 또 허벅지 앞면의 대퇴사두근과는 반대로 무릎을 구부리고 허리를 앞으로 굽힐 때 고관절을 신전시켜 골반이 전방으로 기울지 않게 하는 동작을 수행한다.

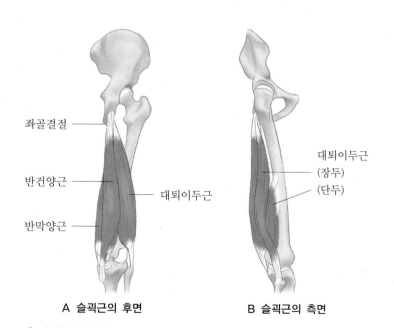

A 슬괵근의 후면   B 슬괵근의 측면

↑ 슬괵근의 구성
대퇴이두근은 중앙에서 외측에 배열되어 있고, 반건양근은 무릎 후면에서
쉽게 찾을 수 있으며, 반막양근은 반건양근 심부층 내측으로 위치해 있다.

이 근육은 생리 해부학적 측면에서 보면 매우 피곤할 수밖에 없다. 대퇴의 앞에 있는 대퇴사두근과 쉼없이 길항 작용을 하고, 몸의 중심을 유지하는 장경인대와 아킬레스건과도 상관 관계에 있어 이들 중 어느 한쪽의 균형이 무너지면 무릎을 고정시키지 못해 어쩔 수 없이 손상을 입기 때문이다.

또, 상체를 불안하게 함으로써 골반의 후방경사(posterior pelvic tilting)를 심화시키고, 일자 허리(flattening of lubar curve)를 만들며, 목을 앞으로 내미는 자라목(head forward posture) 현상을 일으키는 원인이 된다.

대퇴이두근에 이상이 발생하면 중력이 뒤로 치우쳐 앞으로 발을 내딛는 동작을 어렵게 만들고, 달릴 때 잘 넘어지는 경향이 나타나며, 똑바른 직립 자세를 유지하지 못한다.

통증은 슬와(오금)를 중심으로 국소적으로 발현되며, 허벅지와 무릎의 후면부에서 주로 유발되고, 둔부 주름까지 띠를 이루며 올라가기도 한다. 특히 걷거나 뛸 때 더욱 심하게 나타난다. 근막 손상은 스피드와 파워를 요구하는 달리기나 허들과 같이 다리의 과도한 신전이 필요한 운동으로 인해 생기며, 쭈그리고 앉아 있는 경우 압통점이 압박되어 발생하는 경우가 가장 흔하다. 이외에도 의자에 앉아 있는 동안 압통점이 압박될 수밖에 없어 '좌석의 희생자(chair seat victims)' 라고도 불리며, 다리를 꼬고 앉거나 앉았다 일어설 때 순간적인 근력 수축으로 근막 손상을 입기도 한다.

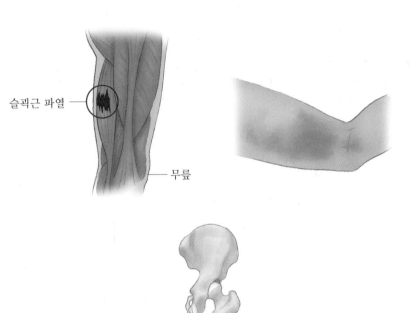

슬괵근 파열

무릎

◀ 슬괵근 근막 손상
과도한 근육 사용은 피하 조직과 근막을 파열시켜 괴사 현상을 일으킨다.

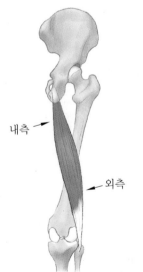

내측

외측

◀ 대퇴이두근의 손상 부위
화살표가 가리키는 부위가 일반적으로 상해가 많이 발생하는 부위이다.

증상

- 달리는 동작에서 앞으로 잘 넘어지는 경향을 보인다.
- 보행 시 통증이 증가한다.
- 다리를 절며 걷는다.
- 앉았다 일어설 때 허벅지 뒤편으로 통증이 심하게 발현된다.
- 무릎을 꼬고 앉아 있으면 허벅지 뒤편으로 통증이 나타난다.
- 통증으로 수면이 방해된다.
- 후대퇴부 중앙을 누르면 통증이 심하게 느껴진다.
- 무릎을 움직일 때마다 무릎 관절 외측에서 소리가 난다.

요인

- 등산과 같이 강한 힘으로 보폭을 넓게 걷는 동작이 증상을 일으킨다.
- 수영 시 물장구를 치는 행위가 원인이 된다.
- 장시간 스피드 달리기가 원인이 된다.
- 좌골신경에 대한 손상이 원인이다.
- 고관절의 기능 약화가 원인이다.
- 비대칭 골반(hemipelvis)이 원인이다.
- 상체에 비해 팔의 길이가 상대적으로 짧을 경우(short upper arm) 원인이 된다.
- 쪼그리고 앉아서 작업하는 행위가 원인으로 작용한다.
- 오랫동안 앉아 있는 행위가 원인이 된다.
- 발이 닿지 않는 높은 의자에 오랫동안 앉아 있는 행위가 증상을 유발시킨다.
- 의자의 앞 모서리가 후대퇴부를 압박한 채 앉아 있는 행위가 원인이 된다.
- 너무 강한 대퇴사두근과 상대적으로 약한 대퇴이두근의 불균형은 대퇴이두근의 피로를 가중시켜 부상의 원인을 제공한다.
- 외상에 의한 타박 증상과 유연하지 못한 근력이 원인이다.
- 하체 비만이 원인으로 작용한다.
- 축구와 같은 운동에서 킥 동작이나 헛발질이 통증을 일으킨다.

← **대퇴이두근의 손상**
대퇴 앞면의 대퇴사두근에 강한 장력이 발생하거나, 반대로 대퇴이두근의 상대적인 약화는 축구와 같은 운동을 할 때 무릎에 강한 부하가 발생하여 외상을 초래한다.

압통점과 방사통

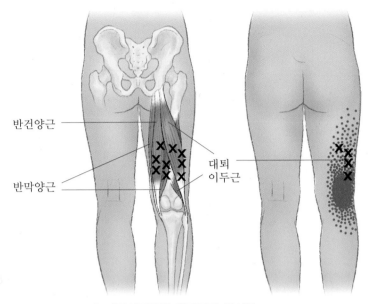

↑ 대퇴이두근의 압통점과 방사통
대퇴와 무릎 후면부, 하퇴 후면, 둔부 주름에서 통증이 발현된다.

근 기능 테스트

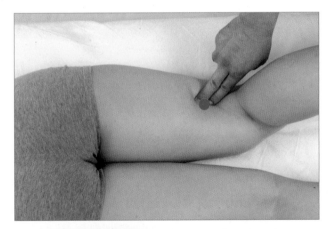

← 대퇴이두근 압통 테스트
대퇴이두근은 외측광근과 근막으로 단단하게 결합되어 있어 촉진이 다소 어렵다. 시술자는 손가락 끝을 모아 세밀하게 압통점에 압을 적용하여 통증의 정도를 평가한다.

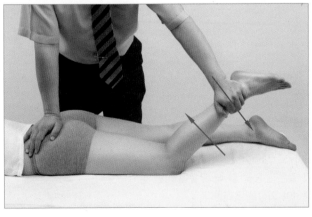

← 대퇴이두근 근력 테스트
피술자는 복와위로 환측의 대퇴부 전면을 지면에 단단히 고정하고 눕는다. 이어 고관절은 약간 외회전하고, 슬관절은 50~70도 각도로 굴곡한 자세를 유지한다. 시술자는 피술자의 무릎이 펴지도록 압을 적용하고 피술자는 이에 저항한다. 고관절에서 회전이 일어나지 않도록 하며, 이때 나타나는 근력과 통증의 정도를 평가한다.

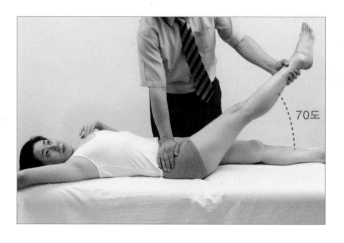

하지 직거상 / Lasegue's test

피술자는 앙와위로 누워 환측의 고관절만을 굴곡하고 무릎은 신전한다. 이완된 하지를 들어 올리면 70도 안 되는 위치에서 발끝까지 통증이 발생한다. 환측의 고관절이 60~70도 이상 굴곡되지 않고 통증이 발생하면 근 기능의 이상과 단축이 일어났음을 의미한다. 양성일 때 고관절과 무릎을 굴곡하면 통증이 사라지고, 반대로 신전하면 통증이 나타나는 특징을 보인다.

시술 테크닉

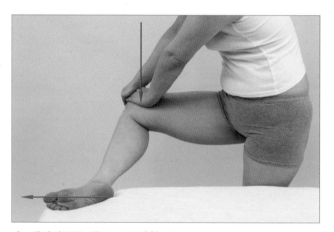

대퇴이두근 셀프 스트레칭-1

환자는 환측의 다리를 의자에 거상하고 고관절을 외회전한 후 무릎은 약간 굴곡한 상태를 유지한다. 환자는 자신의 손을 대퇴내측에 위치하고 직하방으로 누르며, 동시에 하퇴는 서서히 신전하고 무릎을 편다. 대퇴이두근과 외슬근 부위로 강한 스트레칭이 일어난다. 다시 다리의 위치를 바꿔 같은 방법을 적용한다.

대퇴이두근 셀프 스트레칭-2

환자는 환측의 무릎은 곧게 펴고, 반측의 다리는 무릎과 고관절을 최대한 굴곡한 채 앉는다. 이어 상체를 서서히 앞으로 굴곡하여 양손으로 환측의 발을 잡는다. 이때 몸의 중심은 전방에서 약간 외측으로 무게중심을 둔다. 다시 다리의 위치를 바꿔 같은 방법을 적용한다.

대퇴이두근 스트레칭

시술자는 환측의 하퇴와 무릎을 각각 고정하고, 고관절만 굴곡하여 서서히 들어 올린다. 이때 반측의 다리가 따라 올라오지 않아야 하며, 굴곡된 다리는 피술자의 내측 방향을 향해 진행하도록 유의한다. 대퇴이두근에 강한 스트레칭이 일어난다. 같은 방법으로 다시 다리 위치를 서로 바꿔 적용하여 몇 회 반복하고 서서히 횟수를 늘려 나간다.

요추가 협착되어 좌골신경통 증세가 나타나지 않는지 먼저 검사를 실시하고, 만약 요추에 문제가 있다면 지면에 접착된 다리는 고관절과 무릎을 굴곡시킨 상태에서 검사한다는 점에 유의한다.

↑ 골반 후방경사 운동 /hook lying position

환자는 양와위로 누워 무릎을 90도 굴곡하며, 무릎과 무릎 사이 한 뼘 정도의 공간을 유지한 채 양손을 가슴에 모은다. 환자는 날숨 상태에서 상체를 서서히 일으키고 동시에 허리가 지면에 최대한 닿도록 한다. 허리에 보조물을 끼우면 더 효과적이고, 항문을 조여 배꼽 방향으로 당기는 느낌으로 실시한다. 슬괵근의 단축으로 인해 변형된 골반의 변위를 교정하는 방법이다.

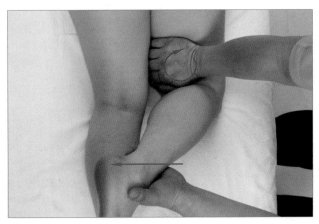

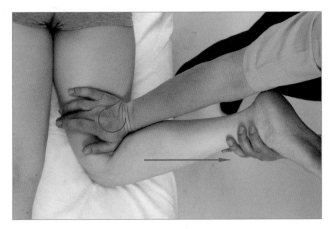

↑ 대퇴이두근 압통점 이완

시술자는 수장을 피술자의 대퇴와 무릎 후면부에 위치하고, 다른 손으로 피술자의 무릎을 굴곡시켜 내·외회전한다. 이어 강한 서클을 그리며 대퇴이두근의 압통점을 자극하며 이완한다.

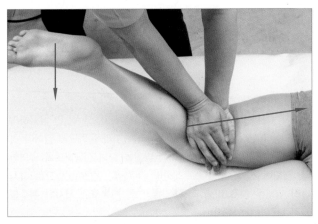

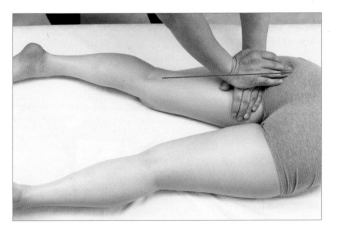

↑ 대퇴이두근 마사지-1

피술자는 환측의 무릎을 굴곡하고 눕는다. 시술자는 대퇴후면 원위부에 수장을 겹장하고 강한 압으로 엉덩이의 좌골결절 후면부로 슬라이딩하며, 동시에 피술자는 같은 속도로 무릎을 신전한다. 대퇴이두근에 강한 장력과 등척성 운동이 일어난다.

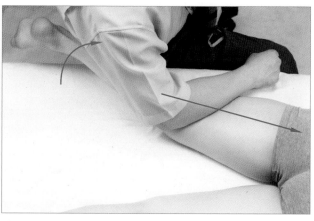

⬆ 대퇴이두근 마사지-2

시술자는 전완을 이용하여 슬와에서 좌골결절 후면부로 넓고 강한 압을 적용하며 슬라이딩한다. 이때 피술자의 무릎을 약간 굴곡시켜 대퇴이두근을 이완한 상태에서 진행한다.

⬅ 대퇴이두근 마사지-3

시술자는 팔꿈치를 좌골결절의 후면부에 위치하고 강약이 배합된 압으로 서클을 그리며 대퇴이두근 기시부의 근막을 이완한다.

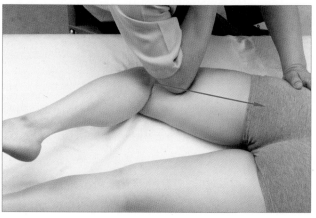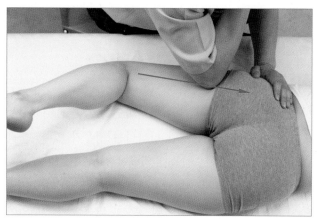

⬆ 대퇴이두근 마사지-4

시술자는 팔꿈치를 이용하여 대퇴이두근과 외측광근의 접합부인 근육결/힘살(belly)을 따라 근막을 이완하며 강한 심부압으로 슬라이딩한다. 이때 피술자의 무릎을 약간 굴곡시키고, 고관절은 외전 상태로 만들어 마사지할 때 힘살이 느껴지도록 한다.

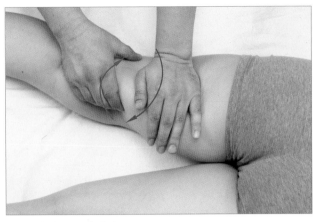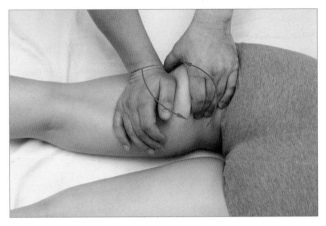

⬆ 대퇴이두근 마사지-5

시술자는 양손을 이용하여 피술자의 대퇴이두근 전반에 걸쳐 강약이 배합된 리드미컬한 압으로 조이고 당겨 페트리사지를 적용한다.

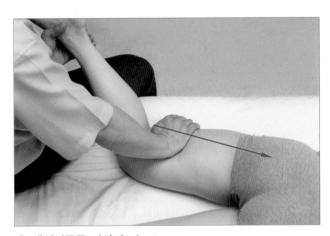

⬆ 대퇴이두근 마사지-6

시술자는 수장을 이용하여 부드러운 압으로 슬라이딩한다. 이때 피술자의 무릎을 약간 굴곡시킨 상태에서 대퇴이두근을 이완시켜 적용한다.

치료 관점

슬괵근에 문제가 발생하면 길항근인 대퇴사두근(quadriceps femoris)의 압통점을 활성화시키는데, 이때 통증은 슬괵근에만 나타나는 경우가 있다. 슬괵근의 치료가 선행되지 않고서는 대퇴사두근의 문제를 해결할 수 없다는 점을 유의해야 한다.

시술 순서는 대퇴사두근과 내전근을 먼저 치료한 후 슬괵근을 치료한다. 인간은 직립을 하므로 해부학적인 특징상 장력과 중력의 영향을 받는 장경인대와 아킬레스건에 대해서도 보디워크를 함께 적용하도록 한다.

대퇴이두근은 한번 손상되면 가만히 치료만 받고 있을 수도 없어 빠르게 부상 회복에 집중하려다 오히려 역효과가 발생하는 경우가 많다. 회복이 지연되고 만성 질환으로 진행될 수 있으므로 유의하고 안정과 휴식에 치료 관점을 두도록 한다.

반막양근 semimembranosus m.

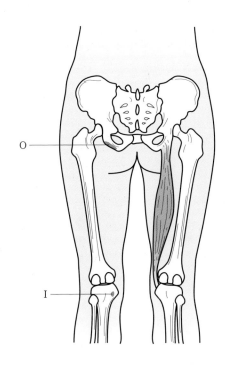

원어 (original word)	Latin : semis–half membrana–membrane
기시부 (origin)	좌골결절의 후면부
정지부 (insertion)	경골내과의 후내측부
작용 (action)	대퇴(신전) 무릎(굴곡)
지배신경 (nerve)	경골신경 L5, S1, S2, S3

　허벅지 뒷면을 구성하는 슬괵근(hamstrings)은 외측에 대퇴이두근(biceps femoris), 내측에 반막양근 (semimembranosus), 반건양근(semitendinosus)과 함께 3개의 세부 근육으로 이루어져 있다.

　반막양근은 후대퇴에서 가장(most) 안쪽 그리고 중앙쪽(medial)에 위치하고 있어 'M&M 근육' 이라고도 불린다. 이 근육은 좌골결절(ischial tuberosity)의 후면부에서 시작하여 경골내과(medial condyle)의 후내 측부로 부착된다. 그리고 반막양근은 반건양근과 함께 좌골결절에서 불완전하게 분리된 건 모양을 형성하고 있다. 전체적으로 대퇴를 펴는 신전과 무릎을 구부리는 굴곡 기능을 하며, 고관절이 신전되어 있는 상태에서는 고관절의 내회전을 보조하고, 슬관절이 굴곡되어 있는 동안에는 경골의 내회전을 돕는다.

	협동근	길항근
반막양근	슬괵근, 대둔근, 중둔근, 소둔근, 대내전근, 박근, 비복근, 슬와근	장요근, 대퇴근막장근, 대퇴사두근, 봉공근, 치골근

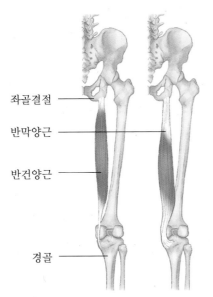

↑ 내슬근의 구성
반막양근은 반건양근의 내측을 따라 하행하며
같은 작용을 한다.

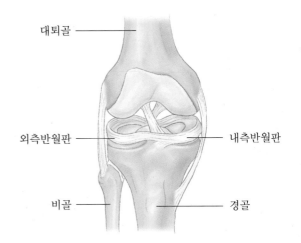

↑ 반월판 / meniscus
반월판은 대퇴골 하단과 경골상단 관절면의 불일치성,
부적합성을 보완해 주는 역할을 한다. 반월판은 경골
내·외측에 두 개가 있으며, 내측반월판은 C자 모양,
외측반월판은 O자 모양을 이룬다.

통증은 후대퇴부의 내측에서 둔근의 주름 부위로 띠를 이루며 발현된다. 걸을 때 증상이 심하게 나타나며, 특히 무릎을 펼 때 더욱 심해져 다리를 저는 현상을 보인다. 무릎 내측통으로 인해 한쪽으로 편위된 채 걷다가 양측 골반의 전·후방 경사를 심화시켜 이로 인해 무릎이 삐끗하는 탈골 현상이 자주 일어난다.

반막양근은 주변에 분포된 대퇴사두근과 다른 슬굴곡근 그리고 고관절과 슬관절을 조절하는 근육의 기능에 따라 영향을 받는다. 따라서 근력이 약해지면 좌우 비대칭이 심화되고 체형의 불균형을 일으키는 원인이 된다. 또 슬괵근의 관점에서만 원인을 보면, 이 근육군이 유연하지 않거나 근력이 부족한 상태에서 달리기를 할 경우 발바닥이 지면에 착지되는 동안 슬괵근이 부하를 견디지 못해 무릎에 강한 장력을 발생시킨다. 주로 100m 달리기와 같이 다리의 신전을 과도하게 필요로 하는 운동을 한 후에 주로 무릎에 상해를 입는데, 처음에는 통증을 느낄 수 없을 만큼 미미해서 심각하게 생각하지 않고 방관하다가 악화되는 경우가 많다.

슬관절의 체중 부하는 내·외측 경대퇴관절면에서는 거의 같고, 슬관절 신전에서 가장 넓다. 이때 어떠한 이유로 무릎의 윤활 작용을 분배하는 반월판의 한축이 파열된다면 대퇴골과 경골 사이의 체중 전달 면적은 약 50%로 감소된다. 따라서 접촉 면적이 작아진 표면에 체중이 집중되면 관절면에 변성이 일어날 수밖에 없다.

내측반월판은 측면에 내측부인대와 후면에 반막양근의 건 일부에 의해 부착되어 있는 구조로 되어 있어 무릎 손상과 관계를 가진다.

증상
- 반막양근의 압통으로 인해 무릎 내측부에 통증이 일어날 수 있다.
- 처음에는 근력의 과사용으로 인한 젖산의 문제로 생각할 만큼 통증이 미미하다.
- 둔부 주름이 있는 부위에 통증이 나타난다.
- 후대퇴부의 내측부와 무릎 후방으로 띠를 이루며 통증이 나타난다.
- 무릎을 펼 때 통증이 더 심하다.
- 무릎이 잘 삐는 증세를 보인다.
- 퇴행성 관절염의 원인이 된다.
- 부상으로 단축이 일어나면 골반의 불균형을 일으킨다.

요인
- 대퇴 근육과 하퇴 근육의 근력과 관절의 불균형이 원인이 된다.
- 장시간 운전은 압통점을 유발하여 통증을 일으킨다.
- 고관절의 안정성이 저하되어 발생한다.
- 비대칭 골반(hemipelvis)이 원인으로 작용한다.
- 상체가 긴 데 비해 팔이 상대적으로 짧을 경우(short upper arm) 통증의 원인이 된다.
- 쪼그리고 앉아서 작업하는 행위가 통증을 유발한다.
- 거위발모양건 점액낭염(pes anserinus bursitis)이 원인이 된다.

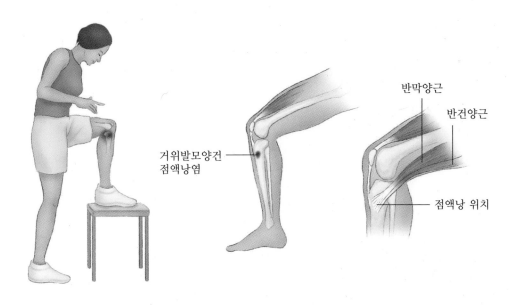

거위발모양건
점액낭염

반막양근
반건양근
점액낭 위치

⬆ **내슬안 점액낭염**
슬개골의 전방 점액낭은 표재성으로 피부와 슬개골 사이에 위치해 있어,
과도한 달리기 운동이나 보행 등과 같은 만성적인 마찰로 인해 건이나 인
대 사이에 있는 점액낭에 염증을 일으켜 통증이 발생한다. 통증은 주로
거위발모양건(pes anserinus)과 슬개건(patellar tendon), 장경인대
(ITB)에서 발생한다.

압통점과 방사통

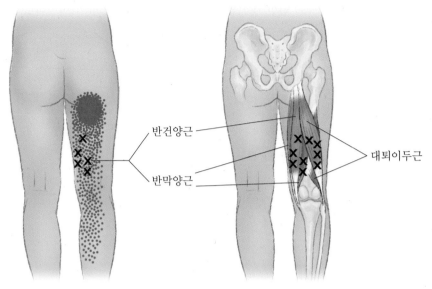

⬆ 반막양근의 압통점과 방사통
둔부 주름, 대퇴 후부, 대퇴 내측, 무릎 내측, 하대퇴 내측에서 통증이 발현된다.

근 기능 테스트

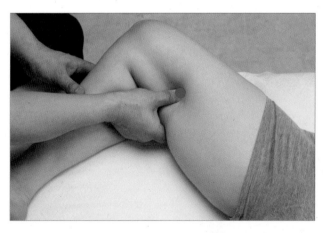

⬅ 반막양근 압통 테스트
피술자는 앙와위로 누워 환측의 고관절을 45도 외전, 슬관절은 90도 굴곡한다. 반막양근과 반건양근은 같은 위치에 압통점이 분포되어 있어 반막양근에 대한 시술임을 마음속으로 집중하면서 압통점에 압을 적용하고 통증의 정도를 평가한다.

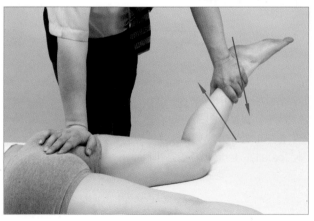

⬅ 반막양근 근력 테스트
피술자는 복와위로 누워 환측의 대퇴부 전면을 지면에 단단히 고정한다. 이어 고관절은 약간 내회전하고, 슬관절은 50~70도 굴곡한 자세를 유지한다. 시술자는 피술자의 무릎이 펴지도록 압을 적용하고 피술자는 이에 저항한다. 고관절에서 회전이 일어나지 않도록 하며, 이때 나타나는 근력과 통증의 정도를 평가한다.

시술 테크닉

⬆ 반막양근 셀프 스트레칭-1
환자는 앉아 한쪽 다리를 곧게 펴고, 반측 다리로 무릎 내측을 고정한다. 상체는 전방으로 약간 내측을 향하고, 발등은 자신의 방향으로 당긴다. 내슬근에 강한 스트레칭이 일어난다.

⬆ 반막양근 셀프 스트레칭-2
환자는 환측 다리는 곧게 펴고 반측 무릎은 지면에 굴곡한다. 양손으로 자신의 발끝을 당기고 동시에 상체는 전방으로 약간 내측을 향하여 구부린다. 내슬근에 강한 스트레칭이 일어난다.

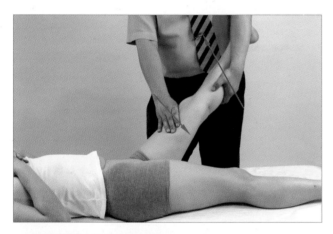

⬅ 내슬근 스트레칭
시술자는 피술자의 환측 하퇴와 무릎을 각각 고정하고, 고관절만 굴곡되도록 서서히 외측 방향으로 들어 올린다. 이때 반측의 다리가 따라 올라오지 않아야 한다. 반막양근에 강한 스트레칭이 일어나며, 같은 방법으로 다시 다리 위치를 서로 바꿔 적용한다. 몇 회 반복하고 서서히 횟수를 늘려 나간다.
요추가 협착되어 좌골신경통 증세가 나타나지 않는지 먼저 검사를 실시하고, 만약 요추에 문제가 있다면 지면의 접착된 다리는 고관절과 무릎을 굴곡시킨 상태에서 검사한다는 점에 유의한다.

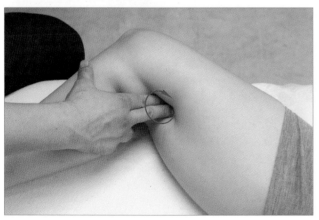

⬅ 반막양근 압통점 이완
시술자는 인지와 중지손가락 끝을 모아 피술자의 대퇴 후면부 내측에 위치한 반막양근의 압통점을 심부압으로 서클을 그리며 이완한다.

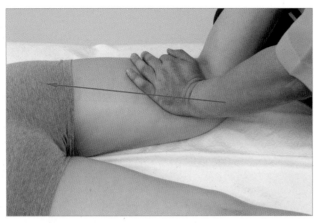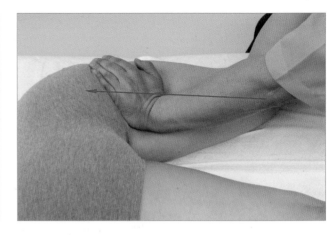

⬆ 반막양근 마사지-1

시술자는 수장을 이용하여 대퇴와 무릎 후면부에서 좌골결절 후면부 방향으로 부드러운 압을 적용하여 슬라이딩한다. 이때 피술자의 무릎을 굴곡시킨 상태에서 반막양근을 이완시켜 진행한다.

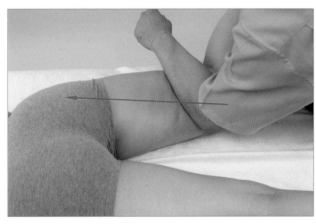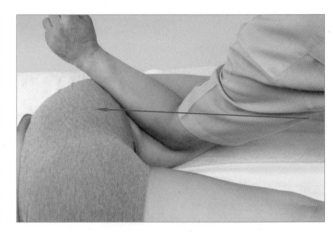

⬆ 반막양근 마사지-2

시술자는 전완을 이용하여 대퇴와 무릎 후면부에서 좌골결절 후면부 방향으로 넓고 강한 압을 적용하여 슬라이딩한다. 이때 피술자의 무릎은 굴곡시킨 상태에 둔다.

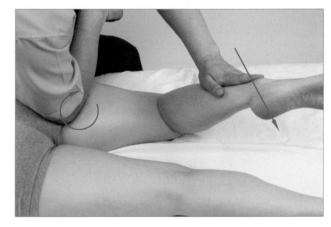

⬆ 반막양근 마사지-3

시술자는 팔꿈치를 반막양근의 기시부인 좌골결절의 후면부에 고정하고, 강한 압으로 서클을 그리며 근막을 이완한다. 이때 피술자의 대퇴는 내·회전 상태로 변화시켜 효율적으로 이완한다.

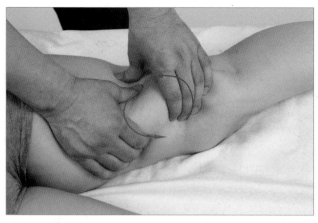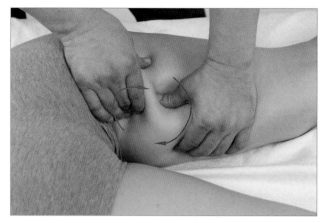

↑ 반막양근 마사지-4

시술자는 양손을 이용하여 반막양근 전체에 걸쳐 강약이 배합된 리드미컬한 압으로 조이며 당겨 페트리사지를 적용한다.

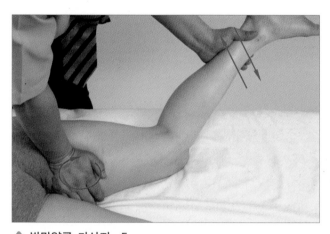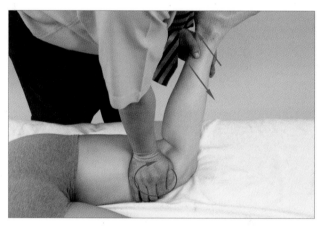

↑ 반막양근 마사지-5

시술자는 수장을 이용하여 반막양근 전체에 걸쳐 강약이 배합된 압으로 서클을 그리며 국소압을 적용하고, 동시에 다리를 내·외회전시키킴으로써 수축과 이완을 효과적으로 돕는다.

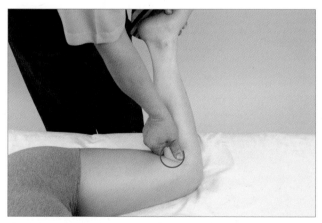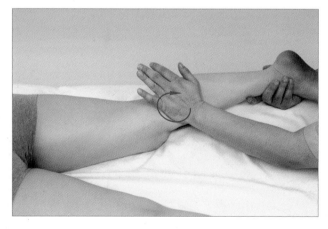

↑ 반막양근 마사지-6

시술자는 손가락으로 경골내과의 후내측부를 강약이 배합된 리드미컬한 압으로 서클을 그리며 이완한다. 이때 피술자의 무릎은 굴곡하여 하퇴를 이완시킨다. 이어 거위발모양건을 서클을 그리며 이완한다. 이때 피술자의 무릎은 신전시켜 거위발모양건을 오픈한다.

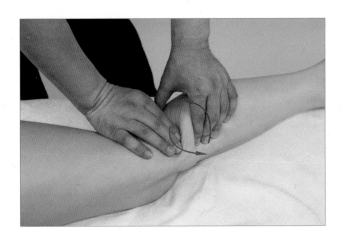

← 반막양근 마사지-7
시술자는 양손으로 경골내과의 후내측부와 거위발모양건에 강약이
배합된 압으로 페트리사지를 적용한다.

치료 관점

　　슬괵근과 대퇴사두근의 근력이 너무 차이가 나면, 특히 슬굴곡근의 부상 위험이 커진다. 이는 대퇴사두근의 근력이 슬괵근보다 더 강하기 때문이다. 따라서 두 길항근에 대한 근력 운동이나 보디워크를 적용함에 있어 균형이 깨지지 않도록 유의한다.

　　반막양근과 반건양근은 서로 겹쳐져 주행하므로 이 부위로 압통이 발생하면, 심부에 위치한 반막양근에 우선한 근본적인 치료를 해야 한다. 만약 오랫동안 이를 방치하면 퇴행성 관절 질환을 일으키는 원인이 된다.

　　이 근육에 부상이 발생하면 후대퇴부 중앙으로 통증이 유발되고, 근육이 단열되어 멍 자국이 나타나며, 통증과 체중의 부하를 견디지 못해 다리를 절며 걷게 되므로 심하게 진행되지 않도록 초기 대응에 적극적으로 임하도록 한다. 특히 통증을 이완하거나 회복하는 데 있어서는 휴식과 안정이 가장 중요하나, 심할 경우는 지체 없이 병원 치료를 받는다.

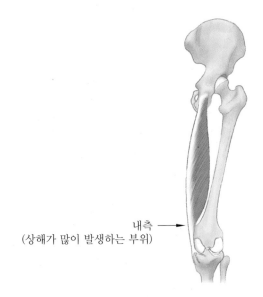

내측
(상해가 많이 발생하는 부위)

↑ 반막양근의 손상 부위

반건양근 semitendinosus m.

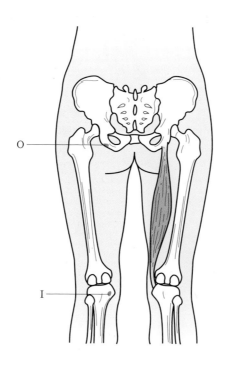

원어 (original word)	Latin : semis-half tendinosus-tendinous
기시부 (origin)	좌골결절의 후면부
정지부 (insertion)	경골내과의 후내측부
작용 (action)	대퇴(신전) 무릎(굴곡)
지배신경 (nerve)	경골신경 L5, S1, S2, S3

　허벅지 뒷면을 구성하는 슬괵근(hamstrings)은 외측에 대퇴이두근(biceps femoris), 내측에 반막양근(semimembranosus), 반건양근(semitendinosus)과 함께 3개의 세부 근육으로 이루어져 있다.

　반건양근은 전체의 절반이 건(tendon)으로 이루어져 있으며, 후대퇴의 중앙부에서 내측 방향으로 반막양근을 덮고 가장 표면을 지난다. 이 근육은 좌골결절(ischial tuberosity)의 후면부에서 시작하여 경골내과(medial condyle)의 후내측부로 부착되며, 좌골결절에서 불완전하게 분리된 건 모양을 형성하고 있다.

　고관절의 신전과 슬관절의 굴곡 그리고 그 상태에서 봉공근과 박근, 반막양근과 함께 내회전 작용 기능을 한다. 또, 대퇴이두근과는 슬관절의 회전에서 서로 길항하며, 무릎의 중심을 잡는 중요한 역할을 하고, 걷거

	협동근	길항근
반건양근	슬괵근, 대둔근, 중둔근, 소둔근, 대내전근, 박근, 비복근, 슬와근	장요근, 대퇴근막장근, 대퇴사두근, 봉공근, 치골근

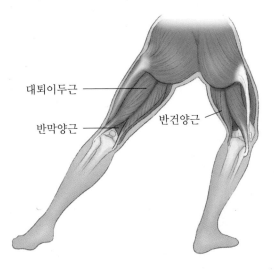

슬괵근의 기능
보행이나 달리기에서 착지 시 슬괵근은 상위의 무게가 지면에 닿는 충격을 줄이고, 과도한 무릎 신전을 방지하기 위해 다리가 앞으로 힘없이 펴지지 않도록 제어한다.

대퇴이두근
반막양근
반건양근

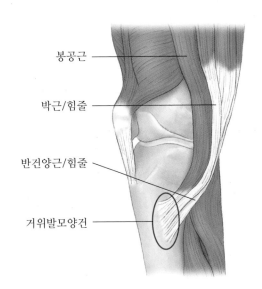

봉공근
박근/힘줄
반건양근/힘줄
거위발모양건

거위발모양건의 구성
봉공근(sartorius)과 박근(gracilis), 반건양근의 정지부를 일명 '거위발(pes anserinus)'이라 하며, 이들은 슬관절 내측면의 안정성을 제공하고, 내측측부인대와 함께 슬관절의 외회전(external rotation)과 슬관절에 가해지는 외번(eversion)에 저항한다.

나 달릴 때 발이 지면에 닿는 충격을 줄이기 위해 다리가 앞으로 힘없이 펴지지 않도록 제어한다.

그러나 하퇴의 회전 운동은 내·외측을 포함해 약 40도의 가동 범위에 제한을 받는데, 이는 슬관절을 감싸고 있는 인대의 경직성과 대퇴골의 내·외측과(epicondyle)의 관절면이 경골의 내·외측과의 관절면의 길이에 비해 2배 정도 길기 때문이다. 이러한 구조로 인해 가동은 주로 보행 시 하퇴가 지면에 닿지 않은 상태에서 일어난다. 따라서 발이 고정된 상태에서의 하퇴 회전은 슬관절을 손상시키는 원인이 되며, 무릎을 정점으로 비복근과도 연결되어 있어 하퇴의 근육 손상에도 큰 영향을 받는다.

통증은 슬괵근이 좌골신경을 둘러싸고 있어 좌골신경통 증상과 비슷한 통증이 유발되며, 후대퇴부의 내측에서 둔근의 주름 부위로 띠를 이루며 발현된다.

증상
- 처음에는 근력의 과사용으로 인한 젖산의 문제로 생각할 만큼 통증이 미미하다.
- 둔부 주름이 있는 부위에 통증이 나타난다.
- 보행 시 통증이 발생한다.
- 후대퇴부의 내측부와 무릎 후방으로 띠를 이루며 통증이 나타난다.
- 무릎이 잘 삐는 증세를 보인다.
- 퇴행성 관절염의 원인이 된다.
- 부상으로 단축이 일어나면 골반의 불균형을 일으킨다.

요인
- 대퇴 근육과 하퇴 근육의 근력과 관절에서의 불균형이 원인이 된다.
- 고관절과 슬관절을 많이 움직이는 축구나 농구 같은 과도한 운동이 원인이 된다.
- 비대칭 골반(hemipelvis)이 원인이다.
- 무릎 관절 내측에 점액낭(popliteal bursa)의 염증이 원인이 된다.
- 상체가 긴 데 비해 팔이 상대적으로 짧을 경우(short upper arm) 통증이 생긴다.
- 쪼그리고 앉아서 작업하는 행위가 통증의 원인이 된다.
- 거위발모양건 점액낭염(pes anserinus bursitis)이 원인이 된다.

압통점과 방사통

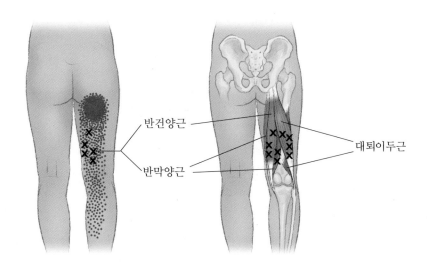

⬆ **반건양근의 압통점과 방사통**
둔부 주름, 대퇴 후부, 대퇴 내측, 무릎 내측, 하대퇴 내측에서 통증이 발현된다.

근 기능 테스트

↑ 반건양근 압통 테스트

피술자는 앙와위로 누워 환측의 고관절을 45도 외전, 무릎은 90도 굴곡한다. 반건양근과 반막양근은 같은 위치에 압통점이 분포되어 있어 반건양근에 대한 시술임을 마음속으로 집중하면서 압통점에 압을 적용하여 통증의 정도를 평가한다.

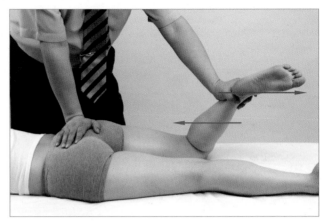

↑ 반건양근 근력 테스트

피술자는 얼굴을 아래로 향하고, 환측의 대퇴부 전면을 지면에 단단히 고정하고 눕는다. 이어 고관절은 약간 외회전하고, 슬관절은 50~70도로 굴곡한 자세를 유지한다. 시술자는 피술자의 무릎이 펴지도록 압을 적용하고 피술자는 이에 저항한다. 고관절에서 회전이 일어나지 않도록 하며, 이때 나타나는 근력과 통증의 정도를 평가한다. 반막양근의 검사법과 같다.

시술 테크닉

반막양근과 같은 방법을 적용한다.

치료 관점

반막양근과 같은 방법을 적용한다.

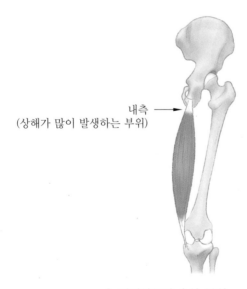

내측
(상해가 많이 발생하는 부위) →

↑ 반건양근의 손상 부위

봉공근 sartorius m.

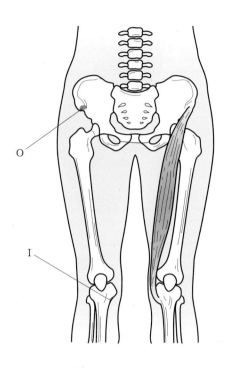

원어 (original word)	Latin : sartor-tailor
기시부 (origin)	전상장골극 (ASIS)
정지부 (insertion)	경골의 내측근위부
작용 (action)	대퇴(외전, 외회전, 굴곡)
지배신경 (nerve)	대퇴신경 L2, L3, L4

봉공근은 인체에서 가장 긴 근육으로 손가락 두 개 너비의 폭으로 판판하고 얇으며, 넓적다리 전방 표면을 가로질러 무릎 내측으로 이어지는 길고 좁은 와선 모양을 하고 있다.

이 근육의 어원은 '재단사' 라는 뜻의 라틴어 'sartor' 에서 유래되었으며, 옛날 재단사가 다리를 꼬고 재봉틀을 틀 때 가장 많이 사용하여 '재단사의 근육(tailor' s muscle)' 이라고도 불린다.

봉공근은 전상장골극(ASIS)에서 시작하여 경골의 내측근위부에 있는 조면(tuberosity) 아래로 부착된다. 이 근육은 일명 대퇴삼각(서혜인대, 봉공근, 장내전근)이라는 대퇴부 상각의 외측연을 이루고 있으며, 엉덩이와 무릎관절을 교차하고, 대퇴사두근(quadriceps femoris) 근육 위에서 가장 표면을 형성한다.

	협동근	길항근
봉공근	대퇴직근, 장요근, 치골근, 대퇴근막장근, 중둔근, 소둔근, 이상근,	대둔근, 슬괵근, 내전근, 박근

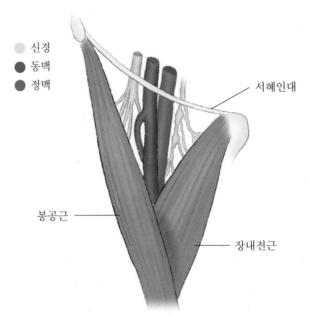

신경
동맥
정맥

서혜인대

봉공근

장내전근

⬆ 대퇴삼각 / femoral triangle
대퇴삼각은 골반에서 하지로 연결된 부위로 서혜인대(inguinal ligament),
봉공근 그리고 장내전근(adductor longus)이 삼각을 이루고 있다. 이곳은
대퇴동정맥과 대퇴신경이 지나가는 임상학적으로 매우 중요한 부위이다.

봉공근의 기능은 제기 차는 동작에 비유하여 설명하면 이해하기 쉽다. 고관절의 굴곡과 동시에 외측으로의 회전이 가능하기 때문이다. 그러나 대퇴의 외전을 돕는 대퇴근막장근, 봉공근, 이상근, 대둔근의 상부섬유 등과 같이 모두 체중을 지지하지 않은 상태에서만 기능한 점이 차별된다.

기립 자세에서는 근육이 늘어나고 가부좌 자세에서는 짧아지기 때문에 무리한 과사용은 고관절을 외측으로 회전시켜 O형 다리를 만들고, 반대 상황에서는 X형 다리를 만들어 결국 골반의 변형을 일으키는 주범 중 하나이다.

봉공근 아래 대퇴삼각에는 동맥과 정맥이 주행하므로 온도에 영향을 받으며, 긴장 상태가 만성화되면 혈관을 죄어 하지 부종을 일으키는 원인이 된다. 또 대퇴사두근의 천층을 지나기 때문에 압통이 발현되면 피부를 스치기만 해도 날카롭고 찌르는 듯한 통증이 나타난다. 이에 대한 원인은 대개 압통에 의해서가 아닌 신경 폐색에 의한 경우가 많다. 그러나 근육 자체가 길어 운동 범위의 축소나 기능 장애에는 크게 영향을 주지 않는 특징을 가지고 있다.

봉공근과 박근(gracilis), 반건양근(semitendinosus)의 힘줄은 일명 거위발(pes anserinus) 모양건이라 하여 함께 슬관절의 내측에 부착되어 안정성을 제공하므로 이 중 어느 한 곳에 문제가 발생하면 점액낭염(bursitis)을 일으키는 요인이 된다.

증상

- 대퇴내측에서 통증 및 지각 이상이 나타난다.
- 신경 폐색이 원인일 경우 대퇴를 스치기만 해도 쓰린 표재통이 나타난다.
- 여성의 경우 생리 시 통증이 함께 나타난다.
- 근육의 모양을 따라 띠를 이루며 통증이 발현된다.
- 자기도 모르게 통증 부위를 두드린다.
- 무릎 내측으로 통증이 유발된다.
- 직립 상태 또는 보행 시에 통증이 증가된다.
- 가부좌와 같이 고관절을 외회전하면 통증이 나타난다.
- 오랫동안 앉았다 일어설 때 대퇴내측에 따가운 통증이 나타난다.
- 고관절을 신전한 상태로 서 있을 때 통증이 증가된다.
- O형 다리에서는 심한 근단축 현상이 나타난다.
- 경골내측의 정지부에 압통이 발현되어 통증이 나타나기도 한다.
- 추간판 탈출증(디스크 증상)으로 오해하는 경우가 많다.
- 대전자낭염으로 오인하기도 한다.
- 거위발건염 또는 점액낭염 증상이 나타난다.
- 대퇴부 전외측으로 감각 이상과 저린 증상을 보인다
  (이상 지각성 대퇴신경통(meralgia paresthetica).

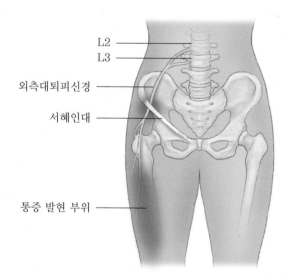

↑ 이상 지각성 대퇴신경통 / meralgia paresthetica
대퇴감각 이상 증세는 신경이 골반을 나오면서 서혜인대로 인해 신경이 압박되면서 대퇴 외측부에 지각과 감각 이상, 동통이 유발된다. 가장 흔한 원인으로 봉공근과의 관계를 들 수 있다.

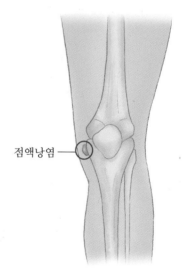

↑ 점액낭염 / bursitis
봉공근, 박근, 반건양근의 인대가 슬관절 내측에 함께 부착되어 심한 마찰이 반복적으로 발생하면 염증을 일으킨다. 특히 이 부위에 뼈가 돌출되어 있으면 근육의 긴장이 강하게 발생된다.

요인

- 복부 비만은 서혜부를 압박하여 통증의 원인이 된다.
- 몸을 조이는 거들이나 스타킹이 원인이 된다.
- 장시간 서서 일하거나 앉아서 있으면 근 긴장을 증가시킨다.
- 외상으로 인해 직접적인 서혜부 근육이 파열된다.
- 하지 길이가 유난히 길거나 비대칭이 원인이 된다.
- 골반의 심한 비대칭이 원인이 된다.
- 비정상적인 보행이 원인이 된다.
- O형 다리는 증상을 악화시킨다.
- 외상에 의해 통증이 발생한다.

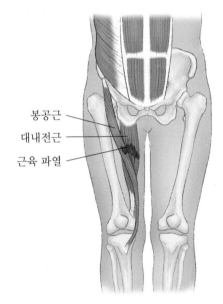

봉공근
대내전근
근육 파열

⬆ 서혜부 파열 / groin strain

⬆ 근 긴장 / myotonic
장시간 꼿꼿이 서 있으면 봉공근에 이완성 긴장이 일어나고, 가부
좌로 앉아 있으면 수축성 긴장이 일어난다.

압통점과 방사통

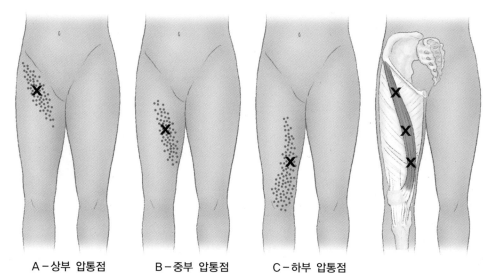

A – 상부 압통점   B – 중부 압통점   C – 하부 압통점

⬆ 봉공근의 압통점과 방사통
근육의 주행을 따라 띠를 이루며 통증이 발현되고, 무릎 내측으로 방사된다.
압통점은 피부 밑 천층에 위치해 있다.

근 기능 테스트

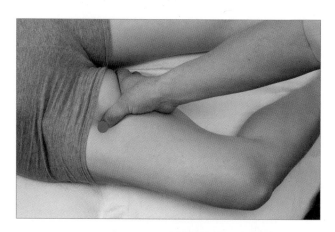

⬅ 봉공근 압통 테스트
피술자는 앙와위로 누워 환측의 다리를 45도 정도 외전한다. 시술자는 무지로 압통점에 압을 적용하여 통증의 정도를 평가한다.

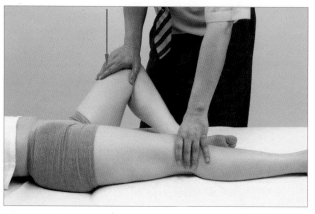

⬅ 봉공근 압통 및 근 기능 테스트
피술자는 환측의 고관절을 외회전 및 외전하고 무릎은 90도 각도로 굴곡한다. 시술자는 대퇴 내측을 서서히 눌러 외전, 외회전, 신전의 방향으로 압을 적용하며, 피술자는 이에 저항한다. 이때 압 적용 시 반사 작용으로 대퇴가 흔들리지 않도록 유의한다.

시술 테크닉

⬆ 봉공근 셀프 스트레칭-1

환자는 환측의 무릎과 발등을 지면에 밀착하고 무릎으로 고정하며, 반측의 다리는 고관절과 무릎을 각각 90도로 굴곡하고 앞으로 내밀어 몸의 중심을 잡는다. 이어 환측의 골반과 무릎이 고정된 상태에서 상체를 뒤로 당겨 신전한다.

⬆ 봉공근 셀프 스트레칭-2

환자는 먼저 가부좌 자세로 앉아 고관절을 외전하고 양측의 발바닥이 서로 맞닿도록 한다. 양손으로 발을 감싸고 서서히 상체를 앞으로 구부린다. 골반이 지면에 밀착되어야 하며 최대한 정점까지 구부려 굴곡한 상태를 몇 초 동안 유지한다.

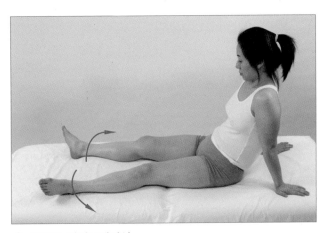

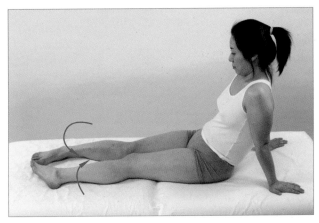

⬆ 봉공근 바이브레이션

환자는 두 다리를 곧게 펴고 앉아 양팔로 상체를 지지한다. 이어 발을 내측와 외측으로 강하고 빠른 속도로 번갈아 회전하여 봉공근을 이완한다.

⬅ 봉공근 압통점 이완

시술자는 무지를 이용하여 피술자의 대퇴 내측에 위치한 압통점을 강약이 배합된 압으로 서클을 그리며 이완한다.

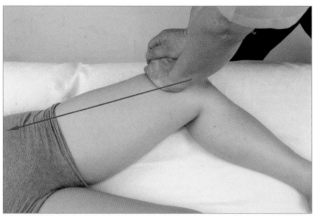 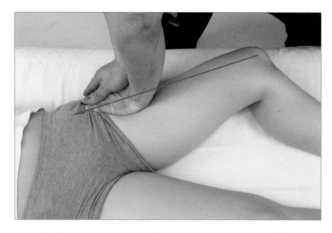

↑ 봉공근 마사지-1

피술자는 환측의 대퇴를 45도 외전하고 다시 무릎을 90도 굴곡하여 봉공근이 직선으로 오픈되도록 눕는다. 시술자는 수장을 겹장하여 대퇴의 내측 원위부에서 전상장골극 방향으로 강한 압을 적용하여 슬라이딩한다.

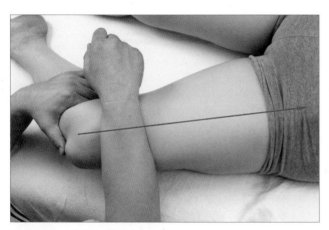 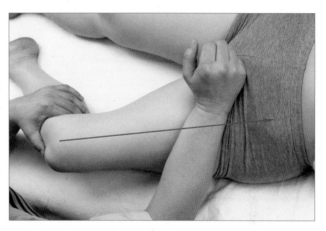

↑ 봉공근 마사지-2

시술자는 전완을 이용하여 대퇴의 내측 원위부에서 전상장골극 방향으로 넓고 강한 압을 적용하여 슬라이딩한다.

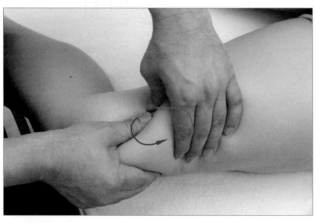 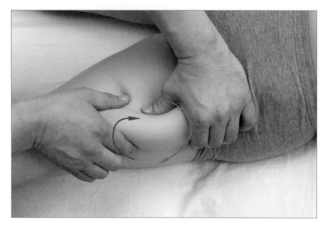

↑ 봉공근 마사지-3

시술자는 양손으로 봉공근의 근섬유를 따라 강약이 배합된 압으로 다이내믹한 페트리사지를 적용한다.

↑ 봉공근 마사지-4

시술자는 전완으로 경골의 내측근위부에서 무릎 내측을 지나 대퇴내측 봉공근을 따라 강약이 배합된 압으로 슬라이딩을 적용한다.

← 봉공근 마사지-5

시술자는 무지와 다른 손가락을 사용하여 봉공근의 정지부인 경골 내측과 무릎 내측을 강약이 배합된 압으로 조이며 당겨 페트리사 지를 적용한다.

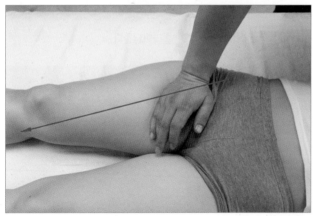 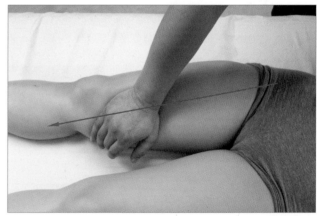

↑ 봉공근 마사지-6

피술자는 다리를 약간 외전하고 앙와위로 눕는다. 시술자는 수장을 이용하여 피술자의 전상장골극에서 경골내측 방향으로 대퇴를 가로 질러 봉공근의 근섬유를 따라 강한 압으로 슬라이딩한다.

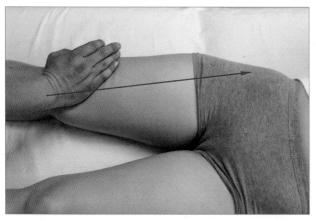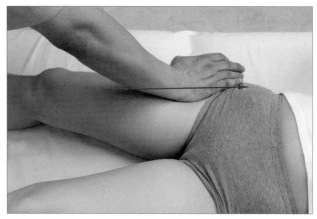

⬆ 봉공근 마사지-7

시술자는 수장을 이용하여 피술자의 경골내측에서 전상장골극 방향으로 대퇴를 가로질러 봉공근의 근섬유를 따라 강한 압으로 슬라이딩한다.

치료 관점

봉공근의 긴장은 주로 일상에서 습관적인 행동을 통해 영향을 받는다. 특히 오랫동안 가부좌 자세(lotus position)를 취하거나 강한 압박 거들을 반복해서 입는 행위를 들 수 있다.

이 근육이 긴장되면 우선 이상근에 영향을 주어 보행이 불편하며, 대퇴삼각을 압박하여 신경폐색을 일으킨다. 이 질환은 정맥류가 아님에도 불구하고 하지에 부종이 발생하고 저리며 무감각과 찢어지는 듯한 통증이 나타난다. 또 내측 무릎이 혹처럼 부는 경우도 있는데, 인대의 마찰이 반복되어 슬개 내측에 염증 또는 점액낭이 생성되었기 때문이다.

이 근육은 하지 근육을 마사지함에 있어 가장 먼저 이완한다. 왜냐하면 우선 근육 자체가 표층에 위치해 있고, 그로 인해 압박된 심층의 근육을 이완하기 위해서이다.

박근 gracilis m.

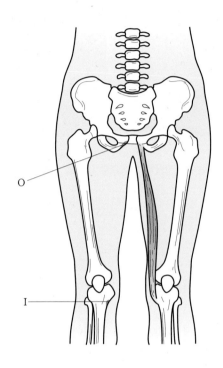

원어 (original word)	Latin : gracilis–slender
기시부 (origin)	치골연골연합
정지부 (insertion)	경골내과의 상내측면
작용 (action)	대퇴(내전, 굴곡) 무릎(굴곡, 내회전)
지배신경 (nerve)	폐쇄신경 L2, L3, L4

박근은 가늘고 긴 근육으로 대퇴 내측을 수직으로 내려가며 내전근의 완압과 함께 작용하고, 대퇴골의 몸체와는 V자 모양을 형성한다. 이 근육은 대퇴부 안쪽에서 2개의 관절을 지나며, 치골 연골결합에서 시작하여 무릎을 지나 경골의 내측근위부에 있는 조면(tuberosity) 아래로 부착된다.

박근은 허벅지를 안쪽으로 내전시키고 종아리를 구부리는 기능을 하며, 보행 시 입각기(stance phase) 최초의 순간 자세에서는 봉공근, 반건양근과 함께 내측광근을 도와 무릎의 외반 각도를 조절하여 내측 측부인대(medial collateral ligament)가 늘어나는 것을 방지함으로써 몸의 중심을 잡아 안전한 보행을 돕는다. 이 때문에 외반각이 증가되었다면 박근에 단축성 긴장이 일어났다는 증거이며, 다리를 옆으로 벌리려고 할 때 잘 안 벌어지게 된다.

	협동근	길항근
박근	내전근, 치골근, 슬곡근, 슬와근	중둔근, 소둔근, 대퇴근막장근

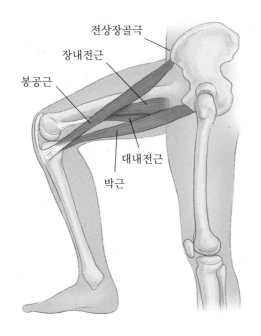

⬱ 내전근의 구조

전상장골극
장내전근
봉공근
대내전근
박근

내전근(hip adductor)은 치골에서 시작하여 대퇴부 안쪽에 위치한 근육으로 치골근(pectineus), 장내전근(adductor longus), 단내전근(adductor brevis), 대내전근(adductor magnus), 박근으로 구성되어 있으며 주 기능은 허벅지를 내전시킨다.

박근의 주 증상은 강제로 다리를 옆으로 벌리는 동작에서 부하가 걸려 주로 통증이 나타나며, 가만히 있어도 표층으로 찢기는 듯한 통증이 발현되고, 오히려 움직이면 감소되는 특징을 보인다.

박근은 무릎 내측으로 거위발(pes anserinus) 모양건을 형성하고 있어 하퇴에도 영향을 주며 또, 반대로 영향을 받기도 하는 구조이다. 따라서 내측 무릎에 변형 또는 염증이 발생하면 중력의 힘이 지속적으로 하퇴를 가중시켜 만성적인 하지 통증을 유발한다. 예를 들면 무릎 내측면이 손상되면 내측 측부인대가 늘어나고 외측반월판이 압박을 받게 되어 O형 다리로 걷게 되는 것이다.

또, 박근과 봉공근(sartorius), 반건양근(semitendinosus)의 힘줄은 일명 거위발(pes anserinus) 모양건이라 하여 함께 슬관절의 내측에 부착되어 안정성을 제공하므로 이 중 어느 한 곳에 문제가 발생하면 점액낭염(bursitis)을 일으키는 요인이 된다.

⬱ 내반슬 / genu varum
하지 체중부하의 역학적 축은 대퇴골을 따라 6도 정도 외측으로 기울며, 슬관절에서의 체중부하도 외측으로 전달된다. 따라서 박근의 기능이 저하되면 대퇴골의 외상과(lateral epicondyle)에 체중이 더욱 쏠리고 이는 무릎 관절에 부하를 가중시켜 관절염과 비정상적인 골반의 변형을 가져온다.

증상
- 안정된 상태에서도 내측 대퇴부로 찢기는 듯한 표재통이 심하게 발현된다.
- 몸을 움직이면 통증이 감소되는 경향이 있다.
- 성교 시 통증이 발현된다.
- 가부좌 자세로 앉아 있기가 힘들다.
- 무거운 물건을 들면 통증이 심하게 발현된다.
- 무릎 내측으로 통증이 발현된다.
- 생리 시 서혜부로 통증이 가중된다.
- O형 다리로 걷는다.

요인
- 요가나 태권도와 같이 다리를 심하게 옆으로 벌리는 동작이 원인이다.
- 다리를 꼬고 앉는 만성화된 동작이 통증을 유발한다.
- 허벅지를 조이는 밴드 스타킹 착용이 원인이 된다.
- 거위발모양건염(pes anserinue bursitis)이 원인이 된다.
- 자궁 또는 복부 수술 후 부종이 원인이 된다.
- 무릎 손상 시 근력을 약화시킨다.
- 스키나 승마, 자전거 타기와 같이 다리를 벌리고 장시간 대퇴를 움직이는 행위가 원인이 된다.

⬆ **무릎 내측 손상**
발의 무게중심이 외측으로 힘을 쏠리는 외회전 상태(foot externally rotated)로 과도하게 페달을 밟으면 내측 무릎에 부하가 걸려 거위발모양건과 대퇴내전근이 손상된다. 운행 시 엄지발가락이 내측을 향하도록 하고 페달을 밟는다.

압통점과 방사통

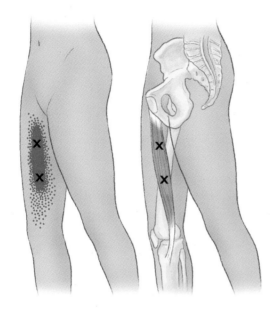

⬅ **박근의 압통점과 방사통**
내측 대퇴부로 띠를 이루며 발현되고 표재성 압통이
나타난다. 압통점은 피부 밑 천층에 위치해 있다.

근 기능 테스트

⬅ **박근 압통 테스트**
피술자는 앙와위로 누워 환측의 고관절을 45도 외전, 슬관절을
90도 굴곡한다. 시술자는 평판 촉진 또는 집게 촉진을 통해 압통
점에 압을 적용하여 통증의 정도를 평가한다.

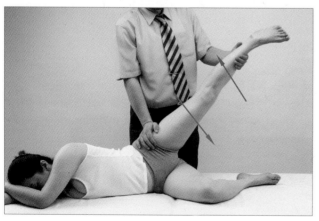

⬅ **박근 압통 및 근 기능 테스트**
피술자는 측와위로 누워 환측의 다리를 곧게 펴고, 반측은 무릎을
굴곡하여 지면에 고정한다. 시술자의 오른손은 피술자의 골반을
고정하고, 왼손으로 피술자의 하퇴를 내측에서 감싸 서서히 외전
방향으로 당기며, 동시에 피술자는 이에 저항하며 내전한다.

시술 테크닉

◀ 박근 셀프 스트레칭-1
환자는 양발을 적당하게 벌려 반측의 고관절과 무릎을 90도로 굴곡하고, 환측은 곧게 편 자세로 상체는 앞으로 약간 굴곡하여 몸의 중심을 잡고 선다. 이어 상체를 반측으로 이동시켜 박근을 스트레칭한다. 몇 회를 반복하고 서서히 횟수를 늘려 나간다.

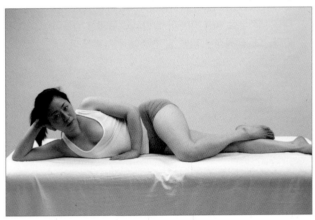 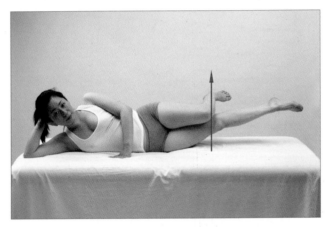

▲ 박근 셀프 스트레칭-2
환자는 측와위로 누워 팔꿈치로 고개를 고정하고, 지면의 다리는 곧게 펴며, 상위의 다리는 고관절과 슬관절을 적당하게 굴곡하여 올려 놓는다. 이어 지면에 있는 다리의 근력만을 이용하여 서서히 들어 올려 대퇴를 내전한다. 이때 골반과 상체는 지면에 밀착하여 움직이지 않도록 한다. 몇 회를 반복하고 서서히 횟수를 늘려 나간다.

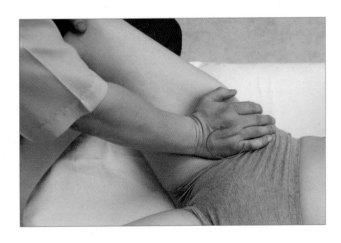

◀ 박근 압통점 이완
시술자는 수장을 이용하여 피술자의 고관절 내측에 위치한 압통점을 강약이 배합된 압으로 서클을 그리며 이완한다. 치골연골 결합 부위의 기시점을 이완한다.

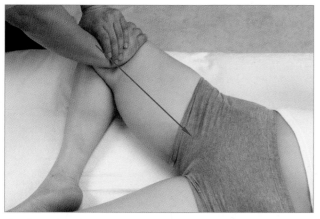 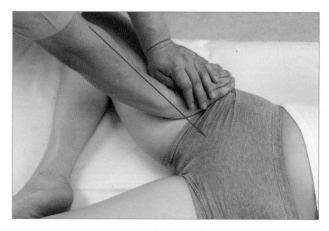

⬆ 박근 마사지-1

피술자는 환측의 대퇴를 45도 외전하고 다시 무릎을 100도 굴곡하여 박근이 오픈되도록 하고 앙와위로 눕힌다. 시술자는 수장을 겹장하여 대퇴의 내측 원위부에서 치골연골연합 부위로 강한 압을 적용하며 슬라이딩한다.

 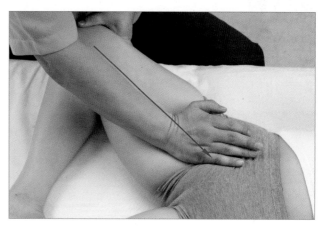

⬆ 박근 마사지-2

시술자는 수장을 이용하여 대퇴의 내측 원위부에서 치골연골연합 부위로 박근의 근섬유를 따라 세심하고 강한 압으로 슬라이딩한다.

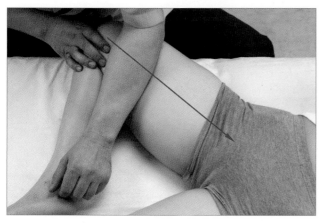 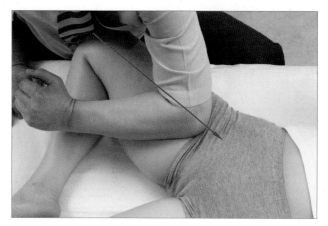

⬆ 박근 마사지-3

시술자는 전완과 팔꿈치를 이용하여 박근의 근섬유를 따라 세심하고 강한 압으로 슬라이딩한다.

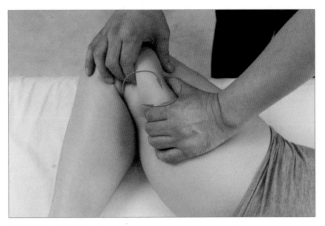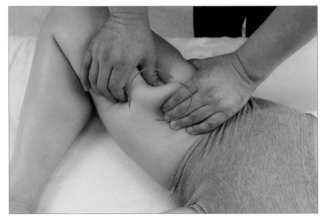

🔺 박근 마사지-4

시술자는 양손으로 박근을 조이며 당겨 강약이 배합된 압으로 페트리사지를 적용한다.

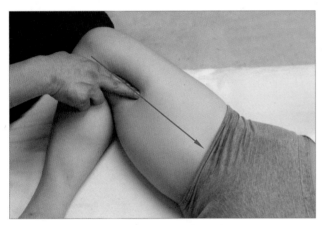

🔺 박근 마사지-5

시술자는 인지와 중지 손가락 끝을 모아 박근의 근섬유를 심부압으로 강하게 자극하며 슬라이딩한다.

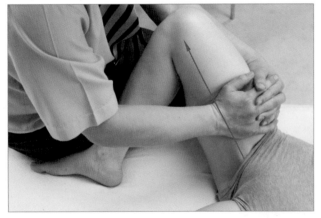

🔺 박근 마사지-6

시술자는 양손으로 피술자의 대퇴를 감싸 대퇴 근위부에서 원위부 방향으로 강한 압으로 조이며 당겨 박근도 함께 이완한다.

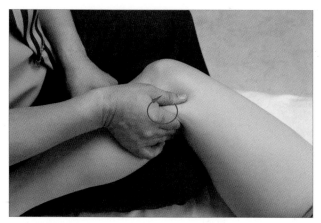 

▲ 박근 마사지-7

시술자는 무지와 집게손가락을 이용하여 대퇴내측 원위부를 강하게 조이며 당겨 페트리사지를 적용한다. 이어 전완을 이용하여 경골내과의 상내측을 다이내믹하게 강약이 조절된 압으로 슬라이딩을 적용한다.

치료 관점

박근과 봉공근은 내측 무릎에서 통증을 일으키는 주범이다. 근육의 대칭관계를 잘 파악하여 단축되어 있는 부위가 어딘지 확인하고 우선 이완을 선행한다. 무릎에 통증을 일으키는 원인은 다양하지만 대부분이 대퇴근육과 상관 관계에 놓여 있으며, 박근은 표층에 존재하는 근육이다.

또한 거의 같은 작용을 하는 대퇴내전근과 몸의 중심을 유지하는 골반 관련 근육군에 대해서도 함께 세심한 보디워크를 적용하도록 한다. 이들은 모두 걷거나 달리기, 뛰기와 같은 동작에서 서로 협동과 길항의 연속성을 갖고 있기 때문이다.

전경골근 tibialis anterior m.

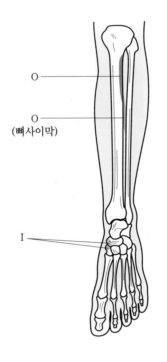

원어 (original word)	Latin : tibialis-shinbone ante-before
기시부 (origin)	경골근위 외측면의 상방
정지부 (insertion)	내측설상골의 내측장측면 및 첫째 발바닥뼈
작용 (action)	발(배굴, 내번)
지배신경 (nerve)	심비골신경 L4, L5, SI

　전경골근은 경골의 외측상과와 경골과 비골 사이 골간막과 하퇴근막에서 시작하여 내측 설상골과 제1중족골로 부착된다. 이 근육은 엄지발가락 측의 발등을 위로 당기는 작용을 하고, 이와는 반대 작용을 하는 가자미근과 비복근의 유기적인 길항을 통해 발목의 안정성과 몸의 균형을 유지하며, 전체적으로는 인체의 앞뒤 좌우 균형에 모두 관여한다.

　전경골근은 발이 지면에서 떨어진 상태에서는 발의 배굴(drosiflexion)이나 내번(inversion)이 자유롭지만 반대로 발이 아래로 내려간, 즉 족저굴(plantar flexion) 상태에서는 내번이 일어나지 않아 착지 시 외상을 입는 경우가 많다. 따라서 하퇴 후면에 있는 두 근육과 비교하여 현저하게 근력 차이가 나면 보행 시 몸

	협동근	길항근
전경골근	장지신근, 제3비골근, 장모지신근, 후경골근	비복근, 가자미근

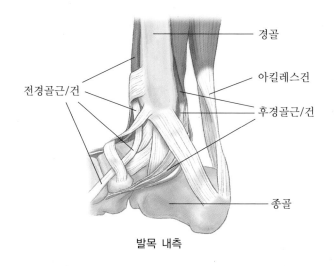

경골

아킬레스건

전경골근/건

후경골근/건

종골

발목 내측

◀ **전경골근과 건의 구조**
착지 시에 발이 안쪽으로 과하게 내번(inversion)되면
발의 아치가 무너지면서 내측으로 무게중심이 쏠려 이
를 고정하려는 전경골근에 강한 부하가 발생하여 근 손
상을 유발시킨다.

이 전방으로 기울어지고 발을 들어 올리는 배굴 기능이 약해져 몸의 중심을 잡지 못하게 됨으로써 발목에
부하가 걸려 전경골근이 손상된다.

　외상이나 과사용으로 인해 하퇴의 전방에서 일어나는 대부분의 통증은 뼈에 붙은 근육이나 골막과 같은
연부 조직에 일어나며 경골 상부에서 주로 발생된다. 예로, 내리막길을 달리는 경우 전방 근육의 반복적인
장력은 전경골근에 강한 긴장을 초래하고, 이 과도한 부하는 근막에 미세 손상을 입혀 염증으로 확산되는
경우를 들 수 있다.

　기본적으로 몸의 중심이 뒤쪽으로 과도하게 넘어가는 것을 방지하고, 고정된 상태에서는 몸을 앞으로 당
겨 기립 균형을 유지하는 기능을 한다. 그리고 보행 시에는 발이 땅에 끌리지 않도록 하며, 발이 지면에서
떨어지도록 보조하는 역할을 한다.

　가자미근과 비복근은 전경골근과는 길항근이며, 서 있는 자세에서 더 전방 균형 조절을 담당하는 미세한
차이점을 가지고 있다. 통증은 발목의 전내측과 엄지발가락의 배부에서 심하게 나타나고, 경골을 따라 띠를
이루며 방사되기도 하며, 발목의 움직임에 따라 증상의 차이를 보인다. 전경골근의 단독으로 발현되기보다
는 다른 근육의 영향을 많이 받으며, 발목 힘이 약해져 족하수(foot drop) 현상이 나타나 정상 보행을 어렵
게 만든다는 특징이 있다.

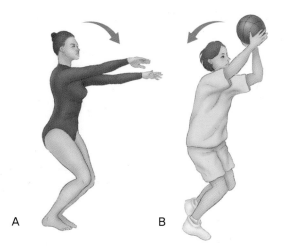

A

B

◀ **전경골근의 기능**
A-원심성 수축(lengthening contraction) : 몸이
　　후방으로 기우는 것을 방지한다.
B-구심성 수축(shortening contraction) : 몸이
　　전방으로 기우는 것을 방지한다.

증상

- 발목의 전내측과 엄지발가락에서 통증이 유발된다.
- 발과 무릎에서 심한 통증이 유발된다.
- 발목 통증을 호소한다.
- 전경골근만의 이상으로는 족저굴 상태에서 통증을 느끼지 못한다.
- 발을 헛딛거나 자기도 모르게 넘어지기도 한다.
- 관절 손상에 이상이 없는데도 발목에 통증을 호소한다.
- 보행 시 뒤꿈치가 지면에 닿으면 통증이 유발된다(heel strike).
- 경골 부위에 통증이 나타나며 발끝이 시린 증상을 호소한다.
- 발등을 위로 당기는 동작이 어렵고 발이 아래로 떨어지는 족저굴 증상이 나타난다.
- 경골내측으로 통증이 나타나기도 한다.
- 가만히 있으면 통증이 가라앉는 스트레스 증후군을 호소한다.
- 족하수 보행을 한다.

◀ 족하수 보행 / foot drop
족하수 보행은 비골신경이 눌리거나 요추 추간판 탈출증과 같이 신경 손상에 의해 주로 나타나지만, 전경골근과 같이 발목을 위로 당겨 올리는 근육에 외상이 발생하거나 무리하게 사용하는 것도 원인이 된다.

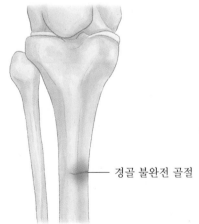

경골 불완전 골절

◀ 경골 스트레스성 골절 / tibial stress fracture
과도한 달리기, 점프, 착지와 같은 동작의 반복은 스트레스 골절을 유발시킨다. 이 증상은 주로 다리에서 많이 발생되며 심한 통증과 부종을 동반한다. 엑스레이(X-ray)와 같은 단순 검사로는 이상을 발견하기 쉽지 않아 근막통인지 골절인지 알 수 없는 경우가 많다.

요인

- 하이힐을 싣는 경우 전경골근에 이완성 긴장을 초래한다.
- 쪼그려 앉아 있는 행위가 통증의 원인으로 작용한다.
- 울퉁불퉁한 길이나 모래사장을 오랫동안 걸으면 통증의 원인이 된다.
- 발목에 염좌 또는 골절로 인해 유발된다.
- 내리막길이나 아스팔트와 같이 평평한 길을 달리는 행위가 원인이 된다.
- 평발이나 몰턴스 발(morton's foot)이 원인이 된다.
- 체중에 비해 발목이 약하거나 가는 경우 통증이 유발된다.
- 과격한 운동이 요인으로 작용한다.
- 안장이 낮은 자전거의 페달을 밟는 동작이 통증의 원인이 된다.
- 요추 후만이 있는 경우 보상 작용으로 슬관절이 굴곡되어 전경골근에 단축 현상이 일어난다.
- 장시간 움직이지 않고 서 있는 행위가 통증을 일으킨다.
- 경부목이 원인이 된다.

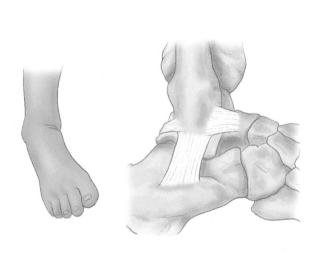

↑ **내번 염좌 / inversion sprain**
발목 염좌의 90%는 내번(inversion) 시 체중을 견디지 못해 발생한다. 중력이 발목 안쪽으로 균형을 잃고 쏠려 이에 대한 저항을 견디지 못해 인대가 손상된다. 이때 전경골근도 함께 손상된다.

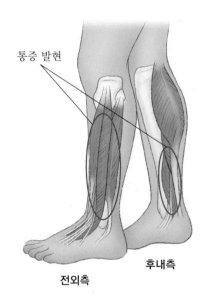

통증 발현

후내측

전외측

↑ **경부목 / shin spint**
경부목이란 경골의 전면부 또는 내측부에 발생하는 근염, 건염, 골막염에 의한 통증을 말한다. 격렬한 운동이나 울퉁불퉁한 바닥, 쿠션이 없는 신발 등이 원인이 된다. 특히 전경골근이 비복근과 가자미근보다 약한 경우에 주로 발생한다.

압통점과 방사통

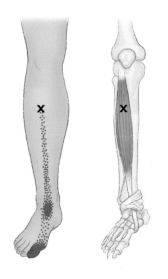

◀ **전경골근의 압통점과 방사통**
발목의 전내측과 엄지발가락 배부에서 발현된다.
경골을 따라 띠를 이루며 방사되며 경우에 따라
무릎으로 확산된다.

근 기능 테스트

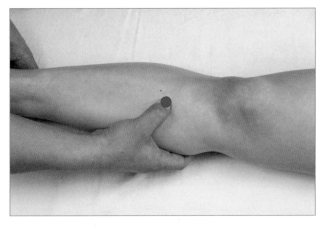

◀ **전경골근 압통 테스트**
피술자는 앙와위로 눕는다. 시술자는 무지를 이용하여 경골에 위
치한 압통점에 압을 적용하여 통증의 정도를 평가한다.

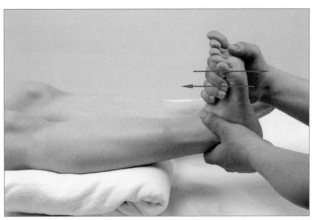

◀ **전경골근 근력 테스트**
피술자는 앙와위로 누워 환측의 다리를 곧게 편다. 피술자는 자신
의 발등을 위로 올려 배굴하고, 동시에 시술자는 피술자의 발등을
아래로 내리며 이에 저항한다. 이때 나타나는 근력과 통증의 정도
를 평가한다.

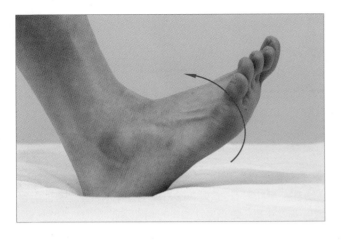

← 전경골근 근력 셀프 테스트
피술자는 서서 환측의 발등을 서서히 최대한 들어 올려 배굴한다.
이때 발꿈치는 지면에 고정되어 있어야 하며, 같은 방법으로 몇 회
반복하여 가동 범위와 근력 그리고 통증의 정도를 평가한다.

시술 테크닉

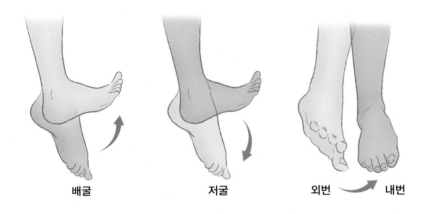

배굴   저굴   외번 → 내번

← 전경골근 셀프 스트레칭-1
환자는 그림에서와 같이 하퇴 근력을
이용하여 최대한 정점까지 발등을 들
어 올리고 다시 반대로 내린다. 또 내
측과 외측으로 회전을 준다. 몇 회 반
복하고 서서히 횟수를 늘려 나간다.

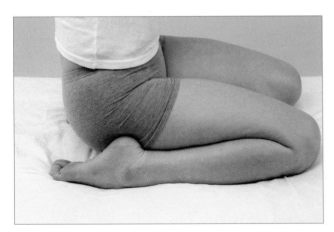

↑ 전경골근 셀프 스트레칭-2
환자는 양 무릎과 하퇴가 지면에 닿게 앉는다. 무릎이 신장되고
발이 뒤로 저굴되어 전경골근에 강한 스트레칭이 일어난다. 몇
회 반복하고 서서히 횟수와 지속 시간을 늘려 나간다.

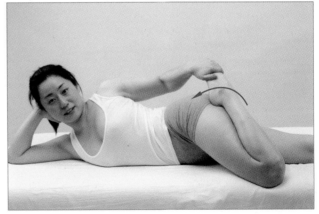

↑ 전경골근 셀프 스트레칭-3
환자는 측와위로 누워 환측의 무릎을 굴곡하고 종아리를 뒤로 당
긴다. 손으로 자신의 발끝을 잡고 발목이 뒤로 최대한 저굴되도록
서서히 당긴다. 몇 회를 반복하고 서서히 횟수와 지속 시간을 늘
려 나간다.

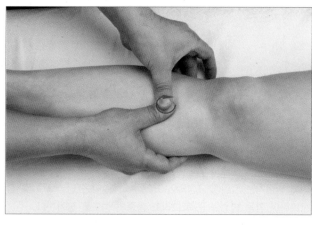

← 전경골근 압통점 이완
시술자는 무지를 겹장하여 피술자의 경골에 위치한 압통점을 강약이 배합된 압으로 서클을 그리며 이완한다.

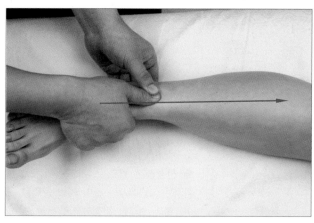 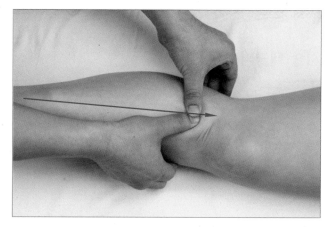

↑ 전경골근 마사지-1
피술자는 환측의 발목을 내번하고 앙와위로 눕는다. 시술자는 양 무지를 겹장하여 내측설상골에서 경골근위 외측면으로 경골과 전경골근의 접합부를 따라 근막을 이완하며 강한 압으로 슬라이딩한다.

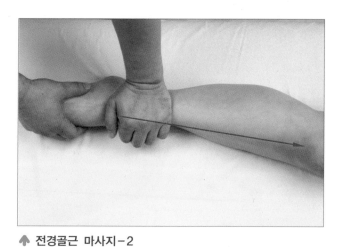 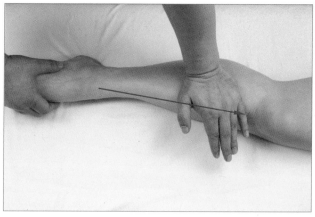

↑ 전경골근 마사지-2
시술자는 환측의 발을 내번시켜 전경골근을 오픈하고, 이어 수장으로 설상골에서 경골근위 외측면으로 강한 압을 적용하며 슬라이딩한다.

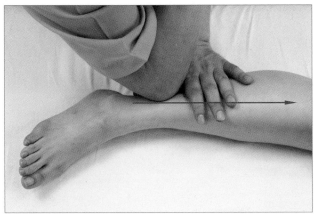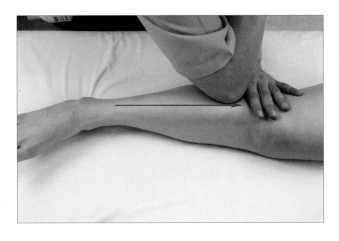

⬆ 전경골근 마사지-3

시술자는 환측의 발을 내번시켜 전경골근을 오픈하고, 이어 팔꿈치로 경골의 외측면을 따라 설상골에서 경골근위부로 강한 압을 적용하며 슬라이딩한다.

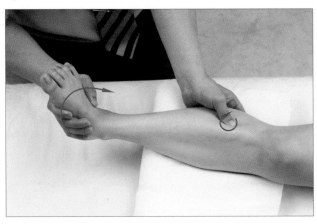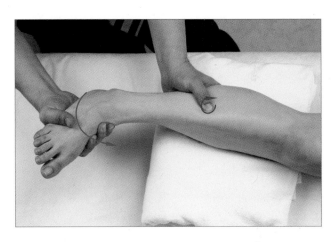

⬆ 전경골근 마사지-4

시술자는 환측의 발을 내번과 외번을 번갈아 하며, 동시에 설상골에서 경골근위부 사이로 적당히 간격을 두고 무지로 서클을 그리며 심부압을 적용해 나간다.

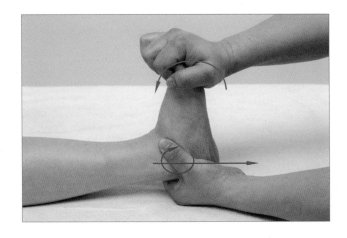

⬅ 전경골근 마사지-5

시술자의 왼손은 피술자의 발뒤꿈치를 감싸 자신의 방향으로 서서히 당기며, 나머지 손가락으로 발목 내측과 발꿈치 내측에 강약이 배합된 압으로 리드미컬한 마찰을 적용하고, 동시에 오른손으로는 발을 밀어 배굴시킨다.

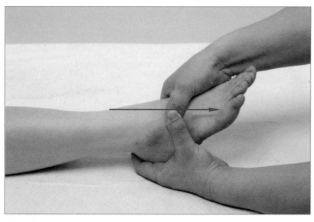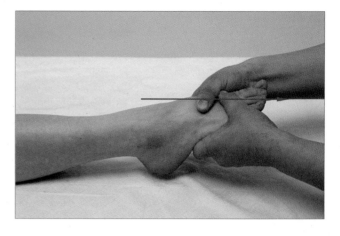

⬆ 전경골근 마사지-6

시술자는 양손으로 피술자의 발을 조이며 당긴다. 이때 시술자의 무지는 발등을, 그리고 두 번째 손가락은 족저 아치를 파고들듯 조이며 당겨 전경골근의 정지부인 첫 번째 발바닥뼈를 강하게 스트레칭한다.

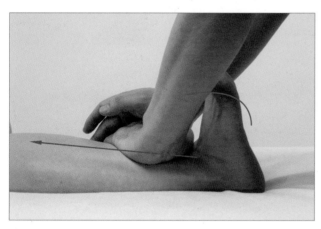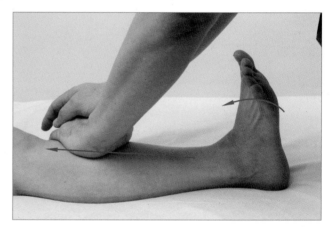

⬆ 전경골근 마사지-7

시술자는 수장을 겹장하고 경골의 외측면을 따라 설상골에서 경골근위부로 강한 압을 적용하며 슬라이딩한다. 이때 피술자의 발은 배굴 상태를 유지함으로써 강한 장력으로 인해 근섬유의 수축이 효과적으로 이루어지도록 한다.

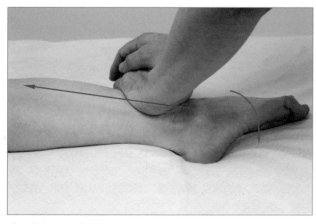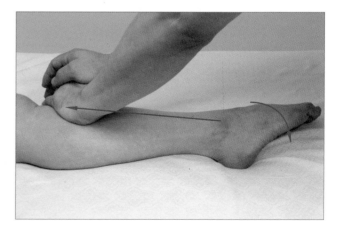

⬆ 전경골근 마사지-8

시술자는 수장을 겹장하고 경골의 외측면을 따라 설상골에서 경골근위부로 강한 압을 적용하며 슬라이딩한다. 이때 피술자의 발은 저굴 상태를 유지함으로써 강한 등척성 운동을 유도한다.

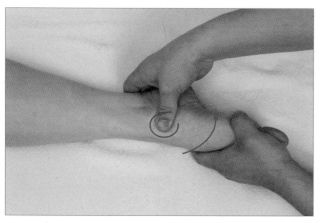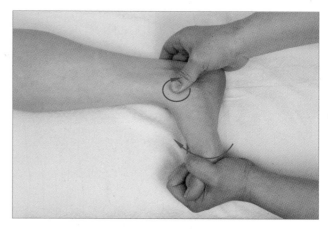

⬆ 전경골근 마사지-9

시술자는 무지를 이용하여 내측설상골과 내측장측면에 리듬감 있는 서클을 그리며 전경골근의 정지부를 이완하고, 동시에 다른 손은 발 끝을 잡아 저굴과 배굴을 번갈아 하며 이완의 효율을 극대화한다.

치료 관점

전경골근 전체에 광범위한 긴장감과 압통이 유발되면 발목의 압력을 증가시켜 정맥의 흐름을 방해하고, 이로 인해 심한 종창과 염증, 감각 이상, 운동 장애를 일으키는 원인이 된다. 또, 반대로 약해진 발목은 다시 몸의 중심과 안정감을 유지하기 위해 전경골근에 부하를 주는 악순환이 이어진다. 그러므로 상해나 과부하 가 발생하면 안정을 유지하며 발목 사용을 자제하는 것이 치료 효과를 높이는 가장 좋은 방법이다. 또한 길 항 작용을 하는 하퇴 후면의 비복근과 가자미근도 함께 치료한다.

비복근 gastrocnemius m.

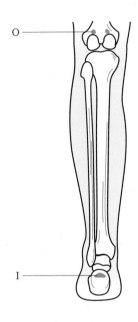
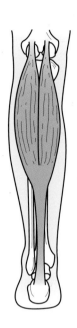

원어 (original word)	Greek : gaster-belly kneme-leg
기시부 (origin)	내측갈래 : 대퇴골 내측위 관절융기 외측갈래 : 대퇴골 외측위 관절융기
정지부 (insertion)	아킬레스건으로 가는 공통건
작용 (action)	발(저굴), 무릎(굴곡)
지배신경 (nerve)	경골신경 SI, S2

　　종아리 후면을 구성하는 근육군으로는 두 개의 큰 근육이 있는데, 표층의 비복근과 심층의 가자미근
(soleus)이 그것이다. 비복근은 표층에 위치해 있어 힘을 주면 육안으로 확인이 가능하며, 발달된 근육의 모
양은 두 개의 분지로 인해 마름모꼴을 나타낸다. 이 근육은 두 개의 분지, 즉 쌍을 이루며 무릎 후면 내·외
측에서 각각 시작하여 가자미근과 함께 아킬레스건의 공통건으로 부착된다.

　　비복근은 달리거나 또는 걸을 때 하퇴를 뒤로 당기고, 뒤꿈치를 들어 올림으로써 차고 오르는 추진력을
제공하며, 무릎과 발목을 안정적으로 고정시켜 체중으로 인한 중력의 수직 진동을 최소화해 몸의 균형을 잡
는 역할을 한다.

	협동근	길항근
비복근	슬괵근, 족저근, 박근, 봉공근, 슬와근, 가자미근, 장모지굴근, 장지굴근	전경골근, 대퇴사두근

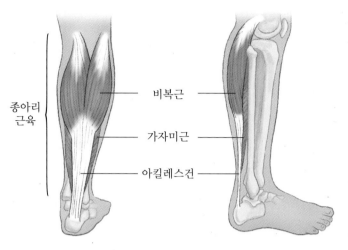

↑ 종아리 근육의 구성

비복근은 쌍으로 분포되어 있고, 내측이 외측에 비해 더 잘 발달하는 기능적 요소로 인해 일반적으로 좀 더 큰 편이다. 비복근은 무릎을 펴거나 구부렸을 때 발꿈치를 후방으로 들어 올리는 저굴(plantar flexion) 기능을 하지만, 가자미근은 무릎을 구부린 상태에서만 저굴되는 차이점이 있다.

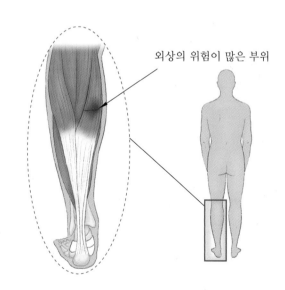

↑ 비복근 파열 / gastrocnemius rupture

주로 내비복근과 가자미근이 만나는 부위에 외상의 위험이 많다.

비복근을 일명 '발레리나의 근육(toe dancer's muscle)'이라고 하는데, 발레리나가 발가락으로 서서 회전할 때 필요하기 때문에 붙여진 이름이다. 이러한 동작, 즉 까치발을 주로 사용하거나 종종걸음이 지나치면 부하를 견디지 못해 경련이 발생하고, 근막이 파열되는 외상을 입는 경우가 발생하기도 한다.

또, 무릎을 편 상태에서 발등을 앞으로 들어 올리는 배굴 시 외상이 많이 발생하며, 주로 테니스나 축구와 같은 과도한 운동이 원인이 되므로, 일명 '테니스 레그(tennis leg)'라고도 부른다. 테니스 레그는 무릎이 완전하게 펴진 신전 상태에서 발목이 외측으로 회전된 상태로 강한 이완과 수축이 발생하면 장력을 견디지 못해 내비복근이 파열되고, 격렬한 통증과 함께 근 기능의 마비와 부종, 피부 변색을 일으키는 증상을 말한다.

그리고 어느 한곳에 집중적으로 부담을 주는 비정상적인 걸음걸이도 내비복근에 영향을 많이 주며, 근 기능의 변형을 일으켜 근력의 약화를 가중시킨다. 예를 들면 하지 길이의 심한 비대칭이나, 휜 다리, 과도한 체중, 굽이 너무 낮거나 반대로 높은 신발을 신는 경우 등을 들 수 있다.

통증은 주로 종아리에 나타나는 경련이 대표적이며, 오금 주위로 강하게 발현되고, 하퇴 후면의 중심을 따라 발뒤꿈치 후면과 발바닥까지 통증을 호소하기도 한다.

비복근은 직립 시 하지로 몰려 있는 혈액을 심장으로 강하게 미는 펌프 작용을 하므로 인간의 신체 구조상 정맥 순환에 있어서도 매우 중요한 역할을 한다. 그러므로 근 기능이 저하되면 하지 부종과 정맥류 (varicose vein)를 일으키는 원인이 된다.

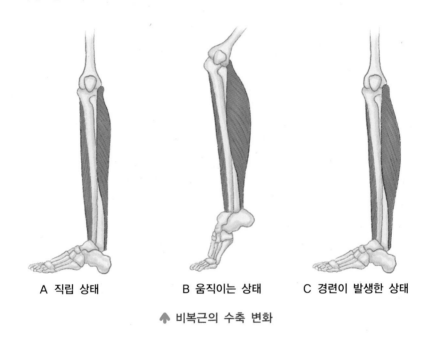

A 직립 상태   B 움직이는 상태   C 경련이 발생한 상태

⬆ 비복근의 수축 변화

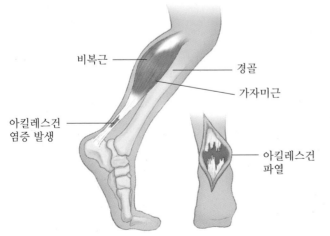

비복근
경골
가자미근
아킬레스건
염증 발생
아킬레스건
파열

⬅ 염증으로 인한 상해
걸음걸이가 바르지 않거나 휜 다리, 과격한 운동 등이 만성화되면 건(tendon)에 체중 부하로 인한 강한 마찰로 염증 또는 염좌(sprain) 및 파열(rupture)이 발생한다.

증상
- 빨리 걷거나 울퉁불퉁한 지면을 걷기가 힘들다.
- 오르막길을 오르기가 힘들다.
- 상체를 숙이고 서 있는 동작이 힘들다.
- 종아리와 무릎 후면에 통증을 호소한다.
- 경사진 길을 올라갈 때 무릎 후면에 통증을 호소한다.
- 종아리 근육의 비대칭이 심해진다.
- 하퇴에 정맥류를 동반시킨다.
- 슬와 내 통증을 관절염으로 오진하기 쉽다.

요인
- 하퇴에 압박 스타킹 착용이 원인이다.
- 굽이 너무 높거나 낮은 신발을 싣는 행위가 원인이다.
- 안장이 너무 낮은 상태에서 자전거를 타는 행위가 원인이다.
- 과격한 운동이나 장시간 달리기는 통증을 일으키는 원인이 된다.
- 아킬레스건 파열이 원인이다.
- 편평족으로 인한 만성적인 뻗정걸음이 통증을 일으킨다.
- 베이커 낭종이 원인이 된다.

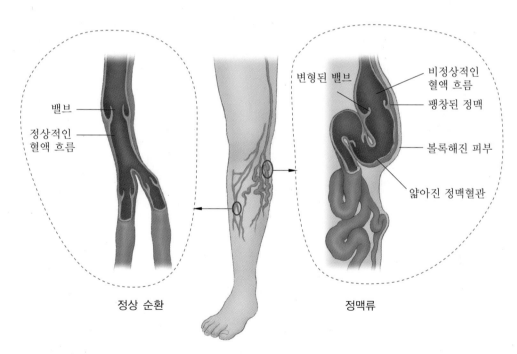

밸브
정상적인
혈액 흐름

변형된 밸브
비정상적인
혈액 흐름
팽창된 정맥
볼록해진 피부
얇아진 정맥혈관

정상 순환

정맥류

⬆ 정맥류 생성 / varicose vein
하지 근육의 기능이 저하되면 정맥의 흐름을 방해하고, 혈액의 역류를 막는 밸브의
기능이 소실되어 거꾸로 흐르는 상태가 유발된다. 육안으로 볼 수 있을 만큼 표재
성으로 점점 굵어지고 한번 발생하면 원래 상태로는 결코 돌아가지 않는다. 점점
심해지면 통증, 부종, 경련, 피부 궤양, 피부색 변화 등의 합병증을 유발시킨다. 이
러한 이유로 비복근과 가자미근을 '하퇴 심장' 이라 한다.

↑ 편평족 보행 / splayfoot
평발(flattening arch)은 발에 아치가 없거나 무너진 발로 통증과 상관없이 자유로운 보행에 장애를 주고, 발목의 연부 조직(인대, 건 및 신경 등)과 충돌을 일으킨다.

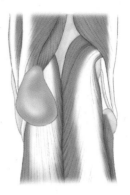

↑ 베이커 낭종 / Baker's cyst
무릎 후면이 혹같이 부어 있으며, 무릎을 구부리면 압박감이나 통증을 일으키는 질환으로 반막양근과 비복근의 점액낭염(semimembranosus-gastrocnemius bursitis) 또는 슬와 낭종(popliteal cyst)이라고도 한다. 이 점액낭은 반양막근과 비복근의 힘줄 사이에 위치하며, 40% 정도가 무릎 관절과 연결되어 있어 다양한 무릎 관련 질환에 관련된다.

압통점과 방사통

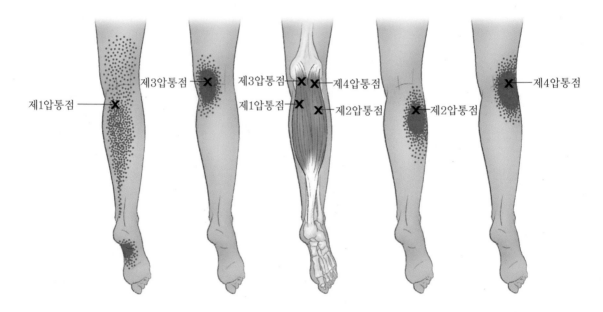

↑ 비복근의 압통점과 방사통
제1압통점 : 대퇴후면과 하퇴의 후·내측면에서 발목으로 방사된다. 비복근의 내측연에서 가장 많이 발생하며 동측의 족저 부위에서 발현된다.
제2압통점 : 부위에 국소적인 통증이 발현되며, 제1압통점과 같이 야간에 종아리 경련이 유발된다.
제3압통점 / 제4압통점 : 제1, 제2압통점과 연관되어 통증이 발현되고, 근육과 인대의 긴장으로 유발된다.

근 기능 테스트

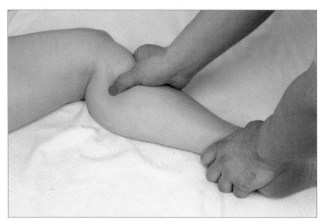

↑ 비복근(내비복근) 압통 테스트-1
피술자는 측와위로 무릎을 약간 굴곡하고 발목도 약간 저굴한 상태로 내측을 위로 하고 눕는다. 무지로 압통점을 자극하여 통증의 정도를 평가한다. 참고로 제1압통점과 제2압통점은 타진 촉진(snapping palpation)을 통해 연축 반응을 확인할 수 있다.

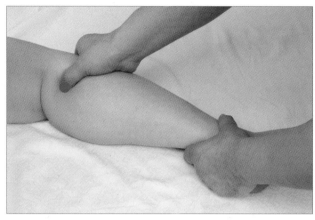

↑ 비복근(외비복근) 압통 테스트-2
비골과 외측연 사이 압통점에 무지로 압을 적용하여 통증의 정도를 평가한다.

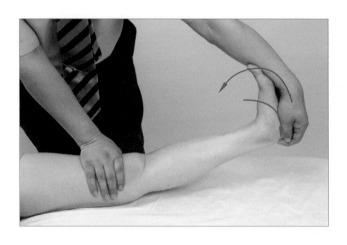

← 비복근 근력 테스트-1
피술자는 앙와위로 환측의 다리를 곧게 펴고 눕는다. 시술자는 피술자의 발을 위로 당기며 배굴시키고, 동시에 피술자는 아래로 저굴하며 저항한다. 이때 나타나는 근력과 통증의 정도를 평가한다.

← 비복근 근력 테스트-2
환자는 두 다리를 곧게 펴고 앉아 밴드를 이용하여 자신의 환측 발에 걸어 잡은 후, 상체를 약간 앞으로 구부린다. 이어 발바닥이 지면으로 향하도록 저굴하며, 동시에 반대로 밴드를 자신을 몸 방향으로 당긴다.
위의 방법(비복근 근력 테스트-1, 2)을 몇 차례 반복하여 비복근과 발목의 가동 범위를 기억하고 유연성을 평가한다. 검사 시 골반과 하지가 지면에 밀착 고정되도록 유의한다. 다시 발의 위치를 바꿔 같은 방법을 적용하여 근력과 통증의 정도를 평가한다. 10도 이상 배굴이 가능해야 정상으로 판정한다.

시술 테크닉

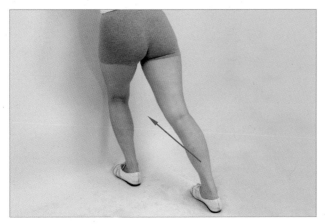

⬆ 비복근 셀프 스트레칭 - 1
환자는 서서 환측의 다리를 펴서 뒤로 하고, 반측은 구부려 앞에 위치한다. 이어 환측의 무릎은 곧게 펴고 발뒤꿈치가 지면에 강하게 밀착된 상태를 유지하며, 동시에 상체를 앞으로 당긴다. 머리와 다리는 일직선을 유지하도록 한다.

⬆ 비복근 셀프 스트레칭 - 2
환자는 환측의 발바닥이 지면에 밀착되도록 고관절과 무릎을 굴곡하고, 반측은 하퇴가 지면에 밀착되도록 앉는다. 위와 같이 하지가 고정되면 서서히 상체를 앞으로 구부려 비복근과 발목을 스트레칭한다.

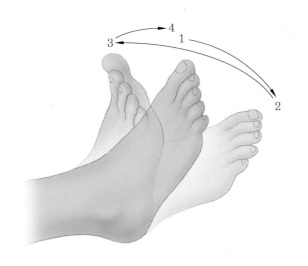

⬅ 발목 셀프 스트레칭 - 3
환자는 다리를 곧게 펴고 앙와위로 누워 도해의 순번대로 강한 근력을 이용하여 서서히 발목을 스트레칭한다. 매 동작마다 최고의 정점(2, 3번)까지 도달하고, 다시 이완하기(1, 4번)를 10초 정도씩 유지하여 비복근을 이완한다. 다시 발의 위치를 바꿔 같은 방법을 적용한다.

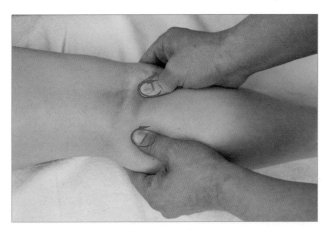

⬅ 비복근 압통점 이완
시술자는 무지를 이용하여 각각 내·외비복근에 위치한 압통점을 강약이 배합된 압으로 서클을 그리며 이완한다.

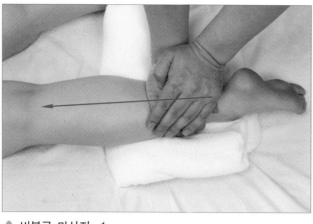 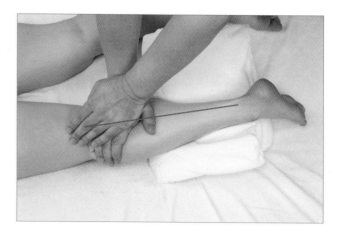

⬆ 비복근 마사지-1

시술자는 수장을 겹장하고 아킬레스건에서 대퇴골 관절융기 방향으로 넓고 강한 압을 적용하며 슬라이딩한다. 이때 피술자의 하퇴에 보조물을 끼워 넣어 비복근을 이완시켜 압력으로 인해 발목에 불필요한 장력이 발생하지 않도록 한다.

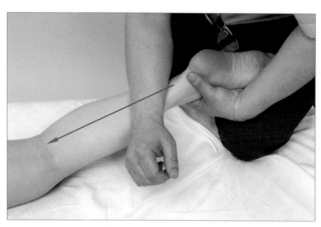 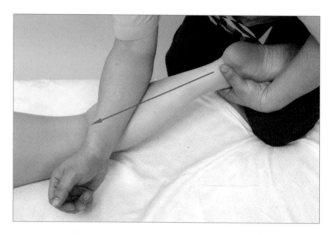

⬆ 비복근 마사지-2

시술자는 전완을 이용하여 아킬레스건에서 대퇴골 관절융기 방향으로 다이내믹하게 넓은 압을 적용하며 슬라이딩한다. 이때 시술자는 피술자의 발목을 움직여 시술 각도를 조절하는 핸들링 역할을 함으로써 내·외측 비복근 전체에 압이 골고루 적용되도록 한다.

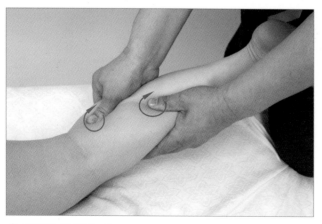 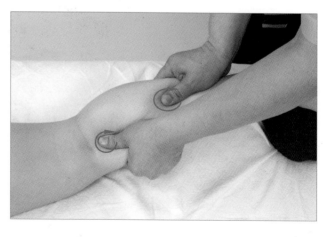

⬆ 비복근 마사지-3

시술자는 양손을 이용하여 적당한 간격을 두고 비복근을 조이며 당겨 페트리사지를 적용하고, 동시에 무지는 세심한 압으로 서클을 그리며 이완한다.

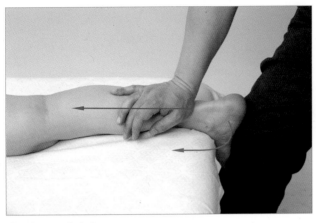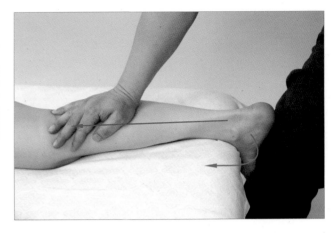

🔼 비복근 마사지-4

시술자는 수장으로 아킬레스건에서 대퇴골 관절융기 방향으로 넓고 강한 압을 적용하여 슬라이딩한다. 이때 피술자의 발은 침대 아래에 위치시키고, 시술자의 대퇴로 최대한 배굴 상태를 유지하며 고정한다.

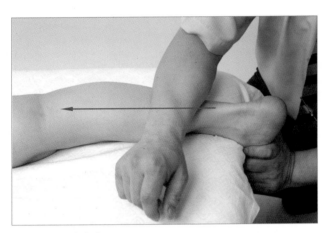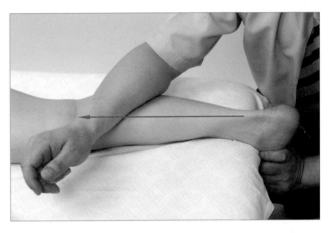

🔼 비복근 마사지-5

시술자는 전완을 이용하여 아킬레스건에서 대퇴골 관절융기 방향으로 넓고 강한 압을 적용하여 슬라이딩한다. 이때 피술자의 발은 침대 아래에 위치시키고, 최대한 배굴 상태를 유지하여 신장된 비복근에 강한 장력을 발생시켜 마사지 효과를 배가시킨다.

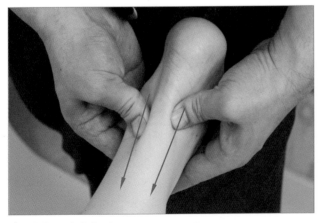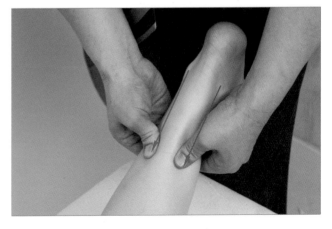

🔼 비복근 마사지-6

시술자는 양 무지를 각각 아킬레스건 측면에 밀착시키고 심부압으로 슬라이딩한다. 이때 피술자의 발목은 배굴 상태에 있어야 한다.

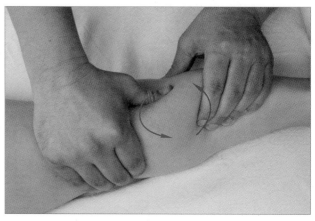

⬆ 비복근 마사지-7

시술자는 양손의 수장과 손가락을 이용하여 강약이 배합된 다이내믹한 압으로 페트리사지를 적용한다.

치료 관점

주로 종아리에 경련이 일어날 경우 하지를 곧게 펴고 발등을 위로 당기거나 또는 그 상태에서 냉찜질을 함께 적용하면 효과가 있다. 그러나 파열과 같은 상태로 확산되었다면 절대적인 안정이 필요하고 회복기 동안 마사지는 하지 않도록 한다.

비복근 치료 있어서는 이 근육의 움직임에 길항과 협동을 보조하는 대퇴사두근과 슬괵근, 전경골근, 가자미근을 함께 마사지해야 하며, 또한 척추기립근과 경추를 신전시키는 근육도 빼놓아서는 안 된다. 이들은 모두 직간접적으로 체중의 부담을 줄이고 움직임에 부하를 상쇄시키는 역할을 하기 때문이다.

하퇴는 특히 정맥 순환을 관장하는 근육군으로 혈액이 정체되지 않는 생활방식을 취하고 비정상적인 걷는 자세에 대한 교정에도 각별한 주의가 필요하다.

가자미근 soleus m.

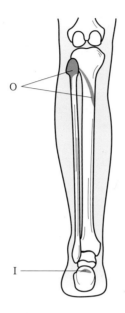

원어 (original word)	Latin : solea-sole of the foot
기시부 (origin)	비골상부 2/3 경골 가자미근선
정지부 (insertion)	아킬레스건의 밑면
작용 (action)	발(저굴)
지배신경 (nerve)	경골신경 SI, S2

비복근과 가자미근을 합쳐서 하퇴삼두근(triceps surae)이라 하며, 가자미근은 하퇴후면의 비복근(gastrocnemius) 아래 심층에 위치해 있고, 생김새가 지중해의 발바닥 물고기(sole fish)와 유사해 명명되었다. 이 근육은 종아리를 이루는 경골과 비골의 골간에서 시작하여 비복근을 따라 나란히 주행하며, 아킬레스건을 지나 발뒤꿈치 종골(calcaneus)로 부착된다. 그리고 비복근과는 달리 한 개의 관절, 즉 발목관절로만 연결된다. 가자미근은 부분적으로 비복근에 덮여 있고, 비복근의 측면에서 아킬레스건으로 연결되는 형태로 둘은 사실상 동일한 기능을 한다.

가자미근은 보행 시 무릎과 발목을 안정시킴으로써 다리 운동에 있어 중요한 근육으로 평가되는데, 이는 발뒤꿈치에 강한 충격을 주는 점프나 착지와 같은 동작에서 용수철과 같이 장력을 조절하는 절대적인 역할을 하기 때문이다.

	협동근	길항근
가자미근	비복근, 후경골근, 족저근, 가자미근, 장모지굴근, 장지굴근	전경골근, 장지신근

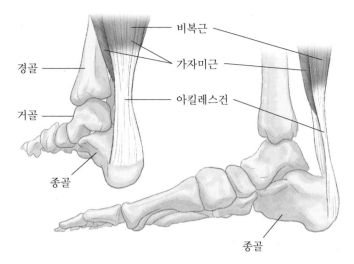

비복근

경골 ——— 가자미근

거골 ——— 아킬레스건

종골

종골

⬆ 아킬레스건 / Achilles's tendon
아킬레스건은 발끝을 아래로 내리는 저굴 기능을 하므로 걷기, 달리기, 뛰기가
가능하다. 종아리 근육이 수축되면 아킬레스건에 연결되어 있는 뒤꿈치가 뒤로
당겨지면서 발 앞부분이 바닥을 향해 구부러져 걷는 것이다.

종아리 앞면에 위치한 전경골근(tibialis anterior)과는 서로 길항 작용을 통해 교대로 수축이 이루어져 몸의 중심이 전후로 흔들리지 않도록 조절하고, 거골에서 경골의 전방 회전을 견제하여 신체의 무게중심에 대한 수직적 진동을 감소시키며, 몸이 앞으로 기우는 힘에 저항한다. 또한 비복근과 함께 하지에 정체된 정맥을 심장으로 수송하는 펌프 역할을 함으로써 하지 부종이나 빈혈 등을 예방하는 기능을 한다.

가자미근은 비복근과 함께 아킬레스건에 합류하기 때문에 무리하면 아킬레스건에 상해를 줄 수도 있고, 반대로 아킬레스건에 어떠한 이유로 기능 저하가 오면 그 영향을 받는다. 아킬레스건은 대퇴사두건과 더불어 가장 큰 힘줄(tendon)이며, 발을 딛거나 뛰는 동작 시 가자미근과 함께 유기적인 역할을 중요하게 담당한다.

체중이 급격하게 증가하거나 발목의 가동과 마찰이 과도하면 발뒤꿈치와 발바닥, 종아리 상부로 압통이 발현된다. 이런 현상이 가자미근에 부하를 일으키는 주 증상이지만 특이하게도 턱과 악관절(TMJ) 내에서도 심하게 방사되어 부정 교합으로까지 진행되는 경우도 있다.

그리고 근육의 경직으로 고관절과 슬관절을 곧게 펼 수 없게 되면 구부정한 자세를 만들게 되고 몸의 중심을 잡기 위해 상체를 앞으로 숙이게 되는 보상 작용이 일어나 요통을 심화시키게 된다.

증상
- 발뒤꿈치에 심한 통증으로 서 있기가 힘들다.
- 정상적인 보행이 어렵다.
- 천장관절에 심부통이 발생한다.
- 발과 발목, 하지에 부종이 발생한다.
- 성장기에 증상이 심화되면 성장을 방해한다.
- 경우에 따라 무릎 통증을 호소하기도 한다.
- 턱 부위로 심부통을 호소한다.
- 발목이 배굴되면 부정 교합이 일어나고 악관절통을 호소한다.
- 요통을 호소한다.
- 야간에 뒤꿈치 통증을 호소한다.
- 아킬레스건 파열과 아킬레스건염이 발생한다.
- 족저근막통을 호소한다.

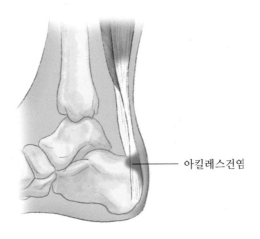

아킬레스건

← 아킬레스건염 / Achilles tendon bursitis
아킬레스건염은 종골의 부착부 약 5cm 위에서 통증이 나타나며, 붓고 응어리가 만들어진다. 누르면 매우 심한 통증이 발생하며, 선천적으로 종골이 튀어나온 경우도 있지만 주로 발목을 뒤로 젖히는 동작이 마찰을 일으켜 발생된다.

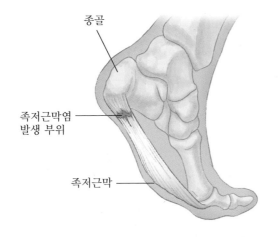

종골

족저근막염
발생 부위

족저근막

← 족저근막염 / plantar fascitis
족저근막은 발뒤꿈치 종골에서 시작하여 발가락 앞 범위에 부착되는 단단한 막으로, 스프링처럼 발바닥의 충격을 흡수하고 아치를 형성하는 역할을 한다. 매우 단단한 섬유로 되어 있지만 뒤꿈치에 붙어 있는 부분은 역학적으로 약한 부위이다. 그러므로 충격을 반복적으로 받으면 미세 부분에서 섬유가 찢어지거나 뼈에서 벗어나는 경우가 발생하며 염증성 질환으로 확산된다.

요인
- 서서 허리를 숙이고 짐을 나르는 행위가 통증을 유발한다.
- 모래밭이나 울퉁불퉁한 길을 오랫동안 걷는 행위가 통증을 일으킨다.
- 경사진 곳을 오랫동안 오르는 행위가 원인으로 작용한다.
- 미끄러운 길을 걷는 행위가 원인이 된다.
- 발을 지면에 고정하고 무릎을 편 상태에서 상체를 많이 움직이는 경우(지휘) 통증을 일으킨다.
- 하지 길이의 심한 비대칭이 통증의 원인이다.
- 스키, 스케이트와 같이 무릎을 구부리고 발바닥을 펴는 운동이 원인이다.
- 굽이 낮은 신발을 고정된 자세로 오랫동안 신고 있으면 통증이 생긴다.
- 굽이 높거나 너무 낮은 신발을 신고 있으면 통증이 생긴다.

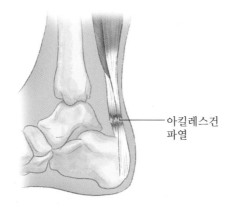

아킬레스건
파열

← 아킬레스건 파열 / Achilles tendon rupture
아킬레스건은 신체를 지지할 만큼 매우 강하지만 미세한 충격에 잘 끊어지는 특징을 가지고 있다. 하퇴삼두근의 건이 모두 이곳에서 공통건을 형성하므로 이들 중 어느 하나에만 강한 부하가 걸리거나 외상이 발생하면 쉽게 파열된다.

압통점과 방사통

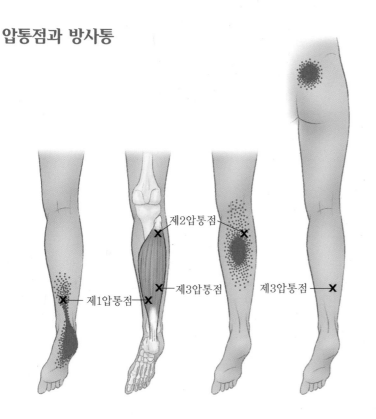

제2압통점
제3압통점
제1압통점
제3압통점

← 가자미근의 압통점과 방사통
제1압통점 : 발뒤꿈치 바닥과 후면, 아킬레스건에서 내측으로 방사된다.
제2압통점 : 종아리 상부 1/2 정도에서 발현된다.
제3압통점 : 동측 천장관절에서 국소적으로 발현되거나 악관절 부위에 발현된다.

근 기능 테스트

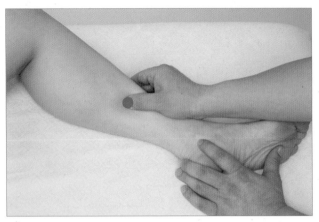

가자미근 압통 테스트-1

피술자는 무릎을 90도 굴곡하고 발목은 약간 저굴한 상태로 하퇴 내측을 오픈하고 앙와위로 눕는다. 시술자는 아킬레스건 아래 깊숙한 곳에 위치한 제1압통점에 무지로 압을 적용하여 통증의 정도를 평가한다.

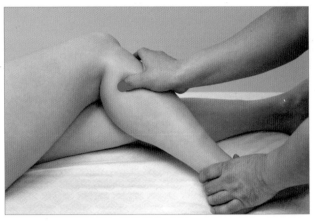

가자미근 압통 테스트-2

피술자는 하퇴 외측을 위로 하고 앙와위로 눕는다. 시술자는 비골에 근접된 제2압통점에 무지로 압을 적용하여 통증의 정도를 평가한다.

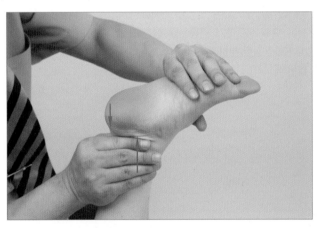

족저근 근력 테스트

피술자는 복와위로 누워 환측의 무릎을 90도 굴곡한다. 시술자는 왼손으로 피술자의 발등을 고정하여 약간 저굴 상태를 유지하고, 오른손은 발뒤꿈치 종골에 위치한다. 시술자는 종골에 위치한 손으로 배굴 방향으로 압력을 가하고, 동시에 피술자는 이에 저항한다. 족저근의 근력과 통증의 정도를 평가한다. 배굴이 20도 이상 가능하면 정상으로 본다.

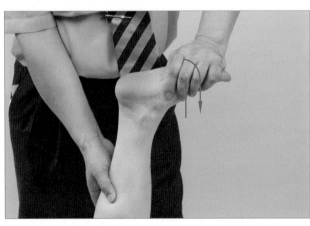

가자미근 근력 테스트

피술자는 복와위로 누워 환측의 무릎을 90도로 굴곡하여 비복근의 작용을 제외시킨다. 시술자는 왼손으로 피술자의 발을 고정하며 약간 저굴 상태에서 서서히 아래로 배굴시키고, 동시에 피술자는 이에 저항한다. 등척성 수축을 일으켜 발생되는 근력과 통증의 정도를 평가한다.

← 아킬레스건 반사 테스트
이 테스트는 아킬레스건을 가볍게 타진하면 건과 연결되어 있는 근육이 늘어나고, 이를 억제하기 위해 일어나는 반사적 수축 작용을 확인하는 방법이다. 이때 가자미근과 비복근이 수축하여 족저 굴곡 현상이 일어나며, 정상인에게는 활발한 반응이 나타나지만 가자미근의 이상이나 노화로 인해 감소되는 경향이 있다.

시술 테크닉

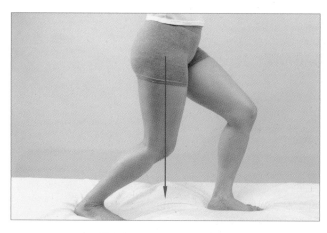

← 가자미근 셀프 스트레칭
환자는 서서 환측의 다리는 뒤로 그리고 중심을 잡는 반측의 다리는 앞으로 위치하고, 각각 슬관절을 약간 굴곡한 후 발바닥은 지면에 모두 밀착한다. 이어 상체를 수직으로 내려 환측의 가자미근에 강한 신장이 일어나도록 하고 다시 상체를 세워 이완한다.

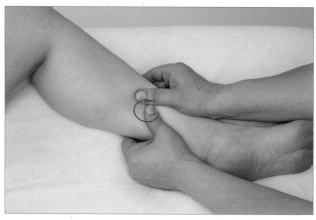

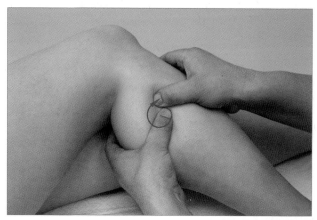

↑ 가자미근 압통점 이완
시술자는 무지를 겹장하고 아킬레스건 내측과 경골 상부에 위치한 압통점에 각각 서클을 그리며 강한 압으로 이완한다.

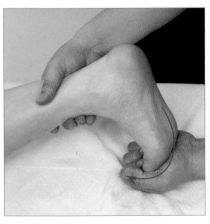 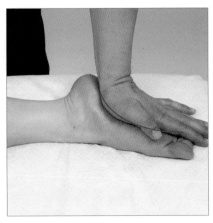

⬆ 가자미근 마사지-1
시술자는 피술자의 발목을 고정하고, 다른 손은 발가락 부위를 잡아 서서히 정점까지 배굴시킨다. 가자미근과 족저근에 강한 스트레칭을 일으키며 이완시킨다.

⬆ 가자미근 마사지-2
시술자는 피술자의 발바닥을 수장을 이용하여 강하게 슬라이딩하여 방사된 통증을 경감시킨다.

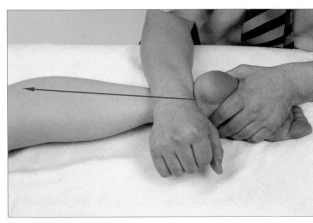

⬆ 가자미근 마사지-3
시술자는 전완을 이용하여 심층에 위치한 가자미근을 아킬레스건에서 비골 상부 방향으로 강하게 슬라이딩하며 이완한다.

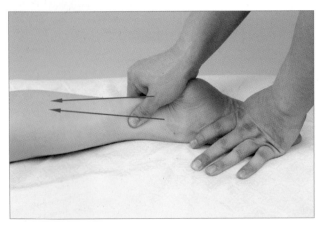 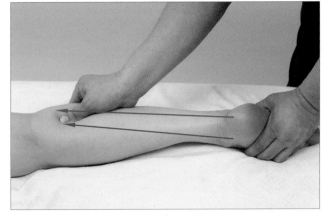

⬆ 가자미근 마사지-4
시술자는 무지와 나머지 손가락으로 심부에 위치한 가자미근을 강하게 조이며 아킬레스건에서 비골 상부 방향으로 슬라이딩한다.

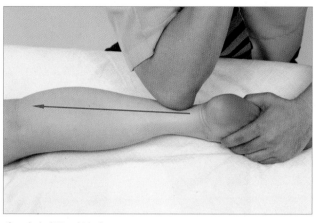

⬆ 가자미근 마사지-5

시술자는 팔꿈치를 이용하여 심부에 위치한 가자미근을 강하게 압박하며 아킬레스건에서 비골 상부 방향으로 슬라이딩한다.

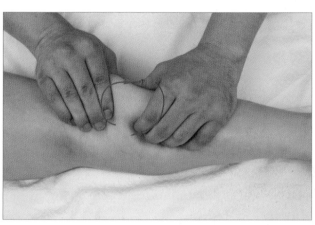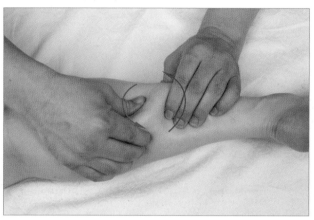

⬆ 가자미근 마사지-6

시술자는 양손으로 심부에 위치한 가자미근을 강하게 조이고 당겨 리드미컬하게 페트리사지를 적용한다.

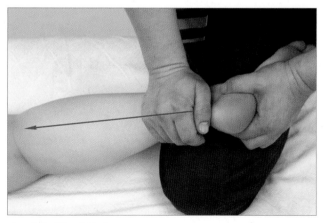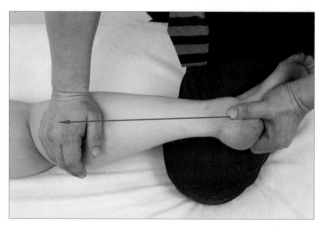

⬆ 가자미근 마사지-7

시술자는 피술자의 하퇴를 자신의 무릎 위에 올려놓고 손으로 발을 감싸 시술 각도를 조절하며, 동시에 가자미근을 이완시킨다. 이어 수장을 이용하여 아킬레스건에서 비골 상부 방향으로 강하게 밀착하며 슬라이딩한다.

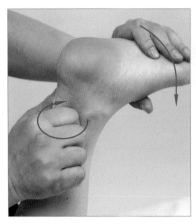 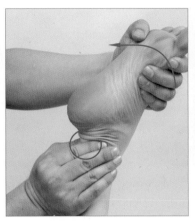 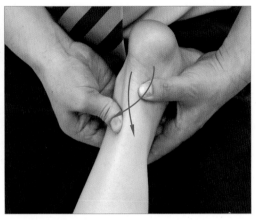

↑ 가자미근 마사지-8

시술자는 피술자의 발을 감싸고 배굴과 저굴을 번갈아 실시하며, 동시에 다른 손으로 아킬레스건을 부드럽게 감싸며 페트리사지를 적용한다.

↑ 가자미근 마사지-9

시술자는 피술자의 발목을 최대한 배굴시킨 상태에서 양 무지를 이용하여 강한 압으로 아킬레스건의 측면을 슬라이딩한다. 강한 압을 적용할 때는 반드시 발등이 올려진 상태, 즉 발목이 배굴된 상태에서 적용해야만 시술 중 근 손상이 발생하지 않으므로 이 점에 유의한다.

치료 관점

가자미근을 치료함에 있어서는 아킬레스건의 상관 관계를 잘 이해하고 어디서 문제가 먼저 발생되었는지에 대한 진단이 중요하다. 발을 헛딛거나 격렬하게 뛰면 하퇴삼두근에 일차적으로 통증과 경련이 일어나지만, 무리한 수축과 마찰로 인해 아킬레스건에 강한 부하가 걸려 힘줄이 끊어지는 경우도 발생한다. 통증이 전반적으로 확산되었다면 아킬레스건 반사를 통해 경중을 확인할 필요가 있다.

아킬레스건 반사 검사법은 발을 직각으로 유지한 상태에서 아킬레스건을 타진하면 이 자극으로 하퇴삼두근이 수축되어 발이 아래로 내려가는 현상이 나타난다. 따라서 아무런 반응이 없다면 이 건에 문제가 발생되었음을 알 수 있다.

아킬레스건은 한번 파열되면 자연적으로는 회복이 불가능하므로 운동 전이나 후에 반드시 예비 마사지 또는 스트레칭을 실시하며, 근 기능을 과도하게 사용한 후에는 반드시 안정과 냉찜질을 통해 염증이 확산되지 않도록 한다.

국문 색인

영문 색인

저자 **박동호(朴東虎)**

- 미국 국가 공인 마사지 & 보디워크 전문가 (국내 1호)

- 미국 ABMP 정회원

- 필리핀 국가 공인 침구의사 (Acupuncture Doctor)

- 국내 20여 개 대학 강의 (물리치료학과, 체육학과, 레저스포츠학과, 간호학과, 유아교육과, 피부미용학과, 뷰티케어학과, 스포츠의학과, 무용학과, 건강관리학과, 체형관리학, 비만관리학과, 대체의학전문가과정, 피부미용최고경영자과정)

- 박동호 마사지 & 보디워크 연구소장

- 대표 저서 : 『Massage & Bodywork』, 『근육근막 마사지』, 『스톤 마사지』, 『애완견 마사지』

교육 문의 : 박동호 마사지 & 보디워크 연구소
- 홈페이지 : http://cafe.naver.com/mb24
- 이메일 : kennypak@naver.com

마사지 / 근육이완술

MyoTherapy

2011년 2월 20일 1판 1쇄
2021년 6월 20일 1판 3쇄

저 자 : 박동호
펴낸이 : 이정일

펴낸곳 : 도서출판 **일진사**
www.iljinsa.com
04317 서울시 용산구 효창원로 64길 6
대표전화 : 704-1616, 팩스 : 715-3536
등록번호 : 제1979-000009호(1979.4.2)

값 58,000원

ISBN : 978-89-429-1213-1